Ingeborg Meyer-Sickendiek
Gottes gelehrte Vaganten

Ingeborg Meyer-Sickendiek

Gottes gelehrte Vaganten

Die Iren im frühen Europa

Droste Verlag

Bildnachweis

Die Autorin dankt für die freundliche Genehmigung zum Abdruck
der in diesem Buch enthaltenen Abbildungen:
Belgisches Verkehrsamt, Düsseldorf: Abb. 27, 36
Bildarchiv für Kunst- und Kulturgeschichte der Hansestadt Lübeck: Abb. 46
Bord Failte Eireann, Dublin: Abb. 2, 6, 8–13, 14–18, 41, 42
Britische Zentrale für Fremdenverkehr, Frankfurt/Main: Abb. 19, 20, 29–31
ETP Lucca: Abb. 24
ETP Taranto: Abb. 35
Fremdenverkehrsamt Bamberg: Abb. 50
Fremdenverkehrsamt Oberbayern, München: Abb. 38, 39
Fremdenverkehrsamt Würzburg: Abb. 34
Fremdenverkehrsverband Baden-Württemberg, Stuttgart: Abb. 25
Gebietsausschuß Naturpark Rhön: Abb. 33
Hochbauamt Nürnberg: Abb. 51
Le Doaré, Jos, Châteaulin, Bretagne: Abb. 28
Museo di San Colombano, Bobbio: Abb. 21, 22
Northern Ireland Tourist Board, Belfast: Abb. 3, 5
Pfälzische Landesbibliothek Speyer: Abb. 37
Rast, Pius, St. Gallen: Abb. 23
Städtisches Verkehrsamt Regensburg: Abb. 48, 49
Stadtkonservator Köln (Koerber): Abb. 45
Verkehrsbüro Basel: Abb. 26
zeitgen. Quellen: Abb. 1, 4, 7, 32, 40, 43, 44, 47

Die Deutsche Bibliothek – CIP-Einheitsaufnahme

Meyer-Sickendiek, Ingeborg:
Gottes gelehrte Vaganten : die Iren im frühen Europa /
Ingeborg Meyer-Sickendiek. – Düsseldorf : Droste, 1996
ISBN 3-7700-1070-1

Legende zum Foto auf dem Schutzumschlag:
Bantry Boat, Relief von einer Stele an der Bantry-Bucht, County Cork, Irland.
Das Boot ist ein heute noch benutzter Typ des Curragh an der Westküste.
Es stellt möglicherweise St. Brendan dar, wie er in See stach,
um das Christentum in die Ferne zu tragen, wie die Kreuzembleme anzeigen.

Schutzumschlag: Helmut Schwanen, unter Verwendung eines Fotos von
einer Replik aus »The Wild Goose Studio, Kinsale, Co. Cork, Ireland«
Gesamtherstellung: Clausen & Bosse, Leck
ISBN 3-7700-1070-1

(Vollständig durchgesehene und erweiterte Neuauflage des 1980 im
Seewald Verlag, Stuttgart-Degerloch, erschienenen Werkes)

Inhalt

Einführung

Irland trat am 10. Mai 1972 der Europäischen Gemeinschaft bei, eine Entscheidung, die ihm nicht leicht gefallen war. Gewohnt, sich abwartend, ja, rückwärts gewandt zu verhalten, hatte es, mehr aus geographischen Gründen, zum Kontinent Distanz gehalten. Dabei war es weniger die Angst vor Einmischung als vielmehr der begründete Verdacht, mit wesensfremden Denkweisen und Methoden zusammenzustoßen, wie sie sich zwangsläufig unter politischen Rivalen zu entwickeln pflegen. Dazu kam ein von der industriellen Revolution diktiertes Fortschrittstempo, dem sich die Insel nicht gewachsen fühlte. Inzwischen ist Irland auf dem Wege nach Europa ein gutes Stück vorangekommen, indem es sich mit der Integration in einen größeren Staatenverbund auf die Herausforderungen der Zukunft besinnt. Daß es sich dabei seiner weit in die Vergangenheit zurückreichenden kontinentalen Bindungen wieder bewußt wird, ist eine auch von den größten Optimisten nicht erwartete Nebenerscheinung. Die neu erwachte Lust an der Auffindung gemeinsamer geistesgeschichtlicher Wurzeln macht hier wie dort nicht nur Keltologen und Geschichtsforscher, sondern mehr und mehr auch bildungseifrige Touristen zu Wünschelrutengängern.

Vierzehn Jahrhunderte früher sind die Iren schon einmal den Weg nach Europa gegangen. Anders als heute trieb sie damals ein ideelles Verlangen: Die Erfüllung des urchristlichen Taufgebotes. Wie die Apostel brachen sie in Zwölfergruppen und auch einzeln mit dem Evangelium zum Festland auf.

Berühmte Namen wie Columban, Gallus, Kilian u. a., die hier als Missionare wirkten, sind uns geläufig geblieben, andere dagegen vergessen. Dabei ist fast keiner der heutigen EG-Mitgliedstaaten von ihrem Wirken als Eremiten, Wanderbischöfe und geistliche Lehrer in Palast- oder Klosterschulen der von ihnen gegründeten »monasteria scottorum« unberührt geblieben.

Ohne Auftrag einer kirchlichen Instanz, und bis auf die im Lederbeutel mitgeführten philosophischen Schriften und Liturgieanweisungen mittellos, folgten sie allein ihrem Bekehrungsimpuls. In drei Wellen zwischen der Völkerwanderung mit der Landnahme der Angelsachsen auf den britischen Inseln nach dem Auszug der Römer, und den Wikingerstürmen, trafen sie auf einem ungastlichen Kontinent ein. Überall, wo jenseits der Römerstraßen Barbarei und Gesetzlosigkeit herrschten, verbreiteten sie Erleuchtung und Ermutigung. Wandernd reichten sie ihr Wissen weiter, Klosterschreibern ihre Bücher zum Kopieren hinterlassend. Damit haben sie abendländisches Geistesgut über Dogmenstreit und religiöse Parteienbildung hinaus erhalten und in seiner Substanz vermehrt.

Gegenströmungen blieben nicht aus, die im Laufe der Jahrhunderte zu monastischen Reformen führten, durch deren Vollzug »Gottes gelehrte Vaganten« gelegentlich kompromittiert und in ihrem Einfluß beschränkt blieben. Heute ist man sich in ihrer Anerkennung einig, um so mehr, als das bleibende Ergebnis ihrer Wirkung die Verschmelzung des lateinischen mit dem keltischen Christentum ist.

Was kann Irland heute zum Verständnis dieses geistigen Ausgriffs von damals beitragen? Seine Landschaft in ihrer insularen Vereinsamung ist die eine Quelle seiner medialen Kraft, die andere ihre keltische Prägung mit den Zeichen kosmischer Religiosität. Sonnentempel und Steinsetzungen, in Übereinstimmung mit dem Lauf der Gestirne errichtet, überziehen das Land. Seine Druidenkultur konnte fast ungestört überleben, weil die ferne Insel für die römischen Eroberer auf dem Kontinent viel zu entlegen und daher für sie ein unberechenbares Wagnis war. So fand sich Irland in der Rolle eines unbeteiligten Zuschauers, der wie mit einem umgekehrten Fernrohr die Wege und Irrwege Europas durch das Labyrinth seiner Geschichte wahrnahm, ohne dessen Wachstumsschmerzen zu teilen. Statt dessen blieb es in den metaphysischen, Himmel und Erde gleichermaßen umfassenden Zirkelschlag seines inneren Lebens eingeschlossen. Dem Fremden von heute ist diese Dimension nur selten zugänglich. Daß hinter der Einsamkeit der Küsten und Torfmoore das kostbare Geheimnis, die frommen Expeditionen nach Europa, weitgehend unentdeckt geblieben sind, ist eine widersprüchliche Tatsache, wenn man daran denkt, daß es rund 4000 Klöster und Klosterkirchen, die meisten davon in Ruinen, im Lande gibt, und daß sich Hochkreuze und Rundtürme als Ausdruck keltischer Religiosität dem Blick überall entgegenstellen.

Dabei sind es die Iren selbst, die ihre heilige Vergangenheit mit einer inneren Schutzzone umgeben, nachdem sie sich kraft Herkunft und politischer Entwicklung vom Kontinent auf merkwürdige Weise entfernt hatten. Dieser in seiner jüngeren Geschichte besonders durch die jahrhundertelange Abhängigkeit von England geförderten Isolation steht Irlands aktive Rolle gegenüber, die es als Mitgestalter einer abendländischen Wertordnung gespielt hat, hervorgegangen aus seiner bis in die vorchristlichen Jahrhunderte zurückreichenden Ausstrahlung als keltische »insula sanctorum«. Diese Umkehrung von Einfluß und europäischer Bedeutung zu Absonderung und Verzicht legt einen für uns unbequemen Schluß nahe: Nicht Irland hat Europa, sondern Europa hat Irland vergessen.

Mag es im allgemeinen schwer sein, die Menschen von heute in die von ihren Vorfahren geprägte Vergangenheit als lebendige Fortsetzung einzubeziehen, so ist das bei den knapp 4,4 Millionen Iren, davon 3,1 Millionen in der Republik, anders. Unabhängig davon, daß sie ihre gälische Sprache erst in diesem Jahrhundert wiederentdeckten und deren Kenntnis zur allgemeinen

Pflicht machten, haben sie sich von ihrer Kultur und Geschichte nie entfernt. Im Gegensatz zu anderen europäischen Völkern, deren Erinnerung vor dem gewaltsamen Übergang ins christliche Zeitalter kollektiv zurückweicht, kann Irland unbefangen sein. Es hat diesen Vorgang fast schmerzlos vollzogen. Seine ersten Glaubensboten fanden das ersehnte Martyrium nicht in einem einzigen Fall auf der irischen Insel, sondern allein in den heidnischen Wäldern des Festlandes. Keltische Druiden, die dort den ersten Christen Lehrer und Erzieher gewesen waren, verkehrten zum Beispiel mit der Nationalheiligen St. Brigid noch Anfang des 6. Jahrhunderts so freundschaftlich wie mit Angehörigen ihres eigenen Standes. Rund hundert Jahre zuvor hatte der irische Taufapostel St. Patrick die Unterwasserhöhle am Lough Derg, einem See in der nördlichen Grafschaft Donegal, zur inneren Einkehr aufgesucht; ein keltisches Heiligtum, das schon seit mehr als einem halben Jahrtausend vor ihm ein viel besuchtes Pilgerziel gewesen war. Hier und auf dem 758 Meter hohen Bergkegel »Croagh Patrick« an der Clew Bay zelebrieren alljährlich Tausende von barfüßigen Wallfahrern aus dem ganzen Land eine Messe exzessiver Zerknirschung, die unverkennbar heidnische Züge hat. Auch dem Weihecharakter der als »heilige Brunnen« überlieferten Dorfquellen fühlen sich die Bauern in andächtiger Scheu verpflichtet.

Aber es sind nicht nur alte kultische Stätten, die Irland in seinen christlichen Besitzstand überführt hat. Bei den feierlichen Figuren der Volkstänze drückt sich in der Metrik der Schritte wie in der keltischen Pentatonik der Dudelsack- und Hornpfeifenmusik etwas Rituelles aus der Vorzeit aus. Von diesen ungebrochenen Überlieferungen leben Volkserzählungen und gesungene Balladen bis heute.

Im Lebensgefühl der Iren schwingt etwas undefinierbar Keltisches mit. Wer, wie die Chronistin, Gelegenheit hatte, der intellektuellen Elite Irlands in Gestalt einiger ausgewählter Professoren zu begegnen, wird nicht gezögert haben, in ihnen die monachi peregrini des frühen Mittelalters ausfindig zu machen. Der älteste unter ihnen, eine anerkannte Autorität, war mit einer Reisetasche vom ehrwürdigen Zuschnitt eines Felleisens aus dem 18. Jahrhundert erschienen. Er entfaltete ein riesiges rotkariertes Taschentuch, um sich umständlich darin zu schneuzen. Sein leicht vernachlässigter Habitus offenbarte einen bemerkenswert unabhängigen Geist mit der entflammbaren Phantasie und dem starken religiösen Verlangen der irischen Mönche des Mittelalters.

Goethe hat mit der treffenden Kurzformel »Härte und Milde im schnellen Wechsel« auf ein weiteres Merkmal der Iren angespielt. Für ihre Härte spricht der fast dreißigjährige Bürgerkrieg, den die Revolutionäre der IRA im Kampf um die Unabhängigkeit des englisch beherrschten Nordens der Welt vor Augen führten. Daß sich schließlich die Einsicht durchsetzte, eine Annäherung der bisher unversöhnlichen Gegensätze könne letztlich zu einem friedlichen Ausgleich führen, deutet auf die Auswechselbarkeit extremer Positionen in einem ambivalenten Charakter hin.

Dabei sind sie in beiden bis an die Grenze gegangen, als Piraten, die vor 1500 Jahren auf ihren Raubzügen an die britische und festländische Küste bis an die Loiremündung Schrecken verbreiteten, ebenso wie als selbstlose Missionsmönche auf ihrer opfervollen Pilgerschaft zu dem noch unerlösten Teil der Menschheit.

Dabei erlaubte sich die Geschichte mit ihnen einen Scherz, wie er hintergründiger von den satirischen Literaten Swift und Shaw nicht hätte ersonnen werden können. Bei einem ihrer Überfälle in Britannien fiel ihnen ihr potentieller Evangelist St. Patrick, den der Papst später als ersten Bischof und Bekehrungsmissionar auf die Insel entsandte, in die Hände. Sie verkauften ihn als Hütejungen an irische Landeigner, denen er nach einigen Jahren der Sklaverei entlief. Zurück in Britannien, fühlte er sich zur Überwindung des irischen Heidentums aufgerufen. Er vollendete seine Laufbahn als Schutzpatron und Erwecker Irlands einschließlich dessen völkischer Minderheit in Amerika. Die größte und älteste Kathedrale in New York trägt seinen Namen.

Neben ihren britischen Inselnachbarn haben die Iren auch von Anbeginn zur keltischen Bretagne auf dem Festland engste Verbindung gehalten. Steht man am Landende der alten armorikanischen Halbinsel mit Blick nach Norden, liegt der zeitlose Schicksalsweg von Irland nach Europa offen: Handelsflotten, die während der Bronze- und Eisenzeit Metalle von ihren Fund- zu den Verarbeitungsstätten durch den Ärmelkanal transportierten; Flüchtlingskonvois auf ihrem Rückzug vor fremden Invasoren in die vorkeltischen Stammesgebiete. Kein Wunder, daß die Wandermönche aus den keltischen Klöstern Irlands und von den britischen Inseln auf der gleichen Strecke und mit der Anlaufstelle Bretagne nach Europa gelangten.

In diesem Teil der nordfranzösischen Küste überlagern sich die Zeugen der megalithischen und druidischen Kultur mit den christlichen Zellen, Grotten und Landeplätzen irischer Heiliger in auffallender Dichte. Als Wundertäter leben sie im bretonischen Legendenschatz weiter und bilden, zusammen mit ertrunkenen Seeleuten, besonders in Sturm- und Nebelnächten den imaginären Hintergrund der ländlichen Küstenbevölkerung.

Wer von hier aus ihren Weg ins Innere Europas aufrollt, kreuzt Klöster, Kirchen, Hospize, Bildungssstätten und Eremitagen, die zum überwiegenden Teil nur noch als Namen in lokalen Chroniken festgehalten sind. Gleichwohl machte auch ihre abstrakte Existenz die dem frühchristlichen Geschichtsschreiber Britanniens, dem Angelsachsen Beda, fast unglaublich erscheinende Wandlung eines heidnischen Stammes deutlich, der sich in seinen besten Exemplaren von Wildheit und Angriffslust reinigte und die Liebe zu Gott und den Wissenschaften an ihre Stelle setzte.

Europa vor der Ausbreitung der Kelten

Im Jahre 1975 hat eine »Bretonische Befreiungsbewegung« in ihrer Charta von Brest unter dem Namen »Keltia« ein Programm für die Autonomie aller keltischen Minderheiten in Europa formuliert, wozu neben der Bretagne in erster Linie Wales, Schottland, Cornwall und Irland gehören sollen.

Dem Zeitgenossen erscheint das als eigensinniger Idealismus, Traum einer modernen Druidensekte, die mit gleichartigen romantischen Bestrebungen auch außerhalb Frankreichs Verbindung sucht.

Diese einem Mythos verpflichtete Selbstdarstellung läßt sich auf einen historischen Kern zurückführen. Bis zur Zeitenwende waren die Kelten in Europa für die römische Großmacht eine gefährliche Kraft. Heute taucht ihre Hinterlassenschaft nur spärlich aus tieferen Erdschichten auf. Jede archäologische Entdeckung ist ein Glücksfall. Ob es sich um den im alten Lucotetia (Lutetia), dem heutigen Paris, gefundenen gallischen Gott Esus handelt oder um das Fürstengrab bei Vix in Burgund, um die Spuren keltischer Handelswege durch das Donaugebiet oder die Technik des Graphitabbaues im Bayerischen Wald, alles hat für uns einen eigentümlich fremdartigen Reiz.

Anders in Irland, wo sich das Keltische so vollständig erhalten hat, daß seine Überreste das Charakteristikum der Landschaft selber sind. Während sich die übrige Welt laufend den veränderten Lebensbedingungen anpaßte, ist sich Irland als Hort der Vergangenheit treu geblieben. In seiner von Kammergräbern und Hügelforts aufgebuckelten Topographie erkennt man eindeutig die keltische Landvermessung.

Selten ist im Erscheinungsbild eines Volkes die Summe europäischer Menschheitsgeschichte so deutlich gegenwärtig wie in Irland. Bodenfunde aus der Jungsteinzeit und der Bronzezeit bestätigen die geschichtlichen Quellen der Griechen und Römer über die keltischen Siedlungsgebiete, die Etymologie der sprachlichen Zeugnisse, die nachbarschaftlichen Beziehungen der frühen Kelten in Europa mit den Germanen, Italikern und Etruskern. Sie nahmen auch Lebensformen und Fertigkeiten der Vorbevölkerung auf und schmolzen sie in ihre eigenen reichen Kulturimpulse ein.

Angesichts der aus der Urflut aufsteigenden Landmassen der Britischen Inseln stellen sich schon bei dem Flug über den Atlantik rückwärtsgewandte Vorstellungen ein, mit denen sich das Zeitgefühl bis an die Schwelle einer unbestimmbaren Existenz aufhebt. Diese Welt, so spürt man, ist alt und beständig, eine Endmoräne der Zeit, ein fossiles Stück Menschheitsgeschichte, das in den Mahlströmen der Veränderung überdauert hat.

Diesen Eindruck ruft vordergründig die Natur des Inselkörpers hervor. Teil

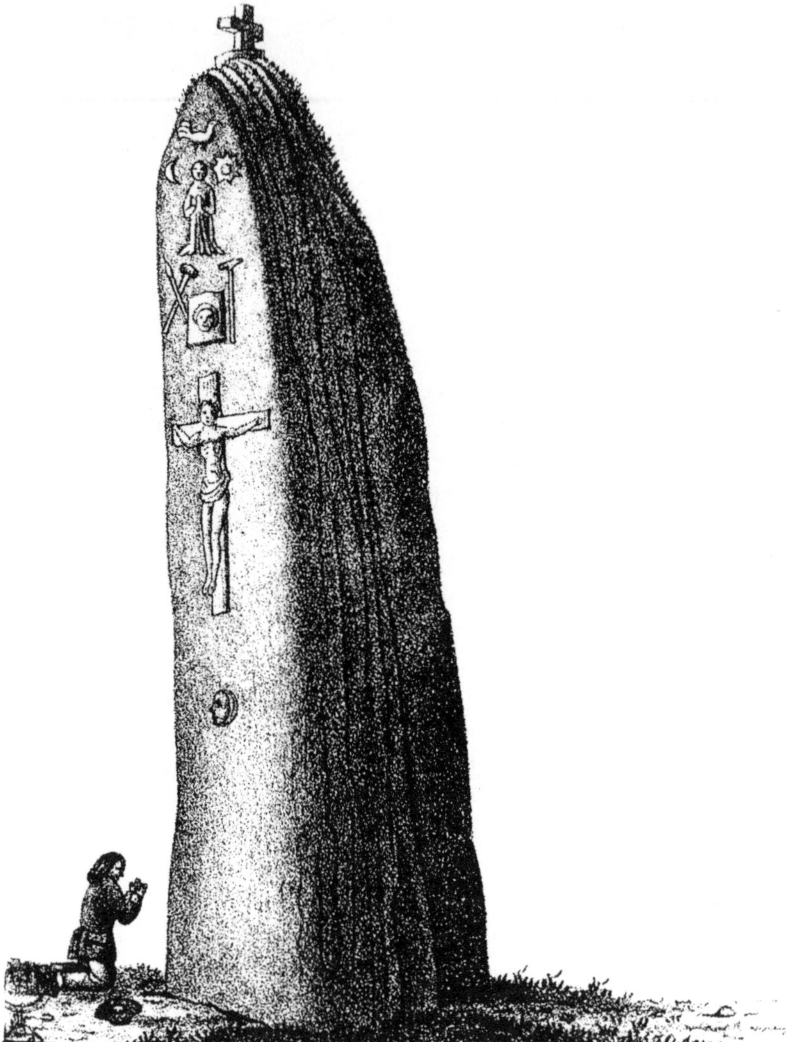

1 *Der Menhir von Saint-Ducec (8, 10 m hoch) nordöstlich Guincamp, Côtes-du-Nord, Bretagne*

des nordwestlichen Hochlandes, bildet er, ungeachtet der Tatsache, daß heute der Ärmelkanal dazwischen liegt, mit Cornwall, der Bretagne und der Normandie ein geologisches Ganzes, die »Uplands«. Sie sind die Reste einer gemeinsamen Aufschichtung aus jener Zeit, als Nord- und Westeuropa noch ein Block waren, der auseinander barst und damit eine gegenläufige frühe

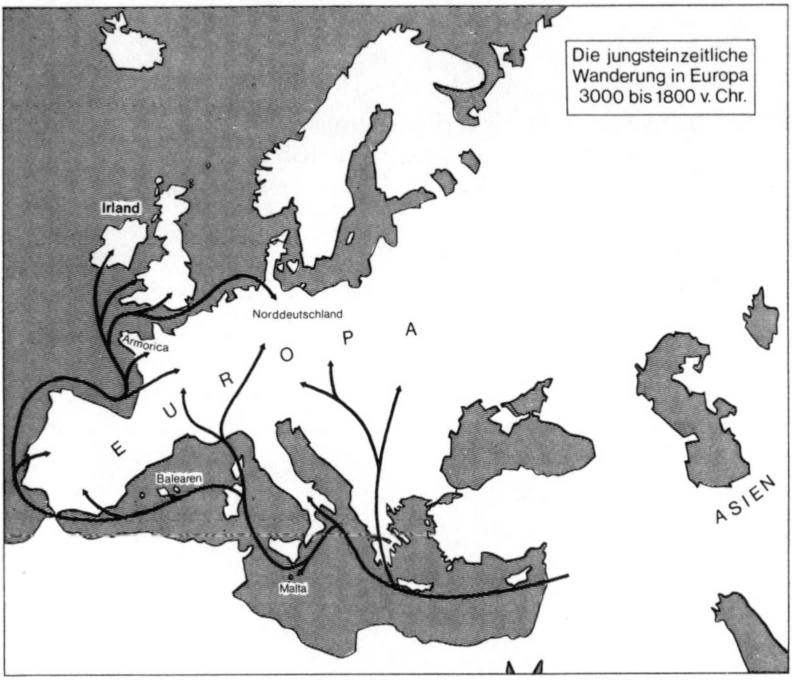

Besiedlung in den Bahnen ihres späteren Völkerschicksals vorbestimmte. Dies ist noch heute erkennbar.

Es gehört zu den immer wiederkehrenden Erfahrungen beim Anflug auf die Britischen Inseln nach Irland, daß sich dem Blick aus 10000 Metern Höhe auf die See hinunter durch wehende Wolken die räumliche und zeitliche Dimension zugleich ausweitet und zusammenzieht und im wandernden Wellenkamm zu einem Kontinent gerinnt.

Die Erbauer der Ganggräber, die etwa um 3000 vor Chr. Irland erreichten, haben schon ein hochseetüchtiges Langschiff mit Segel gekannt, auf dem sie, anders als bei Küstenfahrten, den Wind als Antriebskraft nutzten. Wie später die irischen Mönche sind schon die Zeitgenossen des Neolithikums hier im Nordatlantik dem Zug der Wildgänse gefolgt – gewiß, Land zu finden.

Als sie an der Ostküste Irlands anlangten, trafen sie an Seen und in Flußtälern auf Jäger und Sammler, die, noch dem Lebenszuschnitt der Altsteinzeit verhaftet, dem Boden massenweise ihre Knochen- und Steinwerkzeuge hinterlassen haben. Diesen reichhaltigen Sammlungen von Artefakten sieht man nicht an, daß sie an einer Zeitenwende entstanden sind, da sich das Dunkel eines von Angst und Abhängigkeit durchsetzten Naturglaubens langsam erhellte und ein höheres religiöses Bedürfnis der Menschheit umrißhaft erkennbar wurde.

Wenn es stimmt, daß zwischen 4500 und 3000 vor Chr. die ersten mit der Bodenbearbeitung vertrauten Siedler aus dem Mittleren Osten über das Mittelmeer nach Westeuropa vorgedrungen sind, haben auch ihre an Fruchtbarkeitsidolen und Muttergottheiten orientierten Kultvorstellungen zu gleicher Zeit bei uns Fuß gefaßt. Ihre ursprünglich magischen Praktiken scheinen sich schon damals zu Einsichten in kosmische Zusammenhänge und zu klarer Geistigkeit geläutert zu haben. Nicht mehr eine durch Aberglauben begrenzte, sondern eine in die höchsten Regionen geweitete Vorstellungswelt bildete sich in den kultischen Bauten ab. Anstelle der kleinen, aus Schenkelknochen geschnitzten oder mit Eulenaugen auf Schiefertäfelchen eingravierten Erdmütter, wie sie in Spanien und Südfrankreich als Grabbeigaben gefunden wurden, herrscht nun von Malta bis Irland das geometrische Prinzip vor. Wir finden es in verblüffender Übereinstimmung in den Kultstätten jener Zeit, einerseits auf Malta, etwa in Hagiar Quim und Hal Tarxin, oder auf der Nebeninsel Gozo in der Anlage Gigantia, andererseits auf Irland in den Ganggräbern am Boyne-Fluß und sogar hoch im Norden auf den Orkney-Inseln. Obwohl Malta und Irland an den entgegengesetzten Enden des megalithischen Kulturkreises 3000 Kilometer Luftlinie voneinander entfernt sind, liegen sie nach ihrer Entstehungszeit, architektonischen Beschaffenheit, Ausgestaltung und inneren Bestimmung dicht beieinander, nach herkömmlicher Zeitrechnung zwischen 2000 und 1500 vor Chr.

Diese Zeitangabe ist allerdings nach der jüngsten Entwicklung der Radiocarbonmethode möglicherweise in Frage gestellt. Archäologen der Universität Southampton haben dieses Datierungssystem in der Zeitschrift »National Geographic« in seiner Anwendung auf Objekte aus der Zeit vor 1000 vor Chr. dahin revidiert, daß das Alter jeweils um bis zu 1000 Jahre heraufzusetzen ist. Danach wäre die Megalithkultur im europäischen Raum zwischen 3000 und 3500 vor Christus anzunehmen.

Betritt man auf dem Ganggräberfeld am Boyne-Fluß die mit ihrem Erdhügel von mehr als 60 Metern Durchmesser und noch heute 13 Metern Höhe größte und wichtigste Anlage Newgrange, so enthüllt die kreuzförmige Anordnung von Gängen und Kammern mit den kapellenartigen Nischen im Hauptraum und den eingemeißelten Spiral- und Augenmustern die Fähigkeit schon jener Menschen, ihr Dasein in der Distanz von der Natur zu sehen und sich mit Hilfe der Abstraktion im Metaphysischen wiederzufinden.

Ein adäquates Mittel, ihren neuen geistigen Standort auch äußerlich sichtbar zu machen, war eine intensive Bautätigkeit. Sie entfaltete sich für eine Zeitspanne von etwa 2800 bis 1800 vor Chr. zwischen Malta, Sardinien und Sizilien, den Balearen und der Iberischen Halbinsel, Los Millares an deren

Südküste, Südfrankreich und der Bretagne bis nach Norddeutschland, Süd-skandinavien, Wales und Irland.

Nach der Erkenntnis der Archäologen von Southampton sollen die Großsteingräber in der Bretagne auf 4000 Jahre vor Chr. zurückgehen und damit die ältesten Steinmonumente überhaupt sein. Irland, obwohl es von den Megalithen zuletzt erreicht wurde, hat im Vergleich zu seiner begrenzten Ausdehnung Großsteinmonumente in erstaunlicher Zahl, von denen noch heute etwa 1200 erhalten sind. Das kultische Leben der in Streusiedlungen ansässigen Landbevölkerung spielte sich in unmittelbarer Verbindung zu ihren Toten ab.

Keine Änderung der religiösen und geistigen Verfassung, soweit heute erkennbar, brachte die schon gegen Ende des Neolithikums um 2000 vor Chr. einsetzende frühe Bronzezeit, die 500 Jahre später im Export irischer Bronze- und Goldarbeiten nach Britannien und über See zum Festland ihren Höhepunkt erreichte.

Es begann damit, daß die im Mittleren Osten entdeckte Technik der Bronzeherstellung aus einer Legierung von Zinn und Kupfer zur Suche nach neuen Rohstoffquellen in fernen Gebieten, so auch in Irland, führte, wenn die Entwicklung nicht, wie nach der revidierten Radiocarbonmethode angenommen werden muß, den umgekehrten Weg von Europa in den Orient nahm, nämlich schon 4500 vor Chr.

Ob mündliche Überlieferung oder exaktes Wissen im Spiel waren, läßt sich nur erraten. Jedenfalls wurde schon kurz nach 2000 eine Kupfermine in den Tälern des Mount Gabriel (Grafschaft Cork) ausgebeutet und aus dem Avoca-Fluß in der Grafschaft Wicklow Gold gewaschen. Die Herstellung von Geräten und Waffen, von hochwertigem Schmuck, dazu neue Wohn- und Bestattungsformen fanden Eingang auf der fernen Insel, nicht zuletzt durch eine neue, etwa um 1200 einsetzende Zuwanderung. Man weiß nicht, ob es sich dabei um Eroberer handelte oder um friedliche Händler und Siedler. Bis auf die Einführung eines mit industrieller Produktion verbundenen Wirtschaftsgebarens im Sinne von Tauschhandel noch ohne Geldwesen, haben sie das Leben in dem von einer heterogenen Gemeinschaft besiedelten Farmland kaum verändert.

Das keltische Europa

Eine umwälzende Neuorientierung in Irland bewirkte die Invasion keltischer Stämme, die im wesentlichen in zwei Wellen die Insel erreichten: eine erste Welle um 600 vor Christus, unmittelbar vom Festland her, die den Westen, und eine zweite im zweiten Jahrhundert über die Britischen Inseln, die den Nordosten besiedelte.

Aus ihren ursprünglichen Sitzen in Mitteleuropa waren sie mit ihren überlegenen neuen Eisenwaffen in alle Himmelsrichtungen aufgebrochen, vor allem nach Osten und Südosten bis zum Schwarzen Meer und Kleinasien, nach Westen bis auf die Iberische Halbinsel, nach Frankreich und zu den Britischen Inseln.

Angeführt von reichen, prunkliebenden Stammesfürsten traten sie mit den jeweils in ihren Machtbereich einbezogenen Völkern sogleich in einen fruchtbaren, für beide Teile nützlichen Kulturaustausch ein. Sie hatten bei ihren Vorstößen nach Süden auf die Apenninhalbinsel in der Berührung mit der etruskischen und griechischen Kultur wesentliche Elemente hieraus in die von ihnen selbst aus der Hallstatt-Kultur entwickelte La-Tène-Kultur übernommen. In der Spätblüte der irischen Bronzezeit, deren Erzeugnisse heute die Museen des Landes, in besonders reichem Maße das Nationalmuseum in Dublin, füllen, begegneten sie einer ebenbürtigen Kultur. Es waren vor allem die sehr frühen Goldarbeiten – Mond, Halbmond und Sonnenscheibe –, die nicht nur als fein empfundene Schmuckgegenstände von höchster handwerklicher Vollendung, mehr noch in ihren Bezügen zu einer kosmischen Religiosität von ihrem Lebensgefühl und Weltbild zeugen.

Die metaphysischen Glaubensvorstellungen aus der jahrhundertealten Beschäftigung mit den inneren Gesetzen des Kosmos, nach heutigem Wissen ausgehend vom alten Orient, sind wie auf einem Strom kontinuierlich von Kultur zu Kultur weitergetragen und zur Bildungsgrundlage noch des frühchristlichen Mönchtums geworden.

Um 150 vor Christus war die keltische Besiedlung Irlands im wesentlichen abgeschlossen.

Welche Rolle spielten die Kelten derweil auf dem Kontinent? Ihr Weg aus dem Geschichtsdunkel, das im 8. Jahrhundert vor Chr. ihre Herkunft und die Entstehung eines übergreifenden Stammesverbandes noch weitgehend verhüllt, hatte sich nach ihrem gesammelten Aufbruch um die Wende des 5. Jahrhunderts in immer eindrucksvolleren Zäsuren vollzogen. Teils als Eroberer, teils im Bunde mit fremden Heeren wirkten sie innerhalb Europas als ein Ferment der Gärung, das von ihrer unbeherrschten Genialität freigesetzt

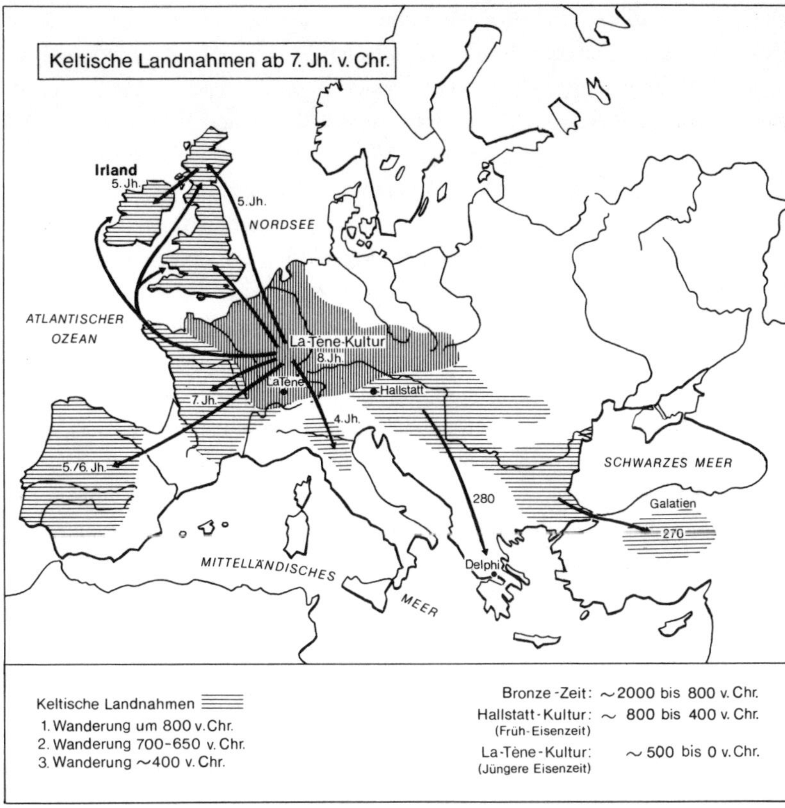

wurde. Bodenfunde der La-Tène-Kultur haben die Kenntnis über die Kelten, die wir den antiken Schriftstellern Livius, Appian, Strabo und Diodor, vor allem aber Caesar in seinem »De bello Gallico« verdanken, laufend ergänzt.

Nicht alles aus ihrem widersprüchlichen Lebensbereich hat solche Gewalt über unsere Einbildungskraft wie die römische Marmorkopie der Bronzestatue »Der sterbende Galater«, oder wie das überlieferte Schicksal des letzten sich gegen Caesar erfolglos erhebenden Keltenfürsten Vercingetorix, der, schließlich überwältigt, von seinem Widersacher öffentlich hingerichtet wurde.

Zwei Beispiele von tragischer Endgültigkeit. Sie hellen das von römischen Chronisten zusätzlich geschwärzte Bild der Kelten so weit auf, daß auch menschliche Züge erkennbar werden. Darüber hinaus halten sie an zwei entgegengesetzten Punkten den europäischen Radius ihres Einflußbereiches fest.

Die Kelten, die mit Erfahrungen in der Gewinnung von Eisen und dessen Bearbeitung Irland betreten hatten, lösten die Bronzezeit ab. Mit ihnen begann auf der Insel die Eisenzeit, die bis zum 5. Jahrhundert nach Chr. dauerte.

Die Tatsache, daß die Hinterlassenschaft aus der Bronzezeit vergleichsweise spärlich, aus der Eisenzeit hingegen zahlreich ist, liegt nicht nur an der vermehrten Nachfrage und Produktion solcher Metallerzeugnisse. Sie deutet zugleich neben anderen Indizien darauf hin, daß mit den Kelten nicht bloß einzelne Gruppen, sondern eine neue Völkergeneration von der Insel Besitz ergriffen hatte, die zwar vieles Vorgefundene übernahm, im umfassenden Sinne jedoch der dortigen Kultur ihr eigenes, mitgebrachtes Gepräge gab. Das, was wir noch heute an bestimmten künstlerischen Ausdrucksformen als »keltisch« empfinden, und was an Sprache, Charakter und geistiger Konstitution das spezifische Bild des Irentums ausmacht, ist das Ergebnis eines Assimilierungsprozesses von mehr als 2500 Jahren, der hier seinen Ursprung hat.

Von keinem vergleichbaren europäischen Siedlungsgebiet wird der Keltennimbus, auch in seinen furchterregenden Zügen, so wahrheitsgetreu widergespiegelt wie von dem ungezähmten Weideland der Insel zwischen Atlantik und Irischer See. Dabei sind es vor allem die 50 noch erhaltenen Hügelforts, welche die Landschaft von besonders isolierten Punkten aus beherrschen. Ob Befestigungen oder Ritualzentren – beide Zwecke scheinen sich zu ergänzen –, sie müssen mächtigen, von Land wie von See her angreifenden Stammesfürsten zugeschrieben werden. Von mehrfachen kreis- oder halbkreisförmigen Steinwällen umgeben, die wiederum innere Gräben und Dämme, gelegentlich auch Behausungen und Begräbnisstätten zu schützen hatten, halten sie die Erinnerung an den alt-keltischen Sagenkreis wach. Cú Chulainn und seine Ritter vom roten Zweig, Fioc Mac Cumhall und seine Fianna, Conchobar Mac Nessa und das ganze Gefolge vergöttlichter Heldengestalten werden von Dichtung und Volksglaube bis heute mit diesen einsamen Zwingburgen in Verbindung gebracht.

Überall im Lande sorgen sie dafür, daß der heroische Aspekt der ersten keltischen Jahrhunderte lebendig bleibt. Wer einmal auf den Aran-Inseln vor der Galwaybucht an der Westküste die zyklopische Festung Dun Aengus gegen den Angriff der von See heranpeitschenden Sturmböen erstiegen hat, senkrecht wie auf einer Leiter, während steil unter ihm in einer Tiefe von fast 100 Metern das Wasser zwischen den Klippen gurgelt, scheint von jenen Vorgängen nur noch durch einen dünnen Vorhang der Zeit getrennt zu sein. Er steht wie auf einer Bühne, umgeben von den Firbolgs, jenem ruhelos über die Insel irrenden Stamm, der den keltischen Königen von Tara Steuern schuldig blieb und schließlich bei den Herrschern von Connaught Land an der Westküste erbettelte. Die Firbolgs haben diesen unwirtlichen Felsen zu einer von Steinen starrenden Bastion ausgebaut, von der nur noch ein Teil der ursprünglichen Kreisform erhalten ist, während der andere ins Meer abgestürzt sein soll.

Allein das Beispiel dieses Stammes, der schließlich den Herrschern von Munster weichen mußte, macht das Leben der Kelten zwischen Land- und

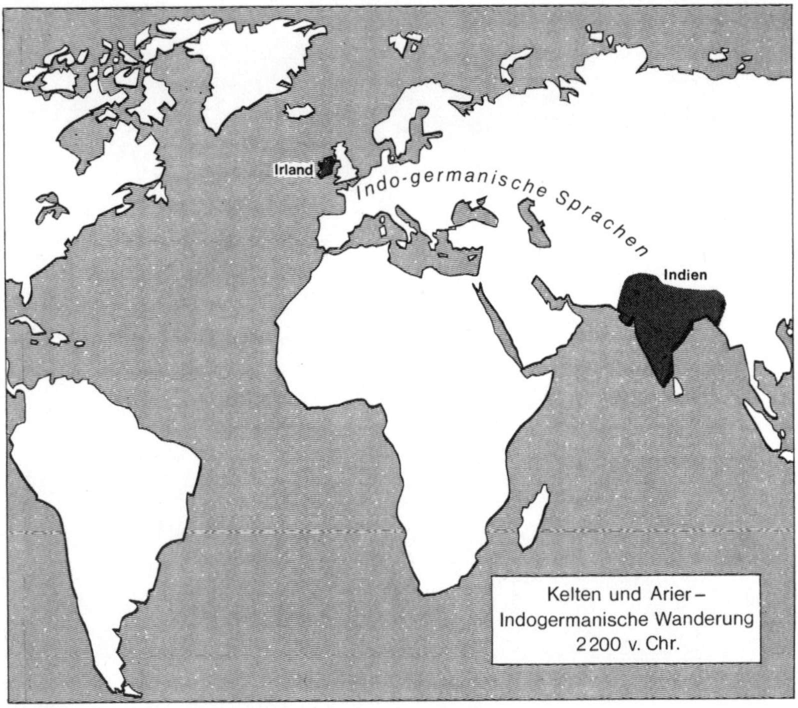

Kelten und Arier. Indoeuropäische Relikte in Europa und Indien vor der Zeitenwende seit 1500 v. Chr. Übereinstimmungen in der Religion, der Sprache des Sanskrit und des Irischen, der höfischen Dichtung und der Heldensage, im sozialen Aufbau wie im Königtum und im Gewohnheitsrecht.

Viehraub und den von der Mythe überlieferten Gelagen anschaulich. Die wilden Sitten, die sie auf dem Festland in Verruf gebracht hatten, gaben sie auch zu Anfang ihres Aufenthaltes in Irland nicht auf. Zu lange hatten sie sich mit anderen Völkerschaften und den sie wütend verfolgenden Römern herumschlagen müssen, als daß sie vorerst an einem friedfertigen Leben Gefallen gefunden hätten. Aber noch eins macht das streitbare Bollwerk der Firbolgs deutlich: Es hat mit den castra in Portugal und Nordspanien erstaunliche Ähnlichkeit, ebenso wie der in der gleichen Grafschaft gefundene Turoe-Stein die eingravierten Pflanzenmuster des im deutschen Rheinland lokalisierten Waldalgesheim-Stils wiederholt.

2 *Staigue Fort, keltische Rundfestung der frühen Eisenzeit, beherrscht das Tal von Staigue, County Kerry. Eindrucksvollstes Beispiel einer befestigten Rundsiedlung in Irland.* ▷

Anhand gefundener Gußformen läßt sich erkennen, daß die keltischen Anführer in ihren befestigten Hochsitzen eine blühende Waffenfabrikation unterhielten: bronzene Schilde, Speerspitzen, Trompeten, Kessel und Kübel, dazu persönlicher Schmuck aus Gewandfibeln, Torques (gedrehte und als Halsschmuck verwendete Metallringe), Armreifen und bronzene Pferdegeschirre. Alles zusammen ergibt das Bild eines vitalen, immer ein wenig unberechenbaren, sich im Trinken wie im Reden gleichermaßen überhebenden Anführers eines Clans von Gleichgesinnten.

Das Statussymbol aller Kelten in Europa war das Pferd, die Stute. Amme der Menschheit, ihr in einer Weise zugeordnet, daß sie kultischen Rang erhielt. In der Pferdegöttin Epona verehrten sie zugleich die Kraft zu ihrer eigenen Überhöhung. Von daher mag man verstehen, was römische Chronisten mit Schaudern berichten: Daß der neu gekürte König einen überlieferten Initiationsritus vor seinem Volk durch den Hieros Gamos mit dem Pferd zu vollziehen hatte.

Etwas von dieser magischen Partnerschaft lebt noch heute bei den Iren fort, das Pferd als wesentlicher Bestandteil der Landschaft und als Fetisch auf den Rennplätzen und in den Wettbüros.

Die geistige Führungsmacht im alten Keltentum übte bei den Festland- wie bei den Inselvölkern die Priesterkaste der Druiden aus. In ihr verkörperte sich ein alle Stämme umfassendes ethnisches Bewußtsein ihrer hochstehenden Gemeinschaft. Sie hatten in ihrer Spätzeit einen erheblichen Einfluß auf das früh-irische Christentum und dessen anfängliche Sonderentwicklung gegenüber der verfaßten römischen Bischofskirche. Die Anfänge des Druidentums verlieren sich in die Ferne vorkeltischer, indogermanischer Gemeinsamkeit bis hin zu den ihnen entsprechenden Brahmanen aus der vedischen Zeit der ersten Arier in Indien um 1500 vor Christus.

Daß auch in Irland die keltischen Fürsten ihre Herrschaft mit den Druiden zu teilen hatten, kann nach deren Sonderstellung als Kaste neben dem Adel nicht zweifelhaft sein. Die »chieftains« überließen ihnen ihre Söhne zu einer Erziehung, die nicht selten 20 Jahre dauerte und aus der sie mit einem für die damalige Zeit universalen Wissen hervorgingen.

Grundlage aller druidischen Gelehrsamkeit war die Einweisung in die überlieferte Religion, deren metaphysischer Gehalt, wie Plinius berichtete, in einer Geheimlehre verschlüsselt war. Dazu gehörten das Leben nach dem Tode und die Seelenwanderung, Vorstellungen, denen wir in gleicher Weise bei den vedischen Brahmanen in Indien begegnen und die, soweit der Jenseitsglaube in Frage steht, das Wesen auch der späteren christlichen Offenbarung in sich tragen.

Die Römer waren fasziniert von dem hohen Bildungsstand und der überlegenen transzendenten Weltauffassung der Kelten. Gleichwohl hatten sie allen Anlaß, die politische Gegenwirkung, die von dem Druidenkult ausging, zu fürchten. Die Kaiser Tiberius und Claudius, Zeitgenossen Christi, benutzten deshalb das aus archaischen Zeiten überkommene und noch gelegentlich zelebrierte Menschenopfer als willkommenen Vorwand, in ihrem Machtbereich den druidischen Gottesdienst aus politischen Gründen zu verbieten. Daß kriegerische Auseinandersetzungen jederzeit wieder aufflammen konnten, mußten die Römer aus den Erfahrungen der vergangenen Jahrhunderte erwarten.

Zu Beginn des 4. Jahrhunderts vor Chr. waren die Kelten in einer Art Völkerwanderung in Italien und Griechenland erschienen, hatten 387 vor Chr. Rom geplündert, Delphi überfallen und ein Jahrhundert später in Kleinasien nach örtlichen Mustern ein Königreich Galatien ausgerufen, das indessen alsbald ein Vasall Roms wurde. Staatenschöpfer waren die Kelten zu keiner Zeit. Um so mehr wurden sie als Söldnertruppen in fremden Heeren gefürchtet. Wilde Legenden gingen bei den Römern über deren Priesterkaste um, die diese unbequemen Stämme als lose, nur im Kultischen gebundene Gemeinschaft zusammenhielt. Originelle Denker mit einem überbordenden Lebensgefühl, die bei aller materiellen Lust zugleich auch spiritueller Enthebung fähig waren, hatten die Kelten sich mit ihren Druiden eine eigene, von den geläufigen Vorstellungen der alten Welt unabhängige Götterwelt geschaffen.

Ihre mystische Dimension machte die Römer unsicher und betroffen. Nach Anbruch der christlichen Epoche zeigte sich, in welchem Ausmaß selbst das getaufte Keltentum noch geistigen Zündstoff für den lateinischen Erdkreis in sich barg und was es dank seiner religiösen Sinngebung an Unruhe in Europa freisetzen konnte.

Bis dahin freilich hatten die Römer Grund genug, ihnen auch mit den Mitteln von Greuelgeschichten und Desinformation bei den Festlandvölkern zu schaden. Die Kelten kamen ihnen hierin, besonders mit ihrer Gewohnheit, Siege mit der Enthauptung des Gegners auszuschmücken, indem sie seinen Kopf an ihren Zelten befestigten, entgegen. Eine für diese Art von Nervenkrieg bezeichnende Schilderung verdanken wir Tacitus, der sich dabei auf die Beobachtung des Suetonius Paulinus, Statthalter von Britannien, stützte, als dieser mit seinen Truppen im Jahre 61 vor Chr. bei den Menai Straits zwischen Anglesey und Wales eine Landeoperation einleiten wollte. Danach waren die Reihen der keltischen Krieger mit Frauen durchsetzt, die mit aufgelösten Haaren, schwarz gekleidet, Brandfackeln schleuderten, während die Druiden mit zum Himmel emporgereckten Händen schreckliche Verwünschungen ausstießen. Erst der beschwörende Appell des Truppenführers, sich doch »nicht von wahnsinnigen Frauen einschüchtern zu lassen«, löste bei den römischen Truppen den Bann der Erstarrung. Sie hoben die Standarten auf

3 *Vorchristliche janusköpfige Steinfigur auf dem uralten Friedhof von Caldragh auf Boa Island im Lough Erne, County Fermanagh, 1. Jahrhundert, vermutlich der keltische Fruchtbarkeitsgott Daghda der Ulster-Kelten. Er brachte Lebende zum Tode und Tote zum Leben. Auf dem Kopf eine Abflußrinne für Opferblut, auch von Menschen.*

und machten dem Widerstand ein Ende, indem sie die Gegner in die Flammen ihrer eigenen Brände einwickelten. Die Druidenhaine, so läßt uns Tacitus wissen, »Orte des abscheulichsten Aberglaubens«, wo die Priester ihre Götter mit Hilfe menschlicher Eingeweide befragten, wurden mitsamt der vom Blut ihrer Gefangenen bedeckten Altäre zerstört.

Andererseits war die zweite Seele in der Brust der Kelten ein höchst sublimes Organ, das sich andächtig den Geheimnissen des Weltalles öffnete. Angesichts ihrer Fähigkeit, Sonnenfinsternisse exakt vorauszuberechnen, schwankten die Römer zwischen Neid und Bewunderung. Von ihrem Wissen, ihrem kraftvollen Unternehmungsgeist und ihrer Bedenkenlosigkeit fasziniert, fanden die Römer erst am Ende der Gallischen Kriege, nachdem die Kelten im Herzen Europas unter Caesar, Augustus, Claudius, Tiberius und Drusus bezwungen worden waren, ihr Selbstbewußtsein wieder. Aber nicht für lange. Schon bei der nächsten Begegnung mit den Kelten, nunmehr auf den Britischen Inseln, brach die alte Unsicherheit wieder auf.

Hier kam, zur Zeit der größten territorialen Ausdehnung des Römischen Reiches und der Verteilung und Bindung seiner Streitkräfte an den weitläufigen Grenzen, in der ersten Hälfte des 1. Jahrhunderts nach Chr. die Eroberung zum Stillstand. Wales, Schottland und die irische Insel konnten nicht mehr besetzt werden. An dieses strategische Versäumnis wurden die Römer bis zu ihrem Abzug Anfang des 5. Jahrhunderts kontinuierlich durch die ständigen Piratenüberfälle der Iren erinnert. Diese Angriffe zielten nicht nur über die Irische See auf das römische Britannien, sondern trafen auch die Westküste des Kontinents bis südlich in die Loiremündung, die Haupthandelsader Galliens. Ein Vorgang, den in gleicher Ausführung Jahrhunderte später die Normannen wiederholten.

Durch diese gewaltsamen Aktionen, in der zurückhaltenden Formulierung der Iren nicht gerade »unhäufig«, wurden die Ergebnisse des im übrigen friedlichen Handelsaustausches vorteilhaft ergänzt. Die allgemeinen Lebensverhältnisse besserten sich.

Auf denselben Wegen wie die unfriedlichen Züge der frühen Iren und der späten Normannen erreichten im Mittelalter die irischen Pilger und Missionsmönche den Kontinent.

Die »raids«, mögen sie in geschichtlicher Sicht auch eine untergeordnete Rolle spielen, haben mit ihrem abenteuerlichen Elan eine Heldendichtung inspiriert, die fortan von Barden an den Fürstenhöfen verbreitet wurde. Sie greift auf das heroische Zeitalter der Kelten zurück. Zieht man zum Beispiel zu dem irischen Epos aus Ulster und Connaught, Táin Bó Cuailnge, die homerischen und die Sanskrit-Epen des Mahabharata zum Vergleich heran, ergeben sich verblüffende Übereinstimmungen, nicht nur in den gesellschaftlichen Verhältnissen, sondern auch im Schicksal der handelnden Personen. Es ist

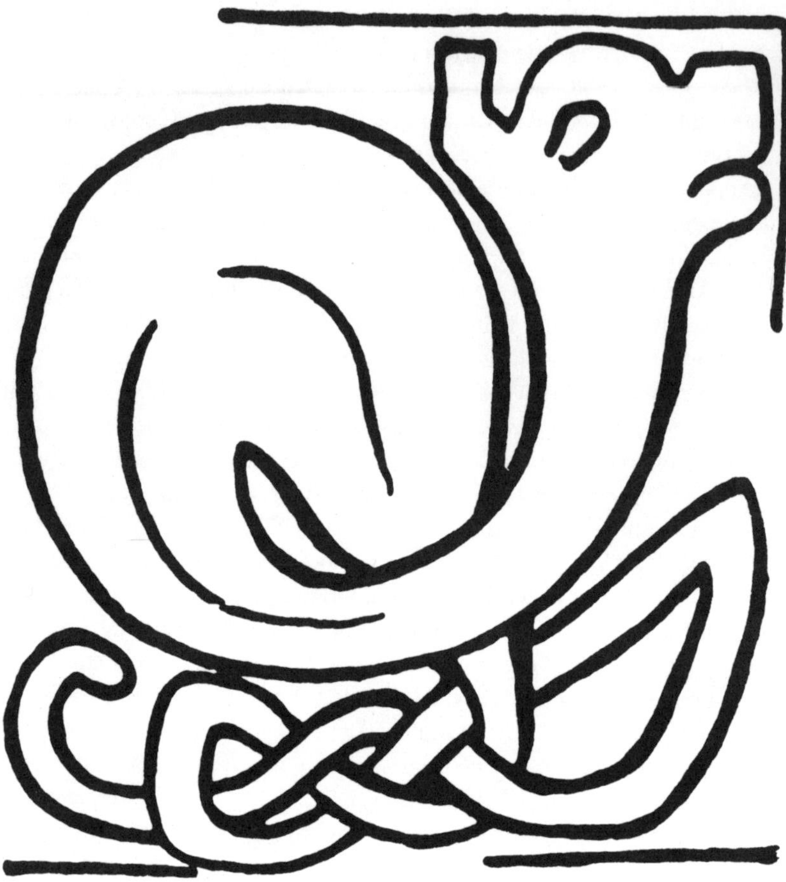

4 *Stilisiertes Tiermotiv (Steinrelief) auf einem frühchristlichen Hochkreuz in Ahenny bei Carrick-on-Suir, County Tipperary.*

die Zeit der indogermanischen Streitwagenkrieger, aus der noch heute auch die Verwandtschaft der indogermanischen Sprachfamilie, zu der das Keltische ebenso gehört wie das Lateinische, Griechische, Deutsche, Slawische, Persische und das Sanskrit, erkennbar ist.

Diesem gemeinsamen sprachlichen Ursprung entsprechen gewisse einheitliche religiöse Vorstellungen. Die Institutionen der Druiden und der Brahmanen sind einander, auch in ihren wesentlichen Inhalten bis hin zum Beten und Fasten, annähernd gleichartig. Ihre entmaterialisierte Weltsicht hat im Irland der Druiden schon lange vor der Übernahme des Christentums dazu geführt, daß die Römer respektvoll von der »insula sanctorum« sprachen.

Angesichts der brausenden Wasserwüste, die uns in Irland umgibt, mag man leicht jener Täuschung erliegen, wonach bis zur Neuzeit die Insel als »Finis terrae«, als Ende der bewohnten Erde, angesehen wurde. Das Gegenteil ist richtig. Im südwestlichen Zipfel Europas, auf der Baleareninsel Menorca, haben die auf 2000 vor Chr. zurückgehenden Taulas, schiffsartige Steinsetzungen, die größere Beweiskraft. Ein Kulturaustausch, sogar über mehrere Kontinente, war zu allen Zeiten möglich.

Wir kennen die Abbildung phönizischer Fünfdecker – nach Homer »alles Betrüger, tausendfach Tand mitführend im schwarzen Schiffe«. Doch ebenso, wie die karthagischen Seefahrer schon im neunten Jahrhundert vor Chr. auf ihren Fahrten zwischen Irland und dem Golf von Guinea als Informanten des Bronzezeitalters auftraten, haben auch die Punier mit Sicherheit an der Ausbreitung einer eisenzeitlichen Kultur vom spanischen Galicien bis Irland auf dem Wasserwege mitgewirkt. Es ist daher kein Zufall, daß Manannan mac Lir, Sohn des Meeres und Schutzgeist der Kaufleute und Seefahrer, uneingeschränkt über den keltischen Götterhimmel herrscht.

Die Inselkelten im werdenden Abendland

Der kampflose und für die damalige Welt unauffällige Übergang der irihen Kelten zum Christentum erscheint vor dem Hintergrund erbitterter Glaubenskämpfe im europäischen Mittelalter bis in die Gegenwart als ein beispielloser Vorgang. Ihn überzeugend zu erklären, ist selbst für die Wissenschaft schwierig, um so mehr, als sie sich dabei auf keine schriftlichen Zeugnisse der Kelten stützen kann. Weder über ihre politischen Verhältnisse noch über ihren kulturellen Werdegang sind Aussagen in eigener Sache überliefert.

Man kann darüber rätseln, ob diese Verschwiegenheit, für die das Fehlen einer Schriftsprache ein hinreichender Grund wäre, auch etwas mit einer esoterischen Verschlüsselung des religiösen Lebens zu tun hat. Außer dem, was die Griechen Strabo, Diodor und Poseidonios sowie die Römer Livius und Plinius darüber sagen, können wir uns nur auf eine archäologische Hinterlassenschaft stützen, die je nach Stamm und Siedlungsgebiet verschiedene Ausprägungen hat. Erst ein gründlicher Vergleich aller Quellen und Funde erschließt eine allen Kelten gemeinsame Weltsicht.

Was die antiken Augenzeugen, allen voran Cäsar, über sie aufgezeichnet haben, mag dafür weniger Beweiskraft haben. Sie geben durchweg Schilderungen von abstoßender Einseitigkeit. Das legte den Verdacht nahe, die Römer hätten ihre Demütigung durch den keltischen Heerführer Brennus, der sie an der Allia im Jahre 387 v. Chr. besiegte und sich den Abzug aus Rom mit 1000 Pfund Gold bezahlen ließ, nicht verwunden.

»Ihr Aussehen ist furchterregend«, berichtet Diodor, »ihre Stimmen klingen tief und allgemein rauh. Bei ihren Zusammenkünften sind sie von kurzer Rede, sie sprechen in Rätseln und Andeutungen. Vieles drücken sie in Übertreibungen aus, wobei sie sich selber erhöhen und andere herabsetzen. Sie drohen gerne, reden hochfahrend und theatralisch . . .«

Strabo ergänzt nach dem, was er von Poseidonios erfahren hat: »Das Volk, das man jetzt gallisch oder galatisch nennt, ist in seiner Gesamtheit kriegswütig und hitzig und rasch beim Kampf, doch im übrigen aufrichtig und nicht bösartig. Wenn man sie reizt, findet man sie gleich bereit zum Kampf, obgleich sie außer Kraft und Kühnheit keine Eigenschaften besitzen, die ihnen im Kampf förderlich wären.«

Um keine Sympathie aufkommen zu lassen, schwärzt Diodor noch einmal ihr Bild nach, indem er von ihnen behauptet: »Sie sind von schöner Körpergröße, aber ihre Haut ist fast krankhaft weiß. Ihre Haare sind nicht nur von Natur blond, sondern diese Besonderheit der Haarfarbe heben sie noch durch

die Behandlung. Sie bleichen es auch noch auf künstliche Weise, waschen es in Kalklauge und kämmen es von der Stirn zurück nach oben. Daher ähnelt ihr Anblick den Satyrn oder Panen (Waldteufeln). Das Kopfhaar wird durch diese spezielle Wäsche auch noch dick und schwer, so daß es sich von der Mähne der Pferde nicht unterscheidet. Manche rasieren sich, andere, vor allem die Vornehmen, lassen sich bei glattgeschabten Wangen einen Schnurrbart lang herabwachsen, so daß ihr Mund verdeckt ist und beim Essen und Trinken als ein Seiher wirkt...« Durch solche und ähnliche Schilderungen sind die alten Kelten in einen Nebel der Mystifikation geraten, der sich bis heute nicht gelichtet hat. Vor allem ist es die Rolle der Druiden, der jahrhundertelang mit umfassender Macht, sogar über ihre jeweiligen Könige, ausgestatteten Priester, die sich dem Versuch einer religiösen Deutung weitgehend entziehen.

Bei ihrer Funktion im Stammesleben, die dem König erst dann zu sprechen erlaubte, nachdem der Druide sich geäußert hatte, kommt man der Rezeption des Christentums nicht näher, ohne daß man die überlieferte Weltanschauung wenigstens in den Grundzügen kennt.

Der Zugang hierzu ist uns aber zunächst verstellt durch den düster-prunkvollen Opferkult, wie ihn zeitgenössische Chronisten mit Schaudern beobachtet haben. Wie die dämonisch verzerrten Tierdarstellungen an romanischen und gotischen Kathedralen nahelegen, haben solche heidnischen Rituale lange nachgewirkt. Für die Evangelisten ein Makel, von dem sie ihre symbolischen Begleittiere, vom Widder bis zum Stier, befreien und in den Stand der Unschuld zurückversetzen wollten.

Noch abstoßender wirkte das Menschenopfer. Zeugnisse hierfür sind die von den Archäologen »Viereckschanzen« genannten Kultplätze Südwestfrankreichs und Süddeutschlands. In die darin eingelassenen Opferschächte stürzten die Druiden Menschen hinab, dem Beispiel ihres von den Römern mit Jupiter gleichgesetzten Gottes Taranis folgend, der damit die Welt der Lebenden und die Welt der Toten verbinden wollte. Dieser grausame Vorgang ist auf einer Innenplatte des Gundestrupkessels festgehalten.

Dazu kommt die gleichsam mystische Verehrung des vom Körper getrennten menschlichen Schädels, den die Krieger, soweit er zu ihren gefallenen Feinden gehörte, ihren Rossen um den Hals hängten. Im 2. Jahrhundert vor Christus hatten die Saluvier in der Provence ihr oppidum, das spätere Entremont, mit einem heiligen Hain ausgestattet, in dem menschliche Schädel in Steinnischen und auf Holzkonstruktionen ausgestellt waren. In einigen dieser Köpfe wurden noch die eisernen Nägel, mit denen sie angebracht waren, gefunden.

Dieser Kult, in der keltischen Welt allgemein verbreitet, findet in ihrer künstlerischen Hinterlassenschaft eine Bestätigung. Der Kopf ist das einzige figürliche Element, das der Künstler, im Gegensatz zu der weithin vernachlässigten menschlichen Gestalt, mit ornamentalischer Akribie behandelt. In zahlreichen Einzeldarstellungen oder im Ensemble eines Reliefbandes wird er zu einem geometrischen Dekor, das jeweils körperlos aus einer pflanzlichen Komposition hervorwächst, wie der Gott aus der indischen Lotosblüte.

Vordergründig betrachtet, gibt es wenig Voraussetzungen dafür, daß die Druiden, statt ihm den Weg zu verstellen, das Christentum bei sich einließen, als hätten sie es schon immer erwartet. Dieser erstaunliche Tatbestand läßt sich gleich mehrfach begründen:

Das Erscheinungsbild keltischer Religiosität, wie es sich den Zeitgenossen darbot, ist nur die äußere Seite dessen, was die Druiden als ihre Geheimlehre in mündlicher Überlieferung von altersher hüteten und nur Eingeweihten offenbarten. Man hat angenommen, daß hier eine vorkeltische Eingottreligion aus indoeuropäischer Vergangenheit Eingang gefunden hat. Das leuchtet ein, wenn man bedenkt, daß der Monotheismus schon in der Vor- und Frühzeit keine Einzelerscheinung war, wie aus der Religionsgeschichte der alten Ägypter und Juden ersichtlich ist.

Das von Amenophis IV. (1370–1352 v. Chr.) in Ägypten verkündete Aton, die Sonnenscheibe mit Strahlen, die in Händen endigen, findet im keltischen Gott Lugus »mit der langen Hand«, Lamfotas, eine vollkommene Entsprechung der göttlichen Attribute. Gewiß kein Zufall, zumal über antike Land- und Seeverbindungen die großen Kulturkreise in Europa, Nordafrika und Asien bereits in der Jungsteinzeit miteinander Berührung hatten. Daraus mag sich einerseits erklären, daß sich Irland schon im Frühchristentum das koptische Einsiedlertum zum Vorbild nahm und sich in den strengen Regeln der Selbstaufgabe von Mönchen aus dem Sinai und den Wüsten am Roten Meer unterweisen ließ. Andererseits ergibt sich aus der Sprachverwandtschaft ein nahezu zwingender Hinweis auch auf eine gemeinsame religiöse Grundlage der indoeuropäischen Völker und den damit einhergehenden, nur geringfügig voneinander abweichenden Strukturen, von Irland über Persien bis nach Alt-Indien. Lug, der große Gott der Kelten, und Gott Savitar im Rigweda werden »mit der großen Hand« dargestellt. In der wedischen Mythologie hebt er sie abends und morgens in segnender Gebärde, weckt alle Lebewesen, Menschen und Tiere, und bringt sie abends zur Ruhe. Er hält Sonne, Mond und Sterne dazu an, Tag und Nacht im Gleichgewicht zu halten. Es gehorcht ihm jede Kreatur.

Einen gleichartigen religiösen Kosmos haben auch die Kelten, begleitet von einer Vielzahl tiergestaltiger Götter, bei den Kontinental- und Inselkelten mit geringfügigen Abweichungen untereinander. An der Spitze steht Echaid Olé-Athair, der Allvater, mit dem Attribut »Daghda«, guter Gott. Die Druiden haben alle irischen Gottheiten in Erdhügeln, auf Inseln jenseits des Meeres und unter dem Meer auf ein in allen Erscheinungen der Natur sich ausdrückendes Prinzip zurückgeführt. Ihm entspricht in der wedischen Tradition die göttliche Kraft der Wahrheit.

»Die Flüsse fließen mit Wahrheit, die Sonne hat Wahrheit ausgestrahlt, die Götter des Weda sind aus Wahrheit geboren, sie wachsen aus Wahrheit, handeln mit den Mitteln der Wahrheit. Wahrheit ist die Grundlage der Sprache – Alles ist gegründet auf Wahrheit.«

Die Wahrheit, in der wedischen Religion ein Lichtstrahl, der seinen Sitz im höchsten Himmel, dem Ursprung des heiligen Ganges, hat, wird ebenso im vorchristlichen Irland als Quelle der Schöpfung verehrt. Wie in den Weden der Ganges aus dem himmlischen See im Himalaya herabkommt, so treten die heiligen Ströme Boyne und Shannon (Shannon = Sinnan, im Sanskrit Sindhu = Gott) in gleicher Weise aus dem unvergänglichen Ursee der Wahrheit aus. In den See fallen die Haselnüsse der Weisheit. Von ihnen ernähren sich die Salme. Einer davon, Find, erlangt durch sie sein übernatürliches Wissen. Die Verbindung von Wahrheit und Wissen reicht von dem, was in wedischen Texten die höchste Macht und letzte Ursache von allem ist, über das Aton des Echnaton und den Logos des Heraklit von Ephesus zum Ersten Johannes-Evangelium: »Am Anfang war das Wort, und das Wort war bei Gott, und Gott war das Wort.«

Ersichtlich ist in allen bekannten Eingottreligionen Gegenstand der Verehrung nicht ein persönlicher Gott, sondern ein Prinzip, in dem sich alle Gegensätze vereinigen (unio oppositorum der Weden). In diesem Sinne ist es kein Zufall, das »Gott« im Altnordischen und Gotischen ein Neutrum, also »das Gott« ist, und die dritte Glaubenslehre der jüdischen Schöpferreligion bekennt, daß Gott »kein Körper ist, und Körperliches ihm nicht anhaftet« (Maimonides). Die schriftlichen Überlieferungen der Brahmanen erlauben uns entsprechende Rückschlüsse auf die wesentlich gleichartigen religiösen Inhalte und Institutionen auch bei den keltischen Druiden.

Daß sie bei dem Allvater nicht stehen geblieben, sondern wie die Brahmanen mit philosophischem Denkvermögen auf die Wahrheit als den Urgrund alles Seins vorgedrungen sind, erscheint uns als eine geistige Leistung von hohem Rang.

Ein unmittelbares Zeugnis der keltischen Religion, jener im dänischen Moor bei Aalborg geborgene Silberkessel von Gundestrup aus der La-Tène-Zeit, etwa um Christi Geburt, bestätigt diese Übereinstimmung. Mit Opferszenen und Brustbildern keltischer Götter geschmückt, deckt er religiöse Gemeinsamkeiten von Gallien bis nach Indien auf, wenn sich auch bereits unter dem Einfluß der Römer ein gewisser Synkretismus erkennen läßt. Gleichwohl sind Taranis, Teutates und Esus das mächtige, alles beherrschende Triumvirat des keltischen Götterhimmels in Gallien, der in seiner Dreistufigkeit der indoeuropäischen Gesellschaftsteilung in drei Klassen, Druiden (entsprechend Brahmanen), Ritter und Volk, entspricht.

Daneben gibt es die alle Gewalten mäßigende Muttergöttin, Gemahlin des Esus-Cerunnos, und Belenus, ein keltischer Apoll, Smertrius, einer der drei Dioskuren, und zahlreiche lokale Tiergötter. Was von Gallien bis nach Jugoslawien der Gott des Todes und des Ahnenkultes, Dispater, zugleich Drachenbändiger, ist, wird in Irland als Donn verehrt. Zu ihm, dem in der Unterwelt lebenden Gott der Toten, steigen – wie in Indien zum wedischen Gott Yama – alle Menschen am Ende ihrer Tage hinab.

Die Darstellungen des Kultgefäßes, ob die Toten nun auf einem Delphin in das keltische Paradies reiten, oder ob Kraniche ihnen den Weg dahin zeigen, sind wie ein sinfonisches Grundmotiv des Jenseitsglaubens. Krieger, in Erwartung einer ruhmreichen und ehrenvollen Unsterblichkeit, benutzen ein geflügeltes Pferd.

Auf die Erwartung des ewigen Lebens, mögen seine bildhaften Chiffren es auch eher umschreiben, lassen sich alle keltischen Kultäußerungen zurückführen, eingebettet in ein System von Kalenderwissen und übersinnlicher Naturerfahrung.

Vielleicht bliebe uns der Mythos der Kelten auf immer fremd, teilten wir nicht mit ihnen das allen Menschen gemeinsame Erlösungsbedürfnis. Das Stieropfer für die Muttergöttin ermöglicht ihr und ihren Gefährtinnen die Rückkehr in menschliche Gestalt. Das Hirschopfer für Esus-Cerunnos mit dem Geweih und den Hirschohren, der die Verstorbenen vor ihrer Auslöschung bewahrt, dient in gleicher Weise seiner Zurückverwandlung.

Der Hirschglaube, eine Erbschaft aus der keltischen La-Tène-Zeit, ist besonders bei den Alemannen und in Südfrankreich über die Anfänge der Christianisierung hinaus lebendig geblieben. Der Taufapostel Pirmin hatte, wie schon vor ihm allenthalten auch andere Kirchenväter, noch im 8. Jahrhundert in seinen »dicta«, einem Missionsbüchlein, Grund, gegen diese heidnischen Überreste zu eifern: »Am ersten Tage des Monats sollt ihr nicht Felle von Hirschen oder Pferden anziehen...«

So unversöhnlich sich die Kirche solchen Erscheinungen gegenüber auch verhalten mußte, so sehr hatte sie sich das, was die Scholastik seit dem 12. Jahrhundert die Transsubstantiation nennt, bereits im Sakrament der Eucharistie zu eigen gemacht.

In dem Maße, wie die fortschreitende Christianisierung Irlands die Druiden aus ihrer priesterlichen Stellung ablöste und den »filids«, den Dichtern, deren Autorität beließ, bleibt das magische Weltbild in der Überlieferung, in Heldensagen und Volksmärchen, erhalten. Die einstigen Tiergottheiten werden vom archaischen Zauber ihrer Rolle eingeholt, erlösungsbedürftige Wesen zwischen Mensch und Kreatur. Sie beleben die Insel als eine Schar von Wassergeistern, Elfen und Seevögeln, die als »Kinder des König Lir« im Schwanenkleid so lange an den Küsten entlang fliegen, bis der Klang einer christlichen Glocke sie in Menschen zurückverwandelt.

Die heidnischen Kelten verwandelten sich in eine ergebene Gefolgschaft Christi, ohne dabei gegen den neuen Glauben aufzubegehren wie die Germanen. Deren westliche Stämme empfingen seine ersten Botschaften aus Gallien, jener als finster geschilderten keltischen Provinz, was mit dem frühen römischen Bischofssitz dort zusammenhängen mag.

Ein Schlüssel für das keltische Christentum dürfte sein, daß die Suche nach dem heiligen Gral, dem mystischen Auffanggefäß für das Blut Christi, den keltischen Rittern – wie im Sagenkreis um König Arthur – zur Bewährung der erhabensten menschlichen Tugenden wird. Was die Wissenschaft mit exakten Methoden nicht beweisen kann, führt eine der großen abendländischen Dichtungen zur metaphysischen Wahrheit: Parzival auf dem Wege von Unwissenheit über Torheit und Frevel zur Erkenntnis der Pflicht und zur erlösenden Tat. Parzival, ein geläuterter Druide.

Der Weg der neuen Lehre zu den Kelten

In der Zeit um Christi Geburt war für Irland in seiner Entlegenheit die neue Nachbarschaft der Römer auf der Britischen Insel, die bis dahin keinen angeseheneren Feind in Europa gehabt hatten als die Kelten, eine ungeliebte Instanz in allen Fragen der Zivilisation. Gleichwohl waren auch unter solchen gespannten Verhältnissen Güter- und Informationsaustausch möglich.

Die im Schutz ihrer »rath«, jener Stein- und Erdumwallungen, residierenden Stammesfürsten und ihr kriegerisches Gefolge, das mit seinem Vieh in den noch heute aus der Vogelperspektive erkennbaren Hügelverschanzungen und auf künstlichen Lagunen, den von Palisaden umgebenen »crannogs«, hausten, waren trotz ihrer rauhen Lebensart gegen die Versuchungen des römischen Luxus durchaus nicht gefeit. So gelangten Wein, Emaille, Glas, Silber und kostbare Gewebe im Austausch gegen Häute, Vieh, Hunde und Pferde an das jeweils andere Ufer.

Noch im jetzigen Irland kann man sich angesichts der rothaarigen, Whiskey und Steak gleichermaßen ergebenen Iren aus dem »lifestock«, die sich durch ihre gesunde Gesichtsfarbe und ihr robustes Auftreten deutlich abheben, das alte keltische Original des Großviehhändlers vorstellen. Tatsächlich muß, woran sich bisher nichts geändert hat, die Einsicht wirtschaftlicher Abhängigkeiten auch nach den stärker einsetzenden »raids« der Iren auf die Britische Insel den Umgang miteinander bestimmt haben. Sonst wäre es kaum erklärlich, daß sich größere Gruppen von Iren als »foederati« zum Schutz römischer Interessen für eine Ansiedlung in Wales und Cornwall abwerben ließen, um sich der illegalen Übergriffe ihrer Landsleute von jenseits der Irischen See zu erwehren.

Betrachtet man in diesem Zusammenhang jene Silberplatte –nackte Epheben zu Pferde –, die durch Plünderung einer römischen Villa in Britannien den Besitzer gewechselt hatte, ergibt sich aus der Gegenüberstellung des erlesenen Gegenstandes mit der rustikalen Umwelt, in die er verschleppt wurde, ein widersprüchliches Bild. Auf der einen Seite das Zeugnis einer anspruchsvollen Lebensform, dessen künstlerische Gestaltung bereits die Dekadenz des klassischen Spätstils erkennen läßt, auf der anderen Seite die kraftschäumenden Clans in ihren weit auseinander liegenden massiven Wohnfestungen, umgeben von Dolmen, Vorhof- und Kammergräbern und jenen düsteren Tumuli, die das Geheimnis vergangener Generationen mit undurchdringlichen Erdschichten umhüllen.

Kein »oppidum«, wie man es im festländischen Gallien auf vorgeschobenen Hügelplateaus als Ausgangspunkt städtischer Siedlungen gefunden hat, sondern der holzverkleidete Erdbau einer in Rinderaufzucht und dem Gebrauch von Waffen geübten Landbevölkerung. Ihre Nachkommen auf der gleichen Scholle haben sich seither unverändert dem jeweiligen Zeitgeist gegenüber ihre innere Unabhängigkeit erhalten.

Um so wacher waren die eingewanderten Kelten gegenüber den geistigen Bewegungen jenseits der Insel, die mit leisen Erschütterungen gegen ihre Küsten rollten. Mit dem synkretistischen Nebeneinander griechischer und orientalischer Götter waren sie schon durch ihre Landnahme an den Grenzen Europas in Berührung gekommen. Was jetzt von den Essenern, einer jüdischen Gemeinschaft mit ordensähnlichem Charakter, denen auch Jesus angehört haben soll, und den Gnostikern aus dem Osten nach Westen drang, war ein Weltenmythos aus Apokalypse und einer vorderasiatischen Erlösungslehre, die zur Befreiung des Menschen aus seinem materiellen Gefängnis mehr von der Erkenntnis als vom Glauben ausging. Alles, was die Spätantike an religiöser Philosophie entließ, deutete über die Zeitenwende hinaus auf einen revolutionären Umbruch hin, der sich auf den Britischen Inseln der Römer als seines Mediums bediente. In den Iren muß sich damals, nach welchem Anstoß auch immer, die entscheidende Hinwendung zum Christentum vollzogen haben.

Daß sich ausgerechnet aus der römischen Besatzungsmacht, nachdem sie der neuen Religion mit Gewalt entgegengetreten war, ihre heimlichen Werber rekrutierten, gehört zu den irrationalen Vorgängen des Weltgeschehens. Wann die ersten zur Christenverfolgung eingesetzten Soldaten sich selbst der Lehre Jesu heimlich öffneten, und wie lange es dauerte, bis sie hierfür Zeugnis ablegten, wird sich nicht mehr feststellen lassen.

Für Engländer ist es indes bis heute unbestreitbar, daß Joseph von Arimathia schon um 60 nach Christus die Britischen Inseln erreicht hat, wo er als Arbeiter in den Zinnbergwerken das Evangelium von Cornwall bis in das Gebiet der Grafschaft Somerset verbreitete. Hier soll er mit dem heiligen Gral, jenem kostbaren Jaspisgefäß, in dem er das Blut Christi aufgefangen hatte, und einem Schößling aus Christi Dornenkrone an einem Weihnachtsfest in Glastonbury erschienen sein. Den Dorn senkte er in die Erde, wo er sich verwurzelte und zu einem Baum, der regelmäßig am 24. Dezember weiße Blüten treibt, herangewachsen ist. Daß sich aus einer von Joseph aus Lehm und Flechtwerk erbauten Kapelle eine der ersten Kirchen des Landes entwikkelt hat, die im 12. Jahrhundert niederbrannte und später durch eine Abtei ersetzt wurde, ist ein Teil der Legende. Ihre Ruinen umschließen das Grab des sagenumwobenen und von der mittelalterlichen Dichtung als Gralshüter verklärten britannischen Königs Arthur, der von seiner Burg Tintagel auf den Klippen von Cornwall sein keltisches Reich regierte und es gegen die im 5. Jahrhundert eindringenden Angelsachsen verteidigte.

Man braucht, eben noch im Bannkreis des Megalithzirkels von Stonehenge, eines Heiligtums aus der Bronzezeit in der Grafschaft Wiltshire, nicht weit in westlicher Richtung zu gehen, um aus der Ebene von Salesbury nach Glastonbury zu gelangen. Dort trifft man auf einen »tor«, einen Hügel mit Felsspitze, nach Art der für das benachbarte Dartmoor in Devenshire charakteristischen Landschaftsform. Er zieht, vom sinkenden Abendlicht getroffen, die Blicke auf sich und erscheint so weit entmaterialisiert, daß er zum Abbild des geheiligten Gefäßes selber wird. Auf seinem Gipfel steht der im Jahre 63 von Joseph von Arimathia gepflanzte Dornenstrauch, von dem seit jeher alle Herrscher Englands bis hin zur regierenden Königin Elizabeth II. zu Weihnachten einen blühenden Zweig empfangen. Er ist nur das letzte Glied in der Kette einer ungebrochenen Überlieferung aus langer keltischer Vergangenheit. Sie geht unmittelbar ins erste Jahrtausend über, als das Christentum in seiner Botschaft noch unvollständig vernommen, aber schon tief im Herzen bewegt wurde.

Fast um die gleiche Zeit, als Joseph von Arimathia vom Apostel Philippus aus dem Heiligen Land in den alten keltischen Inselhafen Glastonbury entsandt wurde und im Südwesten Britanniens um Anhänger für die Lehre Jesu warb, gerieten die Kinder des keltischen Königs Caractacus nach dessen Niederlage in römische Gefangenschaft. Hier sollen sie heimlich getauft worden sein. An sie erinnert ein aus römischer Zeit stammender Stein mit eingemeißelter Inschrift auf den Höhen des Exmoor in Devonshire. Es waren in jedem Fall Schleichwege, auf denen das Christentum zu den Britischen Inseln gelangte. Schneller als wir uns dies heute vorstellen können, gerieten Losungen, Absprachen und Neuigkeiten in den Nachrichtenumlauf, wobei religiöse Erfahrungen kraft ihrer transzendenten Beschaffenheit in ihrer Zirkulation besonders begünstigt waren.

Bei der Ausbreitung des Christentums hat die Emigration großer Volksgruppen, gleich, ob freiwillig oder unter Druck, eine wichtige Rolle gespielt. Nach dem Sieg Caesars über Gallien im Jahre 58 vor Chr. hatten keltische Auswanderer in großer Zahl die römisch besetzten Gebiete in Richtung England und Irland auf dem Seewege verlassen. Sobald sich die neue Glaubenslehre nicht nur in Rom und in einigen Städten Italiens, sondern auch an vereinzelten gallischen Orten hervorgewagt hatte, setzten schon zu Ende des

2. Jahrhunderts die Flüchtlingsströme wieder ein. Sie suchten aus Angst vor einer ungewissen Zukunft den tröstlichen Zusammenhalt mit ihren Stammesverwandten auf den Britischen Inseln. Mit den nach Sprache und Herkunft gleichartigen Menschen in den keltischen Küstenprovinzen von Armorica, der heutigen Bretagne, bis zum iberischen Gallaecia im spanisch-portugiesischen Nordwesten der Pyrenäenhalbinsel, haben sie sich auch danach über eine Eingott-Idee verständigt, die eine künftige Weltreligion auch im Ansatz noch nicht erkennen ließ.

Die Tatsache, daß in der zweiten Hälfte des 2. Jahrhunderts die Zahl der christlichen Märtyrer, besonders nach den auf völlige Ausrottung zielenden Gesetzen des Kaisers Decius, sprunghaft zunahm, verlieh der jungen, noch kaum organisierten Bewegung eine im Bewußtsein der Allgemeinheit unwiderstehliche Anziehungskraft.

Obwohl die Römer nicht immer Kelten und Germanen klar zu unterscheiden wußten, ist gerade der keltische Charakter deutlich durch eine erhöhte religiöse Bereitschaft gekennzeichnet. Die Frage, ob es nicht mehr als nur ein politischer Zufall war, daß sich die neue Lehre im keltischen Britannien schon um 300 ausgebreitet hat, während sich der Merowingerkönig Chlodwig erst 496 taufen ließ und damit den Germanen rund 200 Jahre später den Weg zum Evangelium freimachte, ist in diesem Zusammenhang berechtigt.

Tatsächlich haben sich die germanischen Stämme mit der Abkehr von ihrer heidnischen Vorstellungswelt schwer getan. Die keltischen Briten dagegen nahmen die Botschaft von jenseits des Wassers begierig auf. Anders als die Langobarden, die gegen Ende des 6. Jahrhunderts in Benevent (Süditalien) noch einen an einem Nußbaum aufgehängten Ziegenbock umtanzten, und als die Sachsen, die sich weitere zweihundert Jahre später der Christianisierung durch Karl den Großen unter Opferung ihres Führungsadels hartnäkkig widersetzten (782 Schlacht bei Verden/Aller), fühlten sich jene von dem fremden Mythos in vertrauter Weise angesprochen.

Ihre keltische Götterwelt, auf den ersten Blick mit den Bedürfnissen von Piraten und Kriegern im Einklang, läßt sich noch am ehesten anhand der irischen Überlieferung rekonstruieren. Mit dem Oberherrscher, der Silberhand, an der Spitze, ist ihr Olymp mit Kriegsgöttern und Klein-Göttinnen, mit Schmiede-, Baumeister- und Feuergott nicht weniger martialisch besetzt als bei den Germanen.

Dahinter, wie ein Allerheiligstes, verbarg sich der von Druiden gehütete Erkenntnisschatz einer über die Fruchtbarkeitsgöttin Anu weit hinausstrebenden und bei Echaid Oll-Athair, dem Allvater, mündenden Theosophie. Für eine Heldenfigur wie Cú Chulainn, der über das sagenhafte, schon von Ptolemäus beurkundete Königreich Eamhain Macha im Norden Irlands herrschte, war freilich der Umgang mit der Aas- und der Schlachtenkrähe, Macha und

Bodb, weitaus angemessener als mit druidischer Weisheit. Aus der Dauerfehde mit lokalen Königtümern als das in seiner Todesverachtung unüberwindliche Symbol des Kampfgeistes hervorgegangen, fand sich Cú Chulainn am Ende so schwer verwundet wieder, daß er zum Sterben in aufrechter Stellung Halt an einem Pfeiler suchen mußte. Gleichwohl metzelte er, die Schlachtenkrähe Bodb auf der blutenden Schulter, mit einer Hand von den Kriegern der Connaught-Armee einen nach dem anderen nieder.

Das Navan-Fort in der Nähe von Armagh, von Archäologen bis heute auf keltischen Nachlaß untersucht, ist der einzige Überrest jenes Machtmittelpunktes, der sich bis zu seiner Zerstörung im Jahre 450 nach Chr. durch seine Rivalen aus Tara von Ulster aus behauptete. In diesen ringförmigen, meist hoch gelegenen Forts, die miteinander nur feindselig kommunizierten, haben die Krähen als kultische Hausvögel der Keltenkönige überlebt. Wie Geister der Unversöhnlichkeit und Rache fahren sie mit einer mißtönenden Kadenz hernieder, und überall, wo sie kreischend zusammenhocken, scheinen sie das Komplott weiter zu schmieden.

Um die Zeit Caesars hatte sich das System der keltischen Gesellschaft in Gallien einerseits und auf den Britischen Inseln andererseits erheblich auseinander entwickelt. Während auf dem Festland unter mittelmeerischen Einflüssen das Königtum fast ganz zu Gunsten einer mehr nach römischem Muster geformten Civitas verschwunden war, hielt sich in Irland eine kriegerische Elite der führenden Stämme an der Macht. Vollendete Sagengestalten im La-Tène-Stil, waren sie mit ihren Kriegstrompeten, kunstvoll verzierten Schwertschneiden und goldenen Halsbändern noch weit davon entfernt, die gewaltlose Lehre des Christentums an sich heran zu lassen, und doch schon kraft ihres seelischen Ausgriffs halb dafür gewonnen. Anders als auf dem Festland, wo christliches Gedankengut von unten her in breitere Volksschichten eindrang, mußte es in Irland über die Könige und ihren Clan den umgekehrten Weg von oben nach unten nehmen. Das mag einer der entscheidenden Gründe dafür sein, daß sich die keltische Kirche getrennt von der des Kontinents entwickelte.

Irische Sonderausprägung des Christentums

Heute, da das Christentum eine der großen Weltreligionen ist, finden seine Anhänger an ihm kaum mehr als ein historisches Interesse, das zudem auf die theologische Forschung beschränkt bleibt. Um den Weg der irischen Sonderentwicklung befriedigend aufzuhellen, muß man schlecht beleuchtete Strekken in die Vergangenheit zurückverfolgen. Hier erwartet uns der Apostel Paulus mit seinem zwischen 50 und 52 geschriebenen Missionsbrief an die

Galater, deren Vorfahren sich um 280 vor Christus, von Europa kommend, in Kleinasien niedergelassen hatten. Sie waren die östlichsten Vertreter der keltischen Welt, deren westlichster der inselkeltische Stamm der Iren ist.

Es scheint mehr als ein Zufall zu sein, daß Paulus diese »Magna Charta des vom jüdischen Gesetz gelösten Weltchristentums« ausgerechnet an die Galater richtete. Seit 25 vor Chr. als Provinz Galatien der römischen Verwaltung unterstellt, schienen sie dem Apostel als jüngst bekehrte Heidenchristen reif genug, die neue Lehre als eine selbständige Religion zu begreifen.

Zehn Jahre danach wagte sich Paulus mit einer Landung an der kalabrischen Küste Italiens bei Rhegion in das Zentrum der römischen Weltmacht vor, um von Rom aus die durch seine kleinasiatischen Gemeinden bestätigte Lehre auch im lateinischen Erdkreis zu verbreiten.

Für seine Absichten waren die imperialen Organisationsformen, die Verkehrswege und der Verwaltungsapparat von Vorteil. Auf ihnen beruht zum wesentlichen Teil die rasche Institutionalisierung der Lehre.

Auch die Kelten, soweit sie unter der römischen Herrschaft lebten, wurden verhältnismäßig leicht dafür gewonnen. Sie waren der Kaiservergottung um jene Zeit hinreichend überdrüssig. Nichts kam ihnen deshalb gelegener als eine in der brüderlichen Gestalt Christi personifizierte gegenweltliche gnädige Gottheit.

Für die Auswüchse des Gott-Kaisertums gibt es im ersten nachchristlichen Jahrhundert ein gewiß auch von Zeitgenossen als abstoßend empfundenes Beispiel. Wer sich in Benevent, der späteren Herzogstadt der Langobarden in Süditalien umsieht, stößt in der Stadtmitte auf einen Obelisken, den Kaiser Domitian um 88 nach Chr. aus Ägypten herbeischaffen und mit Huldigungen an sich selbst, »an den von allen Göttern geliebten Stern, Sohn der Sonne, Herrn der Diademe der beiden Religionen« über und über bedecken ließ. Nicht genug damit, saß er einem Bildhauer seiner Zeit zu einer neo-ägyptischen Skulptur Modell, die ihn zum unbekleideten Pharao, zum hellenistisch-orientalischen Gottkönig stilisierte.

Forderte ein Übermaß an Despotie auch oft, wie in seinem Fall, das Ende durch Mord heraus (96 nach Chr.), blieb gleichwohl der Personenkult weiterhin mit der kaiserlichen Machtausübung, besonders ausgeprägt im Byzantinischen Reich, verbunden. Als Stellvertreter Gottes auf Erden bewegten sich auch die christlichen Alleinherrscher im Grenzbereich menschlicher Hybris.

Von Anfang an trat das Christentum mit dem Erlösungsanspruch universal für alle Menschen auf, was es davor bewahrte, von seinen Gegnern zu einer Sekte von bloß lokalem Charakter herabgewertet zu werden. Das hat seine Verbreitung nicht unwesentlich beschleunigt.

Schon die Evangelisten durchbrachen ihre engen örtlichen Grenzen. Der heilige Thomas kam östlich bis nach Indien, Markus bis nach Ägypten. In die westliche keltisch-iberische Welt hinaus trat der heilige Jakobus mit dem legendären Weg seines Leichnams nach Santiago de Compostela in Galicien an der spanischen Nordküste, von wo aus er der Schutzpatron des Landes wie auch Lateinamerikas wurde. Eine britische Überlieferung läßt Joseph von Arimathia auf der sagenhaften Insel Avalon, einer eisenzeitlichen keltischen Handelsmetropole bei der heutigen englischen Stadt Glastonbury (County Somerset) landen und dort die erste christliche Kirche auf den Britischen Inseln gründen.

Unmittelbar nach der Kreuzigung setzte die Ausbreitung der christlichen Lehre mit unabsehbarer Fernwirkung ein. Die Apostelgeschichte erzählt von dem römischen Centurionen Cornelius, der in einer Kohorte von Cäsarea Dienst tat und der durch Petrus die Taufe empfing. Sie geschah wegen militärgerichtlicher Strafandrohung geheim und wurde von dem Täufling nie öffentlich zugegeben. Von einem zweiten Taufakt, den der Jünger Christi, Johannes, an dem griechischen Philosophen Craton von Ephesus vollzog, ist in den apokryphen Schriften die Rede.

Es braucht daher nicht zu verwundern, wenn die bretonischen Kelten ihren Übergang von der Druidenreligion zum Christentum auf Nikodemus zurückführen, der als jüdischer Schriftgelehrter und Mitglied des Synedriums in einer für seine Glaubensgenossen illegalen Verbindung mit Jesus stand und ihn zeitweise vor Verfolgung schützen konnte. Er nahm an seiner Bestattung teil und soll nach dem jüdischen Traktat Sanhedrin einer seiner Jünger geworden sein. Zum Evangelium fanden die Kelten über die Verehrung des Wassers, die bei den heutigen Bretonen wie bei den Iren noch im christlichen Ritus fortlebt. Nach ihrer Überzeugung wurde es von Nikodemus im Gespräch mit Jesus gleichnishaft aufgeschlüsselt. Auf seine Frage nach der Fortdauer unserer menschlichen Existenz antwortete ihm Christus: »Wahrlich, wahrlich, ich sage dir, es kann niemand in das Reich Gottes kommen, es sei denn, er ist geboren aus Wasser und Geist.«

Nach ältester Auffassung war die Erde ringsum von Wasser umgeben, woraus sich für die damalige Menschheit ergab, daß eine außerirdische Welt von gleichem Stoff sein müsse. Unterwelt und Paradies in einem, lag sie nach den Vorstellungen jener Zeit in der abyssos, der unergründlichen Tiefe des westlichen Weltmeeres. Das Elysium der Griechen, Ort der Frommen und der reinen Glückseligkeit, war bei den Inselkelten die Wasserwelt, mit der sich die Sterblichen am Ende ihres Lebens zu vereinigen hofften. Bis ins Mittelalter hinein blieb dieser Mythos vom Land der Verheißung, das die Iren auf einer Insel suchten, von der nur die untergehende Sonne wußte, wo sie war.

Dabei hat die Überlieferung der Kelten eine entscheidende Rolle gespielt. Innerhalb ihrer festländischen Siedlungsräume, besonders in Gallien, wurden, wie sicher belegt ist, Anzeichen für eine Heiligung des Wassers gefunden. Wo Flüsse entsprangen oder sich mit anderen vereinigten, an Mündungstrichtern, an Quellen und Teichen hat man Votivgaben in Gestalt kleiner Holzidole, aber auch Gold- und Silberschätze gefunden, die bei kultischen Handlungen versenkt worden waren.

Daß sich bei den Nachfahren der Arverner an einem See in den südfranzösischen Cevennen ein schon von Gregor von Tours im 6. Jahrhundert beschriebenes Ritual mit Tieropfern und der Übergabe von Geschenken an das Wasser bis 1868 als religiöses Volksfest fortgesetzt hat, belegt die alte und niemals abgebrochene Verbindung zu jener »anderen Welt«. Man braucht nur die heute noch in der Bretagne verkauften »Signes« zu betrachten, von denen zwei Plaketten das Zeichen für Wasser tragen, um diesen Kreis zu schließen.

Gleichfalls in der Bretagne, vor deren Küsten sich seit dem Neolithikum und der Bronzezeit die westlichen Schiffahrtswege kreuzen, ist der heidnische Wasserkult nahtlos in die christliche Vorstellungswelt übergegangen. Die Halbinsel Quiberon, auf einem frühchristlichen Atlas mit einem iro-schottischen Kloster an der Spitze des Kaps dargestellt, ist heute noch Schauplatz einer Prozession unerlöster Seelen. Sie beschwört alljährlich die Erinnerung an die untergegangene Insel Aise, die, langsam vom Festland weggerückt, bei einer einzigen Sturmflut mitsamt allen Menschen, die sie bewohnten, im Meere versunken ist. Der Volksglaube hält daran fest, daß sich hier alljährlich an einem Tag im Februar zu bestimmter Stunde alle Ertrunkenen versammeln. Mit roten, aus Feuer gewebten Mänteln angetan, tauchen sie empor, um die Gnade des hier 570 gelandeten irischen Mönchsheiligen Columban zu erflehen. Sie werfen ihre Umhänge in die Flammen des Reisigfeuers, das die Lebenden für sie am Strand entzündet haben, und kehren zum Meeresgrund zurück, wo sie bis zum nächsten Jahr in den verwunschenen Tiefseegrotten, zwischen Krabben und blauen Muscheln, auf ihre Rückkehr zur Erde warten.

Wasser und Geist, aus dem Zusammenwirken dieser zwei Elemente von vergleichbarer Abstraktheit, von dem das eine den leiblichen, das andere den seelischen Durst stillt, erwächst das Geheimnis der Religiosität schlechthin. Kein Wunder, daß die lebensspendende Taufe der Christen mit Wasser vollzogen wurde. Über seine innere Reinigungskraft hinaus war auch etwas von seiner Zeugungsrolle bei der Schöpfung im Spiel, wenn noch gegen Ende des 6. Jahrhunderts der irische Mönch St. Brendan einer frommen Fata Morgana über den Atlantik nach Westen folgte, hoffend, das verlorene Paradies könne sich für die Menschheit in der abyssos, der unauslotbaren Dunkelflut, erneuern.

In einer irischen Legende heißt es: »Brendan und seine Schiffsbesatzung kamen an einen Fluß, den sie nicht überqueren konnten. Jenseits davon sahen sie ein Land von unbegrenzter Schönheit. Ein junger Mann erschien, der ihnen ein herzliches Willkommen bot und Brendan große Ehrerbietung zeigte. Er nahm ihn bei der Hand und sagte: »Hier ist das Land, das du gesucht hast, aber es ist Gottes Wille, daß du unverzüglich umkehrst. Es wird dir mehr von den verborgenen Dingen zeigen, wenn du wieder auf hoher See bist. Belade dein Schiff mit den Früchten dieses Landes. Du wirst bald außerhalb dieser Welt sein, denn dein Leben nähert sich dem Ende. Der Fluß, den du hier siehst, ist das Gewässer, das die Welten teilt, denn kein Mensch kann auf die andere Seite gelangen, solange er lebt. Und wenn unser Herr alle zu sich gezogen hat und wenn jeder ihn kennt und unter seinem Gesetz steht, dann wird man dieses Land betreten am Ende der Zeit.

Brendan und seine Gefährten nahmen an Früchten mit, was sie fanden, und viele kostbare Steine. Sie beluden damit ihr Schiff und fuhren davon, traurig, daß sie von hier scheiden mußten.« In der »Navigatio Sancti Brendani«, im 10. Jahrhundert geschrieben und in alle Sprachen der damaligen Welt übersetzt, hat sich ein zeitloser Mythos im christlichen Gewande erhalten. Das Wasser in seiner kosmischen Ausdehnung wurde von den Kelten als ferne Urheimat des Lebens erfahren, zu der ihre Seelen im Tode zurückstrebten, und auf dem die Heiligen ohne Kompaß ihre letzte Heimat fanden. Zahllos sind die Beispiele der Glaubensmärtyrer, deren Leichname im offenen Boot, den abgeschlagenen Kopf neben sich, über die See trieben. Der Ort ihrer zufälligen Landung wurde zu ihrem Patronat erhoben. Das Wasser, mit dem die Christen die heidnischen Tempel besprengt hatten, anstatt sie, wie sonst üblich, zu zerstören, war zum Weihwasser geworden.

Irland hatte sich bis dahin so unauffällig verhalten, wie es seiner nordwestlichen Randlage außerhalb der römischen Reichsgrenzen entsprach. Hätte man es damals von einem seiner zahlreichen Hügelplateaus, die seinen Inselkörper mit kahlen, von der Eiszeit zerborstenen Kalkformationen durchziehen, beobachten können, wäre es dem heutigen Bild, sieht man von der damals noch stärkeren Bewaldung ab, in mancher Hinsicht ähnlich gewesen.

Heute wie damals ist das Land mit groben Feldsteinen in Torfmoorparzellen und Weiden, die mit magerer Graskrume bedeckt sind, aufgeteilt, darin neben Großvieh auch Pferde, Schweine und Schafe. An den Hügelforts sind die hölzernen Palisaden verschwunden; was aus Stein aufgeschichtet ist, hat sich erhalten. Es fehlen nur die chieftains der 150 Kleinkönigreiche, die es damals in Irland gab. Ihre legitimen Nachfolger könnten die heutigen Farmer und Viehzüchter sein. Sie üben noch ein rustikales Patriarchat aus, vergleichbar dem der Könige und Hochkönige von damals.

In Zeiten, in denen die Waffen ruhten, hielt man Stammesversammlungen innerhalb der »raths« ab, die, anders als die Wohnstätten der umliegenden Bauern, mit einem doppelten Wall umgeben waren. Für Arbeiten, die der Sicherheit des Stammes und dem Ansehen der »chieftains« dienten, wurden niedere Vasallen eingesetzt. Im Anschluß an die Versammlung fanden auf den alt-keltischen Stammesfriedhöfen in Abwandlung heidnischer Bestattungsrituale Spiele und Pferderennen statt. Eine in die sogenannten »brehon laws« eingebundene Gesetzesüberlieferung hielt dieses Sozialsystem seit den archaischen Zeiten indoeuropäischer Urgemeinsamkeit unverändert zusammen.

Auf dem Festland griff indes, besonders seit dem 2. Jahrhundert unserer Zeitrechnung, das Christentum nach dem Gesetz der Dynamik immer schneller um sich.

Ausgehend vom Vorderen Orient bildeten sich entlang dem afrikanischen Nordrand des Mittelmeeres einerseits und dem europäischen Südrand andererseits christliche Gemeinden, ein Vorgang, der von einer an Schärfe zunehmenden dogmatischen Auseinandersetzung begleitet war. Sie ging vom Zentrum des geistigen Griechentums, Alexandria im ägyptischen Nildelta, aus, wo schon um die Mitte des 2. Jahrhunderts eine christliche Laienschule unter Führung des gelehrten Schriftstellers Klemens bestanden hatte. Nachdem Paulus den Dionysios Areopagita, Mitglied des berühmten Athener Gerichtshofes, zum neuen Glauben bekehrt hatte, wurde um die Authentizität des von spätantiker Philosophie durchtränkten Christentums gestritten. Kommt man heute nach Athen, erkennt man am Westhang der Akropolis den Felsen des Areopag, der früher von einer Kultstätte der Erinnyen beherrscht wurde. Paulus gelang es, die Rachegöttinnen kraft seiner feurigen Evangelisationsrede im Jahre 54 von dieser Stelle aus zu entmachten. Gleichzeitig erprobte er an seinen Zuhörern eine neue Macht, die Überzeugungskraft des christlichen Glaubens.

In der Apostelgeschichte 17,34 heißt es: »Da sie hörten die Auferstehung der Toten, da hatten's etliche ihren Spott, etliche aber sprachen: ›Wir wollen dich davon weiter hören.‹ Also ging Paulus von ihnen. Etliche Männer aber hingen an ihm und wurden gläubig, unter welchen war Dionysios, einer aus dem Rat, und ein Weib mit Namen Damaria, und andere mit ihnen.«

Ihm, dem Erstgetauften seiner Stadt, der die Reihe der Märtyrerbischöfe Athens eröffnete, wurde später eine noch in ihren Fundamenten erkennbare dreischiffige Kirche, die Hagia Dionysios Areopagitas, geweiht.

An dieser klassischen Stätte trat das Christentum in den erst von Thomas von Aquin im 13. Jahrhundert wieder aufgenommenen Dialog mit platonischen Ideen ein, aus denen sich ein für die abendländische Scholastik grundlegendes Denkgebäude entwickelte. Die griechische philosophische Bildung beherrschte um jene Zeit noch die an der dogmatischen Auseinandersetzung beteiligten Geister in einem Maße, daß der zwischen 175 und 242 in Alexandria lehrende Philosoph Ammonios Sakkas, obwohl im christlichen Glauben erzogen, seine Thesen im Geiste des Neuplatonismus formulierte. Zunächst von seinem Schüler Plotin (202–270) in Rom übernommen, tauchte diese Philosophie 200 Jahre später unter dem Einfluß des Patriarchen von Konstantinopel, Proklos Diadochos, als dialektische Dreistufenfolge – eine Art Tugendleiter – wieder auf. Damit hatten nichtchristliche Tendenzen vorübergehend die Oberhand gewonnen.

Johannes Klimakos (Klimax), Anachoret auf dem Berge Sinai, hat diese platonische Tugendleiter zwischen 597 und 649 in eine christliche Scala paradisi zurückverwandelt.

Im wütenden Widerstreit der Lehrmeinungen blieben die jeweils Unterlegenen als Ketzer auf der Strecke. Bedeutende Denker wie Tertullian (150–225), erster lateinischer Kirchenschriftsteller, Rechtsanwalt in Karthago, und Origenes (185 bis 253), griechischer Theologe in Alexandria, zerfielen mit dem Rechtgläubigkeitsanspruch der lateinischen Kirche. Tertullian hatte sich mit den Montanisten, einer enthusiastisch-apokalyptischen Bewegung christlicher Prägung, verbunden, und Origines hatte sich wieder den platonischen Ideen geöffnet. Obwohl zusammen mit Tertullian als Häretiker gebrandmarkt, fand Origenes und mit ihm der Neuplatonismus immer wieder Anhänger. Zu ihnen gehörte der 232 in Tyros geborene Philosoph Porphyrios, der 15 Bücher »gegen die Christen« schrieb. Theodosius II. ließ sie öffentlich verbrennen.

Als ebenso hartnäckig erwies sich der Gnostizismus, der Elemente einer auf babylonische Kulte zurückgehenden hellenistischen Mysterienreligion enthielt. Ein Ausläufer dieser antiken Gnosis war der Manichäismus, ein aus kosmischen Elementen gemischter Erlösungsglaube, der sich im Osten, besonders in Persien, ausbreitete und dort bis zum 13. Jahrhundert überdauerte, während er im Westen bis nach Spanien hineinwirkte, dort aber bereits im 5. Jahrhundert der Verfolgung durch die lateinische Kirche erlag. Sein Gründer Mani aus Mardinu in Babylonien (214/15 bis 276) war in Gundeshapur, Persien, auf Betreiben der zoroastrischen Priesterschaft gekreuzigt worden. Nach 1930 fand man in der ägyptischen Wüste Schriften des westlichen Manichäismus in koptischer Sprache, darunter ein Lehrbuch, eine Hymnensammlung und Briefe Manis an seine Jünger. Aus ihnen geht hervor, daß Mani sich als Abgesandter Gottes und Bruder von Zoroaster, Jesus und Buddha betrachtete und in dieser Eigenschaft seiner Berufung zur Weltmission in Indien, China, Nordafrika und Spanien folgte. Mit dem Manichäismus verschmolzen die Ideen der Marcioniten, die sich auf den Theologen Marcion aus Synope in Kleinasien beriefen, der 144 in Rom eine mächtige Gegenkirche gegründet hatte. Er ist das klassische Beispiel eines Häretikers, der, wie alle Anhänger gnostisch beeinflußter Glaubensgemeinschaften, die bedingungslose Verfemung durch den heiligen Irenäus, griechischer Kirchenvater und seit 177/78 Bischof von Lyon, auf sich zog.

Eine dem Manichäismus vergleichbare Fernwirkung hatte der knapp 300 Jahre später aufkommende Nestorianismus, von dem Mönch, Presbyter und späteren Patriarchen von Konstantinopel, Nestorius (381 bis 451), begründet. Im Gegensatz zu dem fast gleichzeitigen Monophysitismus des Archimandriten Eutyches (378 bis 454) in Konstantinopel, wonach Christus nur Gott gewesen und seine menschliche Natur in der göttlichen wie »ein Tropfen Milch in einem Ozean« aufgegangen ist, lehrte Nestorius die Trennung der zwei Naturen Christi und nannte die heilige Maria »Christusgebärerin« statt »Gottesgebärerin«. Beide Lehrmeinungen wurden auf den Konzilien von Ephesus 431 (Nestorius) und Chalcedon 451 (Eutyches) verdammt. Gleichwohl gibt es Monophysiten noch heute in Armenien, Äthiopien und Syrien, Nestorianer noch im Irak und in China.

Eine Spätfrucht des Monophysitismus sind die Maroniten unserer Tage in den Bergen des Libanon, seit 1181 mit dem Papst in Rom uniert. Sie führen sich auf den heiligen Maro und das nach ihm benannte syrische Kloster zurück.

Betrachtet man das Ringen um die gültige Auslegung des Christentums, das jahrhundertelang zur Abspaltung und Sektenbildung führte, aus heutiger Sicht, werden moderne politische Konflikte, vor allem im Nahen Osten, durchschaubarer. Nicht die vielbeschworenen sozialen Unterschiede, sondern die tiefe ideologische Kluft durch fanatische religiöse Festlegungen vor mehr als 1500 Jahren wirken in den gegenwärtigen ideologischen Auseinandersetzungen fort.

Irland hat an der mit intellektueller Hemmungslosigkeit geführten Auseinandersetzung um die neue Lehre in den nachchristlichen Jahrhunderten nicht teilgenommen, sondern ihr von der Britannia Romanica her ohne Aufhebens auf eigene Weise Zugang verschafft. Anders als auf dem Festland, wo sich wie in einer riesigen Arena ein gewitztes und anspruchsvolles Publikum zur Gala lateinischer Rhetorik traf, vernahm man hier kaum etwas von den Dissonanzen des dogmatischen Dialogs, sondern eher etwas von dem anschwellenden Akkord christlichen Bekennermutes. Bis die Informationen nach Irland gelangten, waren alle pseudo-wissenschaftlichen Spitzfindigkeiten ausgeschieden. Übrig blieben die Grundzüge des Glaubens und seine ethische Substanz.

Wenn auch erst die von Eusebius von Cäsarea (260 bis 339), Vater der Kirchengeschichte, geschriebene Chronik der Christenverfolgung der Nachwelt hinreichend über diese unruhige Epoche unterrichtete, haben sich mit Sicherheit auch schon zu seiner Zeit besonders drastische Einzelheiten selbständig gemacht und das Ohr der ungetauften Welt erreicht. Hierfür waren die raumgreifenden Bewegungen der ersten germanischen Völkerwanderung nicht ohne Bedeutung. In diesem Zusammenhang spielten die christlichen Soldaten, auf die Rom wegen der wachsenden Anfälligkeit seines Imperiums nicht verzichten konnte, und die für die neue Lehre besonders empfänglichen Sklaven bei der Verbreitung solcher Nachrichten eine wichtige Rolle. Sie erfuhren um so mehr, je häufiger sie bei Truppenverschiebungen und der damit verbundenen Besetzung ziviler Verwaltungsstellen ihren Standort wechselten. Nachhaltig wirkten Berichte von Massenhinrichtungen und vom Opfertod prominenter Blutzeugen, darunter die Bischöfe Ignatius (110 in Antiochia), Ponthinius mit der Sklavin Blandina (beide 177 in Lugdunum, dem heutigen Lyon an der Rhône), der Philosoph und Apologet Justin (165 in Rom), der Papst Cornelius (253 in Rom) und der schismatische Gegenpapst Hippolyt (235, in Rom), die beiden letzteren in sardischen Bergwerken umgekommen, schließlich Papst Sixtus II. und sein Diakon Laurentius (beide 258 in Rom).

Heute wissen wir, daß auch die verfassungsmäßigen Gott-Kaiser, die scheinbar so leichtfertig über das Leben Andersgläubiger verfügten, mit Selbstzweifeln zu kämpfen hatten. Wie aus dem Briefwechsel des jüngeren Plinius (61 bis 113) aus seiner Zeit als Statthalter in Bithynien mit Kaiser Trajan zu entnehmen ist, nährte vor allem der Fanatismus, mit dem die Christen im Angesicht des Todes ihre Überzeugung vertraten, Bedenken an der Rechtmäßigkeit ihrer Verfolgung.

Die Wirkung der Strafmaßnahmen war so widersprüchlich, daß sich die Staatsgewalt zwar einerseits Geltung verschaffte, andererseits die Christen nicht dezimieren konnte. Im Gegenteil scheint dadurch die Saat ihres Glaubens erst endgültig aufgegangen zu sein.

Als am Ende des 2. Jahrhunderts lateinische Bibelübersetzungen unter der Sammelbezeichnung »Itala« über Rom hinausgelangten, waren schon zahlreiche christliche Gemeinden zu ihrer Aufnahme bereit, die meisten davon auf dem heutigen Boden von Griechenland, der Türkei, von Syrien, Israel und Ägypten, aber auch, wenngleich weitaus weniger, bereits in Gallien und Germanien.

Den Germanen begegnete das Christentum um die gleiche Zeit in der Form des Arianismus. Nach heutiger Auffassung ein reiner Zufall, weil sie es nicht über Rom, sondern über Alexandria kennenlernten, wo der Presbyter Arius (gestorben 336) nach der zweiten Hälfte des 3. Jahrhunderts nicht von der Gottgleichheit, sondern von der Gottähnlichkeit ausging. Athanasius (295 bis 373), griechischer Kirchenpolitiker und Patriarch von Alexandria, setzte auf dem Konzil von Nicäa im Jahre 325 die Verdammung dieser theologischen Richtung als Ketzerei durch, was nicht hinderte, daß sich die Germanen bis zum 7. Jahrhundert von diesem mehr rationalen Bekenntnis unvermindert angezogen fühlten.

Jenseits solcher Gegensätzlichkeiten lagen die Britischen Inseln. Bevor im Jahre 303 unter Diokletian die mit grausamer Systematik betriebene letzte staatliche Christenverfolgung einsetzte, gab es fünf Gemeinden, darunter eine im damaligen Isca, dem heutigen Wales. Dort waren zwei christliche Angehörige der römischen Besatzungsmacht in der Legionum Urbs, heute Caerleon-on-Esk, ihres Glaubens wegen hingerichtet worden. Dieses Ereignis, so nahe der irischen Gegenküste, muß auf die von den Römern »Hibernia« genannte Insel alarmierend gewirkt haben. Von nun an empfing die geschlossene Gesellschaft der Clans und Druiden, deren Vorfahren man eine unausgesprochene Übereinstimmung mit den Geheimlehren des Pythagoras nachgesagt hatte, in den Höhenburgen der keltischen Eisenzeit aufrüttelnde Signale. Das Wesen der Dinge, von Zahlenverhältnissen bestimmt und in ein von geometrischen und astronomischen Gesetzen beherrschtes Weltbild eingebunden, bereicherte sich um einen neuen eschatologischen Sinn. Das Wissen um die letzten Dinge, in der Theologie die Vollendung des einzelnen und der Schöpfung, war der geistigen Tradition des Keltentums vertraut und schien sie mit einem neuen stürmischen Leben zu erfüllen.

Man fragt sich, ob nicht die zahlreichen Ogham stones, jene »gallans« genannten aufrecht stehenden beschrifteten Steine, schon erste Hinweise auf christliche Einflüsse enthalten, bevor die nach der Christianisierung hinzugefügten Kreuze ihren heidnischen Charakter gleichsam neutralisierten. Die nach dem keltischen Gott des Schreibens, Ogmios, genannte Oghambeschriftung ergibt mit dem Kreuzzeichen zusammen ein für Irland typisches Bild eines friedlichen Neben- und Miteinanders des alten und des neuen Glaubens.

Das Christentum, durch das Toleranzedikt von Mailand im Jahre 310 gesetzlich anerkannt, mußte gleichwohl noch bis 380 warten, um Staatsreligion zu werden. Bis dahin hatte es alles, das profane wie das geistige Leben, umfassend in Bewegung gebracht. Im Jahre 333 nahm von Bordeaux in der damaligen Aquitania Secunda aus ein Pilgerzug Kurs auf die heiligen Stätten in Palästina. Der Nahe Osten, heute als kompliziertes politisches Streitobjekt zum klassischen Krisenherd geworden, galt damals in den Augen der abendländischen Menschheit als ein geweihtes Stück Erde, das zu betreten innere Erleuchtung verschaffte.

Bereits um die Mitte des 3. Jahrhunderts hatte sich Paulus, der erste Eremit (gestorben 340), in die ägyptische Wüste zurückgezogen. Ihm folgte der heilige Antonius (250–356), der neben Pachomius (gestorben 346) als Begründer des koptischen Mönchtums gilt. Beide Formen der Askese, das Anachoretentum des Antonius und das koinobitische Klosterleben des Pachomius, bilden die Grundlage auch des abendländischen Mönchtums.

Pilgerfahrten und Eremitentum im Sinne des »monachos«, des »Alleinlebenden«, deckten sich mit den keltischen Erscheinungsformen im heidnischen und christlichen Irland der damaligen Zeit. Auch heute noch findet der Inselbesucher genügend Anhaltspunkte für die Neigung seiner Bewohner zu einsamer Versenkung im nachbarlosen Raum. Die nationalen Pilgerfahrten haben Orte wie die Höhle im Lough Derg in der County Donegal zum Ziel, die auch schon in vorchristlicher Zeit einen liturgischen Zweck erfüllten. Es liegt ihnen ein System von »Rounds«, von Rundprozessionen, zugrunde, die, der Umlaufbewegung der Sonne folgend sich dabei um Steinkreise und geweihte Brunnen drehten.

Sie setzen sich unter christlichen Vorzeichen bis heute fast unverändert fort. Anders als auf dem Kontinent, wo das Christentum auf eine Staatsreligion traf, wurde es hier als ein verwandeltes Heliozentrum in das keltische Weltsystem freundlich übernommen. Nachdem das Christentum gegen Ende des 3. Jahrhunderts bis nach Persien und Indien gedrungen war und zu Beginn des 4. Jahrhunderts im Westen den römischen Teil der Britischen Inseln erreicht hatte, trat Irland aus der Rolle des unbeteiligten Zuschauers heraus. Noch nicht christlich, aber schon empfänglich für die Zeichen der Ablösung einer Weltanschauung durch eine neue, entfernte sich die aufgeklärte Priesterschaft der Insel insgeheim von ihrer überlieferten Götterwelt Schritt um Schritt. Dieser schwankende Zustand auf unsicher gewordenem Grund wird nirgendwo deutlicher als im Lough Erne an der Grenze zwischen dem heute britisch verwalteten Norden (Ulster) und der jetzigen Republik Irland. Dieses weitverzweigte, zur Donegalbucht entwässernde Seengebiet, das obere und untere Lough Erne, ist ein für die abwartende Haltung Irlands an der Schwelle vom Druidentum zum Christentum beziehungsvolles Versteck. Anders als auf den ausgebauten Römerstraßen des Kontinents vollzog sich in Irland der Informationstransport weitgehend auf dem Wasserwege, zumeist über den größten irischen Fluß, den Shannon.

Der geheimnisvolle Stafettenlauf der christlichen Losung, wie er sich anhand der auf zwei Inseln im Lough Erne zurückgelassenen primitiven Skulpturen rekonstruieren läßt, hat die gesamte Grafschaft Fermanagh, die man noch heute die »schweigsame« nennt, zum sprachlosen Mitwisser. Vielleicht von Schottland, Wales oder der Bretagne her hatte ein Wasserfahrzeug zwischen Sligo und Donegal und über die Ernemündung diese Gewässer erreicht, die noch im Zweiten Weltkrieg als strategische Operationsbasis für den Seekrieg galten und von Amerikanern und Briten gemeinsam gegen deutsche Aktionen kontrolliert wurden. Vor 2000 Jahren mögen sie eine vergleichbare Bedeutung besessen haben, als Druiden sich dort niederließen. Sechs bis heute nicht enträtselte Steinfiguren wurden lange nach ihrer Entstehung als Stützelemente an einem christlichen Bauwerk verwendet, woraus sich hinreichend klar ergibt, daß man ihre Herkunft für heidnisch hält. Ihre embryonale Form, die sie mit alt-keltischen Monumenten gemeinsam haben, kann den Eindruck einer heftigen, unartikulierten inneren Bewegung, die gelegentlich als Demonstration der Hilflosigkeit gegenüber der neuen Religion und eines Verlangens nach den alten Göttern gedeutet wird, nicht verleugnen.

Christliche Embleme, wie Glocke und Bischofsstab, mögen später angebracht worden sein, um einen noch nachwirkenden bösen Zauber zu brechen.

Auf Boa Island, einem kaum begehbaren wilden Unterschlupf für Tote und jene Art grüner Geister, die als »fairies« in der keltischen Mythologie ihr Wesen treiben, ist die Identität einer klobigen Steinfigur unbestritten heidnisch. Mit zwei Gesichtern wie Janus, etruskischer Gott des neuen Jahres und Schutzpatron aller Anfänge, deutet dieses dem 1. nachchristlichen Jahrhundert zuzuordnende figürliche Monument auf den keltischen Vater- und Fruchtbarkeitsgott Daghda. Die in Scheitelmitte angebrachte Rille attestiert ihm seine Beteiligung an blutigen Opferhandlungen, ein für die unschuldige Naturszene dieses Inselfleckens düsteres Zertifikat.

Der einsame Standort auf dem nach der Kriegsgöttin Badhba genannten Boa-Island, noch in christlicher Zeit ein Druidenheiligtum der Ulsterkelten, umgibt die Daghda-Stele mit einer Aura kultischer Magie aus der vorgälischen Zeit des Volkes der Tuatha Dé Danann (Volk der Göttin Danu).

Von vergleichbar fremdartigem Reiz sind auch zwei Reliefsteine in Armagh, Platz der ältesten Siedlung Irlands, den St. Patrick zum ersten Bischofssitz der Insel erhob. Diese figürlichen Abbilder hat man in der Fachwelt als vorchristlich oder christlich, als mexikanisch oder indisch gedeutet. Sie werfen ein bezeichnendes Licht auf die frühen Verbindungen der Insel zu den Kulturen der alten Welt. Abseits der antiken Verkehrsgeographie, nur scheinbar mit dem Rücken zu Europa, hat Irland die geistigen Vibrationen der Zeitenwende verspürt und, vielfach früher als auf dem Kontinent, den neuen Glauben in sich aufgenommen.

Mehrfache Gründe und Erscheinungsformen sind kennzeichnend für das Besondere des frühen irischen Christentums. Die Ordnung der Clans und Druiden hatte im Gegensatz zu den Verhältnissen auf dem Festland keine Staatsreligion entstehen lassen, die durch einen Machtkampf hätte abgelöst werden müssen. Das Druidentum nahm das Christentum freundlich auf und ging mit ihm eine Synthese ein. Märtyrer gab es in Irland nicht. Uralte Kulte wie die Wasserverehrung und die Rundprozessionen um Steinkreise und Stelen in Sonnendrehung wurden übernommen. Das druidische heliozentrische Weltsystem blieb in anverwandelter Form erhalten.

5 *Ein noch heute ungelöstes Rätsel für die Archäologie: Acht Skulpturen, teils aus dem 7. Jh., an einer Kirchenruine des 13. Jh. auf White Island, County Fermanagh. Als kultische Idole, möglicherweise die Gottheiten für Krieg, Dunkelheit, Musik und Sonne darstellend, zusammengebracht von verschiedenen Standorten zu einer Gemeinschaft mit St. Constans, dem Abt des Inselklosters aus dem 8. Jh.* ▷

Getrennte dogmatische Entwicklung

Das Mönchtum, wie es sich im Orient entwickelte, leitete das Christentum aus Verfolgung, Ächtung und zögernder Duldung in eine Phase der Bewährung über. Nicht, was höchste staatliche Instanz an Bestrafung über seine Gemeinden verhängte, sondern, was Menschen an selbstgewählter Armut, Beschwernis und Verzicht auf sich nahmen, wog den Wert des Glaubens auf. Bislang vom Opfergang des Christentums auf dem Kontinent ausgeschlossen, fühlten sich die gälischen Iren in ihrem natürlichen Wesensanspruch auf äußerste Hingabe gleichsam übergangen und drängten sich um so begieriger zu dem, wofür sie später den Begriff des weißen und grünen Martyriums erfanden. Er bedeutet im Gegensatz zum roten Martyrium, dem blutigen Ende durch Gewalt, neben Beten und Fasten vor allem Preisgabe der Heimat, die Lösung aus allen gewohnten Bindungen an Familie und Freunde.

Leidenschaftlich reagierte das druidische Irland auf den moralischen Impuls der monastischen Bewegung, die auf unbekannten Wegen die britische Nachbarinsel erreicht hatte. Ohne es zu ahnen, entschied es sich damit für seine getrennte dogmatische Entwicklung in der Zukunft, die in der keltischen Kirche ihren Ausdruck fand.

Es ist im höchsten Maße erstaunlich, daß sich am anderen Ende der damaligen Welt, in Irland, mehr an Einflüssen aus der frühen Zeit des koptischen Mönchtums erhalten hat als in jedem anderen europäischen Land. Noch bevor sich dort eine unabhängige Mönchskirche entwickelte, muß das koptische Taukreuz, aus dem Anch, dem pharaonischen Heils- und Lebenszeichen, hervorgegangen, nach Irland gelangt sein. Sogar auf Tory, einer der schier unbewohnbaren Inseln vor der Nordküste der Grafschaft Donegal, wo seit Jahrhunderten eine Handvoll abergläubischer, heillos miteinander versippter Familien unter dürftigsten Verhältnissen lebt, ragt eine dieser fremdartigen Kreuzformen über dem Atlantik auf. Wenn es für die entsagungsvolle christliche Lebensführung des thebäischen Mönchtums überhaupt ein vergleichbares westliches Ambiente gibt, so ist es das kleine, in der Weite des Weltmeeres verlorene Inselreich mit seinen dramatischen Klippenstürzen.

Auf den Britischen Inseln hatte sich, fern von Rom und seinem pontifikalen Einflüssen, ein wenn auch ungeregeltes christliches Zusammenleben auf der Basis der örtlichen Clans entwickelt. Zudem konnte sich Britannien seit 304 seines ersten Märtyrers, Alban, rühmen. In dem heute nach ihm benannten Ort St. Albans bei London, dem römischen Verulamium, war er als Nichtchrist den diokletianischen Häschern ins Netz gegangen, als er einen verfolgten christlichen Priester bei sich aufnahm und seine Flucht deckte. Seitdem hatte sich das Verhältnis zum Kontinent auf der Grundlage christlicher Verbindungen enger gestaltet. Das um so mehr, als schon rund 20 Jahre

6 *Das T-(Tau)Kreuz auf Tory Island, nordwestlich vor der Küste von Donegal St. Columbkille soll im 6. Jh. hier ein Kloster gegründet haben. Das davon übriggebliebene Taukreuz (2,30 m hoch) belegt die frühe Verbindung des irischen mit dem koptischen Christentum in Ägypten.*

zuvor, vermutlich im Jahre 284, auf kaiserlichen Befehl unter den Soldaten der Thebäischen Legion in Westgermanien, Frankreich und der Schweiz ein Blutbad angerichtet worden war. Zur Christenverfolgung abkommandiert, verweigerte der zumeist aus christlichen ägyptischen Verbänden bestehende Truppenteil den Gehorsam und ließ sich dafür selbst mit dem Tode bestrafen.

Als erster sein Anführer, der Primicerius Mauritius, den der Kaiser Maximianus Herculius in Acaunum, dem heutigen St. Moritz im Wallis (Schweiz) hinrichten ließ. Ihm folgten St. Gereon in Köln, Cassius und Florentius in Bonn und Viktor in Xanten.

Dieser nie bis in authentische Einzelheiten erhellte Vorgang ist in einem Kult aufgegangen, der über das Mittelalter hinaus in volkstümlichen Formen der Verehrung seinen Ausdruck fand. Nicht nur, daß die Kopten in ihrem Ursprungsland Ägypten ihren Kalender, der im Aufbau dem überlieferten altägyptischen entsprochen hatte, dahingehend änderten, daß sie mit dem Annus Martyrum, nämlich 284, eine neue Zeitrechnung einleiteten. Auch bei uns nehmen die Thebäer im religiösen Brauchtum ihren bis heute unbestrittenen Platz ein.

Mauritius, dunkelhäutiger Schutzheiliger der Infanterie, erscheint als Ritter mit der Lanze ab 962 auf dem Amtssiegel der Erzbischöfe von Magdeburg als deren Schutzpatron, um 1240 im Magdeburger Dom als lebensgroße Sandsteinplastik. Wie Mauritius der Moritzkirche in Halle a. d. Saale, so gab Viktor dem Dom in Xanten seinen Namen. Zahllos sind zwischen Maas und Rhein die nach ägyptischen Märtyrern benannten Schreine, Buchdeckel und Elfenbeinreliefs, die Darstellungen der religiösen Malerei, davon am eindrucksvollsten die auf der Mauritiustafel des Altars der Stiftskirche in Halle von Matthias Grünewald.

Selbst wenn man die Reliquienbesessenheit des Mittelalters und seine nicht immer ehrenwerten Methoden bei der Beschaffung geheiligter Gebeine berücksichtigt, berührt deren Fragwürdigkeit nicht den Kern der Legende. Allein in Xanten (»ad sanctos – zu den Heiligen«) geht die Geschichte seines Namenspatrons ausschließlich auf den erst im Sommer 1933/34 durch Grabungen unter dem Chor der Kirche hinreichend belegten Märtyrerbericht des Gregor von Tours aus dem Jahre 590 zurück. Er ist der Ursprung aller später entstandenen Legenden.

»Um einen Aufstand in Gallien niederzuschlagen, führte der Kaiser Maximian (268 bis 292) ein Heer über die Alpen, zu dem auch eine thebäische Legion, deren Soldaten Christen waren, unter Mauritius gehörte. Einen Teil davon unter der Führung von Gereon, Cassius, Florentinus und Viktor hatte der Kaiser an den Niederrhein in Marsch gesetzt. Der größere Teil unter Mauritius blieb beim Gesamtheer bei Octodurum (Martigny im schweizerischen Kanton Wallis), wobei die thebäische Legion in Acaunum (im selben Kanton) stand. Hier weigerten sie sich, den Staatsgöttern zu opfern, und wurden auf Befehl des erzürnten Kaisers hingerichtet. Dasselbe Schicksal erlitten bei Bonn, Köln und Xanten ihre Gefährten Cassius, Florentinus, Gereon und Viktor, alle zusammen mit ihren Soldaten, weil sie bei ihrem Glauben beharrten.« Auf Xanten bezogen, heißt es bei Gregor von Tours weiter:

»Viktor kam mit seinen Kameraden rheinabwärts. In seinem Lager in den Wiesen zwischen Birten und Xanten fingen ihn die Sendlinge des Maximian ab. Sie führten ihn ins Amphitheater (neben der späteren Kirche von Birten gelegen) und forderten ihn auf, den Göttern zu opfern. Er weigerte sich wie zuvor und wurde niedergemacht mit allen 360 Soldaten. Ihre Leichen wurden ehrlos im Sumpf versenkt, der das »Maar« heißt, zwischen der Märtyrerpforte und dem Marstor der Stadt Xanten. Nach langer Zeit wurden sie exhumiert und christlich begraben. Die Gebeine des heiligen Viktor kamen in die Kirche von Xanten, die seines vornehmsten Gefährten St. Mallosius in die Kirche von Birten. Die übrigen Soldaten wurden in der Viktorkirche beigesetzt.«

Freilich können weder die in der Krypta verwahrten Knochenreste noch die in der »Historia Xantensis«, einer Handschrift aus dem Jahre 1420, erwähnten Einzelheiten über die »Auffindung und Übertragung der Gebeine des heiligen Viktor und seiner Gefährten« den Wahrheitsbeweis für das thebäische Martyrium erbringen. Vielleicht muß man auf dem Mont St. Maurice in den Vogesen oder nicht weit davon, im Bois de St. Antoine (Antonius), gestanden haben, um sich der Zweifel zu entheben. Hier oben, im frommen Waldland des Mittelalters, gehören die Männer der thebäischen Legion und des koptischen Mönchtums, die im gleichen Jahrhundert ihren ins Abendland wirkenden Auftritt haben, im schicksalhaften Sinne zusammen.

In ihnen personifiziert sich der Umbruch, in dem sich die abendländische Menschheit beim Übergang vom 3. zum 4. Jahrhundert befand. Das beiden gemeinsame Phänomen ist das totale Selbstopfer in der Form der Hinnahme eines schuldlosen Todes oder der freiwilligen Unterschreitung der menschlichen Existenz. Im bedingungslosen Verzicht suchte sich das christliche Lebensideal zu verwirklichen. Es erhielt einen zusätzlichen Anstoß durch die im Jahre 270 in Europa ausgebrochene Pest. Sie mag dazu beigetragen haben, das materielle Sein gegenüber der »vita spiritualis« gering zu achten.

In der Vorahnung apokalyptischer Ereignisse hatte sich der heilige Antonius, mit 18 Jahren Vollwaise und mäßig begütert, um 274 in ein ägyptisches Felsengrab in der Gegend von Memphis zurückgezogen. Hier kämpfte er mit den Dämonen, die ihn in seiner Wüsteneinsamkeit bedrängten. Heute, nach 1700 Jahren, können Expeditionen, ohne dem notwendigen Reisekomfort zu entsagen, über Suez und Safarâna bis an die trostlosen Rückzugsorte der beiden ersten Eremiten, Paulus und Antonius, vordringen. Technisch bereitet eine solche Annäherung im Gegensatz zu der unüberwindlichen geistigen Entfernung kaum Schwierigkeiten. Unser Jahrhundert, dessen Philosophie den egoistischen Glücksanspruch des einzelnen und der Masse in den Mittelpunkt stellt, hat für diese konsequente Askese nicht mehr als verständnisloses Bedauern übrig, eine Regung, die sich von der verächtlichen Ablehnung der

Anachoreten als »lichtscheues Gesindel« durch ihre Zeitgenossen nur wenig unterscheidet.

Ihre Gebetsgrotten, später mit Mönchszellen umbaut, beides heute Bestandteile ausgedehnter Klosterkomplexe auf dem Mons S. Pauli und dem nördlich davon gelegenen Mons S. Antonii am ägyptischen Ufer des Roten Meeres, beschwören in Verbindung mit der trostlosen Übermacht der Landschaft noch immer so etwas wie einen zwischen Gott und Mensch geführten verzweifelten Dialog.

Ihr Gang in die Wüste bedeutete eine Herausforderung für die Anhänger der bestehenden religiösen Kulte. Selbst die daraus erwachsenden Gefahren, die in wiederholten Überfällen ständig gegenwärtig waren, nahmen sie als willkommene Heimsuchungen an, die ungeahnte geistige und moralische Kräfte in ihnen freisetzten.

Antonius, obwohl im Sinne klassischer Überlieferung nicht gebildet und nur koptisch sprechend, wurde sogar von Kaiser Konstantin im Streit um den Arianismus zu Rate gezogen. Östlich vom Nil, wohin er sich 285 in das Kloster Pispir zurückzog, ist er im Jahre 356 im Alter von mehr als 100 Jahren gestorben, als »Stern der Wüste« und »Vater der Mönche« bis heute in der östlichen wie in der westlichen Kirche verehrt.

Pachomius war es, ein aus römischem Militärdienst entlassener Soldat und Schüler eines Anachoreten, der 320 in Tabennisi nördlich von Theben das erste ummauerte Kloster gründete und damit das Mönchtum auf eine neue Grundlage, das Koinobion oder die »Vita communis«, stellte. Gleichwohl haben seine Vorläufer Paulus und Antonius durch ihr Eremitentum den eigentlichen Anstoß zur monastischen Bewegung überhaupt gegeben. Sie nahmen Christus beim Wort, indem sie diese Welt aufgaben, um eine andere zu gewinnen. Es drängt sich dabei der Gedanke an eine weit zurückliegende Verbindung mit dem fast 1000 Jahre älteren buddhistischen Mönchtum in Indien auf.

Knapp 20 Jahre nach dem Tod des heiligen Antonius hatten sich Tausende für ein Leben in den Klöstern der Thebäis entschieden. Dort unterwarfen sie sich der Sozialordnung eines gemeinsam geführten klösterlichen Wirtschaftsbetriebes und trugen zur Selbsterhaltung durch Ackerbau und Korbflechterei bei. Streng war ihre spirituelle Arbeitseinteilung, die aus Schriftlesen, Gebet und asketischen Übungen bestand.

Von dieser für ihre Zeit bahnbrechenden Einrichtung, die dem materiellen Dasein eine rigorose Vergeistigung entgegensetzte und sich als erlösende Kraft aus allgemeiner sündhafter Verstrickung verstand, ging unvermittelt eine beispielhafte Wirkung auf den christlichen Osten – Syrien, Palästina, Kappadokien, Mesopotamien und Armenien – aus. Zahlreich sind die Klosterruinen in diesen kaum besiedelten Landstrichen. Wenn es für den Zustand der Vergessenheit eine stoffliche Entsprechung gibt, so ist es der von der Zeit angehäufte Sand, der jeden Laut erstickt. Teils auf Felsen errichtet, teils als Höhlen aus Bergwänden herausgeschlagen, hatten sie absichtsvoll als Improvisorium, als Ausdruck der Flüchtigkeit irdischen Lebens und seines Durchgangscharakters zu dienen.

In manchen Fällen, wie in Deir-el-Mednah bei Luxor (Theben), wurde das Kloster auf einem ptolemäischen Tempel mit Säulen und ägyptischen Flachreliefs angelegt, eine eigenartige Mischung aus den strengen, gleichsam metrischen Bindungen des Pharaonenkultes und dem brüderlichen Zusammenleben im Namen Christi.

Bei einem solchen Grad von Verlassenheit ist es schwer, sich die langen Pilgerzüge vorzustellen, die dieses neue religiöse Phänomen bestaunten. Gleichermaßen fühlten sich hervorragende Persönlichkeiten aus dem kirchlichen Leben des Westens angezogen, darunter Rufinus, Hieronymus sowie Paula, eine vornehme Römerin, Palladius und Cassianus, ein mönchischer Schriftsteller aus der Scythia Minor, der heutigen rumänischen Dobrudscha.

Für manche von ihnen wurde die Wüstenklausur zur Lebensschule, in der sie sich – wie Hieronymus 385 – für den Rest ihres Lebens einrichteten oder wie Ambrosius 340 und Augustinus um etwa die gleiche Zeit die koinobitische Lebensform für ihre eigenen Gemeinschaften übernahmen. Für alle, die ihr anhingen, hatte Basilius der Große, griechischer Erzbischof von Cäsarea in Kappadokien, im Jahre 370 eine noch heute für die Basilianermönche gültige Regel aufgestellt. Ein Relikt hiervon ist das in den Albanerbergen südlich von Rom gelegene, dem Papst unterstellte Basilianerkloster Grottaferrata.

Für die spätere irische Mönchskirche war der zweimalige Aufenthalt des römischen Diakons Palladius in der Thebäis, zuerst von 388 bis 399, dann von 406 bis 412, im Hinblick auf seine päpstliche Mission in Irland von ausschlaggebender Bedeutung. Um 430 erschien er als erster Bischof auf der Insel, um gleichzeitig in Sachen Pelagianismus, einer von dem Iren Pelagius gegen die Lehren des Augustinus gerichteten Reformbewegung, zu ermitteln. Man darf annehmen, daß er damals noch unter dem Eindruck seiner Erfahrungen mit der koinobitischen Bewegung in Ägypten stand und seine Gastgeber eingehend davon unterrichtete. Freilich ist von den Auswirkungen seines Besuches, der nach Ablauf eines Jahres mit seinem Tod endete, nichts bekannt.

Schon mehr als 50 Jahre zuvor hatte die von Athanasius verfaßte Biographie des heiligen Antonius, die 388 in lateinischer Sprache erschienen war, bis an den äußersten Rand des römischen Imperiums ihre Leser erreicht. Dieser streitbare Patriarch und Anti-Arianer war zweimal, mehr zu seiner eigenen Sicherheit, in eine milde Verbannung geschickt worden, eine Gelegenheit, bei der er im Westen den Ruhm des großen Einsiedlers verbreitete.

Vielleicht hat es nie wieder eine Zeit gegeben, die für das religiöse Übermenschentum so empfänglich war wie das dekadente Jahrhundert vor dem endgültigen Zusammenbruch des römischen Westreiches. Nach Pachomius war Martin von Tours (geb. um 316 in Pannonien) der zweite Soldat, der aus persönlicher Kenntnis einer militärischen Dienstordnung das Klosterwesen entsprechend organisierte: Auf ihn gehen die ersten Gründungen in Gallien zurück (360), wobei offen bleiben muß, welches koinobitische Vorbild ihn dazu inspirierte, zumal er selbst nie über Mitteleuropa hinausgekommen ist.

Wie ein tektonisches Beben, das die Welt weit über sein Epizentrum hinaus erschütterte, hat die »Vita Antonii« die Menschen aufgerüttelt. Der heilige Augustinus bekennt, daß er ihr seine Bekehrung verdanke.

Nicht nur im Hinblick auf die Beispielhaftigkeit dieses Heiligenlebens, sondern auch darauf, daß sich im Westen bereits vor 360 anonyme Nachahmer gefunden hatten, ist der von Augustinus in seine »Confessiones« übernommene Bericht des kaiserlichen Hofbeamten Ponticianus aus dem 4. Jahrhundert aufschlußreich:

»So kam es, daß Ponticianus erzählte, er sei einst – ich weiß nicht wann – mit drei Freunden in Trier, als der Kaiser nachmittags den Zirkusspielen beiwohnte, in den an die Stadtmauer anstoßenden Gärten spazierengegangen; und während sie so miteinander, er mit einem anderen und ebenso die beiden anderen für sich, nach verschiedenen Richtungen sich getrennt hatten, seien jene beim Herumstreifen auf eine Hütte gestoßen, wo einige deiner Diener wohnten, ›Arme im Geiste, deren das Himmelreich ist‹, und dort hätten sie ein Buch gefunden, darin das Leben des Antonius beschrieben war. Einer von ihnen begann es zu lesen; er ward von Bewunderung ergriffen, geriet in Glut und sann schon während des Lesens nach, wie er den Dienst dieser Welt verlassen, ein solches Leben einschlagen und dir dienen könne; sie gehörten aber zur Zahl der geheimen Kuriere. Von heiliger Liebe erfüllt, richtete der Jüngling plötzlich die Augen auf seinen Freund und sprach zu ihm: ›Sage doch, ich bitte dich, was wollen wir mit all' unseren Anstrengungen erlangen, was suchen wir? Weswegen stehen wir im kaiserlichen Dienst? Können wir am Hofe ein größeres Ziel erhoffen als die Freundschaft des Kaisers, und ist nicht alles hinfällig und gefahrdrohend? Folgt nicht jeder entschwundenen Gefahr eine größere? Wie lange dauert es, bis wir unser Ziel erreichen? Ein Freund Gottes aber kann ich, wenn ich will, augenblicklich werden.‹ So sprach er und heftete unruhig in den Geburtswehen eines neuen Lebens wiederum die Augen auf die Blätter und las. Sein Inneres wurde umgewandelt, und sein Geist löste sich, wie es sich bald zeigte, von der Welt. Denn während er las und die Wogen seines Herzens hochgingen, seufzte er bisweilen, unterschied vom Guten das Bessere und entschied sich dafür. ›Schon dein Diener‹, sagte er zu seinem Freunde, ›ich habe mich bereits von unserer irdischen Hoffnung losgerissen, habe beschlossen, Gott zu dienen, und damit fange ich in dieser Stunde und an diesem Orte an. Wenn du mir nicht folgen kannst, so hindere mich wenigstens nicht daran.‹

Der andere erwiderte, er wolle sein Gefährte bei diesem Kampfe sein, um dann auch den größeren Lohn mit ihm zu teilen. Und nun gehörten beide dir und erbauten einen Turm des Heils mit den geeigneten Mitteln, sie verließen all' das Ihrige und folgten dir nach. Da kamen Ponticianus und der vierte, die auf anderen Wegen im Garten gewandelt, auf der Suche nach ihnen an diesen Ort. Da sie sie fanden, baten sie, umzukehren, da sich der Tag schon geneigt hatte. Aber jene erzählten ihren Entschluß und ihr Vorhaben und wie solcher Wille in ihnen entstanden und fest geworden ist, und baten sie, ihnen nicht hinderlich zu sein, wenn sie ihnen nicht folgen könnten. Die zwei aber blieben ganz und gar die gleichen, weinten zwar, wie Ponticianus erzählte, über sich und empfahlen sich unter innigen Glückwünschen ihren Gebeten, aber kehrten, ihr Herz auf der Erde schleppend, in den Palast zurück. Jene aber hefteten ihr Herz auf den Himmel und blieben in der Hütte. Diese beiden hatten Bräute, die auf die Kunde von der Sinnesänderung auch ihre Jungfräulichkeit dir weihten.«

Die Tatsache, daß in Trier jenseits der Stadtmauern eine solche mönchische Gemeinschaft um jene Zeit bestanden hat, ist durch die Freilegung von Bischofsgräbern belegt. Daß sie nach dem Vorbild ägyptischer Wüstenmönche lebten, gewinnt eine besondere Bedeutung im Zusammenhang damit, daß in unmittelbarer Nähe davon Massengräber der Hinrichtungsopfer aus der thebäischen Legion gefunden worden sind.

In Trier bilden sie im äußersten, heute noch spärlich besiedelten Norden den Untergrund der frühesten Kirchen, wie die am Ende der Thebäerstraße schon im 4. Jahrhundert errichtete ehemalige Stiftskirche St. Paulin. Schon in ihren Vorgängerbauten ist nachweislich das Martyrium der im Jahre 286 hingerichteten Soldaten der thebäischen Legion gefeiert worden.

In den ersten Oktobertagen war eine Abteilung davon dem Massaker im schweizerischen Agaunum entgangen, um in Trier mit ihrem Anführer Thyrsus erneut in die Falle zu laufen. Sie hielt indes, auch um den Preis des eigenen Lebens, an ihrem furchtlosen Bekenntnis zum christlichen Glauben fest. Drei Tage später folgte ihr ein Teil der heimlich getauften Bürgerschaft in den Tod.

Das alles soll in der Regierungszeit des Diokletian, der nach einer relativen Schonzeit erneut seine Häscher auf die Christen ansetzte, und unter Mitwirkung seines in Trier residierenden Schwiegersohnes und Unterkaisers Maximian geschehen sein. Der römische Präfekt Rictovarius fertigte den Befehl zur Ausrottung der »lapsi«, der Abgefallenen, aus.

Solange die Christen nur eine Sekte verrufener Einzelgänger waren, schützte sie die Inbrunst ihrer Überzeugung vor Auslegungstheorien und religionsphilosophischen Spekulationen. Wie vorher mit den kultischen Zwängen des Gottkaisertums, lebten sie nach ihrer Taufe in einer unauflösbaren Symbiose mit dem Christusglauben, dem einzigen klaren Gegenbild, für das sie ihr Leben einzusetzen bereit waren. Das blutige Drama aus den Oktobertagen 286 widerlegt mit der Wucht seiner glaubensstärkenden Nachwirkung alle wissenschaftlichen Zweifel an seiner Authentizität. Vor dem dreifachen Zyklus der Deckenfresken, die der bayerische Rokokomaler Thomas Scheffler im Hauptschiff der Kirche St. Paulin als sein Lebenswerk hinterließ, wird der Martertod aus der Friedhofsruhe der Gruft zu seiner Verherrlichung emporgerissen. In allegorisch überhöhten Bildern vollzieht sich, gleichsam in sinfonisch anschwellenden Akkorden, vor dem blutverfärbten Moselfluß die Opferung von Bürgern und Soldaten, auf die im Licht der Ewigkeit die Märtyrerkrone wartet. Den Niedergang Triers durch den Ansturm der Germanen im 5. Jahrhundert haben die Thebäer im Kreise der frühen Bekenner auf wunderbare Weise überlebt. Jahr für Jahr, am 5. und 6. Oktober, ehren Abordnungen des Magistrats und der Kirche mit Blumen und Kränzen in der Krypta von St. Paulin ihren Opfertod als einen entscheidenden Beitrag zur Christianisierung Europas.

Weniger der verblichene Ruhm der einstigen weströmischen Kaiserresidenz, die sich vom mittelalterlichen Bischofssitz zum späteren Kurstaat entwickelte, als vielmehr die körperlose Anwesenheit der Märtyrer hat immer wieder unerschrockene Glaubenszeugen aus ganz Europa angezogen. »Hic requiescat Sanctus Theodulfus«, heißt es auf einer innerhalb der Kaiserthermen gefundenen Inschrift, die sich auf einem Seitenaltar der Liebfrauenkirche mit dem Zusatz seiner Herkunft wiederholt. Demnach ist der heilige Mann, dessen Reliquien mehrmals umgebettet wurden, im 5. Jahrhundert in »Schottland« geboren, jenem damals von irischen Scoten besiedelten und ihrer aus Nordirland mitgebrachten Dynastie der Dalriada unter ihrem König Fergus Mor mac Erc beherrschten Teil der britischen Insel.

Die asketischen Lebensumstände des Theodulfus, der in der Legende zum Neffen des letzten weströmischen Kaisers wird, weisen auf St. Columba, den Missionar der Scoten, als seinen Lehrmeister hin. In Trier, wohin er sich nach der Weigerung, eine britische Prinzessin zu heiraten, geflüchtet haben soll, lebte er als Wundertäter in einer Grotte, bedürfnislos wie alle vom Beispiel der ägyptischen Wüstenväter mitgerissenen irischen monachoi.

Die Weltflucht der frühchristlichen Eremiten hat auch einen »kulturrevolutionären« Aspekt. Wer es ernst meinte mit dem neuen Weg, ließ das spätantike Bildungsgut hinter sich und begab sich zurück an den Ausgangspunkt aller Dinge. Für nicht wenige der geistigen Wegbereiter des Christentums, wie für den 347 geborenen Kirchenvater Hieronymus, übertraf diese Forderung nach Preisgabe klassischer Überlieferungen jeden persönlichen Verzicht. Geschult in den Denkformen des Altertums, mit einer Literatur vertraut, die, ebenso wie die bildende Kunst, vom hellenistischen Schönheitsideal inspiriert war, setzte er sich verzweifelt gegen die Einflüsterungen griechischer Philosophen und römischer Dichter zur Wehr. Eine Schrift von Ovid, die er im Schlaf unter seinem Kopf versteckte, personifizierte sich in seinen Angstträumen zum leibhaftigen Versucher. Er schleuderte sie an die Wand.

Man kann sich unschwer vorstellen, daß die Übungen intellektueller Selbstkasteiungen für den Betroffenen nicht weniger schmerzlich verliefen als die körperliche Abtötung durch Fasten und Wachen. Ein bewegendes Beispiel für den geistigen Konflikt zwischen Gläubigen und Ungläubigen, besonders, wenn sie durch jahrelange Freundschaft verbunden waren, ist der Briefwechsel zwischen Ausonius und Paulinus von Nola aus dem Ende des 4. Jahrhunderts. Beide von vornehmer gallo-römischer Herkunft, beide aus Bordeaux (Burdigala) in Aquitanien, hatten sich, Ausonius als heidnischer, Paulinus als christlicher Dichter, einen Namen gemacht. Sie blieben einander zugetan, als Paulinus sich nach 395 mit seiner Frau über Spanien in die kampanische Einsamkeit bei Nola zurückzog und ein asketisches Leben aufnahm. Ausonius, noch unbefangen in der Vorstellungswelt der heidnischen Antike schwelgend, wünschte ungeduldig eine aufklärende Nachricht, die ihm Paulinus in strenger Selbstbeschränkung verweigerte. Als Ausonius, teils zärtlich, teils heftig bekümmert, seine Bitte wiederholte, hatte Paulinus sich bereits in eine Aura von Ewigkeit entfernt, wohin Ausonius ihm nicht zu folgen vermochte. Wie ein entmutigter Liebhaber gab er auf, nicht ohne dem entschwundenen Dichterfreund verständnislos nachzutrauern.

Die klassische Bildung, ohnehin vom Rigorismus des Christentums immer mehr zurückgedrängt, geriet auf dem Festland in der Völkerwanderungszeit, auf den britischen Inseln mit der Landnahme der Angeln und Sachsen, Friesen und Jüten, fast völlig in Vergessenheit. Allein Irland stand außerhalb dieser Ereignisse. Vom 5. Jahrhundert an war es durch seine geographische Randlage dazu berufen, die geistigen Überlieferungen der Antike zu bewahren.

Seit dem 6. Jahrhundert hat die kraftzehrende Askese des östlichen Koinobitentums unter dem Einfluß des aufblühenden abendländischen Mönchtums ihre suggestive Wirkung weitgehend eingebüßt. In Zeiten des wanderungsbedingten Verfalls, da die Rodung wüster Landstriche und die Sorge um das menschliche Allgemeinwohl an die erste Stelle rückten, war eher tätiger Einsatz vonnöten. Es erstaunt nicht, daß darüber die eifernden weltflüchtigen Überzeugungen des frühen Christentums einem nachhaltigen zugreifenden Lebensgefühl weichen mußten. Um beide Elemente der menschlichen Natur im Gleichgewicht zu halten, schuf Benedikt von Nursia seine dem europäischen Menschenbild angemessene Klosterregel unter dem Leitsatz »ora et labora«, beispielgebend für Jahrhunderte bis zum heutigen Tag. Der Weltfluchtgedanke lebte im Schutz dieser Regel in den stillen Klosterzellen fort, währenddessen entwickelten sich mit fortschreitender Festigung der äußeren Verhältnisse neue Formen der materiellen Lebensgestaltung, geprägt von einem wirtschaftlich erstarkten Bürgertum. Und wie immer, wenn Wohlstand und der Wunsch nach ständig mehr Wohlstand sich des Menschen bemächtigen, regte sich die Sehnsucht nach den religiösen Ursprüngen, wie sie oft von Künstlern hellsichtig vorausempfunden wird. Am Ausgang des Mittelalters griffen Michael Pacher (1440–1498) mit seinem Kirchenväteraltar und Mathias Grünewald (gestorben 1529) mit dem Isenheimer Altar das klösterliche Erbe der ersten christlichen Jahrhunderte wieder auf.

Von den Antonitern im Elsaß – einem westlichen Gegenstück zu dem gleichnamigen Mönchsorden im Orient – beauftragt, hat Mathias Gothard (Neithard) Grünewald den Antoniusschrein als Teil des Isenheimer Altars geschaffen. Er hebt den Wüstenpatriarchen inmitten des dargestellten Heilsgeschehens um Christus so sichtbar heraus, daß er auch für einen unwissenden Betrachter zur Schlüsselfigur wird.

Alle Wüstenväter, die dem Beispiel der ersten Einsiedler Paulus und Antonius folgten, standen vor der Wahl, sich zwischen dem Anachoretentum und dem klösterlichen Koinobium zu entscheiden. Wer nach der höchsten Stufe der Vollendung strebte, ließ die Gemeinschaft hinter sich zurück, denn »der Asket ist der wahre Mensch, das geistige Wesen des Menschen Natur«. Nicht die Elementarschule, das klösterliche Leben, nur das zurückgezogene Einzeldasein als Eremit wurde ihrem unerbittlichen Streben nach dem Absoluten gerecht.

Ehe sie ihr Eigengewicht durch Überwindung letzter materieller Begehrlichkeit so verringerten, daß sie sich dem Auferstandenen als »Pneumatiker« würdig an die Seite stellen konnten, mußten sie die dramatischen Stationen seiner Höllenfahrt bis zur Anastasis, der Auferstehung, nachvollziehen.

Dieser »descendus ad inferos«, in der ostkirchlichen Osterliturgie bis heute lebendig, wird in der Phantasie des Malers zur halluzinatorischen Bilderfolge. Schreckgespenster, von keinem Fortschrittsglauben bis heute aus der menschlichen Seele verbannt, nehmen die Gestalt von zoomorphen Wesen an. Erbarmungslos kreisen sie ihr Opfer ein und zwingen es zu Boden. Durchstrahlt wird diese apokalyptische Szene von der fernen Verheißung eines Gnadenhimmels, der allen jenen offensteht, die ihre Dämonen niederringen.

Der Antoniusschrein mit der gleichsam traumatischen Sichtbarmachung eines Zustandes, den man als die eigenwilligste Form des Individualismus bezeichnen könnte, findet über seine künsterlische Bewertung hinaus heute als aufopferungsvoller Alleingang kaum noch Verständnis.

Bei der Beschäftigung mit diesem ungewöhnlichen Kunstwerk wird man auf eine in der allgemeinen Erinnerung verschollene Periode unserer frühchristlichen Geschichte stoßen. Allein in Irland, wo ohnehin koptische Elemente in der frühchristlichen Kultur der Insel überliefert sind, ist diese monastische Frühform noch gegenwärtig. Im äußersten Winkel Europas war die Insel in der besonderen Lage, von den Völkerstürmen – seit 375 drängten die Hunnen von Asien her über den Dnjepr, was auch die Germanen in Bewegung brachte – nicht unmittelbar berührt zu werden, sich aber die lebendigen Spannungen dieser Vorgänge zunutze zu machen. Man hat viel darüber gerätselt, ob die Iren von sich aus über ihre Beziehungen zu Britannien, wo seit 360 am Ausgang des Solway Firth in Withorn (römisch Witherna), Schottland, das erste Kloster, die berühmte Candida Casa, bestand, und zu Gallien mit den Klöstern der Thebäis in Verbindung traten, oder ob sie auf eine mehr passive Weise von dem Ideenflug des Eremitentums befruchtet worden sind. Es kann kein Zufall sein, daß das Christentum über das Mönchswesen seinen Eingang bei den Kelten fand. Hierbei läßt sich auch nicht übersehen, daß die früheste Berührung mit östlichen Kulturen, die sich aus weitgehenden Übereinstimmungen der keltischen und der brahmanisch-indischen Religiosität und aus dem Aufbau ihrer gesellschaftlichen Verfassung ergibt, auch die Kenntnis des indischen Bettelmönchtums eingeschlossen haben mag. Dazu gehört ebenso der atavistische Hang der Iren zur Pilgerschaft, der, erleichtert und angeregt durch die natürlichen Hafenbuchten rund um die Insel, einen Erfahrungsaustausch mit dem nahen und fernen Festland in beiden Richtungen begünstigte. In Cork im Süden und Bangor im Norden kreuzten sich die Wege ein- und ausfahrender Handelsschiffe, die neben materiellen auch geistige Güter beförderten. Wie es irische Mönche zu den Wüstenvätern nach Syrien, Palästina und Ägypten zog, sind auch umgekehrt in Irland koptische Einsiedler nachweisbar, wie dem 799 niedergeschriebenen Martyrologium des Öngus, dem sogenannten Félire Önguso, zu entnehmen ist: »SS septem Monachos Aegiptios qui iacent in disert Ulidh invoco«. (Die sieben heiligen ägyptischen Mönche, die in der Abgeschiedenheit von Ulidh ruhen, rufe ich an.)

So wenig Klarheit über den Ort, der in jedem Fall auf eine menschenferne Wildnis deutet, und über die Anzahl der in Irland begrabenen ägyptischen Mönche besteht, so kann doch an der Tatsache einer intensiven Beziehung auch aus diesem Grunde nicht gezweifelt werden. Nicht nur, daß in irischen Mönchsgemeinschaften aus den Viten der orientalischen Wüstenväter gelesen wurde, auch in der äußeren Erscheinung hatten sich die irischen Einsiedler den koptischen Vorbildern angeglichen. Sie schwärzten wie diese ihre Augenlider, ein Brauch schon bei alt-ägyptischen Priestern. Auf den ersten Hochkreuzen in Irland und auf der Wales vorgelagerten Insel Anglesey wurden Szenen aus dem Leben des heiligen Antonius zum bevorzugten Motiv. Am wenigsten kann der Einfluß des Koptischen in der irischen Frühkunst bestritten werden.

Das irische Außenseitertum, das zu einer rein monastisch gegliederten und jahrhundertelang unabhängigen Kirche führte, hat in dem Iren Pelagius, dem großen Antagonisten des heiligen Augustinus, im 4./5. Jahrhundert einen prominenten Vorläufer gehabt. Jurist, bevor er Laienmönch und theologischer Schriftsteller wurde, gibt er in seinem Namen nur seine Herkunft »von der Küste« zu erkennen. Er bleibt mit Ausnahme der Tatsache, daß er die Paulusbriefe kommentiert hat, als Persönlichkeit weitgehend anonym, wahrscheinlich nicht ohne gezielte Mitwirkung der lateinischen Kirche.

Ähnlich wie eine Generation vor ihm Arius von Alexandria, vertritt er im Sinne der stoisch-philosophischen Aufklärung die Meinung, daß die menschliche Natur die Freiheit, sich für das Gute zu entscheiden, einschließe und daher nicht göttlicher Gnade bedürfe.

Die Auseinandersetzung, die Augustinus nach der endgültigen Verdammung der Lehre des Pelagius 417 mit der immerhin ehrenhaften Bemerkung begleitete: »Der Streit ist beendet, möge auch der Irrtum enden«, setzte sich dennoch in der Folgezeit fort. Ein Grund mehr, den theologischen Rebellen aus Irland noch einmal aus der Nähe zu betrachten.

Über kaum eine Gestalt aus den frühchristlichen Jahrhunderten gibt es weniger zuverlässige Nachrichten als über Pelagius. Ob er ein Ire im Sinne einer Abkunft von Hibernia selbst ist, steht dahin. Sein berühmter Zeitgenosse St. Hieronymus nimmt an, daß er einer Irenkolonie im Südwesten der britischen Hauptinsel entstammt, was für seinen irisch-keltischen Charakter keinen Unterschied macht. Sein Erscheinungsbild, das Hieronymus mit wenig freundlichen Anmerkungen bedacht hat wie »Das Gezücht des skotischen Volkes aus der Nachbarschaft der Bretonen«, »aus den götzenanbetenden Völkerschaften ohne Sitten und Humanität«, ist mit der Feststellung, daß er einen dicken Hals und breite Schultern gehabt haben soll, nur vage umrissen.

Seinen Rang teilt Pelagius mit einer Reihe illustrer Denker und zugleich Altersgenossen an der Schwelle zur Christianisierung Europas, die einander hart befehdeten und, wie im Falle des Pelagius, gar der Häresie beschuldigten: Pelagius 350/54 bis 429, Augustinus von Hippo 354 bis 430, Hieronymus von Bethlehem 347 bis 419, Paulinus von Nola 355 bis 431, Nestorius von Konstantinopel 381 bis 451, Sulpicius Severus 360 bis 420.

Bis zur Reformation Luthers im 16. Jahrhundert hat nichts, selbst nicht die Besetzung Roms durch die Westgoten Alarichs zu jener Zeit (410) und die Auflösung des Römischen Reiches die abendländische Kirche so erregt und war von solcher Tragweite wie die Idee des Pelagius: Sein Name steht für Willensfreiheit gegen die Erbsünde und Gnade des Augustinus. Beide werden in der Prädestinationsfrage durch den archetypischen Dissens zwischen dem nüchternen Nordländer und dem mehr triebgebundenen Mediterranen aus Nordafrika geradezu schicksalhaft in die geistige Spaltung geführt.

Pelagius war wohl vorbereitet durch eine glänzende Erziehung in den Schulen von York und London, die er zwischen 382 und 385 in Rom mit dem Universalstudium abschloß. Christ war er damals noch nicht. Er befand sich, ebenso wie Augustinus, erst auf dem Wege dahin. Sie hatten das 30. Lebensjahr überschritten, ehe sie die Taufe nahmen, Pelagius 384, Augustinus 387, beide Schüler des selbst erst 374 Christ gewordenen Bischofs von Mailand und Kirchenlehrer des heiligen Ambrosius. Nach juristischen Studien hatte Pelagius die christliche Lehre lange und gründlich geprüft und logisch durchleuchtet. Er wurde, anders als Augustinus, nicht so sehr von der mystischen Kraft der göttlichen Natur angezogen, sondern gab dem Glauben mit seiner Taufe gleichsam eine Chance: Nicht halbherzig, wie man vermuten könnte, sondern mit dem unabdingbaren Vorsatz, den Geboten der göttlichen Ordnung nichts schuldig zu bleiben.

Paulinus von Nola und Sulpicius Severus verehrten ihn als Heiligen; 14 Bischöfe Palästinas (Konzil vom Diospolis 415) und 18 Bischöfe Italiens (Schisma 418) ergriffen für ihn Partei, und, ohne es zu wollen, geriet Pelagius zwischen die Fronten des Rom-orientierten Katholizismus und der nach Unabhängigkeit strebenden Patriarchen des Oströmischen Reiches, die, neben vielen anderen Umständen, den Status der Autorität des Papstes in Rom einengten.

Der persönlich immer fair ausgefochtene Disput zwischen Augustinus und Pelagius führte dreimal zur Verdammung, aber auch einmal zur feierlichen Rehabilitierung (417) und schließlich zur Exkommunikation des Pelagius (418). Die beiden letzteren Entscheidungen traf in nur einjährigem Abstand ein- und derselbe Papst, Zosimus, ein Beweis, wie wenig Macht sich in der Institution des heiligen Stuhls damals vereinigte: 214 Bischöfe setzten 418 auf dem großen Konzil von Karthago die Verkündung des IX. Kanons über die Gnade und die endgültige Exkommunikation des eben erst rehabilitierten Pelagius durch.

Einige Bischöfe, vor allem in der Bretagne, in Britannien und Irland, hielten ihm die Treue, während er sich selbst nach Ägypten zurückzog, wo er 429 in der Nähe von Alexandria starb. St. Germanus von Auxerre reiste im päpstlichen Auftrag, dem Pelagianismus ein Ende zu machen, auf die Britischen Inseln, ein Unternehmen, das er mit dem Ergebnis der Deportation von Agitatoren noch einmal wiederholen mußte. In der Folgezeit gab sich die Kirche gegenüber diesem zählebigen Phänomen des Pelagianismus auch in der Kompromißform des Semi-Pelagianismus aus dem Kloster Lérins in Südfrankreich, der schließlich als Krypto-Pelagianismus in den Klostergemeinschaften immer noch verschwiegene Anhänger hatte, maßvoller. Administrative Mittel zu seiner Bekämpfung wurden nicht mehr angewandt. Immerhin noch rund 200 Jahre später verdächtigte Papst Johannes IV. Irland und Wales des geheimen Pelagianismus. In Wahrheit bestand zu dieser Zeit für die Einheit des Glaubens keinerlei Gefahr mehr.

Daß irische Mönche in kontinentalen Klöstern weiterhin mit den Pelagiuskommentaren zu dem Paulusbriefen arbeiteten, spricht für ihre fortdauernde Identifizierung mit den verfemten Auffassungen ihres Bruders Pelagius, der ihnen durch seine asketische Lebensführung ohnehin immer noch Leitbild geblieben war. In den Annales de Clon-macnoise wurden sogar die Dissidenten in der Frage des Osterdatums den alten Pelagianern gleichgesetzt, was während der Verteidigung der keltischen Kirche ohne Zweifel deren Partei gestärkt hat.

Man könnte geneigt sein, im Pelagianismus das Ferment der geistigen Gärung zu sehen, die über Jahrhunderte hinweg in der einen oder anderen Form im Irentum lebendig geblieben ist, was der Brief des Papstes Johannes IV. im Jahre 640, an die Äbte Nordirlands beweist. Darin rügt er, nicht ohne Grund, daß die »pelagische Häresie, seit 200 Jahren ausgelöscht, in Irland auf dem Wege der Restauration ist.« Tausend Jahre nach Pelagius finden seine Lehren im Protest Luthers und der mächtigen Gegenbewegung der Reformation als »Freiheit eines Christenmenschen« eine späte Rechtfertigung. Im Jahre 432, nach dem Tode des Palladius, entsandte Papst Coelestin den um 385 in Britannien geborenen Patricius als Bischof nach Irland. Fünfzehn Jahre lang hatte sich dieser durch Studien in gallischen Klöstern auf diese Aufgabe vorbereitet. Er wurde zum Apostel der Iren.

Seine Mission auf der Insel hat die beabsichtigte Wirkung, die bereits gewonnenen Christen im Sinne der römischen Amtskirche zu disziplinieren, nur für die Dauer seines Lebens gehabt. Die Sonderentwicklung der keltischen Kirche, die sich aus dem irischen Volkscharakter, der Lebensform auf der Insel und der koptisch beeinflußten Neigung zu mönchischen Zusammenschlüssen ergab, in denen nicht der Abt dem Bischof, sondern der Bischof dem Abt unterstand, konnte er nicht verhindern.

Rund 25 Jahre waren vergangen, seit die Römer Britannien aufgegeben hatten, und 20 Jahre standen bevor, bis die Angeln und Sachsen in das zurückgelassene Machtvakuum einrückten.

Vorgezeichnet war damit auch die getrennte dogmatische Entwicklung des keltischen, insbesondere irischen Christentums, wie sie sich im Kirchenstreit um das Osterdatum und die Lehre des Pelagius von der Willensfreiheit gegen die Gnadenlehre des Augustinus offenbarte. Die durch die mächtige Bewegung des Pelagianismus heraufbeschworene Gefahr eines Schisma wurde von Rom durch wiederholte Verdammung und Exkommunikation abgewendet.

Das Auftreten der päpstlichen Sendboten Palladius und Patricius Anfang des 5. Jahrhunderts in Irland diente der Wiedergewinnung der letzten Anhänger der Pelagianischen Lehre, die sich in den Klöstern Westeuropas, vor allem in Irland, in den Formen des Halb-Pelagianismus, schließlich des Krypto-Pelagianismus, gehalten hatten.

Irlands goldenes Zeitalter

Introversion der Inselkelten

Patricius, Ninian, Candida Casa

Das dreiblättrige Kleeblatt am Rumpf der irischen Luftflotte »Air Lingus« ist nicht, wie manche meinen, Symbol für eine herzhaft einfache, ländliche Beschaffenheit der Insel, sondern für ihre frühchristliche Zivilisation. St. Patrick bediente sich dieser anspruchslosen Pflanze, als er den Heiden von Hibernia das Geheimnis der göttlichen Trinität erklärte. Das »trefoil«, das irische shamrock, neben der Harfe nationales Emblem des Landes, ist gleichwohl auch der lyrische Schlüssel zur überlieferten Agrarstruktur, die sich unverändert auf Viehhaltung stützt.

St. Patrick, der es als ein auf britischem Boden geborener Landfremder zum Nationalheiligen von Irland brachte, legte eine erstaunliche Karriere zurück. Sein Erscheinen im nordöstlichen Teil der irischen Insel, bei Saul in der Grafschaft Down, wird mit dem Beginn des »goldenen Zeitalters« gleichgesetzt. Es dauerte von 432 bis 790.

Obwohl Patricius in seiner »Confessio« manchen Anhalt für seinen Werdegang gibt, bleibt viel in seiner Biographie dunkel. Nicht nur, daß er mit einem zweiten Patrick in der Überlieferung zu einer Person verschmolz, in der Legende wird er als Neffe des Martin von Tours ausgegeben, eine ebenso unbewiesene Behauptung. Zusammengenommen ergibt sich daraus die Tatsache, daß er schon zu Lebzeiten eine Figur der Fama war, für eine reale Dimension nicht geschaffen.

Kein Wunder bei seiner Vorgeschichte. Als Sohn eines zum Diakon geweihten römischen Decurionen und Enkel eines Priesters – Ehelosigkeit war im frühen Christentum noch kein kirchenrechtliches Gebot – wurde er als 16jähriger vom Sommersitz seiner wohlhabenden Eltern im britischen Dorf Bannavem Taberniae, das an verschiedenen Plätzen Großbritanniens in Dumbarton am Clyde, im Severn Tal, auf der Insel Anglesey und in Ravenglass (Cumberland) vermutet worden ist, geraubt und an die Westküste Irlands verschleppt. Ein Akt der Piraterie, wie er zu jener Zeit nicht selten war, des furchterregenden Rufs der »fianna« würdig. Diese nach römischem Vorbild aufgebauten irischen Söldnereinheiten, gegen die Stilicho, der römische Feldherr aus vandalischem Geschlecht und späterer Reichsverweser Westroms, noch hatte kämpfen müssen, waren durch ihre Raubzüge nach England, in die Bretagne und bis in die Loire-Mündung hinein in den Augen der Römer zu einer verhaßten, gleichwohl begehrten Elite geworden. Als »attecotti«,

7 *Tierflechtornament. Vermutlich vorchristliches Motiv auf einem Kreuz von Ahenny, County Tipperary.*

teilweise für römische Dienste angeworben, oblag ihnen an den gefährdeten Punkten des wankenden Imperiums, seit 395 in zwei Reichshälften geteilt, das ungebundene Handwerk des Kleinkrieges. Bei dem Überfall auf Patricius kam seine Dienerschaft ums Leben, er selbst fand sich als Viehhirte in den nordirischen Slemish Bergen (County Antrim) wieder.

Rückblickend hat er seine Entführung, anstatt sie zu beklagen, als eine höhere Fügung betrachtet, mit der Gott die unbotmäßigen Handlungen seiner Knabenzeit, seinen Unglauben und Leichtsinn bestrafte. Alles, was ihn hätte niederdrücken müssen, Kälte und Einsamkeit seines Exils, richtete ihn auf und, wie er es selbst ausdrückte, »Gott in mir wärmte mich«. Frei geboren, betonte er, wurde ich ungeachtet meines Ranges zum Sklaven.

Sechs Jahre fronte Patricius in der Fremde, seiner späteren Bestimmung als Apostel Irlands dadurch Schritt für Schritt näherkommend. Wie alle Entscheidungen, die er im Leben zu treffen hatte, war auch seine Flucht das Ergebnis einer im Schlaf erfahrenen Eingebung.

Um aus der Gefangenschaft zu entkommen, wanderte Patricius auf geheimen Wegen durch wilde Landstriche an die Ostküste der Insel, vermutlich nach Wexford. Am Hafen bat er einen Kapitän, dem er seine Ersparnisse dafür überließ, ihn in seine Schiffsmannschaft aufzunehmen. Wegen seines geschickten Umgangs mit der Ladung irischer Rassehunde – noch heute sind irish wolves ein begehrter Ausfuhrartikel – wurde er angeheuert.

Das Schiff nahm Kurs auf Gallien. Für Patricius scheinbar ein Zufall, doch, wie sich schon vorher mehrfach gezeigt hatte, auch diesmal in einem höheren

Sinne mit seinem Lebensplan abgestimmt. Er sollte später zur theologischen Ausbildung dorthin zurückkehren. Bevor er im heimatlichen Britannien an Land ging, beeindruckte er bereits die Besatzung durch seine standhaft geäußerte christliche Überzeugung. Wieder mit seinen Eltern in Britannien vereint, wollte er wie sein Vater und sein Großvater in den geistlichen Stand treten, als er wiederum eine Eingebung hatte:

»Und da hatte ich in der Nacht die Vision eines Mannes mit Namen Victorius, der augenscheinlich mit zahllosen Briefen aus Irland gekommen war. Und er gab mir einen davon, und ich las auf dem entfalteten Blatt die Worte: ›Die Stimme der Iren –‹ und während ich den Anfang der Zeilen las, glaubte ich wahrhaftig ihre Stimme zu vernehmen und von jenseits des Waldes bei Foclut, nahe der westlichen See. Und sie riefen wie aus einem Munde: ›Wir bitten dich, Knabe, komm, wandle wieder unter uns.‹«

Dieser Aufforderung durfte er indes wegen einer von einem treulosen Freund angezeigten Jugendverfehlung einstweilen nicht nachkommen. Er ging nach Gallien und nahm seine Studien auf, zunächst als Schüler des St. Germanus von Auxerre, später in der Klostergemeinschaft auf der kleinen Insel Lérins vor der französischen Südküste bei Cannes. Sein religiöser Ernst und der Drang, sein einstiges Exil Hibernia dem Christengott zu öffnen, bewirkten, daß Papst Coelestin ihn anstelle des verstorbenen Palladius als Missionsbischof für Irland auswählte, eine Aufgabe, zu der er durch Kenntnis der römischen Kirchenorganisation und seine Erfahrungen mit dem vorbenediktinischen Mönchtum wie kein anderer berufen war.

Patrick rechnete nach seiner Erfahrung bei den irischen Bauern nun bei seiner Landung an der Nordostküste Hibernias nicht mit einem freundlichen Empfang. Das von mächtigen Overlords – vier ihrer befestigten Königssitze sind noch nachweisbar – beherrschte Land lebte, bis auf kleinere christliche Gemeinden, noch ganz in der gewalttätigen Tradition der »fianna« und des keltischen Waffenkultes der Eisenzeit. In einem »sabhal«, einer Scheune in Saul am Fuße des heutigen Slieve Patrick in der nordirischen County Down, an deren Stelle sich heute eine Kirche und ein Rundturm erheben, hielt er seine erste Predigt und bekehrte den chieftain Dichu zum neuen Glauben. Die Gewohnheit, von den Regionalherren Land für die Errichtung von Kirche und Kloster zu erbitten, läßt sich durch das ganze Mittelalter verfolgen und war auch auf dem europäischen Festland üblich. Furchtlos, wie Patrick seiner Umwelt erschienen war, trat er allen Großen, Druiden und Stammesfürsten, entgegen, die, soweit er sie nicht für Christus gewinnen konnte, immerhin in ihren heidnischen Überzeugungen wankend wurden.

Überliefert ist sein gezielter Vorstoß gegen ein sakrosanktes, durch Todesstrafe geschütztes Gebot, wonach zum höchsten heidnischen Fest, dem »Feis Beltaine«, nur der Hochkönig als oberster Priester das »neue Feuer« entzünden durfte, und jeder, der ihm zuvorkam, dem Opfertod auf dem Scheiterhaufen verfiel. Seit der Steinzeit war dieses Ritual, das sich in Patricks Tagen zeitlich mit dem Osterfest deckte, in Kraft. Zur Nacht mußten alle Feuer, auch im Herd, gelöscht sein, damit von der Hand des Herrschers die kultische Flamme, sichtbar für alle, als das erwartete »Neue Feuer« vor der Königsburg auf Tara enzündet werden konnte.

Freudiger hat wohl keiner jemals ein Gesetz übertreten als Patrick, der, um für Christus zu zeugen, in die heidnische Dunkelheit eine Art Signalfeuer setzte. Es loderte auf dem benachbarten Hügel von Slane so mächtig empor, daß es König Loaghaire und sein Gefolge blendete und mit der Ahnung eines »anderen, beständigeren Lichtes« überwältigte. Betroffen zitierte Loaghaire den Urheber dieser Provokation an seinen Hof. Aus dieser Begegnung folgte für Patrick nicht der Scheiterhaufen, allerdings auch nicht die Taufe für Loaghaire. Läßt man den legendären Überbau außer Betracht, stellt sich in der liturgischen Strenge dieses keltischen Jahresfestes der abgestorbene Rest einer uralten Planetenreligion dar, der die Menschheit aus Angst vor der periodischen Wiederkehr kosmischer Katastrophen (Planet Venus) lange in lähmender Abhängigkeit unterworfen gewesen war. Noch bis kurz vor der Ankunft der Spanier in Mexiko (1521) hatten die Azteken auf der anderen Seite der Erdkugel angesichts derselben weltumspannenden zyklischen Erfahrungen eine gleichartige Feuerzeremonie, unter Einsatz weitaus unheimlicherer Ausdrucksmittel, begangen. Mit dem Erscheinen Patricks war diese Überlieferung, nachdem die bedrohliche Annäherung von Planeten an die Erde längst aufgehört hatte, an ihre Grenzen gestoßen, auch wenn sie damals ihrer Zeit kaum mehr bewußt gewesen sein mag. Etwas Neues begann.

Als fluchwürdiges Babylon, das unter der Verwünschung St. Ruadans unaufhaltsam verfiel und im 6. Jahrhundert nur noch ein Schatten seines einstigen Glanzes war, hat Tara in der gälischen Poesie eine makabre Verherrlichung erfahren. Daß dort gelegentlich immer noch jene schon von den vorchristlichen Kelten übernommene nächtliche Rundprozessionen stattfinden, aber nicht im Einklang mit der Sonnendrehung, nach rechts (deiseal), sondern in unheilvoller Gegenrichtung (widdershin), gibt dem in einen nicht mehr definierbaren Volksbrauch gekleideten Astralmythos recht.

Heute zeigt man auf einer touristischen Rundfahrt, meistens zur unverhohlenen Enttäuschung der Teilnehmer, gerne die nur noch an einer Reihe von Erdmarkierungen erkennbare Anlage dessen, was man »Tara Halls« genannt hat, ein System von kreisrunden Umwallungen und überwachsenen Dämmen und Gräben. Die Landschaft hat das, was seit der Bronzezeit und länger der unbestrittene Mittelpunkt religiöser und weltlicher Macht auf der irischen Insel gewesen war, wie eine flüchtige Skizze festgehalten. Fünf Königswege trafen hier gleichsam an einem magischen Punkt zusammen. Schon seit vorgeschichtlicher Zeit Bollwerk, Begräbnis- und Versammlungsplatz, Residenz der obersten Druiden und Priesterkönige, stellt der ausgedehnte, von Archäologen sorgsam vermessene Compound eine Art Heldenbühne dar. Auf ihr vollzog sich am »Stein des Schicksals« die Wahl des Königs mit einer akustischen Reaktion des Krönungssteines, und, bis ins 6. Jahrhundert hinein, die mystische Vereinigung des Monarchen mit einer Erdgöttin, eine heidnische, von der Geistlichkeit zunächst noch geduldete Zeremonie.

Wenn der Auftritt des Patricius vor Loaghaire mit szenischem Beiwerk wie Sitzordnung und Speisefolge ausgeschmückt wurde, so haben zwei schriftliche Überlieferungen des Mittelalters dazu das Drehbuch geliefert, das »Book of Leinster« aus dem 12., und das »Gelbe Buch von Lecan« aus dem 15. Jahrhundert. Danach erschien im äußersten Flügel der fünfschiffigen »Banquet Halle« von Tara der christliche Antipode Patrick vor dem Hochkönig und seinem Clan mit einer Ansprache von hymnischer Diktion. Nicht nur, daß Pathos zum literarischen Stilmerkmal jener Zeit gehörte, für Patrick war es auch ein Mittel, zwischen seinen Missionshelfern aus der Gallia christiana, die ihn inzwischen in seinem Apostelwerk unterstützten, und ihren heidnischen Widersachern in Irland eine schützende Distanz herzustellen. Darüber hinaus zielte sein dramatischer Vortrag darauf ab, mit sich selbst die Reihenfolge der bis in die Vorzeit zurückgehenden Anführer keltischer Stämme, vom legendären Cú Chulainn über Niall von den neun Geiseln bis zu Cormac Mac Airt (3. Jahrhundert nach Chr.) gleichrangig fortzusetzen, und zwar dort, wo sich die Genealogie der Goidelen bis auf einen der heroischen Vorväter der irischen Rasse, Fene Farsaid, zurückführen ließ. Von ihm sollen in direkter Linie jene siebzig »chieftains« abstammen, die den Turm zu Babel erbauten.

An diese biblische Vergangenheit knüpften zu Anfang unseres Jahrhunderts britische Juden an, als sie auf dem Gelände von Tara nach der verschollenen Bundeslade suchten, freilich vergebens. Seit ihren Nachforschungen weiß man jedenfalls, daß es für den Ruf Taras, als Nationalheiligtum an erster Stelle gestanden zu haben, konkrete Anhaltspunkte gibt.

Mit welcher hierarchisch gegliederten Gesellschaft es Patrick bei seiner Bekehrung zu tun hatte, beweist die damals geltende Rangordnung von Tara. Danach hatte jeder die nach Ansehen, Verdienst und Stellung streng geregelte Platzverteilung zu achten, der die nach Qualität und Umfang abgestuften Mahlzeiten entsprachen. Schon das archaische Gesetzgebungswerk der »Brehon laws« beruhte auf der vielfältig abgestuften Ordnung des menschlichen Zusammenlebens auf der Insel.

Dem Hofreglement ist zu entnehmen, daß am östlichen Ausgang der »Banquet Hall« der aus Söldnern bestehenden königlichen Leibgarde nächst dem König, daneben den Gesandten, Gästen, Poeten und dem Harfner die Plätze zugewiesen sind, wobei hinwiederum zwischen filids, den Dichtern, und Barden, den Sängern, unterschieden wird. Von der Sonderstellung der filids im Keltenreich profitieren heute noch die in der Steuergesetzgebung begünstigten Literaten. Barden gehörten zur gebildeten Aristokratie, Harfner galten nur aufgrund ihrer unterhaltenden Kunst als Freie. Andere, wie Pfeifer, Hornisten und Gaukler, waren dagegen unfrei und mußten in der Ecke an der Tür neben der Leibwache sitzen.

In der anderen, nördlichen Hälfte des Gebäudes bewachten ein Krieger und ein aus sportlichen Wettkämpfen als Sieger hervorgegangener Mann, mit je einem Speer bewaffnet, den Ausgang, um Störungen zu verhindern. Hinter dem Adel, am weitesten von der Tür entfernt, hatten sich die in Ketten geschlagenen Geiseln aufzuhalten, wo sie der König im Auge behielt. Die Gewohnheit, Leben zu verpfänden, spielte im öffentlichen und privaten Leben Irlands damals eine wichtige Rolle, nicht anders als im übrigen Europa jener Zeit.

Nicht weniger streng geregelt war die Fleischzuteilung. Im zweiten inneren Flügel mußten sich Türhüter, Satiriker, Zauberer, Hofnarren, Kampfwagenbauer, Schildemacher, Gold- und Kupferschmiede, Lehrer und Flötisten mit Schienbein, Schulterfett und Rückenknochen vom Schwein begnügen, während auf Reiter, Richter, Pfleger, Ärzte und Hirschtreiber die besseren Stücke wie Keule, Nacken und Lende entfielen. Demokratischer ging es bei der Einladungspraxis zu. Fast alle Träger der irischen Gesellschaft von damals, Sappeure, die für das Ausheben von Stelllungsgräben verantwortlich waren, Festungsarchitekten, Stewards und Wagenlenker, Schachspieler, Lotsen, Spaßmacher, Graveure, Kaufleute und Schuhmacher, waren bei solchen festlichen Anlässen repräsentiert, immer in Gefahr, die Grenzen lärmender Lustbarkeit bis zum Exzeß zu überschreiten.

In der vom Clangeist beherrschten Aristokratie, die keine erbliche Königswürde kannte, wurde die Rechnung mit Rivalen stammesgesetzlich in blutiger Fehde beglichen. Ein Beispiel für die hohe Einschätzung männlichen Berserkertums ist die Tatsache, daß der als salomonisch geltende König Cormac Mac Airt für seine Tochter einen alternden Anführer der Fianna zum Gatten wählte. Anläßlich der am Hofe von Tara schon für sie ausgerichteten Hochzeit konnte sie in die Arme ihres jugendlichen Liebhabers entfliehen. Unter dem Titel »Diarmuid und Grianne« gehört diese Romanze zu den schönsten Überlieferungen gälischer Literatur.

Einer so gearteten Führungsschicht, die das Kriegführen allen anderen Betätigungen als besonders ruhmvoll voranstellte und die sich ungezwungen der Polygamie ergab, sah sich Patrick in seinem religiösen Idealismus gegenüber. In seiner »Confessio« gesteht er: »Tara war ein Ort der finsteren Abgötterei und des Druidenkultes.«

Er ließ sich aber, wie seine beiden Biographen, St. Abba und St. Delan, übereinstimmend berichten, von der ablehnenden Grundstimmung auch draußen im Lande nicht entmutigen. Zu lange hatte er sich in seiner irischen Gefangenschaft mit dem keltischen Volkscharakter vertraut gemacht, um nicht auf feindselige Ausfälle gelassen zu reagieren. Er war in der besonderen Lage, mit der Vollmacht des Bischofs zu jenen zurückzukehren, die Gewalt über ihn gehabt hatten. Dabei kam ihm die Kenntnis der keltischen Sprache zugute und seine Fähigkeit, sich nicht von ihrer ausschweifenden Phantasie und ihrem Hang zur Zügellosigkeit den Blick für ihre eher zarten Aufwallungen gegenüber Schwachen, Alten und Frauen trüben zu lassen. Dahinter ahnte er das geistige Bedürfnis und den Drang nach einer höheren Wirklichkeit.

Obwohl man ihm bei seinen Missionswanderungen in Roscommon und Tipperary die Pferde stahl, die Leute in Kildare die Straße aushöhlten, damit er mit seinem Karren in die mit Laub und Zweigen abgedeckte Grube stürzen möge, mutwillige Knaben am Boyne-Fluß seine Ziege, die ihm seine Wasserkrüge trug, entführten und ein König die Meute seiner Jagdhunde auf ihn hetzte, ist er nicht einen Augenblick an seiner Aufgabe irre geworden. »Et perexit Patriciius«, heißt es in seiner Vita, »et baptizavit et perexit.« Es wanderte Patricius, taufte und wanderte. Dabei ging seine Sorge über die ihm als Missionsfeld anvertraute Insel weit hinaus, wie seine an bedrängte Christen in Britannien gerichteten Briefe und sein verzweifelter Appell an den britischen Tyrannen Coroticus beweisen. Diese auf abenteuerliche Weise von Hand zu Hand beförderten Schreiben machen die Rechtsunsicherheit der jungen Gemeinden, die, ohne den Rückhalt einer kirchlichen Organisation, der Willkür örtlicher Machthaber ausgesetzt waren, deutlich. Darin beschwört Patricius die Soldaten, die seine Post dem Coroticus übergeben sollten, sich nicht an Übergriffen gegen Christen zu beteiligen und nicht denen gefügig zu sein, die sie verfolgten, »weder mit ihnen zu essen und zu trinken, noch Almosen von ihnen anzunehmen.«

Er stützt sich dabei auf einen für jene Zeit sicher nicht ungewöhnlichen Vorgang, wonach eine kleine christliche Gemeinde an der irischen Ostküste, wahrscheinlich Glenarm, von den Söldnern des Coroticus überfallen und eine Anzahl ihrer Mitglieder getötet worden war. Die anderen wurden als Sklaven an die heidnischen Schotten und an abtrünnige Pikten verkauft.

Gesetzlose Zustände dieser Art sind nur erklärlich vor dem Hintergrund des von den Römern schon seit 410 aufgegebenen britischen Territoriums, in dem die Straßen, sofern sie nicht zwischen einzelnen Städten einen improvisierten Verkehr aufrechterhielten, langsam unkenntlich wurden. Die innere Auflösung der durch überlegene Militärmacht 453 Jahre lang straff geführten römischen Provinz war nach Abzug von Heer und Verwaltung unvermeidlich geworden. Das um so mehr, als sich angelsächsische Vortrupps, auch in Gestalt von Piraten, bereits auf der Insel bemerkbar machten.

Zweimal hatte Papst Coelestin, 429 und 447, den heiligen Germanus von Auxerre (378–448), wenn auch mehr gegen den Geist des Pelagianismus als gegen äußere Gefahren, nach Britannien gesandt. Dabei gelang es dem streitbaren Kirchenmann bei der letzten dieser Unternehmungen, zwei Jahre vor der Errichtung des ersten sächsischen Königreichs in Kent (449), einen Heerhaufen der Invasoren unter ihrem König Eucharich mit Kreuz und Halleluja aufzuhalten. Seine Erfahrungen als ehemaliger römischer Offizier befähigten ihn auch, die Lage mit der Organisation eines Städtebundes vorübergehend zu festigen. Aber nicht für lange, denn der letzte große Feldherr Roms, Flavius Aëtius (390 bis 454), erprobt im Kampf gegen die Germanen, versagte sich dem britischen Hilferuf. Andererseits richteten sich die Sachsen auf der Insel häuslich ein, nachdem sie den subrömischen Machthabern als Söldner unentbehrlich geworden waren.

In einer Epoche, die durchweg als dunkel und wenig mitteilungsfreudig gilt, ist die leidenschaftliche Zurechtweisung des Coroticus durch St. Patrick ein aufschlußreiches Dokument. »Du nennst dich einen Christen«, klagte er ihn an. Als ein noch von den Römern eingesetzter Provinzherrscher, der ohne zentrale Aufsicht selbstherrlich geworden war, bereiteten ihm die Leiden seiner Glaubensgenossen ein zynisches Vergnügen. Daß er im nordbritischen Raum, in dem St. Ninian (gestorben 432) seit Ende des 4. Jahrhunderts missioniert hatte, von den Pikten nicht in die Schranken gewiesen wurde, beweist die Anfälligkeit der in diesem Teil der keltischen Welt noch unfertigen Christen.

Kein Wunder daher, daß Patricius, anstatt dem Aufbau der Bischofskirche nach römischem Vorbild den Vorrang zu geben, weitaus mehr im apostolischen Sinne unter den Menschen wirkte. Ihrem Seelenheil zuliebe nahm er die freiwilligen Kasteiungen der frühkirchlichen Glaubenszeugen wie Fasten und Beten auf Bergen und in Höhlen auf sich und verbrauchte in unermüdlicher Wanderschaft seine Kräfte.

Nach den Worten seiner Biographen »taufte er Tausende, setzte überall Priester ein, gab Geschenke an Könige, wurde in Eisen gelegt, lebte in täglicher Erwartung von Mord, Verrat und Gefangenschaft, reiste überall hin in vielen Gefahren, sogar zu den entferntesten Regionen, jenseits welcher niemand mehr lebte, und erfreute sich der wachsenden Herde Gottes in Irland und der Söhne und Töchter von Königen, die zu Mönchen und zu Jungfrauen Christi wurden.«

8 Der Felsen von Cashel, County Tipperary. Von 370 bis 1101 Sitz der Könige von Munster. Hier taufte 450 St. Patrick König Aengus und seine Brüder. Im Jahre 1101 schenkte König Murtagh O'Brien den Felsen der Kirche, welche ihn »Gott, St. Patrick und St. Ailbhe« weihte. 1169 wurde die Kathedrale erbaut. ▷

Aufgrund seiner Herkunft und seiner Erziehung in kontinentalen Klöstern setzte er seine natürliche Überlegenheit mit kluger Berechnung ein. Immer waren es zuerst Könige, um die er warb und die er nacheinander für das Christentum gewann. Legt man die Anzahl von Kirchen und Klöstern zugrunde, die in seiner Zeit und danach entstanden sind, hat sich kaum jemand aus dem Kreis der Mächtigen, die ihm dafür Land abtraten, der Taufe versagt. Nachdem er sieben Söhne des Königs von Connaught bekehrt hatte, erschien er im Jahre 450 auf dem Felsen von Cashel, einer dramatischen Naturbühne in der Grafschaft Tipperary, auf der heute mittelalterliche Sakralbauten stehen. Die Landschaft hält alles von dem ehemaligen Herrschersitz der Könige von Munster fern, was seine erhabene Wirkung einschränken könnte. Es ist nicht schwer, sich bei der Annäherung aus der Ebene den Auftritt von St. Patrick vor Aengus auf diesem kantig aufsteigenden Festungswerk vorzustellen, vom Licht des atlantischen Himmels suggestiv umstrahlt. Die Chronik berichtet, daß Patrick, als er Aengus taufte, ihm versehentlich das Kreuz in den Fuß rammte. Der an druidische Exzesse gewöhnte König begriff dies als einen Teil des christlichen Rituals und ertrug es standhaft. Wie Armagh ist auch Cashel Mittelpunkt eines Bistums geworden.

Es besteht kein Zweifel, daß Patricks Mission und Seelsorge den päpstlichen Auftrag, sich um die wenigen irischen Christen zu kümmern und sie im Sinne der lateinischen Kirche zu organisieren, weit überschritten hat. Das Mönchswesen nahm unter seinem Einfluß einen unerhörten Aufschwung, eine Entwicklung, die nach seinem Tod den weiteren Weg des christlichen Irlands außerhalb der römischen Diözesanverfassung bestimmt hat. Seinem täglichen Umgang mit der keltischen Sprache ist es zuzuschreiben, daß die Insel als erstes europäisches Land eine eigene, nur durch wenige lateinische Vokabeln ergänzte Kirchensprache und Literatur besaß.

Patricius, in dem sich der irische Wandertrieb zu religiöser Rastlosigkeit veredelt hat, erschloß sich das Land auf seinen gewagten Bekehrungsreisen bis in den letzten Winkel. In der nördlichen Hälfte Irlands, jenseits der Linie Galway-Wexford, ist er am erfolgreichsten gewesen. Hier, im Umkreis des größten Ulster-Königreiches Emhain Macha, gründete er 445 die Hauptkirche des Landes, unter den Augen der alten Druidenmacht. Mit sicherem Instinkt für das gefühlsbetonte Traditionsbewußtsein des Volkes, das mit seinen heidnischen Vorfahren in lebendiger Verbindung auf einem der ältesten Siedlungsplätze des Landes rund um Armagh lebte, fügte er, ohne daß es mit der Vergangenheit zum offenen Bruch kam, seine Metropolkirche in diesen historischen Kreislauf ein.

Die unenträtselten Skulpturen sowohl an den Außenmauern wie im Kapitelhaus der Kathedrale auf dem Hügel des ehemaligen Ringforts Navan Fort erregen in dieser sonst unauffälligen Provinzstadt Aufsehen. Soweit es sich

9 *Reliquiar für die eiserne Glocke von St. Patrick, hergestellt zwischen 1096 und 1105. Die Glocke selbst gilt als eine der bedeutendsten Reliquien Irlands (Nationalmuseum Dublin).*

um Masken handelt, folgen sie der mittelalterlichen Dämonendarstellung. Als Ganz- und Halbfiguren aber gehören sie einer weitaus früheren Zeit an, die noch in Patricks Tagen mit Barbarei auftrumpfte. Tatsächlich sind sie in ihrem primitiven Ausdruck so fremdartig, daß man ihren Ursprung außerhalb Europas vermutet hat. Den schmerzlichen Durchbruch des Bewußtseins aus einem geistig noch ungeborenen Zustand macht kaum ein Kunstwerk anschaulicher als diese ungeformten Objekte.

Ebenso zahllos wie die Kirchen, die sich auf Patrick und seine Schüler zurückführen, sind die von ihm inspirierten Orts- und Landschaftsbezeichnungen wie Newry, eine Stadt im nördlichen Ulster. Sie erhielt ihren Namen von einem »neuen Baum«, den Patrick an dieser Stelle selbst gepflanzt haben soll. Dazu Brunnen, Höhlen, Seen und die Berge Slieve Patrick in Nordirland, und Croagh Patrick an der Clew Bay, County Mayo, mit denen er zu seinen Lebzeiten in einer tiefen Beziehung stand. Wie alle seine Rückzugsorte war auch der Lough Derg in der Grafschaft Donegal eine von alter Magie umwehte Stätte, deren vorzeitlichen Unterweltmythos christliche Generationen mit dem Fegefeuer gleichsetzten.

Es ist erstaunlich, in welchem Maße das heutige Irland am frühchristlichen Vermächtnis einer auf büßende Askese gegründeten Religiosität, die das Koptentum bis an die Grenze der Selbstzerstörung vorgelebt hatte, festhält. Patrick, der sie unverändert fortsetzte, hat sie als Bestandteil in die keltische Kirche übernommen.

Ununterbrochen seit 1500 Jahren suchen zwischen den Monaten Juni und Mitte August zahllose Menschen den von karger Moor- und Heidelandschaft umgebenen See Derg mit seiner kleinen Bußinsel auf, um sich dreitägigen Kasteiungen hinzugeben. Neben Beten und Fasten – trockenes Brot und schwarzer ungesüßter Tee – sind eine Reihe von »rounds«, Rundprozessionen um die Oratorien der frühen Mönchseremiten und die Bußbetten genannten Steinkreise vorgeschrieben, wenn möglich, barfuß. Wie vor undenklichen Zeiten, als die Sonne im Mittelpunkt aller kultischen Übungen stand, werden sie unverändert in Rechtsdrehung (deiseal) ausgeführt, wobei man eine Gegenläufigkeit nach links (widdershin) aus Furcht vor schlechter Vorbedeutung vermeidet, um so mehr, als sie, wie noch heute auf Tara, von einem Fluch begleitet ist.

Mag sich auch Weltliches – die Eisenbahn organisiert Sonderzüge, und für die Teilnehmer gibt es Unterbringung und medizinische Versorgung – ernüchternd in den Ablauf der Pilgrimage mischen, sie bleibt, wie der Aufstieg zum Croagh Patrick, ein nationales Ereignis, das auch irische Auswanderer aus allen Teilen der Welt regelmäßig anzieht.

Im Gegensatz zu ihrer Ausstrahlung auf die Christenheit durch das ganze Mittelalter – nicht wenige berühmte Pilger haben sich an ihr beteiligt – bleibt diese kollektive religiöse Aufwallung außerhalb Irlands heute weitgehend unbemerkt. Dabei darf sie sich nach wie vor die »härteste« aller christlichen Wallfahrten nennen, ganz im authentischen Sinne des heiligen Patrick, der sich 40 Tage und 40 Nächte sowohl auf der Spitze des nach ihm benannten nackten Berges in der Grafschaft Mayo als auch in der legendären Höhle unter dem See zur reuigen Einkehr in sich selbst zurückgezogen hat. So verbreitet war der schauerliche Ruhm dieses Ortes, daß er für Dante zum »Inferno« wurde und von Erasmus, Rabelais und Burton gleichermaßen phantastisch beschrieben worden ist. Calderon zeichnet als Autor eines Dramas »Das Fegefeuer des heiligen Patrick«. »Patricks Purgatorium« ist, zumal unter dem Einfluß der visionären Behandlung des Themas in der europäischen Literatur, für die resignative Einsamkeit des Landes gleichnishaft geworden. Man kann sich leicht vorstellen, welchen moralischen Zwang das Beispiel des Taufapostels auf die werdende Kirche und auf die damals halbe Million Einwohner der Insel ausübte. Noch heute stimmt die in weiten Teilen durch zweimalige Vergletscherung unfruchtbar gewordene, in ihrer kargen, durchdringenden Beschaffenheit mit dem asketischen Ideal der Frühkirche in vollkommener Weise überein. Die Iren haben früh gelernt, die Gaben des Glaubens nicht wie einen gerechten Lohn zu empfangen, sondern sie durch ständige Bußbereitschaft zu verdienen.

Patrick, so weiß man heute, hatte erfahrene und mit dem Aufbau der abendländischen Bischofskirche vertraute Helfer an seiner Seite, die aus Rom, Gallien und Britannien kamen. Ihre Beziehungen zum übrigen Teil der Britischen Inseln konzentrierten sich vor allem auf das von St. Ninian missionierte Gebiet des heutigen Schottland. Es bildete mit der irischen Insel bis zu dem aus Moränenschotter aufgeschichteten Drumlinsgürtel, der etwa parallel zu der politischen Grenze zwischen Freistaat und der englisch verwalteten Provinz Ulster verläuft, ein nicht nur geologisches, sondern auch ethnologisches Ganzes.

Auch in diesem erweiterten Völkerverbund überwucherten die örtlichen Machtkämpfe als dynastische Dauerfehden die Geschichte der britischen Inseln über das Mittelalter hinaus bis in die Neuzeit.

Der Brite St. Ninian (360–432) unternahm es schon Ende des 4. Jahrhunderts in dem von Haß zerklüfteten Gebiet des nördlichen Britanniens, am westlichen Ausläufer der Insel Whithorn in Galloway, dem heutigen schottischen Wigtownshire, ein dem gallischen Heiligen Martin von Tours geweihtes Kloster zu gründen, das erste seiner Art auf dem Boden Britanniens und ein Vorbild für alle mönchischen Niederlassungen der keltischen Kirche in den kommenden Jahrhunderten. Das »Candida Casa« genannte Kirchlein, das »weiße Haus«, übte, obwohl Trockensteinbauten in dieser Natursteinregion nicht selten waren, allein wegen seiner gekälkten Mauern Signalwirkung aus. St. Ninian folgte mit dem weithin schneeig leuchtenden Anstrich dem Bedürf-

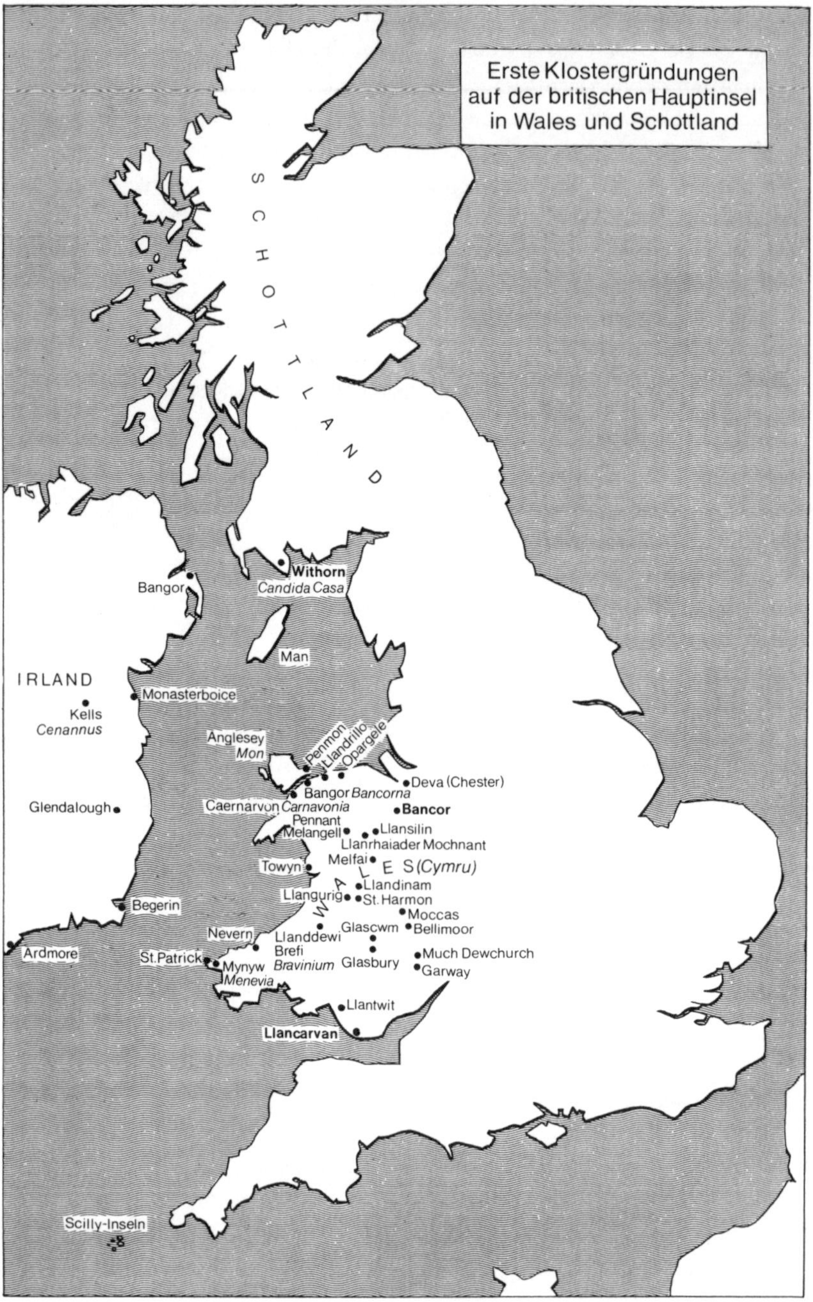
Erste Klostergründungen auf der britischen Hauptinsel in Wales und Schottland
SCHOTTLAND
Withorn
Candida Casa
Bangor
Man
IRLAND
Monasterboice
Kells
Cenannus
Anglesey
Mon
Penmon
St. Llandrillo
Opargele
Deva (Chester)
Bangor Bancorna
Bancor
Glendalough
Caernarvon Carnavonia
Pennant
Melangell
Llansilin
Llanrhaiader Mochnant
Melfai
Towyn
WALES (Cymru)
Llandinam
Llangurig
St. Harmon
Begerin
Moccas
Glascwm
Bellimoor
Nevern
Llanddewi
Brefi
Bravinium
Ardmore
St. Patrick
Mynyw
Menevia
Glasbury
Much Dewchurch
Garway
Llantwit
Llancarvan
Scilly-Inseln

nis nach einem materiellen Ausdruck für die »Reinheit der Seele«, für die von allen Trübungen befreite menschliche Existenz, die von den Schrittmachern des Christentums so leidenschaftlich erstrebt wurde. »Des Priesters Geist soll rein wie der Schaum der Welle sein oder wie ein Schwan im Sonnenschein«, heißt es in einem frühen religiösen Traktat.

Jüngere Ausgrabungen des Kirchen- und Klosterkomplexes haben ergeben, daß die Mauern noch Spuren vom Kalkbewurf zurückbehalten haben, der im Jahre 1003, als ein Cluniazenser Mönch nach Withorn kam, von ungebrochen blendender Kraft gewesen sein muß. Er sah die Kirche zwischen der blauen Begrenzung von Himmel und Meer aufblitzen »und mir war, als ob die ganze Erde, sich schüttelnd, ihr Alter abgeworfen und sich ins Weiß der Kirche gekleidet hätte.«

So beispielgebend erschien ihrer Zeit die überirdische Helle dieser Anlage, daß St. Wilfried von York im 7. Jahrhundert über die Farbe seines Münsters, »weiß wie Schnee«, triumphierte, ein sächsischer Abt von Peterborough seine weiße Kathedrale pries, als ob sie aus einem einzigen Stein geschnitten sei, und ein mittelalterlicher Waliser Chronist die Kirchen, die er gesehen hatte, mit den funkelnden Sternen des Firmaments verglich.

Beda, Britanniens erster Kirchenchronist, hat sich von St. Ninians Candida Casa, ehe ihr Glanz durch spätere Erweiterungen und Veränderungen des Klosterkomplexes erlosch, beeindrucken lassen. Im Umkreis sind Höhlen lokalisiert worden, die mit ihren in die Felsen eingeschnittenen Kreuzen als Rückzugsorte der Mönche aus der Gemeinschaft St. Ninians angesehen werden. Das spricht dafür, daß das Ideal der koptischen Wüsteneremitage schon zu jener Zeit in der »disert« (was der lateinischen desertas entspricht) eine keltische Entsprechung gehabt hat.

Viele davon beziehen sich in ihrem Namen auf St. Ninian, so wie sich am Gegenufer der Irischen See viele auf Patrick beziehen. Zweifellos gibt es hier aufgrund einer der kürzesten Seeverbindungen zwischen beiden Inseln, die durch ein Ansteigen des Meeresspiegels heute weiter auseinandergerückt sind, häufige und enge Kontakte. Dabei ist die Gestalt St. Ninians, obwohl er von Beda im 8. und von Alfred von Rivaulx im 12. Jahrhundert erwähnt wird, im Vergleich zu Patrick verschwommen geblieben und hat zu Kontroversen über die Anfänge der Christianisierung Schottlands geführt. Zweifel an der Tatsache, daß sich Ninians Evangelisation über den größten Teil Süd- und Ostschottlands bis südlich nach Cumberland erstreckte und sein Einfluß bis zu den Shetlands und Hebriden reichte, sind indes nicht berechtigt. Gegen die südlichen Pikten, einen unabhängigen und kraftvollen Volksstamm, für dessen Vereinigung mit den irisch-stämmigen Skoten die Klostergründung Ionas im Jahre 563 durch den Iren Columbkille die Voraussetzungen schaffte, konnte er sich schwer behaupten. Sie wurden immer wieder rückfällig.

Das weiße Kirchlein, das St. Ninian als Mittelpunkt eines Bischofssitzes in Withorn an der Nordküste des Solway Firth um 400 errichtete, ist im Einklang mit seinem Namenspatron der Ausgangspunkt einer frühen Form der vita communis geworden, wie sie Martin von Tours in Gallien eingeführt hatte. Diese später von einer Reihe großer irischer Klostergründer zu Studienzwecken aufgesuchte Gemeinschaft fand nach Ninians Tod würdige Nachfolger in St. Carantoc (Mitte des 5. Jahrhunderts) über St. Donnan den Großen, der 618 als Märtyrer starb, bis zu St. Walloch im frühen 8. Jahrhundert. Die Eigenständigkeit der Candida Casa endete erst unter dem Druck der von Northumberland in Richtung Galloway vorstoßenden Angelsachsen, die in Whithorn einen anglikanischen Bischof einsetzten.

Im Lebenslauf der beiden Apostel Patrick und Ninian gibt es entscheidende Übereinstimmungen. Beide wurden als römische Bürger in Britannien geboren, in Rom zu Missionsbischöfen geweiht und auf dem Boden der Britischen Inseln, nur durch die Irische See getrennt, zu Glaubenspionieren. Am Ende nahmen sie sich dorthin zurück, von wo sie zu ihren Missionszielen aufgebrochen waren, und vollendeten damit in schicksalhaftem Sinne den britisch-irischen »round«.

St. Ninian, vom Bekehrungswerk unter den Pikten ermüdet, ruhte bis zu seinem Ende in seiner Candida Casa aus. St. Patrick starb im irischen Saul, wo er 432, im Todesjahr Ninians, gelandet war. Auf dem Hügel über der Landstadt Downpatrick soll er neben der ersten von ihm errichteten steinernen Kirche, die inzwischen sechsmal überbaut worden ist, unter einem Granitblock begraben sein. So wenig beweisbar diese Behauptung auch ist, für die Pilger, die sich hier oben treffen, scheint Patrick allgegenwärtig, unbegrenzt in seiner Wirkung. Nur so erklärt es sich, daß sich irische Amerikaner in der berühmten, nach ihm benannten »Irish Brigade« begeistert auf ihre wechselnden Feinde stürzten, im amerikanischen Bürgerkrieg ebenso wie im Streit mit Mexiko um die westlichen Grenzstaaten und in zwei europäischen Weltkriegen.

Nicht jeder, der sich am 17. März der Parade zum St. Patricks-Tag durch die Straßen von New York anschließt, hat mehr als eine flüchtige Vorstellung von diesem großen Heiligen, ebenso wenig wie er seine Andacht in der St. Patricks-Kathedrale von Manhattan mit seiner Erscheinung auch nur entfernt verbindet. Aber gerade in dieser mitleidlosen Stadt, die manche irische Einwanderer verschlungen hat und in deren Straßenschluchten manches lebende Wrack dieser phantasiebegabten und in einer vordergründig-materiellen Welt unbehaust gebliebenen Volksgruppe verloren dahintreibt, erfüllt die geistige Nähe einer so machtvollen Gestalt eine lebenserhaltende Funktion.

Nach Patricks Tod behielt die irische Kirche zunächst die lateinische Episkopalverfassung bei, aber nicht für lange. Man fragt sich, ob der Apostel und Seelenhirte Patricius mit der organisatorischen Seite seiner Aufgabe, wie sie der Papst verstand, nicht überfordert war und ob er sie nicht weitgehend seinen Schülern überlassen hat. In die festländischen Missalia und Litaneien ist er nicht als der erfolgreiche Gründer der Bischofskirche, sondern als der wunderbare Erwecker des irischen Volkes aus seinem heidnischen Schlaf eingegangen.

Bis in die tiefsten Winkel Württembergs reicht seine Verehrung. Dabei wird zwischen Michael, der den Drachen tötet, und Patricius, vor dem die Schlangen ins Meer zurückweichen, kein Unterschied gemacht.

Die irische Mönchskirche

Für die Sonderentwicklung der irischen Kirche als einer monastischen Hierarchie gibt es mehrere Gründe. Dadurch, daß die römische Infrastruktur mit Verwaltung, Verkehr und dem städtischen Organismus Irland ausgespart hatte, fehlte hier die Voraussetzung für die Bildung übergeordneter Amtskirchen. Nur innerhalb der Stammesverfassung mit ihrer überlieferten Gesellschaftsstruktur konnte eine Kirche ihren Platz einnehmen, vom Clan gestützt und erhalten. Der Clan setzte den Abt ein, der Abt den ihm nachgeordneten Bischof. Der Bischof war nicht, wie im festländischen Europa, Haupt einer Diözese im Sinne einer Gebietskörperschaft. Er war an die Weisungen des Abtes gebunden. Zwar nannten sich Patricks unmittelbare Nachfolger Bischöfe, doch schon Ende des 5. Jahrhunderts gebot Cormac über Armagh, Patricks eigene Bistumskirche, als Abt; in den nächsten zwei Jahrhunderten waren Abt und Bischof hier eine Person.

Von den Schülern des Patricius, soweit sie uns mit Namen bekannt sind, ist offenbar keiner den Weg zur reinen Bischofskirche gegangen, weder St. Tassach, von dem nahe dem vermeintlichen Patrickgrab eine Klosterruine erhalten ist, noch von Muiredach, der mit der Insel Inishmurray vor der Küste von Sligo in Verbindung gebracht wird.

Dieses 1,6 Kilometer lange und 800 Meter breite Eiland, bis 1947 bewohnt, wird heute nur gelegentlich per Boot für die Besichtigung der keltischen Klosteranlage, die als besterhaltenes Beispiel ihrer Art gilt, aufgesucht. Umgeben von einer mehr als mannshohen Mauereinfassung, Rest eines bronzezeitlichen Ringforts, ist sie durch fünf Öffnungen, die in vier erkennbare Innenbezirke führen, zugänglich, jeder für sich mit Kirchen verschiedener Bauart und Größe, steinernen Oratorien und Bienenkorbzellen bebaut.

Die typischen Elemente einer irischen Mönchssiedlung des frühen Mittelalters sind die durch hochgemauerte Einfassungen befestigten Trockensteinbauten, insbesondere Gebetszellen in Bienenkorbform mit falschem Gewölbe, über dem Eingangsbogen ein Schlußstein, meistens aus schimmerndem Quarzit, darin ein eingekerbtes Kreuz. Als Markierungen für die Rundprozession, die in christliche Wahrzeichen verwandelte »slabs« bevorzugt und, wo vorhanden, Menhire aus der Jungsteinzeit, jene aufrecht stehenden Steine, die schon Heiligtümer der Druidenzeit waren. Aus ihnen sind im 9. Jahrhundert die irischen Hochkreuze hervorgegangen.

Noch weit davon entfernt, religiöse Macht zu demonstrieren, sind diese von ihrem Grundmuster nur wenig abweichenden Mönchskommunen eher eine Zuflucht, ein vom getauften chieftain geborgtes Zuhause in einer Wildnis gefährlicher Unwägbarkeiten gewesen. Entsprechend dem steigenden Härtegrad des von Patrick eingeführten Bußsystems entstanden solche Zusammenschlüsse zunächst in der besiedelten Ebene und verlagerten sich mit der Zeit auf die Berggipfel und schließlich in die unbegehbaren Felsenriffe vorgelagerter Atlantikinseln wie Tory Island (Tor inis), Aran Islands, Inishmurray, Skellig Island, Omey und andere.

Die frühe Klosterarchitektur Irlands scheint nicht ohne Anregung der schon erwähnten koptischen Wüstengemeinschaften zustande gekommen zu sein, wenn nicht durch Augenzeugenberichte, so doch durch die in Irland kurz nach ihrem Erscheinen gelesenen Schriften des Sulpicius Severus (360 bis 420). Er berichtet darin von den Dachkonstruktionen der ägyptischen Gebetszellen an der afrikanischen Küste, die der Form eines Bootskieles angepaßt waren. Die irischen Oratorien sind diesem Modell sehr ähnlich, wenngleich sie hier nicht der Sonne und dem Sandsturm, vielmehr dem Angriff atlantischer Orkane trotzen mußten. Bei der Betrachtung dieser angepflockten Steinzelte stellt sich ein Gefühl des Preisgegebenseins an natürliche Gewalten ein, bei tiefer Zurückgezogenheit in Gottes schützende Hand.

Man kann diese schmucklosen und in ihrer Bescheidenheit anrührenden »Fluchtburgen« des keltischen Mönchtums erst ganz auf sich wirken lassen, wenn man sich dabei die meditative Anziehungskraft des Inselexils auf die festländischen Emigranten des 5. Jahrhunderts vorstellt, darunter profilierte Träger europäischer Kultur. In einer Leidener Handschrift des 12. Jahrhunderts ist von römischen Lehrern die Rede, die vor Hunnen und »anderen Barbaren« nach Irland flüchteten, während kurze Zeit später in umgekehrter Richtung ein Exodus der Briten nach der Halbinsel Armorica im Westen Frankreichs einsetzte. Er erreichte erst 577, als die angelsächsische Landnahme im wesentlichen vollendet war, seinen Höhepunkt. Seither ist Armorica das Britenland, die Bretagne.

Ein Teil der damaligen europäischen Intelligenz brachte das durch ständige Völkerbewegung bedrohte Kulturerbe in irischen Klöstern in Sicherheit, ein Vorgang von weitreichender Bedeutung. Die kulturelle Kontinuität Europas reduzierte sich mehr oder weniger auf diese ultima terra, wo sich das keltische Christentum die schon von den Römern gerühmte druidische Gelehrsamkeit anverwandelt hatte. Solcherart bereichert, kehrten Wissenschaft und Bildung später mit den irischen Missionsmönchen nach Europa zurück.

Auch Wales gehört neben Cornwall, damals noch West Wales, neben Schottland und Cumbria zu jenen Landschaften, deren Bevölkerung auf alten Karten als »Britons« bezeichnet wird. Teil des gesamtkeltischen Verbundes, war es mit dem Christentum durch gallo-römische Emigranten, vielleicht aber auch über Kaufleute aus Byzanz, in Berührung gekommen. Die westlichen Seewege spielten dabei, wie schon in vorgeschichtlicher Zeit, eine entscheidende Rolle.

Nicht St. David, heute noch als Waliser Schutzpatron verehrt, sondern ein in der lateinischen Geschichtsschreibung umstrittener Usurpator, Magnus Maximus, gilt als der heimliche Verbindungsmann zwischen den Walisern und der in weiten Teilen Britanniens um jene Zeit noch illegalen Religion. Was die Geschichte an dokumentarischen Beweisen für diese Art seines »subversiven« Einsatzes schuldig bleibt, liefert die Legende nach. Darin wird ihm, nicht anders als Konstantin dem Großen, die christliche Berufung im Traum enthüllt. Während dieser schlafend, den Blick nach innen gerichtet, den Sieg über seinen Schwager Maxentius im Jahre 312 an der Milvischen Brücke über den Tiber vorwegnimmt, wird Magnus Maximus einer fernen Insel und einer Jungfrau, die er gewinnen würde, gewahr: Wales und der Waliserin Helena.

Die »Historia Britonum« enthält eine Erklärung dafür, warum sich diese beiden Protagonisten des Römischen Imperiums, auch wenn sie zwei verschiedenen Generationen angehören, bis zur Aufhebung ihrer eigenen Identität einander annähern konnten. In dem ehemals befestigten Posten Caernarvon, so glaubt man aufgrund einer konstantinischen Inschrift zu wissen, ist Konstantin, Sohn des gleichnamigen Gesamtherrschers, begraben. So scheint in dem berühmten, von Piero della Francesca gemalten Bild in der Kirche San Francesco in Arezzo (Toskana) »Der Traum des Kaisers Konstantin« – einem Meisterwerk des magischen Hell-Dunkelstils aus der Frührenaissance – die visionäre Erkenntnis des Magnus Maximus von seiner Waliser Mission gleichsam mitenthalten.

Im vollen Licht der Geschichte dagegen stehen die Daten seiner militärischen Laufbahn. In Spanien geboren und aufgewachsen, begleitete er Theodosius auf verschiedenen Expeditionen und wurde, während er sich in Britannien aufhielt, von rebellierenden Gruppen zum Kaiser ausgerufen. Er stellte den Hadrianswall wieder her, nachdem er im Jahre 369 aufsässige Pikten und Scoten besiegt hatte, durchquerte Gallien, wo er Gratian, den Mitregenten des Theodosius, bezwang, und wurde von diesem im Jahre 384 als Augustus über Spanien, Gallien und Britannien anerkannt.

Hier übernahm er das Kommando über eine einheimische Söldnertruppe in Wales mit dem Befehlsstand Caernarvon. Als er Helena begegnete und sie zur

Mutter einer ganzen Generation walisischer Heiliger machte, war der ihm in der Legende angedichtete Traum in Erfüllung gegangen. Es ist nicht bekannt, ob der bis 395 in Byzanz herrschende Kaiser Theodosius, als im Jahre 388 sein früherer Kampfgefährte Magnus Maximus in der Schlacht von Aquileia gefangengenommen wurde, auch seine von den Soldaten vollzogene Enthauptung selbst angeordnet hat. Fünf Jahre zuvor hatte Maximus die römischen Truppen aus Wales zurückgeführt, nach außen ein korrekter Militärbefehlshaber im Dienste des Imperiums, nach innen ein ergriffener Streiter für das Evangelium. Seit seinem Kommando in Gallien mit Martin von Tours in Verbindung, lebte er nach dessen Beispiel in christlicher Selbstentäußerung. Auf Helena gehen die ersten Kirchen in Wales zurück. Die Söhne des Maximus pflügten das wilde, unfruchtbare Bergland im Sinne einer tiefgehenden religiösen Wandlung um. Schon aus dem späten 4. Jahrhundert, alsbald nach dem Ende der Karriere des Magnus Maximus, sind in Wales die ersten nach alter Regel in Ost-West-Richtung angelegten christlichen Grabstätten nachweisbar.

Irisch-walisische Klosterverbrüderung

Ein Jahrhundert später kam es zwischen den verschiedenen monastischen Niederlassungen von Wales einerseits und Irland andererseits, die zugleich Lehrstätten besonders für den theologischen Nachwuchs waren, zu einem regen Austausch von Lehrern und Schülern. Von St. Buithe, dessen Name in den Klosterruinen von Monasterboice (County Louth) weiterlebt, berichtet die Überlieferung, daß er als Missionar zu den Pikten ging, während sich St. Gildas und St. Cadoc, die in die keltische Kirchengeschichte als »Waliser Reformer« eingegangen sind, ihre Unterweisung von irischen Mönchen in Britannien holten. Auf St. Cadoc, Sohn des Fürsten (tiern) von Glamorgan, geht das berühmte Kloster Llancarvan in Südwales zurück, das über Ländereien am irischen Fluß Liffey verfügte und das auf die Erziehung der »Zwölf Apostel Irlands« unmittelbar Einfluß genommen hat. Walisische Mönche hinwiederum bevorzugten in Irland das 520 von Finnian gegründete Kloster Clonard (County Meath) für ihre Studien.

Daß St. Cadoc, der in der irischen Schule von Lismore (County Waterford) seine geistliche Erziehung erhalten hatte, vor den Angelsachsen von seinem walisischen Kloster nicht nach Irland, sondern, ebenso wie St. Gildas, der 530 in die Bretagne ging, nach Armorica auswich, kennzeichnet die in allen Teilen Britanniens unsicher gewordene Lage. Nicht der durch die Gemeinsamkeit christlichen Lebens vertraute irische Nachbar, sondern die viel weiter entfernte gallische Küstenprovinz, in der das Christentum erst seit 450 mit der Immigration der Briten Fuß gefaßt hatte, zog die Waliser Taufapo-

10 *Kloster Monasterboice, County Louth, 10 km nordwestlich Drogheda, wurde Ende des 5. Jh. von St. Buithe († 521) gegründet. St. Buithe studierte in Wales und missionierte bei den Pikten, bevor er nach Irland zurückkehrte. Von links: Abt Muiredachs († 922) Kreuz, ein Monolith von fast 6 m Höhe. Der 33 m hohe Rundturm war wohl der höchste in ganz Irland.*

stel und zahlreiche Gefährten an. Auf der kleinen Insel St. Cadoc im Fluß Ethel bei dem Städtchen Belz in Morbihan bestätigt eine romanische Kapelle des erst 1009 urkundlich erwähnten Klosters den Heiligen, der in der Bretagne verehrt wird. Die volkstümliche Überlieferung stellt ihn mit dem Teufel an seiner Seite dar, vielleicht ein Hinweis auf den ungebrochenen Druidengeist in den Megalithsteinsetzungen des nahen Carnac.

Andererseits mögen ihm Wasserverehrung und die magischen Rundprozessionen des keltischen Kultes auch auf der Halbinsel Armorica zusammen mit der ihm von seiner Heimat her vertrauten atlantischen Natur seine Flucht in die Bretagne erleichtert haben. Zu umfangreicheren Taufaktionen ist es indes nicht gekommen, denn angelsächsische Piraten machten auch die bretonische Küste unsicher. St. Cadoc verließ seine Eremitage und kehrte als Bischof nach Wales zurück. So kurz sein Aufenthalt war, hat er doch eine Fülle von Legenden hinterlassen, die noch heute den hellen atlantischen Hintergrund der Landschaft mystisch einfärben.

In Irland sammelte sich unter dem Eindruck der »wütenden roten Zunge, die von Ost nach West Britannien feurig beleckte« (Beda), viel von der geistigen Energie der Britischen Inseln. Hibernia war zum rettenden Hafen für alle geworden, die in dieser Richtung vor den Angelsachsen auf der Flucht waren.

Zu Patricks Zeiten durch das Draufgängertum seiner Piraten als gewalttätig verrufen, bildete Irland nun in aller Stille im entgegengesetzten Sinne seine Fähigkeiten aus. Es schien, als ob sich der heroische Impuls alt-keltischer Sagengestalten in der geistigen Dimension erneuert habe.

Nachdem sich Patrick, der Brite, und Kieran, der Ire, beide aus religiösem Antrieb unterwegs, in Rom begegnet waren, brachte Irland eine unabsehbare Reihe heiligmäßiger Nachfolger hervor, Lehrer, Taufprediger und Bischofsäbte jeweils in einer Person. Kieran, noch in heidnische Verhältnisse hineingeboren, zeigte schon als Knabe erstaunliche Reife, einen für seine Jahre mühelosen Drang zu tugendhafter Lebensführung. Selbst wenn er ihm von der Legende angedichtet sein sollte, kommt in seiner geradlinigen Entwicklung auch etwas von der anspruchsvollen Ethik der alten Keltenreligion zum Ausdruck. Der Heilige, dessen Rolle die franziskanische Vision eines himmlischen Tierfreundes vorwegnimmt – Wildtiere halfen ihm beim Bau von Kirche und Kloster – symbolisiert geradezu die ungestörte Adaption des neuen Glaubens.

In der Biographie Kierans sind christliches Einzelschicksal und christliches Bevölkerungsschicksal nahezu deckungsgleich: Er tauft seinen Clan und stellt ihm für den Fall, daß er von Angriffen auf seine Nachbarstämme abläßt, himmlischen Lohn in Aussicht. Dadurch gewinnt er die herrschenden Familien für sich. Er bekehrt seine Eltern, seine Mutter gründet ein Kloster, das der von ihm geleitete Männerkonvent in seine Obhut nimmt. In großen Linien wiederholt sich dieser Vorgang durch mehrere Jahrhunderte: Stammesfürsten werden zur kirchlichen Schutzmacht, der Adel stellt die theologische Führungsschicht.

Kieran, im Vergleich zu Patrick von etwas weniger markanter Statur, hat gleichwohl seinen Rang als Evangelist der ersten Stunde. Am Ende seines Lebens zog er sich als Einsiedler nach Perranzaguloe in Cornwall zurück, wo er heute noch von den Bergleuten der Zinngruben als Pieran in Ehren gehalten wird. Auch in diesem letzten Abschnitt seiner Laufbahn wird das Gleichnishafte seiner Erscheinung, die alle vorhandenen Fäden aufnimmt und zu etwas Neuem verknüpft, wieder deutlich sichtbar. Nicht als Fremder ist er nach Cornwall gekommen, sondern als Angehöriger der großen keltischen Familie, die sich bis ins spanische Galicien verzweigt.

Die Glocke, die Kieran vor seiner Rückkehr nach Irland von Patrick empfing, gehört heute mit ihrem um 1100 entstandenen Schrein, kunstvoll aus Gold, Silber und Bronze geschmiedet, mit eingelegten Edelsteinen reich verziert, zu den herausragenden Sakralschätzen der Insel.

Wenn man weiß, daß sie nicht nur die ersten Christen zusammenläutete, sondern als ein fernes Echo von der noch ungeborenen Generation jener Missionsmönche empfangen worden ist, die sich ein Jahrhundert später zum Aufbruch nach Europa formierte, scheint dieses kleine Instrument mühelos 15 Jahrhunderte zu übertönen.

Unüberhörbar ist Irlands Stimme auch im Chor des werdenden Abendlandes, mehr durch ihre eindringliche Sanftmut als durch schrille Unduldsamkeit. Es kann daher nicht überraschen, daß auch in der Zeit politischer Umbrüche, gärender geistiger Veränderungen mit ihren folgenschweren Gegenwirkungen, Inquisition und Autodafés, neue wie alte lateinische Schriftsteller in Irland, dem »süßen Erin«, ungehindert gelesen werden konnten. Außer von Sulpicius Severus ist von Constantin, der über das Leben des heiligen Germanus geschrieben hat, und von Isidor von Sevilla bekannt, daß ihre Schriften erst von Irland aus auf dem Kontinent verbreitet worden sind.

Irland hat, obwohl auf der britischen Nachbarinsel bis zum Ende des 6. Jahrhunderts durch sieben angelsächsische, heidnisch regierte Königreiche in seiner toleranten Grundhaltung herausgefordert, vergleichbare kulturelle Brandschatzungen wie die Zerstörung der Serapeion-Bibliothek (390) durch Christen in Alexandria unterlassen. Nur so erklärt es sich, daß der erste außerhalb Irlands tätig gewordene Missionsapostel, St. Columbkille, bevor er 563 das berühmte Kloster auf der schottischen Insel Iona gründete, von sich sagen konnte: »Christus ist mein Druide«.

Enthebung in Sage und Legende

Das fünfte nachchristliche Jahrhundert schuf, nachdem die Völkerbewegungen weitgehend zum Stillstand gekommen waren, für die zukünftige Gestalt Europas und seine heute noch wirksame geopolitische Konstellation die entscheidenden Voraussetzungen.

Am 24. 8. 410 hatte König Alarich Rom besetzt. Damit wurde die militärische und politische Schwächung Westroms, die von den Westgoten schon durch die Verheerung Thrakiens, Makedoniens und Griechenlands eingeleitet war, auch äußerlich besiegelt, was noch im gleichen Jahr zur Preisgabe großer Teile des römischen Reichsgebietes, darunter der Britischen Inseln, führte.

Das so entstandene Machtvakuum füllte die lateinische Kirche, beginnend mit Papst Innozenz I., in den folgenden Jahrhunderten aus. Augustinus schaffte ab 412 mit der Überwindung der damals konkurrierenden theologischen Gegenströmungen – Manichäisus, Donatismus, Pelagianismus – hierzu das Fundament der kirchenpolitischen Einheit. Die von Augustinus wegen ihrer moralischen Überzeugungskraft hochgeachtete und von ihm gerade deshalb als besonders gefährlich angesehene Lehre des Iren Pelagius – mit ihm hatte er im persönlichen Disput bei einer Begegnung in Hippo Regius bei Karthago gerungen – war vorübergehend auf den inselkeltischen Rand Europas zurückgedrängt. Hier blieben ihre Grundgedanken für weitere 250 Jahre bis zur Synode von Whitby 664 in Gestalt der keltischen Kirche erhalten. Gleichwohl reiht sich das 5. Jahrhundert, verdrängt durch das laute, von kurzlebigen Sensationen beherrschte Tagesgeschehen, in die mehr abstrakten Daten unserer Geschichte ein.

Man kann präzise Tatsachen der Vergangenheit befragen und erfährt einen chronologischen Ablauf der Ereignisse. Man kann aber auch den entgegengesetzten Weg über bildende Kunst, Dichtung und Volksglauben in das Reich der Überlieferung gehen und dabei, ob durch Richard Wagners »Tristan und Isolde« nach der Dichtung Gottfrieds von Straßburg, den Sagenkreis um König Arthurs Tafelrunde oder die Begegnung mit einem fairy-thorne in den Mourne Mountains von Nordirland, die von Generation zu Generation weitergereichten Wesensmerkmale unseres Kontinents erkennen. Verkrüppelt und halb verdorrt, bringen die spärlichen Austriebe dieses seit Generationen unangetasteten Elfenbaumes immer noch die phantastischen Einbildungen der keltischen Frühzeit hervor, hier ebenso wie in Schottland, Cornwall, Wales und der Bretagne. Dabei scheinen sich im »Bretland«, wie es in der alten Sprachform heißt, als einem der Kultplätze der all-keltischen Erdmutter Ana, die zugleich marienhaftes Symbol zeitloser Ahnenverehrung ist, alle Wurzeln keltischer Tradition zu vereinen.

Es wird sich nie ergründen lassen, warum sich das Keltentum mit der Hinterlassenschaft der jungsteinzeitlichen Vorbevölkerung in einer Weise durchdrang, daß es aus heutiger Sicht ein Teil davon geworden ist und sich in den Ansammlungen von Dolmen, Menhiren und Cromlechs auf so unvergängliche und übermächtige Weise verewigt hat. Die Granitmonumente, die in ihrem Ausmaß eher der technischen Gigantomanie unserer Tage entsprechen, sind bleibende Zeichen ihrer an Gestirnen und Elementen ausgerichteten Religiosität. Sie lassen kein Gefühl menschlicher Intimität oder existentieller Mäßigung aufkommen, alles ist absolut und ungeheuer.

Auf der Halbinsel Armorica ist das Schicksal der Bretonen weitaus häufiger über das Meer als über das Land gekommen. Ihre Küsten, heute vom Tourismus gedankenlos mit Beschlag belegt, halten in ihrer dramatischen Linienführung die Erinnerung an Vorgänge fest, die sich in der Vorstellung der Menschen längst zu Legenden verschlüsselt haben. Dahinter steht die vergessene, gleichwohl untrüglich vorhandene Wirklichkeit der keltischen Welt von gestern. In dieser durch die bretonische Sprache für Außenstehende nahezu undurchdringlich gewordenen Landschaft braucht es nicht zu verwundern, daß sich Armorica von jeher als Naturbühne für die Aufführung des keltischen Sagenzyklus versteht, in dem jeder Hain und jede Quelle, jede Schlucht und jedes Tal seine vorgeschriebene Rolle hat. Ob im Wald von Paimpont, 40 km westlich von Rennes, oder auf dem Inselchen Aval, dem Avalun der Sage vor der bretonischen Nordküste, oder in Huelgoat am nördlichen Finistère, 29 km südlich von Morlaix – die Landbevölkerung erkennt in merkwürdig geformten Felsenplatten Arthurs runden Tisch, in einer von riesigen Steinen geschützten Grotte sein Feldlager und in der ganzen, häufig von atlantischen Nebeln eingehüllten Halbinsel seinen ewigen Ruheplatz. Die Dichtung des Hochmittelalters hat ihm und seinen 150 strahlenden Rittern auf bretonischem Boden Unsterblichkeit zuerkannt.

Warum gerade hier? mag man sich fragen, bis man jenem, aus 5000 Menhiren errichteten heiligen Bezirk in Carnac gegenübersteht, dessen rätselhafte Symmetrie den letzten Sinn dieser Anlage noch immer nicht offenbart hat. Macht man sich eine der zahlreichen Theorien zu eigen, wonach jeder Stein die Schattenexistenz eines Verstorbenen und der unübersehbare Wald von Granitformen in allen Größen den kollektiven Anspruch auf ein Weiterleben nach dem Tode darstellt, mag man einer Antwort näher gekommen sein. Die Wundermacht des Druidenglaubens hätte mit dem Bedürfnis des letzten keltischen Heldengeschlechtes nach ungeschmälertem Ruhm nirgendwo eine dauerhaftere Verbindung eingehen können als in dieser alten vorgeschichtlichen Provinz. Die tiefe Verwurzelung dieses Mythos in der bretonischen Volksseele geht über eine historische Verklärung der Vergangenheit weit hinaus. Gewiß kann der britische Heerführer Arthur, der um 500 die Angelsachsen am Mons Badonicus in der heutigen Grafschaft Somerset niederrang und damit die Midlands einige Jahrzehnte von ihrer Besetzung freihielt, trotz seiner späteren Niederlage in der Ebene von Salisbury und der dabei empfangenen tödlichen Wunde hier niemals zum Besiegten werden. Mehr noch, auf dem Boden der Bretagne darf er mit seinen Gefährten die Weihe des wahren Gottesstreiters empfangen, der sein mit ihm zu Ende gehendes Zeitalter in eine neue christliche Ära überführt. Noch einmal flammt in den ritterlichen Kampfszenen, die Arthurs Runde in »meisterlich gehärteter Wehr« besteht, das mitreißende Pathos der keltischen Eisenzeit und ihrer Waffenkunst auf. Nicht ohne Wehmut legen die vernarbten Haudegen, ehe sie sich zu Symbolgestalten eines Lebens von unerreichbarer Vollkommenheit erhöhen, Schilde, Speere und Schwerter aus der Hand und werden im Dienste einer höheren Macht zu Hütern des heiligen Grals.

Mit dem Auftritt des Zauberers Merlin im letzten Akt des Dramas findet die totale Ablösung der alten Götter und der Initiationsritus des Zeitgeistes im Sinne eines neuen Weltalters Ausdruck. Merlin, der im Einverständnis mit den Himmlischen die heilige Kunst der Magie ausübte, tauscht die Geistermacht gegen Menschenliebe ein, als er von der Seejungfrau Viviane nicht mehr lassen will; Mitgefühl und Sterblichkeit setzen dem Menschen, sofern er nicht wie Arthur und sein Kreis irdischer Gesetzmäßigkeit enthoben ist, unübersteigbare Grenzen.

Von den zahlreichen Wunderbrunnen in der Bretagne trinkt man bis heute, hoffend, sich ewiger Jugend und Liebe erfreuen zu dürfen. Darin findet die in druidischen Tagen geübte Bezauberungspraxis, wie sie die irische Königstochter Isolde und der in Bretland erzogene Königssohn Tristan, ohne es zu ahnen, durch einen Liebestrank an sich erfuhren, ihre Fortsetzung. So aufmerksam man auch zu Füßen des Leuchtturms von Penmarc'h am Finistère, wo sich das Schicksal des Paares in einer gleichsam geographischen Parabel zwischen Irland, Wales und Cornwall erfüllte, den Ärmelkanal auf Hinweise darauf absucht, die bleierne See gibt nichts preis. Den Meteorologen mag der Lichtspalt fern am Horizont einen sonnigen Tag versprechen, für die an den Umgang mit phantastischen Erscheinungen gewöhnten Armoricaner ist er eher das Tor, durch das König Arthur an der Spitze seiner Ritter in die Gegenwart zurückkehren, London wieder erobern und die alte Union der Kelten erneuern wird.

Realistischer indes ist das Gefühl der Zusammengehörigkeit, das unter den Bewohnern keltischer Landstriche, auch wenn sie in verschiedenen Staaten leben, zu freundschaftlicher Annäherung führt. Eine wichtige Voraussetzung dafür bildet das Bewußtsein einer gemeinsamen Sprache, die in den einzelnen Siedlungsgebieten nur geringfügig voneinander abweicht. Unter den Jüngeren kommt es, auch ohne den von Isoldes Magd Brangäne verabreichten Liebestrank, zu häufigen Eheschließungen, wie der standesamtliche Aushang in einer kleinen bretonischen Stadt beweist. Darauf zeigen eine Bankangestellte aus Ploemeur und ein irischer Student aus Dublin ihre bevorstehende Vermählung an. Nicht eine Ausländerehe im üblichen Sinne, sondern eine natürliche Folge der durch jahrhundertelange Fluchtbewegungen geschaffenen familiären Verbindungen zwischen den Anliegern des Atlantik.

Erst im Rückblick erkennt man die tiefen Veränderungen, die das Jahrhundert zwischen 350 und 450 auf unserem Kontinent bewirkt hat. Das erklärt, warum die Geschichtsschreibung den inwendigen Teil der Ereignisse der Legenden- und Sagenwelt überließ. In ihr spiegelt sich, mehrfach gebrochen, das Ende eines Zeitalters wider, das nicht treffender umschrieben sein könnte als mit der Landschaftsbezeichnung eines verwunschenen Fleckens im Wald von Paimpont »Val sans retour« – Tal ohne Wiederkehr.

Koptischer Einfluß: Enda auf den Arans

Der Fall Roms im Jahre 410, so tragisch er für die Beteiligten sein mochte, hatte ein Klima allgemeiner Veränderung begünstigt und, politisch wie religiös, in vielen Teilen Europas neue Verhältnisse geschaffen. Der Osten, seit dem Erscheinen Christi in unaufhörlicher religiöser Empfängnisbereitschaft, erlangte vorübergehend ein geistiges Übergewicht. Das um so mehr, als ständige Völkerverschiebungen mit neuen Machtkonstellationen, die sich oftmals ebenso schnell überlebten wie sie entstanden waren, die Substanz des Westens mit Kriegen und Seuchen nachhaltig geschwächt hatten. In Konstantinopel, seit 420 Universität, erlebte die Spätantike in Bildung, Kunst und Wissenschaft eine letzte Blüte, während in Alexandrien unter dem Einfluß des Orientes an der berühmten Alchimistenschule mit den Versuchen, unedle Metalle in edle zu verwandeln, nach dem Stein der Weisen geforscht wurde. Während Proklos Diadochos, Philosoph aus Konstantinopel (411–485), den Neuplatonismus Plotins zu einer dialektischen Dreistufenfolge ausbaute und die nichtchristliche Philosophie in Athen damit zum letztenmal aufleuchten ließ, verschmolz ein unter dem Pseudonym des urchristlichen Dionysios Areopagita bekannt gewordener syrischer Gelehrter den Neuplatonismus mit dem Christentum und der Kirche.

Der Ire Johannes Scotus Eriugena übersetzte im 9. Jahrhundert dessen Schriften als Beitrag zur abendländischen Scholastik aus dem Griechischen ins Lateinische, während sich umgekehrt die theosophische Zahlenmystik des Proklos Diadochos der Urform des Christentums bemächtigte und ein Teil davon geworden ist.

Wichtiger als eine Sammlung von Konzilsbeschlüssen und amtlichen Papstbriefen wurde das Rechenwerk eines skythischen Mönches, Dionysios

11 *»Arans of the Saints«: Gebetszellen aus dem 6. Jh. auf Inishmore, Aran Islands, County Galway. Darunter der Teampall Bheanain bei Killeany, gegründet von St. Enda, Zeitgenosse von St. Patrick und sein Nachfolger in Armagh. Diese Kirche ist vermutlich eine der kleinsten der Welt.*

Exiguus (480–545), der im Ergebnis von dem bisher verbindlichen Geburtsjahr Christi und dem Ostertermin abwich, Daten, die für die keltische Kirche von entscheidender Bedeutung werden sollten. Es liegt nahe anzunehmen, daß sich die Erschütterungen vom christlichen Epizentrum Palästina zunächst mit verstärkter Wucht nach Osten hin bemerkbar machten, ehe sie, in abgeschwächter Form, den entgegengesetzten Teil der Welt erreichten. Fast zur gleichen Zeit, als der persische Sozialreformer Mazdak (470–528) eine vom Manichäismus beeinflußte Sekte gründete, die sich die Abschaffung des Privateigentums, allgemeine Bruderliebe und reine Gütergemeinschaft zum Ziel gesetzt hatte, förderte der chinesische Weise Wu-Ti die Ausbreitung des Buddhismus in China – zwei Flammen, die nicht zufällig Teil des Feuers waren, das Christus mit dem Friedensappell seines Evangeliums entzündet hatte. Mazdak und seine Anhänger wurden von der zoroastrischen Priesterschaft verfolgt und mit dem Tode bestraft.

Damals nahm die byzantinische Reichshälfte nicht nur durch ihre Konzilien an der Formulierung der neuen geistigen Inhalte des Christentums lebhafter teil als Rom. Nach Basilius, dessen Klosterregel heute noch für die griechischen Mönche uneingeschränkt gilt, waren es vor allem Simeon, der Stylit, und die Anachoretenkolonien südöstlich von Jerusalem, deren rigoroser Büßerimpuls der Lehre Jesu das zurückgab, was ihr durch exzessive dogmatische Diskussion abhanden gekommen war. Rücksichtsloser gegen sich selbst hat kaum jemand seinen Glauben bezeugt und mit einem Leben voll körperlicher Pein besiegelt als der syrische Hirte Simeon (390 bis 459). Als Säulenheiliger führte er in radikaler Anwendung der Theorien des Pseudo-Dionysios Areopagita von der »himmlischen Hierarchie« eine selbst für seine Zeit revolutionäre Form der Selbstkasteiung ein. Sie hat bis 1500 nicht nur im Orient, sondern auch in Rußland – dort bei den Starzen, den Beichtvätern der orthodoxen Mönche – und in den Ardennen ihre Nachahmer gefunden, ohne daß die Originalität und Leidenschaft Simeons jemals erreicht worden wären.

Beginnend bei der vorsätzlichen Vernachlässigung seines wunden Körpers, legte er die Stufen der Tugendleiter über Fasten und Aufenthalte in dunklen Zisternen und elenden Steinhütten im Gebirge bei Antiochia bis auf die kleinste Plattform einer Säule zurück. Der nach ihm »Qalar Sim'an« benannte Platz wurde später als berühmter Wallfahrtsort vom Kloster Telasnissus (Telada) umbaut. Hier oben, wo er als Ratgeber von Pilgern und weltlichen Würdenträgern 30 Jahre in Zuständen vollkommener Enthebung zubrachte, hatte er auf drei Ellen Durchmesser seine geistigen Grenzen überwunden und war zu einem Gefäß göttlicher Inspiration geworden.

Noch immer stehen in der syrischen Wüste die Reste des Klosters mit Herberge und Pilgerhaus, dazwischen die Säule des Styliten wie ein zurückgelassenes Marterinstrument. Man kann bei Theodoret von Cyrrhus nachlesen, wie Simeon 40tägige Fasten bestand, zunächst Halt am Boden oder mittels Strick an seiner Säule suchend und danach freistehend »aus meinem eigenen Willen und Gottes Gnade«. Blicken wir durch die leeren Arkaden der Anlage in die öden, von jeder Hoffnung entleerten Landstriche am südlichen Rand Kleinasiens, so wird uns bewußt, daß im Gegensatz zu der Unfähigkeit des Bodens, Ernten hervorzubringen, die geistlichen Erträge der frühchristlichen Jahrhunderte hier um so ergiebiger gewesen sind.

Simeon ist ein Beispiel dafür, wie über den ganzen Orient bis tief nach Asien hinein einerseits und nach Westen andererseits ein Tugendnimbus ausstrahlen und ähnliche Bemühungen fördern kann. Nicht nur, daß in den

Hauptstädten des Römerreiches sein Bildnis verbreitet war, eine ununterbrochene Prozession aus Phöniziern, Persern, Indern, Römern, Äthiopiern, aus Briten, Galliern, Iberern, Skythen und Nomaden bewegte sich in Richtung Syrien, um den heiligen Mann und die Wunder, die er bewirkte, selbst in Augenschein zu nehmen. Man kann davon ausgehen, daß der Chronist bei der Aufzählung der britischen Pilger ihre geographische Herkunft von den britischen Inseln meinte, ohne zwischen England und Irland zu unterscheiden. Nachdem der Säulenheilige, der inzwischen im Ruf eines Propheten stand, auch in Irland bekannt geworden war, wundert es nicht, daß sich das Verhältnis der Insel zur Askese eher noch vertiefte. Für die irische Frühkirche blieb die religiöse Selbstentäußerung östlicher Vorbilder, angefangen bei Paulus, dem Eremiten, Antonius und Pachomius, ehrgeiziger Maßstab. Neun Jahre vor dem Tod des Sehers Simeon in der syrischen Wüste kam in Irland um 450 Enda, der Sohn des Königs Conell Derg von Oriel, im heutigen Grenzbereich zwischen der Irischen Republik und den »six counties« von Ulster, zur Welt. Noch ungetauft wuchs er in den damit verbundenen kriegerischen Traditionen auf. Man kann sich leicht vorstellen, wie sein Leben ohne den mäßigenden Einfluß des Christentums verlaufen wäre. Im Kampf mit dem Nachbarclan, bei dem es den Tod seines Vaters zu rächen galt, war er siegreich geblieben. Die gleiche Unbedingtheit seines Charakters, mit der er die gewohnten Stammesfehden fortgesetzt hätte, kennzeichnet seinen Entschluß, die Taufe zu nehmen und auf die Früchte des Sieges zu verzichten. Den unmittelbaren Anstoß hierzu hatte seine Schwester gegeben, die bereits Nonne geworden war.

Er ging zunächst nach Schottland in die von St. Ninian errichtete, Martin von Tours geweihte Candida Casa am Solway Forth und eröffnete damit die Reihe der irischen Klostergründer, die sich dort ausbilden ließen. Die Erziehung im »Magnum Monasterium« wirkte mit seiner Durchsetzungskraft solcherart zusammen, daß er als erster in Irland eine Klosterregel einführte, die an Strenge alle bisherigen übertraf.

Die Legitimation dazu holte er sich, wie alle irischen Wandermönche, durch eine Pilgerreise nach Rom.

Nach Drogheda am Boynefluß zurückgekehrt, erbat er sich von seinem Schwager, dem König Aengus von Munster, eine Insel in der westlichen See als Niederlassung. Ihm wurde Inishmore, die größte der drei Aran-Inseln in der Galway-Bucht, überlassen, die heute noch vom Ruhm jener Zeit als »Insel der Heiligen« zehrt. Sie war einst der letzte Rückzugsort der Firbolgs, eines verdrängten und nicht assimilierten Stammes vorkeltischer Bewohner Irlands. Ihre Anführer hatten sich auf der Zyklopenzitadelle des Dun Aengus, einem vorzeitlichen Felsenfort, vor jeder Belästigung durch eine neue Stammesordnung sicher gefühlt.

Man kann heute mit einem kleinen Schiff, das bei günstiger Wetterlage zwischen Galway und den Inseln verkehrt, oder aber mit einem ebenso kleinen, von einer Privatfirma eingesetzten Verkehrsflugzeug den Archipel erreichen. An der Ungastlichkeit der Inselgruppe, ihrem abweisenden monolithischen Ausdruck hat sich auch in den 1500 Jahren danach nichts geändert. Sie liegt wie das versteinerte Gerippe eines riesigen Fossils im Atlantik, und erst, wenn man sich vom Ufer her nähert, erkennt man in den einzelnen Wirbeln des Skeletts die grob aufgeschichteten Abgrenzungsmauern für das magere Ackerland. Grün ist hier zu jeder Jahreszeit eine seltene Farbe.

Seit Menschen auf den Arans leben, haben sie die fast aussichtslose Anstrengung unternommen, aus einem Gemisch von Sand und Seetang einen Boden zu gewinnen, der ihren bescheidenen Viehbestand ernähren könnte, und im übrigen ihren Lebensunterhalt hauptsächlich vom Fischfang bestritten. In ihrem aus Latten und geteerter Leinwand gezimmerten Curragh befahren sie das Meer; ihre Kleidung, die bei den Männern aus einem weißen, äußerst haltbaren Mantel, dem »bainin«, einem bunten Wollgürtel, dem »crios«, und den absatzlosen Fellschuhen, den »pampootics«, besteht, spinnen und weben sie selbst. Im Umgang miteinander bedienen sie sich ausschließlich der gälischen Sprache, wobei die ältere Generation häufig des Englischen überhaupt nicht mächtig ist.

Nicht anders als heute mögen bei Endas Ankunft weißgetünchte, karg ausgestattete Fischerhütten über die Insel, die mit sieben Forts ein unverhältnismäßig stark befestigtes Bollwerk bildete, verstreut gewesen sein. Erst langsam, nachdem Enda auf Inishmore das Kreuz aufgerichtet hatte, wurden die Lebensbedingungen freundlicher. Die Firbolgs, schon in grauer Vorzeit von den waffenkundigen Keltenkriegern bis auf Reste aufgerieben, räumten den Dun Aengus und die anderen Aranfestungen und zogen sich nach Connaught zurück. Schiffsladungen von Mönchen nahmen die Arans in Besitz, die meisten von ihnen Eremiten, die sich ihre Gebetszellen bauten, dazwischen zahlreiche kleine Kirchen und Klostersiedlungen. Unweit des Dorfes von Killeany die Ruine des »Teaglach Einne«, das Haus Endas, einst Mittelpunkt der religiösen Inselgemeinschaft.

Wenn schon Irland als Ganzes mit seiner asketischen Landschaftsform den materiellen Lebensimpuls dämpfte, um wieviel mehr diese gottverlassenen, in den westlichen Atlantik ausgespienen Inselbrocken, die ihren Einwohnern mitleidlos jeden Trost verweigerten.

Nur angesichts dieser Wüstenei konnte Enda, unerbittlich gegen sich selbst und andere, seine Forderung nach härtester Klosterdisziplin durchsetzen. Es entspricht dem frühchristlichen Drang der Iren nach Weltverzicht, daß sich die Arans als mühsamer Durchgang zur Heiligkeit empfahlen, jener neuplatonischen Stufenleiter vergleichbar, auf der das orientalische Mönchtum in selbstgewählter Qual nach oben strebte.

12 Dun Aengus, zyklopische Rundfestung vom Beginn der Eisenzeit auf Inishmore, Aran Islands, County Galway, 100 m über der See. Eine Hälfte ist vermutlich mit einem Felsabbruch in den Atlantik gestürzt. Dun Aengus war die letzte Zuflucht der Firbolgs, eines vor-keltischen, von den Kelten nicht assimilierten Stammes.

Bald folgten dem Ruf der Arans als ideales Büßerinferno alle, die schon bei ihrer Ausbildung in der Candida Casa ihre Berufung zu führenden Aufgaben in der keltischen Klosterwelt hatten erkennen lassen: Kieran der Jüngere, Finnian von Clonard und Jarlath bildeten um Enda einen erlesenen Kreis von Schülern, dem sich später auch Finnian von Moville, Colman, Brecan und Columbkille anschlossen. Der christliche Nachwuchs war auf den »Arans of the Saints« für Jahrhunderte gesichert, bis nach einem Brand der Klosteranlagen 1020 und einem Überfall der Wikinger 1081 die fromme Tradition versiegte und mit dem Tod des letzten Abtes 1400 zu Ende war.

Noch immer dippen gelegentlich vorüberfahrende Schiffe ihre Flagge, um die Heiligen von den Arans zu grüßen. Daß die Inseln, besonders die größte unter ihnen, Inishmore, eimal von mehr Mönchen als von Fischerfamilien bewohnt war, läßt sich noch heute an der Zahl der Ruinen erkennen, die zusammen einen dichten Komplex religiöser Bauwerke bilden, zumeist eingestürzte und sandüberwehte Hohlräume, darunter Oratorien, Bienenkorbzellen, einzelne Altäre, Kreuze, Rundtürme und beschriftete Steine. Ein Stein auf dem Friedhof der St. Brecan geweihten Kirche aus dem 9. Jahrhundert trägt das bemerkenswerte Signum »VII Romani« – errichtet für sieben römische Heilige, bezeichnender Hinweis auf den weltweiten Austausch zwischen den damaligen klösterlichen Bildungseinrichtungen. Unter ihnen nahm Aran jahrhundertelang neben Clonmacnois und anderen eine so hervorragende Stellung ein, daß sich hier zeitweilig Tausende festländischer Studenten aufhielten.

Der »Teampall Bheanain« in der Nähe – Bheanain war ein Zeitgenosse Patricks – ist mit Sicherheit die älteste Kirche nicht nur auf den Arans, sondern in der abendländischen Welt überhaupt.

Da es hier so gut wie gar kein Holz gab, waren auch die Einzelzellen der Mönche im Gegensatz zu dem in den waldreichen Gegenden der Hauptinsel verwendeten Flechtwerk ausschließlich aus Stein. An der Übermacht dieses Materials scheinen die Arans heute noch zu ersticken. Verstärkt wird dieser Eindruck durch die von Menschenhand künstlich darübergestülpte Last des riesigen dreistufigen Ringforts Dun Aengus. Es kann uns heute noch bei der Vorstellung schaudern, wie Angreifer sich in den vorgelagerten Sperren aus aufrechtstehenden, zugespitzten meterhohen Steinen, den sogenannten chevaux de frise (friesischen Reitern), verfingen und über den Steilhang ins Meer gejagt wurden, hundert Meter tief hinabstürzend. Ob man hier oben auf den ehemals geistlichen Bereich von Inishmore blickt oder unweit des verkarsteten Ufers durch das hohle Mauerwerk klettert, immer wird etwas von der verzweifelten Auflehnung des Individuums gegen den auf breiter Front vorgetragenen Angriff der Naturkräfte, Winterstürme und röhrenden See, spürbar. Selbst beim Geläut der Handglocke waren die Mitglieder dieser frommen Enklave Ausgesetzte in der grenzenlosen atlantischen Einsamkeit. Außer der unendlichen Wiederholung der Wogengänge, aus denen sich das gleichförmige Muster des Ozeans zusammensetzt, gewahrten sie, wenn sie sich nach Westen wandten, nichts, nur die geisterhaft über den Gischt der Brandung entschwindenden Seevögel. Kein Wunder, daß sich bei dieser insularen Lebensgemeinschaft die Phantasie stärker entwickelt hat als der Sinn für die Wirklichkeit, was in dem berühmten Bühnenstück des irischen Dichters John Millington Synge »Riders to the Sea« überzeugend zum Ausdruck kommt. Bei engstem Zusammenleben mit der heute entvölkerten Heiligenkolonie haben neben dem Glauben an die christliche Erlösung auch schwarze Schreckensbilder, die als Reste heidnischer Magie gelegentlich zu grauenvollen Visionen gerinnen, in ihrer Seele Platz.

Aber noch etwas hebt die Arans über andere irische Inseln hinaus. In den geisteswissenschaftlichen Traditionen des Druidentums erzogen, verbanden die Mönche hier mit dem Ausblick auf den westlichen Atlantik nicht nur die

Erwartung auf Land hinter dem Horizont, sondern die Gewißheit, daß die Erde eine Kugel ist. Sie wichen damit in Übereinstimmung mit antiken Erkenntnissen von der kirchendogmatischen Vorstellung ihrer Zeit, die Erde sei eine Scheibe, ab.

St. Brendan, 484 geboren und als erster in die ungewisse Dunkelflut aufgebrochen (551 bis 558), hat mit Enda auf den Arans eine entscheidende Begegnung gehabt. Wann, ist nicht bekannt. Mag auch das Land, das sie mit den Augen ihrer Phantasie erschauten, nach dem Verständnis ihrer Tage nicht Amerika, sondern allenfalls Hy Brazil, die Inseln der Seligen, gewesen sein, hatten sie doch andererseits eine klare Vorstellung von der zukünftigen, über Irland hinausreichenden Missionsroute. Knapp 50 Jahre später, 563, verließ St. Columban der Ältere, genannt Columbkille, Klosterschüler von Clonard, die Arans und gründete auf der Insel Hy vor der Westküste Schottlands (County Argyll) das erste irische Kloster außerhalb Erins.

Was später unter der Sammelbezeichnung »Scoti« oder »Scotti« auf dem europäischen Festland bekannt werden sollte, waren die aus irisch-britischen Klöstern hervorgegangenen und in der keltischen Tradition erzogenen Mönche. Sie hatten sich, entsprechend den überall neu entstehenden Kirchen und Klosterschulen, an Zahl so auffällig vermehrt, daß ihr Ausgriff auf das Festland nur eine Frage der Zeit sein konnte. Während in England die Klosterkultur nur auf die von Angelsachsen noch nicht besetzte westliche Inselhälfte beschränkt blieb, breitete sie sich in Irland ungehindert von Küste zu Küste aus. Gegenüber dem spätantiken Kontinent, in dem sich Westgoten, Sueben, Franken und Langobarden eben erst eingerichtet hatten, war die von allen diesen Vorgängen unberührte Insel Irland, sehen wir von den römisch beherrschten Gebieten Britanniens ab, verschwindend klein. Und doch so reich an religiöser Energie, daß sie davon den Rest Europas hätte mitversorgen können.

Einmal in Bewegung geraten, ließ sich das Irentum willig in ein sich erneuerndes geistiges Leben, das alte Bindungen lockerte und bisher geltendes Recht in Frage stellte, hinüberziehen. Auf die Feudalclans, die sich bislang ungetrübt ihrer herrscherlichen Privilegien einschließlich Sklavenhaltung und Polygamie erfreut und auf wüsten Trinkgelagen mit gelungenen militärischen Handstreichen, die ihren Nachbarstämmen galten, geprahlt hatten, wirkte die christliche Botschaft wie ein Gnadenerlaß. Gestern noch in einer Lebensform heimisch, die alle Attribute des Raubritter- und Landsknechttums besaß, hörten sie nun, sobald sie das Schwert an den Hals ihres überwundenen Feindes setzten, »die Engel im Himmel singen« und ließen von ihrer gelegentlich noch geübten Hinrichtungspraxis ab.

Diese führenden Familien waren es vor allem, die ihre Söhne und Töchter den Klöstern überließen und die, wenn auch zunächst widerstrebend, ihre Macht mit der neuen Instanz des Evangeliums teilten.

Brigid in Kil Dara

Als erste Frau brach die 453 in Faughart, nahe Dundalk in der Provinz Leinster (County Louth) geborene St. Brigid, als Tochter eines chieftains aus der Sippe der Fotharta in Offaly aufgewachsen, aus der keltischen Familientradition aus. Nicht nur, daß sie, wie z. B. schon vorher Endas Schwester, den Schleier nahm, sie gründete selbst ein Kloster, dessen Ruhm zusammen mit ihrem eigenen bis ins festländische Europa ausstrahlte.

Gewiß hat es in den späteren Jahrhunderten weibliche Heilige gegeben, die sich mit mehr Berechtigung zu den Auserwählten der Kirche zählen durften, aber für Irland ist Brigid die größte, weil sie in einer Zeit des unantastbaren männlichen Prestiges den Frauen ihres Landes einen der irischen Mönchsgeneration ebenbürtigen Rang verschaffte. Ehe sie zur »Mary of the Gael« wurde, mußte sie mit sanfter Unnachgiebigkeit ihr Einverständnis mit der Rolle verweigern, die ihr im Vertrauen auf die Kontinuität menschlicher Spielregeln zugedacht war, und die von ihrem Vater erwünschte standesgemäße Ehe mit einem angesehenen Barden ausschlagen. Sie hatte damals in dem berühmtem Bischof Maccaille, der sie zur Nonne weihte und ihr das Pallium über das weiße Ordenskleid legte, den einzigen väterlichen Freund.

Brigid, als Gründerin des Brigidenordens und mehrerer Klöster, darunter Kildare und Armagh, schon zu Lebzeiten als Wundertäterin verehrt, verkörpert die vollendete Antithese zu ihrer Zeit und ihrer Herkunft. Gewohnt, in einem Dun, einer burgähnlichen Anlage, zu leben und im pferdebespannten Wagen über Land zu fahren, genoß sie als weibliches Mitglied ihres Clans alle Vorteile ihrer gehobenen Stellung. Sowohl ihr Name, der im Alt-Irischen »Die Hohe« bedeutet, Tochter des Himmelsgottes Daghda, als auch ihr Geburtsort Faughart, in dessen Nähe dem sterbenden Cú Chulainn das Schwert entglitten war, schienen ihr ein Frauenleben im Sinne des überschäumenden ossianischen Heldengesanges vorherzusagen.

Brigid indes, jung, schön und kultiviert, eine »glänzende Partie« in Aussicht, trat allen in sie, aber auch in viele Töchter des Landes gesetzten Erwartungen entgegen, indem sie, fern ihrer Familie, für sich und ihre Klosterschwestern im Jahre 487 eine zunächst provisorische Unterkunft unter einer Eiche im nördlichen Kildare (»Kirche unter der Eiche«) errichtete. Heute hat sich in der lieblichen Landschaft, die zu einem Zentrum der irischen Pferdezucht geworden ist, von der berühmten Niederlassung der Brigiden keine Spur mehr erhalten. Allein den sechs verschiedenen Lebensbeschreibungen Brigids verdanken wir die Kenntnis von dem Doppelkloster in der Ebene des Liffey-Flusses, in dem das kostbare »Book of Kildare«, eine Kopie der von ihren Nonnen geschriebenen Evangelien, entstand und dessen umfangreiche Bibliothek ein intellektueller Fluchtpunkt im damaligen Irland war. Prominente Heilige wie St. Finian und St. Brendan haben sich vorübergehend dort aufgehalten.

Wie reich das Kloster damals war, nicht nur durch königliche Schenkungen, sondern auch durch selbst erwirtschaftete Erträge, erfahren wir von Cogitosus, Brigids erstem Biographen. Danach hatte der für den männlichen Teil des Klosters verantwortliche Bischofs-Abt Conleath, als einer der »drei größten Künstler« des damaligen Irland bekannt, eine Schule für Metallarbeiten und Manuskripte eingerichtet. Unter seiner Anleitung entstanden hier für den Bedarf der sich schnell ausbreitenden Kirche Glocken, Kreuze, Kelche, Hostienteller, Altäre und Bibelhandschriften, alles von unverkennbar keltischer Eigenart.

Brigids weit über ihr Jahrhundert und den irischen Raum hinausreichende Wirkung hat nicht zuletzt mit der Tatsache zu tun, daß sie als erste Frau und auf sehr weibliche Weise ein Signal für den Wandel des menschlichen Zusammenlebens auf der Insel gegeben hat. Die Zustände innerhalb ihrer eigenen Familie waren das Ergebnis eines von keltischen Traditionen beherrschten Gesellschaftssystems, das ihren Widerspruch weckte. Sie folgte ihrer Mutter, die zu Hause als Sklavin gehalten und später von ihrem Vater an einen christlichen Druiden verkauft wurde, in eine untergeordnete Stellung als Magd. Dieses Beispiel belegt die uns heute exotisch anmutenden familienrechtlichen Verhältnisse in den führenden Stammessippen. Ihnen entsprachen andere, besonders soziale Rückständigkeiten. Sie machten Brigid frühzeitig bewußt, daß sie, wie es in einer Hymne auf sie heißt, »diese Welt nicht liebe«.

Durch ihre bereits getaufte Mutter früh religiös empfänglich, brachte Brigid neben allen Wundern, die ihr zugeschrieben werden, das für uns größte Wunder zuwege: Sie lehnte die Lebensordnung, die sie hervorgebracht hatte, nicht ab, sondern stellte eine neue Beziehung zu ihr her. Ihre Einsicht in tiefe, anderen verborgene Zusammenhänge lassen sie als Erbin druidischer Weisheit erscheinen, wenngleich ihre okkulten Anwandlungen eine andere, mehr philosophische Qualität haben. So soll sie, für ihre kurze Redeweise berühmt, einmal einen leprösen Bettler, der von ihr eine Kuh verlangte, vor die ultimative Frage gestellt haben: »Willst du lieber eine Kuh oder von deiner Krankheit geheilt werden?«, worauf der Bettler, ohne zu zögern, antwortete: »Ich will lieber geheilt werden, als Macht über die ganze Welt besitzen.«

Brigid konnte mit leicht verständlichen Worten den Menschen die Augen für eine christliche Sicht des Lebens öffnen und ihnen ihre gottgewollte höhere Bestimmung in Erinnerung rufen. Alles, was sie selbst oder durch ihr Beispiel bei anderen bewirkte, diente dem behutsamen Ausgleich aller Kräfte, weniger einem Druck auf die bestehende Ordnung mittels theologischen Machtanspruchs. Eher könnte man aufgrund ihrer Eigenschaft als Schutzheilige der Landwirtschaft annehmen, daß sie sich mit der überlieferten Agrarstruktur des Landes und der damit verbundenen Gebietshoheit der Clans identifizierte. Tatkräftig, von der hellen Zuversicht des Glaubens umgeben, stand sie ihrem klösterlichen Wirtschaftsbereich vor, Viehhaltung und Molkerei ebenso überwachend wie Aussaat und Ernte. Der Nachwelt stellt sie sich gerne im Kreis ihrer Tiere dar, darunter ein Fuchs, ein von ihr gezähmter Bär und eine Wildente, die ihr überall hin folgte. Mit der Liebe zur Musik und zum Gesang, gastfrei und allen Künsten zugetan, hielt sie als erste irische Äbtissin einen Frauenorden zusammen, der kommenden Generationen eine neue Art von Lebenserfüllung versprach.

Mit Patrick, Enda und Columbkille im ersten Glied der christlichen Erwekker des Landes, hat Brigid in ihrer klösterlichen Welt ein eigenes Ideal religiöser Hingabe verwirklicht, das spirituell und weltoffen zugleich war. Kein Zweifel, daß es die an der Wiedererweckung des Geisteslebens im besetzten England aktiv beteiligten angelsächsischen Nonnen nachhaltig angeregt hat.

Als St. Brigid im Jahre 524 gestorben war, wurde eine Flamme auf ihrem Grab entzündet, die 1000 Jahre nicht erloschen sein soll. Die Eiche, die ihre erste Notunterkunft beschirmt hatte, war im Sinne der Druidentradition wieder ein heiliger Baum geworden, dem sich auch in kriegerischen Zeiten niemand mit Waffen zu nähern wagte.

Der Nimbus St. Brigids drang nach Westeuropa vor. Ein Wiener Bezirk nennt sich nach ihr Brigittenau. Der Wiesbadener Vorort Bierstadt wird in einer Urkunde des Klosters Bleidenstadt aus dem Jahre 927 als »Brigittestat« aufgeführt und mit einem im Mittelalter über den ganzen Rheingau verbreiteten Brigidkult in Verbindung gebracht. In den vorwiegend ländlichen Gemeinden der Eifel gibt es zahllose Brigidaltäre für die »Viehheilige« aus Irland, in der Kirche Groß St. Martin zu Köln wird eine Reliquie von ihr verwahrt.

Irische Mönche, die im 6./7. Jahrhundert dem Weg des heiligen Columban in die »Arva Gallica« folgten, brachten das Brigidfeuer von ihrem Grab in Kildare auf ihrer Wanderschaft mit und trugen es durch die Täler der Vogesen nach Remiremont, wo seit 620 ein Kloster bestand, von Romaricus, einem Schüler Columbans, nach dem Muster irischer Doppelklöster gegründet. Hier, wo man zu römischer Zeit die Vestalinnen als Hüterinnen des Feuers verehrt hatte, durfte es auf dem Großen Belchen nun die Rolle des Sonnenwendfeuers übernehmen. In der Klosterkirche brannte es bis zur Französischen Revolution ununterbrochen zu Ehren der Heiligen weiter.

Mit Brigid war in Irland zum erstenmal eine Art religiöse Frauenbewegung aus der Namenlosigkeit herausgetreten und zum Bestandteil der allgemeinen Lebensordnung geworden. Immer mehr Töchter durchtrennten ihre Familienbande und warteten auf eine geistige Führung aus den Reihen der Brigiden. Fast gleichzeitig in derselben Generation wurden St. Moninna, St. Ita,

St. Caireach und St. Stafann zu Klostergründerinnen. Die meisten ihrer Klöster entstanden im nördlichen Teil der Insel, wo bereits St. Patrick die druidisch-orthodoxe Vorstellungswelt der Menschen für das Christentum erschlossen hatte.

Laut Moninna's Biographen Conchubran fand zwischen ihr und der jungen Brigid in Kildare ein Zusammentreffen statt, bei dem Moninna kraft ihres höheren Alter und ihrer Erstberufung im Kindesalter durch Patrick die Überlegene war. Beide Frauen wählten bei gleicher Zielsetzung getrennte Wege. Moninna, die von St. Ibar auf ihre Bestimmung vorbereitet worden war, gründete, von 50 Nonnen begleitet, neben ihrem ersten Kloster in Killevy (County Armagh) noch sechs weitere in Irland, sieben in Schottland, andere in England, darunter eines bei Calvechif am Trent. Sie soll dreimal, zuletzt noch im hohen Alter, nach Rom gereist sein. Schon hieraus und aus der Tatsache, daß sie allein auf vier schottischen Bergen fromme Frauen in Klöstern um sich sammelte, ergibt sich das Bild einer rastlosen, sich unermüdlich in neuen Verantwortungen übenden Persönlichkeit, weniger ortsgebunden als Brigid und, gemessen an den Entfernungen, die sie während ihres Lebens zurücklegte, eine erste weibliche Konkurrenz der irischen Wandermönche.

Natürlich fragt man sich, wie diese erstaunliche Gefolgschaft – St. Moninna hatte auch eine junge Witwe hinter sich, die ihr Kind zurückließ – für die ersten Nonnenklöster zustande kam. Bei der Rangordnung ihres Geschlechts innerhalb ihres Familienverbandes, nach der die Frau sich hinter Gewalt und Ansehen des Mannes zurücknahm, erwartete sie im Kloster ein neues Gemeinschaftserlebnis. Ihre Gefühlsströme wurden umgeleitet auf eine Hingabe, die sie so rein und schrankenlos vorher nie erfahren hatten.

Darüber hinaus öffnete sich ihren Gaben ein neues Betätigungsfeld, was zu einer vorsichtigen, zunächst unter Gleichen erprobten neuen Selbstbestätigung führte. Wir können die frühchristlichen Kunstwerke Irlands, die im Abendland bewundernde Nachahmung fanden, nicht betrachten, ohne uns des Anteils der ersten irischen Nonnen bewußt zu werden. Ihre Geschicklichkeit, ihre Geduld im Detail, ihre Phantasie und ihr Einfühlungsvermögen gingen mit der kühnen, mehr rationalen Arbeitsweise der Mönche eine glückliche Verbindung ein. Dabei läßt sich das Ausmaß ihrer Mitwirkung ebensowenig abschätzen wie die von ihnen auf die dörfliche Umwelt übertragenen moralischen Impulse. Man darf annehmen, daß die Frauen in den irischen Klöstern das große religiöse Erlebnis ihrer Zeit entscheidend mitgestaltet haben.

Finian in Clonard

Sieben Jahre vor Brigids Tod – ihre Gebeine sollen seit 1183, mit denen von St. Columbkille vereinigt, neben St. Patrick in Downpatrick begraben sein – rief St. Finian 520 in Clonard (County Meath) nach dem strengen Vorbild von St. Enda einerseits und von St. Gildas und St. Cadoc andererseits eine monastische Schule ins Leben. Was er in seiner Lehrzeit an harter Klosterzucht auf den Arans und an philosophischer Disziplin in Llancarvan an der Südküste von Wales, dem Kloster Cadoc's des Weisen, erfahren hatte, wurde zur Grundlage seines religiösen Erziehungsprogramms in Clonard. Dabei stand das Studium der heiligen Schriften im Mittelpunkt, das bei aller Einhaltung der strengen Fastenregeln die Schüler mit einem Gefühl geistiger Sättigung versorgte. Mit dieser Synthese aus körperlicher Enthaltsamkeit und intellektuellem Antrieb war Finian so erfolgreich, daß sich die Schüler, nicht nur aus Irland und Britannien, sondern auch vom europäischen Festland, in großer Zahl um seinen Lehrstuhl scharten. Sein Biograph spricht von zeitweilig 3000 Studenten, womit er ihn in die Nähe des Pachomius rückt, der in seinem ägyptischen Kloster von ungezählten Lernwilligen, auch aus dem Westen, bestürmt wurde und von der Thebäis aus seinen geistigen Einfluß bis tief nach Europa geltend machte.

Fast ein Jahrhundert nach dem Erscheinen St. Patricks waren die Erziehungsansprüche der religiösen Kandidaten komplizierter geworden. Sie wollten nicht nur lernen, wie man ein vollkommenes Leben führen kann, sondern sich auch anhand des klassischen Lehrstoffes umfassend bilden. Finian, der im Martyrologium der keltischen Kirche als der »Lehrer der irischen Heiligen« apostrophiert wird, hat in seiner Person den begnadeten Pädagogen und den selbstlosen Heiligen vereinigt. Aus seiner Schule gingen die markantesten Männer der walisischen Frühkirche hervor, mit denen sich später der Begriff der »Zwölf Apostel« verband.

Finian, zu dessen Zeit der Austausch mit britischen Mönchen einen gewissen Höhepunkt erreichte, hat sich mit ihnen auf eine gemeinsame Beichtvorschrift und Meßliturgie, die für den Raum der keltischen Kirche verbindlich war, geeinigt. Wohl kaum jemals ist der seit historischer Zeit bestehende Weg über die westliche See mit Anschluß an Wales, Cornwall und die Bretagne für so friedfertige Zwecke benutzt worden wie im Aufbruchsjahrhundert des Mönchtums auf den Britischen Inseln. Man lud sich gegenseitig zum Studium in die religiösen Bildungsstätten ein. Finians alter Beziehung zu Llancarvan war es zu danken, daß Gildas, Cadoc und David, Bischofsabt und Patron von Wales, mit gleicher Hingabe vor den Iren predigten wie irische Mönche in Britannien.

Rückzug auf die atlantischen Klippen

Es ist schwer begreiflich, daß Clonard, diese renommierte Klosteruniversität am Boyne-Fluß, mit keinem Stein mehr von sich Zeugnis gibt. In entgegengesetzter Richtung, an der Südwestküste von Kerry, hat sich indes auf einer der zwei Skellig-Inseln, der Skellig Michael, ein frühchristliches Kloster fast vollständig erhalten. Wenn es auch nicht mit letzter Sicherheit St. Finian zugeschrieben werden kann, so ist es doch in seiner Zeit und unter seinem Einfluß entstanden.

In seiner vollkommenen Abgeschiedenheit auf 220 Meter Höhe über dem Atlantik stellt es ein Abbild selbstgewählter Askese dar, nur unter besonders günstigen Wetterbedingungen erreichbar und gegen die Zudringlichkeit der Welt doppelt befestigt, indem der gefährliche Aufstieg über steile Treppenleitern zusammen mit dem hier meist stürmischen Nordatlantik für eine fast durchgehende Isolierung sorgt. Wem es gelingt, bei leichtem Wind und ruhiger See im Fischerboot von der kleinen Insel Valentia zwischen den Seehundsklippen vor Skellig Michael zu landen, der läßt sich unverzüglich von der klaren Atmosphäre, die alle trüben Bestandteile menschlicher Existenz ausgeschieden hat, durchdringen und wird eins mit dieser sich selbst überlassenen Natur. So mögen auch die ersten Mönche, als sie ihren Fuß in diese abweisende Erosionswildnis setzten, von der irdischen Schwere befreit und in einen Zustand der reinen Gottergebenheit entrückt worden sein.

Sie drangen in die bizarre Steinpyramide vor, nachdem ihnen 670 aus dem Fels gebrochene Treppenstufen den Aufstieg erleichtert hatten. Dort oben entstanden sechs Bienenkorbzellen, zwei rechteckige Oratorien, die Michaelskirche und zwischen steilen Terrassen die sogenannten Mönchsgärten für ihre bescheidenen Sommererträge. Nach den Abmessungen ihrer Behausungen zu urteilen (4 m × 3 m), können jeweils nicht mehr als zwölf Eremiten auf Skellig Michael gelebt haben. In ihren aus Trockensteinen aufgeschichteten Rundhütten hörten sie das Meer wie eine ferne Orgel brausen und außer Silbermöwen und Papageientauchern keinen Laut von lebenden Wesen.

Wenn heute der Strahl des von Männern in Wechselschicht bewachten Leuchtturms auf dem Bolus Head über der St. Finians Bay die nächtliche Wasserfläche abtastet oder ein Hubschrauber mit seinem Hecklicht vorbeischwirrt, so blieb damals bis auf Mond und Sterne alles dunkel, schwarz wie die Brunnenschächte, die sich zwischen Kreuzen und gravierten Steinen auftaten. Im Winter wurde die Nahrung knapp, und nur ein von Gott bewirktes Wunder konnte die Mönche, wie eine Legende berichtet, vor dem Hungertod bewahren.

Die Chronik über diesen Ort ist lückenhaft, dem mönchischen Gebot der Selbstverleugnung, von sich kein Aufhebens zu machen, entsprechend.

13 *Skellig Islands, etwa 15 km von der Insel Valentia vor der Südwestküste der County Kerry. Auf deren größter, Skellig Michael, in 220 m Höhe die Ruinen einer frühchristlichen Mönchssiedlung mit 2 Bethäusern, 6 steinernen Bienenkorbzellen, verschiedenen Grabstelen, Steinkreuzen und 2 Brunnen: Pilgerziel aus dem 7. Jh.*

In drei historischen Annalen findet die Tatsache, daß die Klostersiedlung mehrmals von Wikingern überfallen und geplündert worden ist, nur kurz Erwähnung. Im Jahre 823 wurde »Eitgal of Skellig« von den Eindringlingen gefangengenommen und dem Hungertod preisgegeben. Trotz weiterer Attakken hat die Mönchsgemeinschaft anscheinend überlebt, bis eine letzte handschriftliche Eintragung 1044 den Tod Aodh's, Priester auf Skellig, meldet. Damit ist die geschichtliche Überlieferung zu Ende.

Weit davor liegen andere, im Nebel der Fama unbestimmt gewordene Ereignisse. Danach soll Duag, König von Munster, vor seinem Verfolger, König Aengus von Cashel, in diese uneinnehmbare Felsenfestung geflohen sein. Was für die Mönchseremiten absichtsvoll eine religiöse Bußkolonie gewesen sein mag, war für die von der Welt Gehetzten gleichzeitig ein für ihre Feinde unerreichbares Versteck. Für Bernhard Shaw mehr als das alles zusammen: »eine Stätte, deren Zauber aus Raum und Zeit hinausführt«.

Stellt man sich die vor den Küsten Irlands auf lebensfeindlichen Inseln angelegten Mönchsreservate vor, so kann kein Zweifel bestehen, daß es sich dabei um die letzte Steigerung einer religiösen Elite handelt, die den Weg der Askese konsequent zu Ende zu gehen bereit war. Vielleicht spielte bei ihrem Entschluß auch die Befürchtung eine Rolle, daß der wachsende Lehrbetrieb in den Bildungsklöstern der individuellen Vervollkommnung im Eremitentum entgegenwirken könnte.

Wie alle insularen Völker waren auch die Iren, besonders im Hinblick auf den ungefestigten Zustand ihrer noch jungen Christianität, mißtrauisch gegen fremde Einflüsse, die sich im Strom der Studenten aus dem In- und Ausland in unkontrollierbarer Weise bemerkbar machten. Um so mehr fühlten sich die Eremiten am äußersten Westrand Europas, Auge in Auge mit der atlantischen Flut, sich selbst gegenüber für ein Leben nach der reinen Lehre verantwortlich.

Daß die Mitglieder dieser Gemeinschaft auch unter sich – jeder in seiner Bienenkorbzelle – in der Vereinzelung lebten und ihre tägliche Klausur wie eine Gratwanderung mit allen Möglichkeiten des Absturzes in Kleingläubigkeit und Zweifel bestehen mußten, wird angesichts der von solcher surrealistischen Szene ausgehenden Wirkung leicht vergessen.

Imram. Irische Eremiten im Nordmeer, Brendan

Zeichnet man die Linie der irischen Westküste nach, ergibt sich eine Art topographische Fiebertabelle oder das Radiogramm einer längst vergessenen erdgeschichtlichen Konvulsion mit Landabbrüchen und angestiegenem Wasserspiegel. Mag ein solches Ereignis auch Jahrmillionen zurückliegen, in den Mythen der Menschheit ist eine Spur davon zurückgeblieben.

Wer vom Dach der Skellig Islands über der St. Finian-Bay die Sonne glühend hinabtauchen sieht, begreift, was dieser Anblick für die christlichen Erben der keltischen Überlieferung bedeutet hat. Wenn antike Völker noch daran glaubten, daß »fern im Westen« die goldenen Äpfel der Hesperiden reifen und auf die Sterblichen eine bessere Welt im »Gefilde der Seligen« wartet, nahm diese archaische Sehnsucht im Christentum die Gestalt der Ewigkeit und der Verheißung an.

Wohin tauchte die Sonne, so fragte man sich, wenn sie abends in der Flut versank, und welches Paradies unter dem Horizont nahm sie auf? An der irischen Westküste hatten die Menschen bis zu dem Augenblick, da die Entdeckung Amerikas aktenkundig wurde, das fehlende Bewußtsein einer Gegenküste in Übereinstimmug mit der antiken Mythologie durch eine untergegangene Welt hinter der grenzenlosen See im Westen ersetzt. St. Brendan sammelte die Sehnsucht seiner Zeit in sich und pochte an die verschlossenen Türen einer geographischen Unendlichkeit.

Im Jahre 484 als Sohn des Finloch aus der Familie der Eoghen an der Küste von Kerry in der Nähe des kleinen Hafens Fenit auf der Halbinsel Dingle zur Welt gekommen, zeigte er im Umgang mit der Fischerjugend seines Dorfes schon als Knabe eine forsche Zielstrebigkeit, mit der er sich alles, was mit Seefahrt zusammenhing, zu eigen machte. Seinen Drang nach draußen bändigte zunächst eine klösterliche Erziehung, die er bei St. Ita von Munster, danach bei St. Jarlath von Tuam und St. Finian von Clonard, schließlich bei dem aus dem Druidenstand hervorgegangenen Bischof Erc erhielt. Durch das Wissen, das er Erc verdankte, in seinem ausgreifenden Impuls womöglich noch gesteigert, kehrte er mit festen Plänen heim. Eine Zeitlang lebte er nicht weit von seinem Geburtsort in Ardfert und zog sich in eine Gebetszelle am Fuße des noch heute nach ihm benannten Mount Brendan (963 Meter hoch) zurück.

Erc ist ein klassisches Beispiel dafür, wie im keltischen Christentum – im Gegensatz zu dem gebrochenen Verhältnis der Antike auf dem Festland – die wissenschaftlichen Überlieferungen der alten Welt vom Druidentum bewahrt und als eigene Mitgift dem Christentum übertragen worden sind. Bestandteil hiervon war eine universelle Erziehung in mehrfach wechselnden Bildungsstätten, im Falle Brendan mindestens vier. Daß Brendan als bevorzugter Schüler von Erc aus der Stille seiner Klausur jene Stimmen vernahm, die für die Menschen außerhalb längst verstummt waren, entsprach der Landschaft, die hier durch sagenhafte, auf das Jahr 3500 »anno mundi« (»seit Erschaffung der Welt«) zurückgeführte Ereignisse ein dramatisches Eigengewicht besitzt. In antiken Schriften wird über eine vom östlichen Mittelmeer ausgehende Expedition berichtet, die in Irland landete. Der Anführer Milesius trat gegen Tuatha de Danann am Fußende der Slieve Mish Mountains bei Tralee zum Kampf an. Der Preis, den er für seinen Sieg bezahlte, war der Verlust seiner Gemahlin Scota und seiner zwei Söhne, die er bei einem Schiffbruch vor den Skellig Islands verlor. Scota, Tochter eines ägyptischen Pharaonen, soll unweit Tralee am Scota Glenn begraben sein. Die Ähnlichkeit ihres Namens mit der bis über das Mittelalter hinaus gebräuchlichen Bezeichnung der Iren als »Scoti« muß nicht zufällig sein.

Brendan wurde von der Ferne und der Vergangenheit gleichermaßen eingeholt. Beide mit der kosmischen Drehbewegung in Beziehung gesetzt, ergeben eine Gleichung mit zwei unbekannten Größen, deren Auflösung nicht bei der Algebra, sondern in dieser Dimension bei einer viel älteren, von der Mythologie verschlüsselten Erkenntnis liegt: Gerät ein tatsächlicher Vorgang an einen Punkt zwischen zwei Zeitebenen, so verändern ihn die unterschiedlichen Zeitaspekte nur scheinbar, was dem modernen Flugreisenden um die Welt in Richtung Ost oder West als selbstverständlich geläufig ist.

Noch im 13. Jahrhundert, das durch den undogmatischen Geist des Kaisers Friedrich II. von Hohenstaufen als besonders aufgeklärt galt, schrieb Gott-

14 *Navigatio Sancti Brendani, Imram zu den Inseln der Seligan. Der unter diesem Titel im Mittelalter weit verbreiteten Sammlung phantastischer Abenteuer liegen die Seereisen des irischen Mönches St. Brendan im 6. Jh. (z. B. 551–558 über das Nordmeer bis Amerika) zugrunde.*

fried von Viterbo, Kaplan und Notar bei den ersten Staufern, für den Sohn Kaiser Barbarossas, Heinrich VI., eigenartige Geschichten, so auch über die Reise von keltischen Mönchen des Klosters St. Mathäus am »Penn ar bed«, dem »Caput finis terrae« an der Westküste der Bretagne, 21 km von Brest entfernt, die sich eines Tages auf das westliche Meer begaben. Nach drei Jahren erreichten sie eine Stadt, die von Engeln bewohnt war und in der sich Enoch und Elias aufhielten. Als sie zurückkehrten, stellten sie zu ihrer Verwunderung fest, daß niemand im Kloster sie mehr erkannte, denn sie waren aus der Sicht der Zurückgebliebenen nicht drei, sondern dreihundert Jahre fort gewesen.

Die Faszination der Reise auf zwei Zeitebenen, die zum kultischen Bereich des Keltentums gehört, wirkte noch in der deutschen Romantik nach, als rheinische Dichter auf die gesammelten Wundergeschichten des Zisterziensermönches Cäsarius von Heisterbach (1180–1240) zurückgriffen. Seine

Entrückungslegende, die er auf sich selbst übertrug, erzählt die Geschichte eines Heisterbacher Klosterbruders, der, als er über das Bibelwort »Tausend Jahre sind vor Dir wie ein Tag« nachgrübelte, Zeit und Raum vergessen hat. Jahrhunderte später fand er den Weg in sein Kloster zurück. Das gleiche Thema greift ein mittelhochdeutsches Gedicht des 13. Jahrhunderts auf, in dem der Zisterzienserbruder Felix vom Gesang eines Vögelchens erzählt, dem er einen Vormittag zu lauschen meinte, während es hundert Jahre waren.

Mit solchen Erfahrungen ist das heutige Gesetz der Zeitverschiebung im Sinne der Relativitätstheorie gleichsam vorweggenommen, eingebettet in die rein keltische Tradition des »Imram«, zu dem u. a. auch der erste Bericht über Brendans Reisen gehört. In dieser frühen irischen Literaturgattung gehen Wirklichkeit und Einbildung ineinander über, nicht anders als in den Bilderfolgen auf den irischen Hochkreuzen.

Brendan hat mehrere Seereisen unternommen, darunter mindestens zwei lange Fernreisen. Die zweite soll sieben Jahre, von 551 bis 558 gedauert haben, eine Zeit, für die es keine Nachrichten gibt, denen Hinweise auf seinen Verbleib zu entnehmen wären. Erst im 7. Jahrhundert wird er in einer »Vita« als Seefahrer bezeichnet. Dreihundert Jahre später, etwa um 950, erscheint die »Navigatio Sancti Brendani« als eine Sammlung phantastischer Reiseerlebnisse, zunächst lateinisch, danach in allen geläufigen Sprachen des Abendlandes. Sie wurde zum Erfolgsbuch ihrer Zeit, nicht zuletzt deshalb, weil der magische Realismus – die bildende Kunst hat ihn erst in diesem Jahrhundert für sich entdeckt – der geschilderten Episoden auf eine bis heute unveränderte Erwartung des Menschen trifft, er könnte die Vergänglichkeit aufhalten und dem Tode entrinnen.

Nicht nur, daß Brendan und seine Gefährten in der »Navigatio« keinen Mangel leiden, sie werden auch durch himmliche Boten, die sich in Vögel verwandeln, rechtzeitig vor Unheil gewarnt. So erfahren sie die Welt zwischen Irland und Nordamerika als ein von göttlichen Kräften bewegtes Universum, über das der Teufel, der sie gelegentlich als emporzischendes Monster schreckt, keine Macht hat. Ein Wal, den sie Jasonius nennen, wird zwischen den Färöer und Island sogar zu ihrem Nothelfer. Sie stranden auf seinem Rükken, wo sie ihren Altartisch aufrichten. Während Brendan seinen Mönchsmatrosen die Messe liest, liegt das Ungetüm unbewegt, freundliche Fontänen aus seinen Atemlöchern blasend.

Außer der Begegnung mit dem Wal hat die Reise auch sonst reale Bezüge. Vergleicht man die Fabelroute mit der Landkarte und interpretiert die phantastischen Erscheinungen mit den damals noch unerforschten und daher geheimnisvollen Naturkräften, so braucht die Durchführung dieser Expedition in einem mit Tierhäuten bespannten Curragh nicht länger zweifelhaft zu sein. Sollte Brendan sie am 22. März 551 angetreten haben, und zwar von dem heute Brand Creek genannten winzigen Fischerhafen auf der Dingle Halbinsel über Westschottland (Iona) durch die Gewässer des Minch Channel zu den Hebriden, Orkneyinseln, Shetlandinseln, Färöer nach Island, könnte er – vermutlich nach einer Überwinterung – in weiteren vierzig Tagen über Grönland und Neufundland Florida und die Bahamas erreicht haben. Wo Brendan an Land ging und ob er unter Küstenindianern missionierte, bleibt ungewiß. Die Zeit seiner Abwesenheit von Irland zwischen 551 und 558 würde sich mit den angenommenen Bekehrungsreisen in Mexiko und Peru decken.

Skandinavische Sagen, vor allem das isländische Lannama Bók (Landnahmebuch), wollen von einem Weißmännerland, dem von irischen Mönchen, »papas«, bewohnten Huitmannarland im Golf von Mexiko wissen, was für die Landung des Taufpredigers Brendan in Pánuco nicht geringere Anhaltspunkte liefert als für den bei den Mayas erscheinenden weißen und bärtigen Gott »Itzamnà«.

In den Jahren 1976/77 hat ein junger Engländer, Tim Severin, angeregt durch die Lektüre der »Navigatio Brendani«, mit einer Gruppe Gleichgesinnter in einem elf Meter langen Lederboot die Reise Brendans über den Atlantik wiederholt. Die Ungunst des Wetters zwang ihn, ebenso wie einst Brendan, die Reise für einen Winter in Island zu unterbrechen. Mit dem fabulösen Text der »Navigatio« an Bord, konnte die Besatzung bei der Weiterfahrt ihre eigenen Erfahrungen an den Beobachtungen der frühen Mönche messen. Sie stimmten in wesentlichen Teilen überein.

Was in dem mittelhochdeutschen Manuskript als »Paradies der Vögel« bezeichnet ist, war nichts anderes als der von Sturmvögeln, Möwen, Baßtölpeln und Papageientauchern umkreischte Basaltfelsen Myggenäs im äußersten Westen der Färöer, der Schafsinseln. Brendans »Insel der Schmiede« mit ihren Geysiren und rauchenden Vulkanen deckt sich mit dem heutigen geophysikalischen Erscheinungsbild Islands, wo er einen Ausbruch des Vulkans »Hekla« erlebt haben muß. Die »Kristallsäulen« Brendans schwimmen noch heute als Eisberge zwischen Grönland und Labrador.

Die Begegnung der Brendan-Mannschaft mit irischen Eremitenkolonien auf ungenannten Inseln kann nicht frei erfunden sein. Das Landnahmebuch läßt schon im Jahre 963 den isländischen Fischer Ari Marson im Gebiet von Florida ein »Weißmännerland« finden, das auch »Irland it Mikla« (Groß-Irland) genannt wurde. Im 13. Jahrhundert erwähnt der arabische Geograph Abu Addalah Mohammed Edrisi das Bestehen dieses Groß-Irland, das er arabisch »Irlandeh el Kabirah« nennt.

Diese nur einige hundert Jahre jüngeren Berichte lassen den Schluß zu, daß bereits Brendan solche Niederlassungen jenseits des Ozeans vorgefunden hat.

Die Engländerin Lady Gregory, die von ihrer irischen Wahlheimat aus die gälische Literatur für die angelsächsische Allgemeinheit wiederentdeckte,

15 *Portal der Klosterkirche Clonfert, County Galway: bemerkenswertes Beispiel irisch-romanischer Baukunst. Einziger noch erhaltener Rest der von St. Brendan nach seiner Rückkehr vom Imram im Jahre 563 gegründeten Abtei.*

hat in ihren Geschichten »Saints and Wonders« (1906/1907) die Seereisen St. Brendans als Volksdichtung neu belebt. Sie beschreibt darin mit den im keltischen Imram gebräuchlichen Mitteln poetischer Entrückung ein Zusammentreffen Brendans und seiner Begleitung mit einer 24köpfigen Mönchsgemeinschaft und ihrem Abt auf einer namenlosen Insel ohne Hafen weit im westlichen Ozean. Die trancehaft geschilderten Lebensumstände der in weiße Kutten gekleideten Brüder, die trotz fehlender Nahrungsgrundlage an einer unerklärbaren Fülle teilhaben, lassen ein Stück vergessener Wahrheit durchscheinen. Setzt man sie in Beziehung zu der Tatsache, daß in unseren Tagen sieben kühne Männer versucht haben, von der spanischen Nordwestküste in einem elf Meter langen Boot aus Weidengeflecht und Rinderhäuten nach Irland zu gelangen, um die ungenaue Überlieferung einer ersten keltischen Invasion in vorgeschichtlicher Zeit vom iberischen Galaecia (Galicien) aus auf ihre realen Voraussetzungen zu erproben, gewinnt die Anwesenheit irischer »papas« in der Zeit vor Brendan zusätzlich an Wahrscheinlichkeit.

Bei allem, was im Kielwasser der Brendanbarke an mythologischem Ballast mitschwimmt, gibt es doch in seinem letzten Lebensabschnitt einen festen Punkt. Es ist das Jahr 563, als er das Kloster Clonfert (County Galway), nahe den Ufern des Shannon, gegründet hat. Hier ist er, als er 577 im Alter von 93 Jahren starb, auch begraben worden. Die Kirche bei dem heute verschwundenen Klosterkomplex ist freilich jünger und ein vollkommenes Beispiel hiberno-romanischer Kirchenbaukunst.

In dieser monastischen Bildungsstätte, die aufgrund der seemännischen Erfahrungen ihres Abtes einen ungewöhnlichen Zulauf an in- und ausländischen Studenten hatte, hielt Brendan seine Vorlesungen. Vermutlich war er der erste in seiner Generation, der die klassischen Disziplinen Mathematik, Geographie und Astronomie mit dem Erlebnisstoff seiner Fernfahrten anreichern konnte. Dadurch wird sich die im Bewußtsein der damaligen Menschheit gefährliche Entfernung zwischen Gläubigen und Ungläubigen verringert und der selbstgewählte Auftrag, jenseits der Insel zu missionieren, imperative Gestalt angenommen haben.

Man darf davon ausgehen, daß Brendans nautische Erkenntnisse, soweit sie durch seine internationale Zuhörerschaft bis auf den Kontinent gelangt sind, nach tausend Jahren nur noch als eine Art chiffrierter Text wenigen Eingeweihten bekannt waren. Columbus, so wird vermutet, hat sich zu diesem Geheimwissen Zugang verschaffen können.

Ein auf das Jahr 750 datierter Reliefstein in Kilnaruana (County Cork), vermutlich der Schaft eines Hochkreuzes, enthält neben Darstellungen von Kreuzen und keltischen Symbolen und den Wüstenheiligen Antonius und Pachomius auch das bemerkenswerte »Bantry Boat«, eine mit einem Steuermann und vier Ruderern besetzte Barke. Anstelle der für die moderne Seefahrt unerläßlichen Navigationsinstrumente je ein Kreuzemblem an Bug und Heck. Wenn nicht Brendan und seine Besatzung damit gemeint sind, so handelt es sich mit Sicherheit um eine Hommage an jene Männer, die vor und nach ihm in wenig seetüchtigen Fahrzeugen und allein im Vertrauen auf ihre Fähigkeit, sich an Wind, Gestirnen und Vogelflug zu orientieren, die Atlantikroute befahren haben.

Einer davon war St. Barron, ein Verwandter Brendans, der seinem ertragreichen Grundbesitz am Erne-Fluß entsagte und in einer heute verlassenen, nach ihm benannten Gemeinde in der Grafschaft Donegal ein Kirchlein baute, dessen Ruine längst von Kühen in ihren Weidebezirk einbezogen worden ist. Mehrfach folgte er von dieser Küste aus dem Sirenengesang über das westliche Meer, hoffend, jenseits auf taufbereite Skrälinger (Eskimos) auf Grönland zu treffen. Näheres ist darüber nicht bekannt. Aufsehen erregt nur der, dem das Wagnis zum erstenmal gelingt.

Man tritt dem frommen Eifer dieser seefahrenden Mönche sicher nicht zu nahe, wenn man unterstellt, daß auch Ehrgeiz, Entdeckungsfieber und ein gehöriges Maß gesunden Abenteurerdranges ihren missionarischen Impuls beflügelten und daß sie, nicht anders als später die portugiesischen und spanischen Konquistadoren, des Kreuzes am Mast zur Legitimation ihrer riskanten Unternehmungen bedurften.

Irische Klöster – Universitäten Europas

Brendans gelungene Fernfahrt nach Übersee hat entscheidend dazu beigetragen, Irlands Ruf als Bildungsinstanz, an deren Spitze eine intellektuelle Auslese stand, auch nach außen zu festigen. Der Bedarf an monastischen Erziehungsstätten nahm in einem Maße zu, daß sich im 6. Jahrhundert eine wahre Explosion an geistiger Kapazität und seelsorgerischer Berufung, die mit einer Vielzahl klösterlicher Neugründungen einherging, über der Insel entlud.

Kieran in Clonmacnois

Wenn sich ihr Lehrkörper bis dahin weitgehend aus adeligen Familien rekrutiert hatte, so beweist das Beispiel St. Kieran des Jüngeren, daß auch die nach der königlichen Sitzordnung »unteren Ränge« zum klerikalen Nachwuchs gehörten.

Als Sohn eines Zimmermanns, der eine Werkstatt für Wagenbau betrieb, wurde Kieran im Jahre 515 in der heutigen Grafschaft Westmeath geboren, bevor seine zu einem nördlichen Stamm gehörenden Eltern vor den unmäßigen Forderungen eines lokalen chieftains nach Roscommon auswichen. Obwohl wenig begütert, ließen sie ihrem Sohn die für eine gehobene Klosterlaufbahn unentbehrliche Erziehung angedeihen, deren Schwerpunkt in der Unterweisung durch St. Finian in Clonard lag.

Wie in seinem geistlichen Stand üblich, nahm er im Anschluß an seine

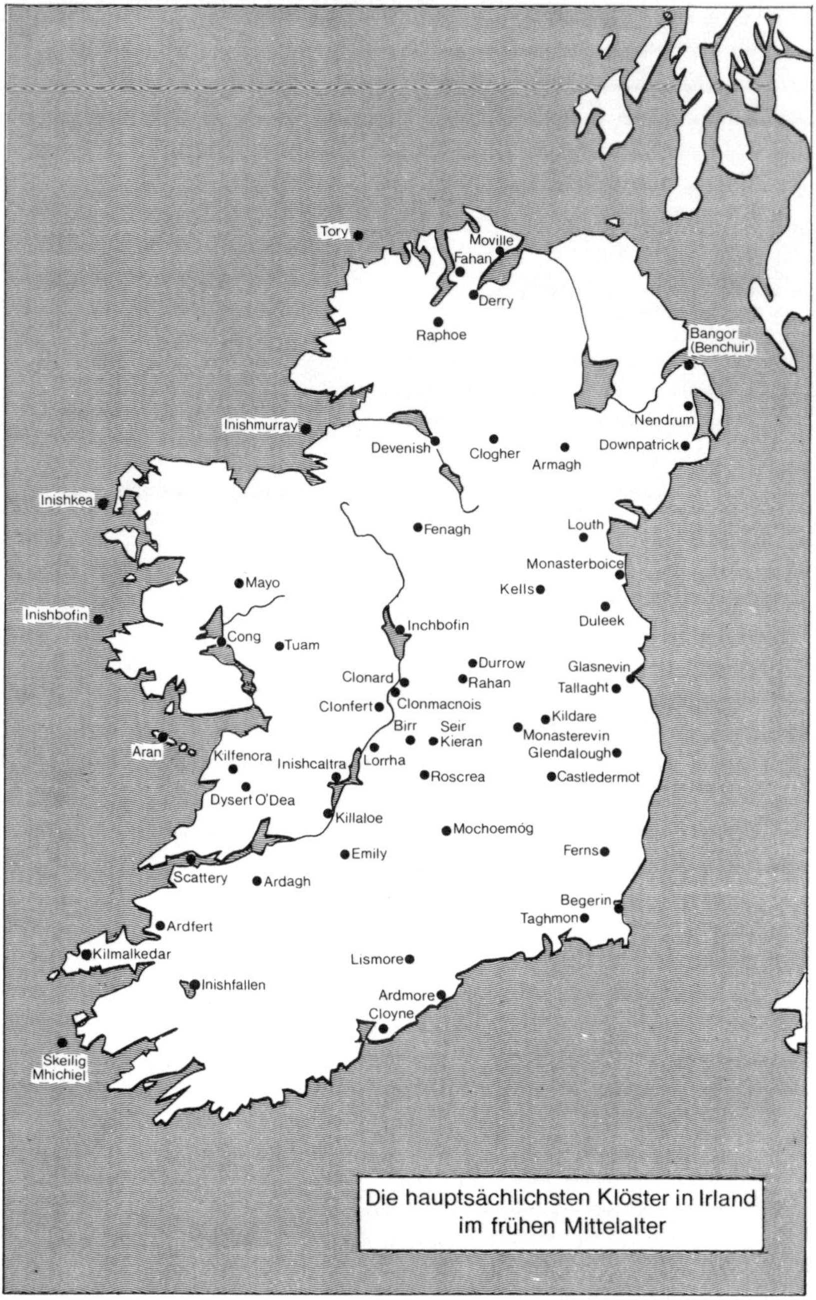

Tory
Moville
Fahan
Derry
Raphoe
Bangor (Benchuir)
Nendrum
Downpatrick
Inishmurray
Devenish
Clogher
Armagh
Inishkea
Fenagh
Louth
Monasterboice
Kells
Mayo
Duleek
Inishbofin
Inchbofin
Cong
Tuam
Durrow
Rahan
Glasnevin
Tallaght
Clonard
Clonfert
Clonmacnois
Birr
Seir Kieran
Kildare
Monasterevin
Glendalough
Aran
Kilfenora
Inishcaltra
Lorrha
Roscrea
Castledermot
Dysert O'Dea
Killaloe
Mochoemóg
Emily
Ferns
Scattery
Ardagh
Begerin
Taghmon
Ardfert
Kilmalkedar
Lismore
Inishfallen
Ardmore
Cloyne
Skeilig Mhichiel
Die hauptsächlichsten Klöster in Irland im frühen Mittelalter

Studien ein unstetes Wanderleben auf, das ihn kreuz und quer über die Insel führte und offenbar keinem vorher festgelegten Orts- oder Terminplan folgte. Man findet Kieran sowohl auf den Arans bei Enda als auch am Lough Ree, am Lough Erne und den ganzen Lauf des Shannon entlang. Bis auf die streng eingehaltenen Gebets- und Fastenregeln scheint er alles dem Zufall überlassen zu haben, unschuldig der göttlichen Vorsehung vertrauend. Noch heute findet man im irischen Charakterbild einen Zug von Selbstvergessenheit und die Neigung, sich einem wie auch immer gearteten Ordnungsschema zu entziehen.

Das Bild des keltischen Wandermönches, der, grenzenlos duldsam gegen andere, in gleichsam spielerischer Ungebundenheit dahinlebt, ist sicher eine idyllische Komponente jener Zeit. Diesen Hang zum Ortswechsel mag der altgälische Brauch der »Fosterage« begünstigt haben, eine stammesrechtliche Einrichtung, nach der man Kinder in die Obhut fremder Zieheltern gab. Beispielsweise war Ita die foster-mother St. Brendans. Von der Wohltätigkeit seiner Brüder lebend, die überall im Lande hinter hölzernen Palisaden und Ringmauern lose Gemeinschaften bildeten, andererseits auch die gleiche Großmütigkeit übend, die seiner Eremitenkolonie in Isel am Lough Ree den Bankrott einbrachte, stellte sich Kieran ganz unter das neutestamentarische Gleichnis: »Siehe, die Vögel unter dem Himmel, sie säen nicht, sie ernten nicht...« Die innige Naturbetrachtung, mit der das irische Mönchtum die alt-keltische Dichtung auf einen naiv-begeisterten Herzton eingestimmt hat, bringt uns das Irland jener Tage nahe. Freilich waren zahlreiche Berge damals noch mit Wald bedeckt, die Jagd auf Rotwild ein einträgliches Vergnügen, aber auch Eber und Wölfe wurden in den dünn besiedelten Landstrichen »auf herrlichen Rossen« verfolgt.

Als Kieran seine Eremitage am Lough Ree nach drei Jahren und drei Monaten aufgab, weil ihn ein Fremder, der sich an dieser Stelle dem Dienste Gottes weihen wollte, darum gebeten hatte, überließ er abermals dem Zufall sein Schicksal. Kieran fand mit sieben Brüdern den Weg »in die Wüste von Clonmacnois« am Shannon (County Offaly), wo er am 25. Januar 549 landete. Wenngleich Unklarheit darüber besteht, ob er hier nun sieben Monate oder sieben Jahre bis zum Tode, der ihn im Alter von 33 Jahren ereilte, gelebt hat, ist die glanzvolle Entwicklung des von ihm gegründeten Klosters zu einer der berühmtesten und meistbesuchten Bildungseinrichtungen zu keiner Zeit angezweifelt worden. Kieran, der menschenfreundliche Verschwender, der seinen mönchischen Weg über die Insel ohne jeden Ehrgeiz zurücklegte, verschwindet fast ganz hinter den Annalen von Clonmacnois. Weniger in Irland als bei uns ist er in Gefahr, mit seiner Wärme und naiven Ursprünglichkeit zu einer verständnislos belächelten Erscheinung zu werden.

Spontane Hilfsbereitschaft, innige Verbundenheit in Familie und Sippe,

16 Ruinen des Klosters Clonmacnois am Shannon, County Offaly, 558 von St. Kieran gegründet. Mit Förderung irischer Könige entwickelte es sich zum führenden Kulturzentrum. Aus seinen Schreibstuben gingen berühmte illuminierte Manuskripte, und aus der Hand seiner Kunstschmiede Meisterwerke wie der Kelch von Ardagh (8. Jh.) hervor. Das reiche Kloster hatte über mehrere Jahrhunderte unter Raubzügen und Plünderungen zu leiden.

Toleranz und Menschlichkeit, alles, was wir heute noch am irischen Volk bewundern, hat seine Wurzel in der vom keltischen Mönchtum vorgelebten Bereitschaft, nicht mit intellektueller Überlegenheit vor dem Ratschluß Gottes aufzutrumpfen. Damit folgten sie uneingeschränkt dem inneren Gesetz der Harmonie, das schon in der Druidenreligion, wie aus einer geometrischen Zeichensetzung herauszulesen, das keltische Weltbild zusammenhielt.

Clonmacnois, von ausländischen Schülern über den Shannon direkt zu

Schiff erreichbar, ist in seiner noch erkennbaren Ausdehnung eine Kathedrale, acht Kirchen, zwei Rundtürme, drei Hochkreuze, zweihundert aufrecht stehende bearbeitete Steine (slabs) und die Ruinen eines Schlosses – das Ergebnis königlicher Schirmherrschaft im Mittelalter. Nicht nur, daß die Anlage die Größe einer kleinen Stadt erreichte, auch die Berufung auserlesener Männer aus dem Gelehrtenstand steht mit der Schutzmacht der Herrscher in einem unmittelbaren Zusammenhang. Bis zum letzten Hochkönig Rory O'Connor, der sich hier 1198 begraben ließ, sicherten sie auch zwischen den dänischen Überfällen und örtlichen Raubzügen vom 9. bis 11. Jahrhundert den ununterbrochenen Ablauf des Lehrbetriebes. Selbst als 842 nach mehrfachen Plünderungen und Massakern durch benachbarte Stämme der Däne Turgesius die ganze Stadt mit ihren Kirchen niederbrannte und seine Frau Ota auf den Hochaltar setzte, von dem herab sie »Orakel verkündete«, soll das tägliche Leben der Brüder weitergegangen und eine der bemerkenswertesten künstlerischen Arbeiten, eine große, reich ornamentierte Stele, entstanden sein.

Für diese Zeit wird das Wirken von Suibhne, dem gelehrtesten und auch jenseits der Insel bekanntesten Iren, der 890 starb, bestätigt. Er setzt in Clonmacnois die Reihe großer Geister fort, die mit Colcu, dem Weisen, im 8. Jahrhundert einen ersten Höhepunkt erreicht hatte. Bei ihm studierte der Angelsachse Alkuin von York, der das Vertrauen Karls des Großen an dessen Hof genoß, eine der führenden geistigen Persönlichkeiten der abendländischen Welt.

Alkuin, sich dankbar seines unvergessenen irischen Lehrers erinnernd, richtete vom fränkischen Hof aus eine Huldigungsadresse an Colcu, die zu den Schätzen des kirchengeschichtlichen Archivs auf der Insel gehört. Mehr noch, er fertigte im Namen des Kaisers in der Normandie ein Schiff voller Geschenke ab, das über See und shannonaufwärts an das Gestade von Clonmacnois gelangte, wo es seine Fracht aus Wein- und Olivenfässern, Silber und Münzen entlud. Fürstliche Caritas, zu allen Zeiten auf das Gedeihen der Bildungsstätten des eigenen Landes gerichtet, war in diesem Falle Ausdruck der zweckfreien, ganz persönlichen Wertschätzung Karls des Großen für die irische Klosterkultur.

Es entsprach dem idealistischen Impuls der Iren, in- und ausländische Studenten unentgeltlich aufzunehmen, sie in irischer und lateinischer Sprache von den besten Lehrkräften des Landes unterrichten zu lassen und damit dem in seinem Bildungsprimat nach der Unterbrechung durch die Völkerwanderungszeit noch nicht wieder voll rehabilitierten Kontinent den Nachwuchs an geistiger Führungsschicht zu sichern. Für das kleine Land bedeutete dies eine gewaltige Herausforderung, die es letztlich mit der gleichen vertrauensvollen Hingabe auf sich nahm wie seine Glaubensboten ihre von keiner Vorsorge gesicherten Pilgerschaft, die sie ausschließlich als Gottesdienst verstanden.

17 *St. Kevins Kirche in Glendalough, County Wicklow. Der Eremit († 618) gründete hier im 6. Jh. eine Klostersiedlung, die zu einem der berühmtesten Bildungszentren Europas mit tausenden von Studenten aus Irland und Britannien wurde. 1398 wurde sie durch Brand zerstört.*

Clonmacnois, unweit der Shannonbrücke bei Athlone, kann auch an Tagen mit lebhaftem Wasserverkehr das Bild einer pulsierenden Universitätsstadt mit dem von Holzbaracken besetzten Campus der Studenten, dem Sprachenbabel aus keltisch und gallisch, alt-englisch und fränkisch nur unvollständig wiedergeben. Erst wenn man die kleinste und älteste der sieben Kirchen, den um 800 an der Stelle von Kierans Oratorium aus Lehm und Flechtwerk, den »Tempel Kieran« betritt, die gleiche Stelle, an der er gelebt und in einer bewegenden Sterbeszene im Jahre 556 von seinen Brüdern Abschied genommen hat, stellt sich der Zusammenhang mit der ursprünglichen Anlage wieder her. Ihr repräsentatives Ausmaß erreichte sie freilich erst nach dem Tode des Heiligen. Ende des 6. Jahrhunderts, als auch sein Studiengefährte aus der Zeit des Klosters Clonard, der nur wenig ältere Columbkille, unter Lobpreisungen der Mönche an sein Grab geleitet wurde, war sie zu internationalem Ansehen gelangt.

Columbkille ehrte den Gründer mit einer selbstverfaßten Hymne. Das Echo der neben Armagh, Clonfert und Lismore berühmtesten irischen Hochschule Clonmacnois ist in den letzten Jahrhunderten nach ihrem Niedergang im 16. Jahrhundert immer leiser geworden und schließlich im Jahre 1954, als der Friedhof für alle weiteren Anwärter auf ein Grab im geheiligten Grund geschlossen wurde, verstummt.

Das 6. Jahrhundert, als überall im Land Klöster und Klosterschulen gegründet wurden, ist gekennzeichnet von einer Bildungseuphorie, die sich aus einem von den europaweiten Wirren verursachten Nachholbedarf erklären mag. Sie nahm in Irland geradezu das Ausmaß einer Volksbewegung an.

Comgall in Bangor

Noch während ceonmacnois nach Kierans Tod, bedingt durch seinen sich rasch ausbreitenden Ruhm, alsbald erweitert werden mußte, gewann im Norden der Insel, im Königreich Ulster, eine ihm geistesverwandte Persönlichkeit Rang und Namen: Comgall rief dort das Kloster Bangor ins Leben, dem er als einer der berühmtesten Äbte seiner Zeit fünfzig Jahre lang vorstand.

Seiner Herkunft nach war er ein Pikte aus dem Norden der britischen Hauptinsel, dessen früh von St. Ninian bekehrtes, häufig aber rückfällig gewordenes Volk mit den Skoten bis zum 9. Jahrhundert in heftigem Widerstreit lag. Die Anwesenheit des alten irischen Stammes der Skoten, der zu Anfang des 6. Jahrhunderts in das spätere Argyll (Schottland) eingewandert war und ebenso wie die Pikten die britannischen Herrschaften bedrängte, erklärt Comgalls lebenslange Beziehung zu den britischen Nachbarinseln.

Nicht weniger als seine Zugehörigkeit zum Piktentum ist auch die innige Freundschaft mit Columbkille aus seiner Studienzeit in Clonard für seine Entwicklung entscheidend gewesen. Sie scheint der einzige Schlüssel zu seiner ersten Lebenshälfte zu sein, die er offenbar überwiegend bei den britischen Brüdern, ob bei den kymrischen Kelten in Wales oder weiter nördlich in Alba (der römische Name für Schottland) verbracht hat. Inwieweit er seinen irischen Freund Columbkille bei dessen Vorstößen zu den Hochlandpikten und ihren noch ungetauften Herrschern wie Bruder Mac Maelchon, den er 565 bekehrte, unterstützt hat, muß offenbleiben. Wohl wissen wir, daß Comgall selbst bei seinen Pikten in Schottland predigte und im »Land der Heiden« auf der Insel Tiree (der südwestlichen Außeninsel der Hebriden) vor der Küste von Argyll ein Kloster hinterließ. Zwischen seiner eigenen Klostergründung Bangor, von der aus er besonders schottische Klöster mit Mönchen seiner Wahl beschickte, und seiner Mission an der schottischen Gegenküste besteht ein enger Zusammenhang.

Bei seiner Geburt 517 befand sich Comgall in einer Siedlung der irischen Skoten an der Nordküste von Ulster, an der heute noch engsten Stelle zwischen den beiden Inselkörpern. Man darf unterstellen, daß die Entfernung wegen des niedrigeren Meeresspiegels damals noch geringer war, ein Zwischenraum, der kaum als Trennung, sondern eher als geringfügige und geradezu verbindende Unterbrechung eines vertrauten Zusammenhanges zwischen Irland und Schottland empfunden wurde. Zweifellos erfüllte der Übergang von Irland nach Britannien an dieser Stelle eine wichtige Brückenfunktion.

Im Jahre 558 wurde das Kloster Bangor zur Zelle der sich daraus entwickelnden gleichnamigen Stadt, heute Mittelpunkt des die ganze Ards-Halbinsel umfassenden Seebäderbezirks. Der Klosterkomplex ist bis auf einen Mauerrest, Teil der im 12. Jahrhundert restaurierten Anlage, verschwunden, der Nachruhm der aus dieser Missionsschule hervorgegangenen Missionsapostel, allen voran Columban und Gallus, dagegen von ungebrochener Leuchtkraft. Ihnen stellten sich auf ihrem Weg nach Mitteleuropa unerwartete und ihrer von der Insel geprägten Mentalität fremde Hindernisse entgegen. Die Ausdauer, sie zu überwinden, haben sie weitgehend aus ihrer Erziehung in Bangor geschöpft. Als Mutterhaus hat es vielen Tochterklöstern seine strenge Regel zur Pflicht gemacht. Das geflügelte Wort ging um, daß jeder aus Bangor hervorgegangene Mönch selbst wieder mindestens hundert Klöster gegründet hat.

Es entspricht dem Bild, das wir uns von der kraftvollen piktischen Persönlichkeit Comgalls machen, daß die auf Comgall zurückgehende Klostergemeinschaft von Bangor auf der Synode von Whitby 664 durch ihn als mutigen Vorsprecher für die keltische Kirche auftrat. Von seinem Volksstamm gibt es ebensowenig schriftliche Nachrichten wie von den Skoten, nur nachgelassene Symbolsteine in Gräberfeldern mit eigenartigen Bildzeichen von bizarrer Aggressivität zeugen von einer verborgenen alten Stammeskultur und von hoher handwerklicher Kunst.

Das alles mag außerhalb Irlands vergessen sein. Wer aber der Darbietung einer Motette oder Kantate für große Chöre irgendwo in der Welt beiwohnt, ist Bangor als einem frühchristlichen Mittelpunkt der »musica sacra« näher, als er glaubt. In den Jahren 680 bis 691 entstand hier unter dem Abt Cronan das frühest datierbare, in irischer Sprache geschriebene Manuskript, das sogenannte Bangor-Antiphonar (Wechselgesang mehrerer Chöre). Es umfaßt siebzig Anthems (Motetten und kantatenartige Chorhymnen mit oder ohne Instrumentalbegleitung), siebzehn Altargebete, drei Kantaten, das Tedeum, Benedictum, Gloria, Credo, Gebete und Hymnen, dazu die große eucharistische Hymne und einen in Stanzen komponierten Lobpreis auf Comgall selbst. Alles zusammen gelangte im Original über das Kloster Bobbio (Oberitalien) in die Ambrosianische Bibliothek nach Mailand, wo es heute noch verwahrt wird. Mehr noch als in der musikalischen Laudatio wird Comgall in irischen Annalen verklärt. Sie berichten, daß ein Fischer im Jahre 571 eine Meerjungfrau fing und sie zu Comgall brachte, der ihr die Taufe spendete. Als St. Murgen (die Meer-Geborene) erscheint sie im irischen Heiligenkalender.

Man fühlt sich an den Zauber Merlins erinnert, der, um die Nymphe Viviane zu gewinnen, seiner magischen Macht entsagte. Es spricht für Comgalls überzeitlichen Rang, daß er den keltischen Mythos fortsetzen darf, indem er mit der Taufe eines zoomorphen Zwischenwesens aus der Tiefe der See die Verchristlichung des Lebens vollendet und Mensch und Tier, Erde, Meer und Himmel für immer miteinander versöhnt. Die Art, mit den Mitteln exakter Berichterstattung ein legendäres Ereignis festzuhalten, war für jene Zeit legitim.

Der Geist Comgalls hat in der unabhängigen Stellung, die Bangor in der keltischen und römisch-lateinischen Klosterwelt bis zum dänischen Überfall im Jahre 824 einnahm, solcherart weitergewirkt, daß noch im 12. Jahrhundert Bernhard von Clairvaux erklärte: »Bangor ist ein ungewöhnlich gebenedeiter Ort, eine Wiege der Heiligen, die einen Überfluß an Früchten zur Ehre Gottes hervorgebracht hat.«

Leben und Lehrbetrieb in den Klöstern

Als Comgall mit 86 Jahren starb, stand die irische Klosterkultur in voller Blüte und die Zahl der Neugründungen nahm ständig zu. Durrow, Derry, Devenish, Aghadoe, Glasnevin, Moville, Glendalough, eine Gründung St. Kevins, Tuam, Cork, Cloonburren, Cluain Brona, jede einzelne mit dem Namen eines Heiligen verbunden, der innerhalb der keltischen Kirche voll anerkannt ist, dagegen von Rom nicht kanonisiert wurde.

Wenn auch zumeist als Ruinen oder überhaupt nicht mehr vorhanden, haben diese ersten christlichen Niederlassungen in Irland – es sollen 4000 gewesen sein – das Land für immer gezeichnet und ihm eine Schönheit hinterlassen, die freilich mehr einen empfindlichen Stimmungswert darstellt, als daß sie in einem modernen Sinne meßbar wäre.

Für alle jene klösterlichen Zusammenschlüsse war, mit geringen Abweichungen, die in Anlehnung an östliche Vorbilder entwickelte Lebensordnung verbindlich. Im Gegensatz zum lateinisch-abendländischen Mönchtum lebten die Brüder in einer zwar geistigen, aber nicht räumlichen Gemeinschaft, soweit ihre Zellen, die sie einzeln und getrennt voneinander bewohnten, in Betracht kommen. Der Abt hinwiederum hielt sich in gemessener Entfernung vom Rest der Klosterfamilie. Im irischen Westen, schon damals knapp an Holz, haben Steinzellen, anders als die vergänglichen Gebilde aus Lehm und Weidengeflecht, als Zeugnisse dieser frühen Klosterform überlebt. Die dazugehörige Kirche war zumeist aus Eichenholz errichtet und besaß einen steinernen Altar, liturgische Gefäße, Reliquien, Handglocken, um die Gemeinschaft zusammenzurufen. Im Refektorium mit der angeschlossenen Kirche stand ein langer Tisch, rund um das offene Feuer waren Küchengeräte und ein großer Kessel mit Trinkwasser aufgestellt. In der Bücherei mit dem

18 Das aus dem 9. Jh. stammende Hochkreuz von Moone, County Kildare. Teilansicht mit den hochstilisierten Darstellungen der Flucht nach Ägypten (oben) und von Oblaten und Fischen als Sinnbild des christlichen Bekenntnisses. Das Kreuz, mehr als 5 Meter hoch, ist ungewöhnlich schlank.

Scriptorium hingen die Manuskripte in Mappen aus Lederriemengeflecht an den Wänden, dazu ein großer Vorrat an Schreibmaterial, Wachsunterlagen, Pergamenten, Schreibfedern, Gänsekielen und Tintenhörnern. Werkstätten und Schmiede nebenan, während sich außerhalb der Umwallung Weiden und bewirtschaftete Ländereien mit Farmhäusern, Mühle und Kalkofen befanden.

»Bete täglich, faste täglich, studiere täglich, arbeite täglich.« Diese Gebote waren die Grundlage des klösterlichen Zusammenlebens und hielten körperlichen, geistigen und seelischen Einsatz im Gleichgewicht. Mit Ausnahme jener Brüder, die auf der Farm arbeiteten, versammelten sich alle Mitglieder der Klosterkolonie zu bestimmten gemeinsamen feierlichen Handlungen in der Kirche. Sonntage und Heiligengedenktage wurden mit Arbeitsruhe und Abendmahlgottesdiensten besonders begangen. Ostern war das größte Fest des liturgischen Jahres, eine Zeit der Freude nach den Einschränkungen der Fasten. Desgleichen galt Weihnachten als Freudenfest, dem eine Zeit vielfältiger Vorbereitungen vorausging.

Wenn schon das ganze Leben eines Mönches mit seiner Zurückgezogenheit von der Welt als Akt der Selbstverleugnung verstanden wurde, so sorgten regelmäßige Kasteiungen für ein asketisches Übergewicht. Jeder Mittwoch und Freitag, das ganze Jahr hindurch, mit Ausnahme der Wochen zwischen Ostern und Pfingsten, wurde als Fastentag eingehalten, an dem bis zum späten Nachmittag keine Nahrung aufgenommen werden durfte, es sei denn, die Bewirtung von Gästen hätte Ausnahmen zugelassen. Während der Fasten verlängerte sich die Abstinenz von Tag zu Tag. Nur an Sonntagen war abends eine leichte Mahlzeit gestattet. Die Normalkost bestand aus Brot, Mehl, Eiern und Fisch, doch durfte an Sonn- oder Festtagen und bei Besuch von Gästen vermutlich auch mit mäßigem Fleischgenuß gesündigt werden.

Die Mönche trugen eine weiße Tunica als Untergewand und darüber Cape und Kapuze aus grober, ungefärbter Wolle. Bei der Arbeit und auf Reisen hatten sie Sandalen an den Füßen. Nachts schliefen sie in ihrem Habit. Ihre Tonsur, anders als die römische Art der ausrasierten Kopfkrone, war mit dem bis zum Scheitel kahlgeschorenen Haupt und dem nach rückwärts wallenden Haar in den Augen der lateinischen Kirche eine unverzeihliche Abirrung von der monastischen Norm und eine modische Extravaganz.

Wenn schon außerhalb Irlands sein Mangel an römischer Zivilisation als Makel betrachtet wurde, um wieviel mehr trug die Anlehnung der keltischen Kirche an die Formen des östlichen Frühchristentums dazu bei, sie einer hoffnungslosen Rückständigkeit zu zeihen. Dazu kam, daß hier Schriften, die von Rom für die lateinische Kirche längst verboten waren, begeistert übersetzt und abgeschrieben wurden: das Buch des Enoch, die Apokalypse des Moses, das Evangelium des Nikodemus, die Pilatus-Akten und andere mehr.

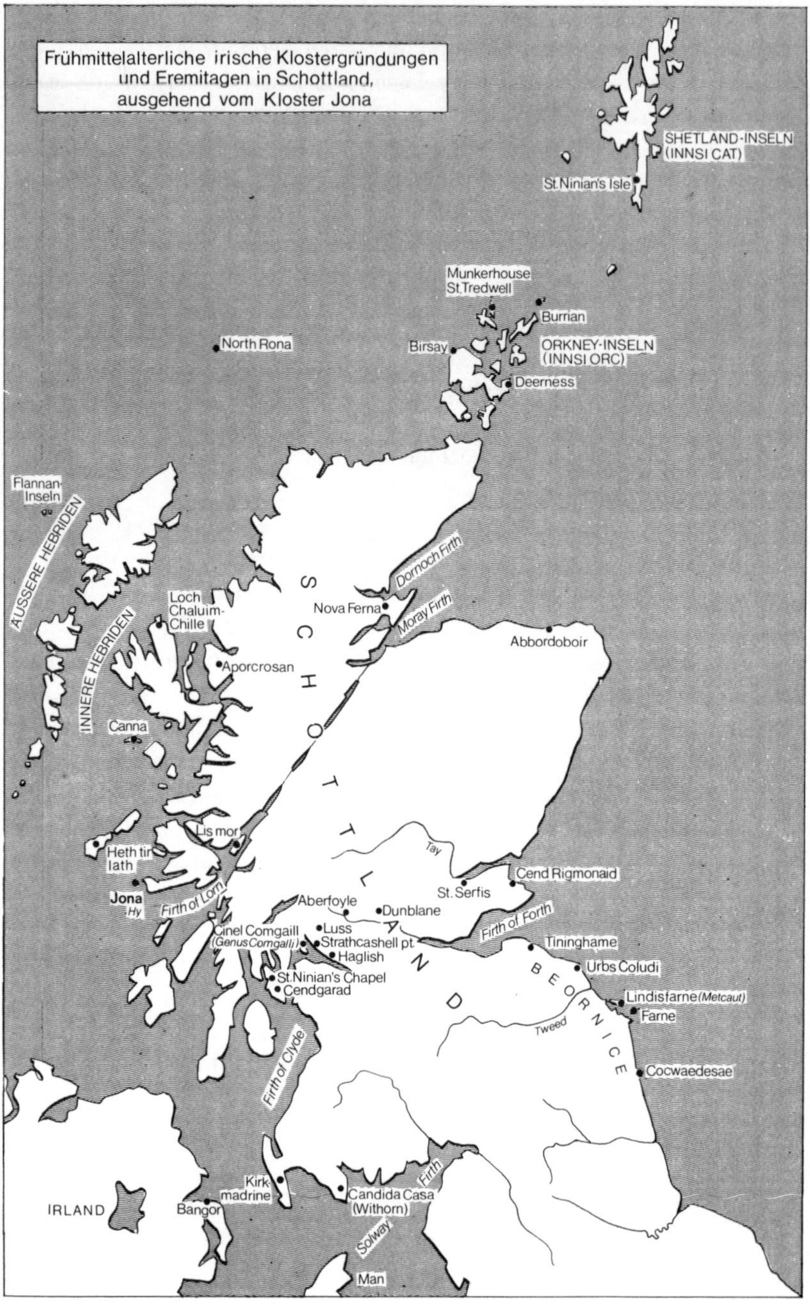
Frühmittelalterliche irische Klostergründungen
und Eremitagen in Schottland,
ausgehend vom Kloster Jona
SHETLAND-INSELN
(INNSI CAT)
St.Ninian's Isle
Munkerhouse
St.Tredwell
Burrian
ORKNEY-INSELN
(INNSI ORC)
Birsay
Deerness
North Rona
Flannan-
Inseln
AUSSERE HEBRIDEN
INNERE HEBRIDEN
Loch
Chaluim-
Chille
Aporcrosan
Canna
Nova Ferna
Dornoch Firth
Moray Firth
SCHOTTLAND
Abbordoboir
Lis mor
Heth tir
lath
Jona
Hy
Firth of Lorn
Tay
St. Serfis
Cend Rigmonaid
Aberfoyle
Dunblane
Firth of Forth
Cinel Comgaill
(Genus Comgalli)
Luss
Strathcashell pt.
Haglish
St. Ninian's Chapel
Cendgarad
Tininghame
Urbs Coludi
Lindisfarne (Metcaut)
Farne
BEORNICE
Tweed
Cocwaedesae
Firth of Clyde
Kirk
madrine
Candida Casa
(Withorn)
Solway Firth
IRLAND
Bangor
Man

Für Irland selbst, mit seiner ungezähmten Naturlandschaft und seinen bedürfnislosen Menschen ging von der liturgischen Choreographie des orthodoxen Vorbildes eine ungeheure Verdichtung der Lebensatmosphäre aus, als wäre die keltische Phantasie zu einem neuen Höhenflug angetreten. In dem Maße, wie die hölzernen Kirchen von rhythmischen Litaneien und den alternierenden Hymnen der Mönche durchflutet wurden, beseelte sich die versteinte Insel bis in ihre letzten, von der Eisschmelze abgeschürften Erosionswüsten.

Das weiße Martyrium

Columbkille auf Iona

Den religiös berauschten Iren blieb weitgehend verborgen, wie sie durch die Entwicklung auf dem Kontinent immer mehr ins Abseits gedrängt wurden. Die Eigendynamik ihrer religiösen Begeisterung war so stark, daß sich einerseits die Kluft zum Festland, wo die Episkopalkirche das ausschließliche Instrument des Klerus war, vertiefte, andererseits paradoxerweise das irische Mönchtum verstärkt nach Europa drängte. Im einzelnen hat es in jener Zeit Schottland mit fünfundzwanzig, England mit vierundvierzig, Gallien mit einundachtzig, Deutschland mit hundertfünfzehn und Italien mit dreizehn Brüdern, Mönchen und Wanderbischöfen beschickt.

In diesem widersprüchlichen Verhältnis zueinander gewann eine irrationale Strömung in dem Maße die Oberhand, wie sich die Insel von ihrer alten, in vieler Hinsicht noch primitiven Lebensform befreite und sich von dem neuen Geist durchdringen ließ. Das freilich war ein langer Prozeß, vergleichbar mit der Häutung eines Reptils, das, während es Stück für Stück aus seiner verbrauchten Hülle herauswächst, noch mit den Resten seines voraufgegangenen Zustandes zu kämpfen hat.

An diesem entscheidenden Punkt der religiösen Wiedergeburt Irlands erscheint ein Heiliger, der zum Patron Schottlands und der Inselgruppe davor wurde. Er vereinigte in sich ebensoviel von den jungen Kräften seiner Zeit wie von den Mythen des keltischen Altertums. Gerade darum steht er den Herzen der Iren bis heute am nächsten. Columba, oder wie sein Name später im Irischen ergänzt wurde, Columb- (die Taube) Kille (von den Kirchen). Dieser

19 *Insel Iona (alt-gälisch Hy) vor der Insel Mull auf den inneren Hebriden, County Argyll, Schottland. Das vom Iren St. Columbkille 563 gegründete Kloster, Missionszentrum für Süd-Schottland und Nordengland, war bis Ende des 7. Jh. Mittelpunkt der keltischen Kirche.* ▷

Zusatz wurde im Hinblick auf die fast hundert Kirchen, die er gegründet haben soll, in seinen Namen aufgenommen.

In der Provinz Leinster, etwa auf der östlichen Mitte der Insel, wurde Columbkille als Nachfahre des berühmten Geschlechtes Niall of the Nine Hostages (von den neuen Geiseln), das dem Land neun Jahrhunderte seine Hochkönige stellte, im Jahre 521 geboren. Auch mütterlicherseits konnte er sich auf eine vornehme, mit dem Königshaus von Leinster verwandte Sippe berufen, während sein Onkel Muirchertach mac Erc auf Tara regierte.

Mit diesem erlesenen Stammbaum hätte er mühelos im Herrschaftssystem seines Landes eine bevorzugte Stelle einnehmen können. Statt dessen zog es ihn, wie viele Söhne adeliger Familien, von der Welt fort. Er schrieb sich in die Klosterschule von Moville am westlichen Ufer des Lough Foyle ein, die unter der Leitung des heiligen Finian (nicht zu verwechseln mit Finian von Clonard) stand.

Heute gehört die Landschaft an der Nordspitze der Insel zur Grafschaft Donegal, Herzstück der »Gaeltacht«, einer heute noch irisch sprechenden Region, in der Englisch an der zweiten Stelle steht. Nach ihm heißt ein an den Abhängen der kahlen Küstengebirge verstreuter Ort Glencolumbkille, Tal des Columbkille. In der Berührung mit dem Atlantik nimmt seine schroffe Schönheit strenge, fast monumentale Züge an. Man versteht, warum der verkarstete, für jede Art von landwirtschaftlicher Nutzung untaugliche Boden hier um so größere Ernten an christlichem Lehrgut hervorgebracht hat.

Um jene Zeit, als Columbkille in Moville studierte, muß er sich über das Ziel, das am Ende seiner Entwicklung stand, noch nicht klar gewesen sein. Er nahm im Anschluß daran Unterricht bei dem Barden Gemma, der ihm die Welt der Heldengesänge erschloß und ihn selbst zum Jünger in der Dichtkunst ausbildete. Die Poesie, zu allen Zeiten ein Element irischer Geistigkeit, hat ihm nicht nur weltliche Strophen eingegeben. Vor allem wurde er durch seine Hymnen, die er biblischen Stoffen entlehnte, weit über sein Land hinaus bekannt. Er schrieb sie nicht nur lateinisch, sondern auch in der irischen Volkssprache und erreichte damit, daß sie sowohl von dem einfachen Volk als auch von dem gebildeten Klerus verstanden wurden. Den abendländischen Hymnenschatz hat er damit entscheidend bereichert. Die hoch im Ansehen stehende Gilde der Barden erhob ihn in einem »Amra«, einem Preisgesang, zum Beschützer der Dichter und Gelehrten, was für die damalige Zeit eine dem Nobelpreis für Literatur vergleichbare Auszeichnung war, zumindest im Raum der Britischen Inseln.

Columbkille strebte, wenn auch noch unbestimmt, zu höheren Ehren. Er reihte sich in die Studentenschaft des heiligen Finian von Clonard ein, wo seine lebenslange Freundschaft mit Comgall begann. Hier zeichnete sich für ihn unter dem Einfluß des als »Zwölf Apostel« berühmt gewordenen Schülerkreises sein eigener Weg immer deutlicher ab.

Zum Priester geweiht, bildete er sich bei dem heiligen Mobhi, der an der Spitze seiner Klostergründung von Glasnevin, nahe Dublin, stand, weiter, unersättlich in seinem Hunger nach geistiger Vervollkommnung. Als ein Pestausbruch die Schüler zerstreute, wandte sich Columbkille in die heutige Grafschaft Laoise. Mit Hilfe seiner begüterten Familie gründete er nach anderen, aber erst in späteren Jahrhunderten bekannt gewordenen Klöstern bei Dublin, Sligo und auf Tory-Island die bedeutendsten Niederlassungen: Durrow am bewaldeten Erkina-Fluß und 546 Derry am Foyle bei dem heutigen Londonderry. Hier, wo Park, College und Kathedrale seinen Namen tragen und Kirchenfenster seine britische Mission verherrlichen, erinnert viel, wenn auch nichts mehr im Original, an seinen Gründer. Dem Kloster folgte die gleichnamige Stadt, bislang Symbol des politischen Dauerzwistes zwischen den englisch beherrschten Nordprovinzen und dem Freistaat. Erst in jüngster Zeit ist dic Hoffnung auf eine endgültige Bereinigung des tragischen Konfliktes gewachsen. Derry ist auch Ausgangspunkt jenes Streites gewesen, aus dem Columbkille als unbotmäßiger Diener Gottes, zugleich aber auch als der von ihm zur Wiedergutmachung aufgerufene Apostel Nordbritanniens hervorging.

Columbkille war damals vierzig Jahre alt, wortgewaltig, von lyrischer Empfindsamkeit, aber auch aufbrausend, stolz und ehrgeizig. Das Ereignis, das zu seinem Sturz und zu seiner vollen menschlichen Rehabilitierung führte, haben seine Biographen, die Äbte Cuimin, Adamnan und der Angelsachse St. Beda Venerabilis, überliefert. Danach war Columbkille von dem Manuskript eines Psalters aus der Sammlung des St. Finian von Moville in einem Maße entzückt, daß er es mit allen Fasern seines Herzens zu besitzen wünschte. Sein früherer Lehrer blieb seinen Bitten gegenüber taub und erlaubte ihm lediglich, die Handschrift im Scriptorium zu lesen, nicht aber, sie zu kopieren. Enttäuscht und zornig über eine Entscheidung, die ihm unverständlich war, beschaffte sich Columbkille gleichwohl eine Abschrift, deren Rückgabe er verweigerte.

In der Legende stellt sich der Tathergang, der auf eine folgenschwere Verletzung des Urheberrechts hinausläuft, wie ein romantisches Abenteuer dar. Columbkille, der im Schutz der Nacht leise in die Moville-Abtei von Newtownards eindringt, eine Kerze aus Rinder- und Hammelfett mittels Flintstein entzündet und Pergament, Tinte und Farben vor sich ausbreitet, um mit angehaltenem Atem die begehrte Vulgata abzuschreiben, wird zur Hauptperson einer erregenden Kriminalgeschichte. Ein paar Tage lang bleibt sein verbotenes Tun unentdeckt, doch im Augenblick der Vollendung überrascht ihn ein Hirte. Columbkille muß sich vor dem Abt zu seinem Ungehorsam bekennen,

20 Kloster Iona, County Argyll, Schottland: Teilansicht der Kirche. Acht norwegische und viele schottische Könige sind auf dem Friedhof begraben, darunter auch Macbeth. Von 360 Hochkreuzen haben nur drei die ständigen Einfälle der Wikinger überdauert. Ausgegraben ist die Zelle des Gründers St. Columbkille mit dem Steinkissen. Der berühmteste Mönch aus Iona war St. Aidan, Gründer des Klosters Lindisfarne.

aber ein zerknirschter Sünder ist er darum nicht. Das Manuskript betrachtet er als sein Eigentum, um so mehr, als er es in den Dienst christlicher Unterweisung stellen möchte.

König Dermot, der als höchste Instanz über diesen Fall zu entscheiden hat, fällt einen salomonischen Richterspruch: Jeder Kuh ihr Kalb, jedem Buch seine Kopie. Damit ist Columbkille verurteilt, die Abschrift zurückzugeben. Er aber widerstreitet selbst diesem unanfechtbaren Urteil. Ehe sich das Gefängnis hinter ihm schließen kann, entweicht er zu seinem Clan, den mächtigen O'Neills, und bringt sie auf seine Seite. Zwischen ihnen, den Parteigängern Columbkilles, und der königlichen Armee kommt es 561 in Cuil Dremhue, nahe Sligo, zur unheilvollen »Schlacht der Bücher«, einer sinnlosen, dem Streitobjekt unangemessenen Metzelei, die das Wesen Columbkilles verändert und das Trauma eines untilgbaren Makels in ihm hervorgerufen hat. Heute würde man nicht zögern, mit Columbkille auch die ritterliche Selbstherrlichkeit seiner Zeit, den hochfahrenden Gestus des Bardentums und den maßlosen Kult mit geheiligten Schriften auf die Anklagebank zu setzen und ihn dadurch vor der Welt zu entlasten.

Was Columbkille letztlich groß macht, ist der freiwillige Entschluß, als Buße für die begangene Tat freiwillig ins Exil zu gehen. Kein Zweifel, daß er noch einmal den von Patrick eingeführten Bußgedanken bis an seine äußerste Grenze für sich verbindlich machte und ihn schließlich in der Trennung von der Heimat zum individuellen Martyrium überhöhte.

Im Jahre 563 verließ Columbkille mit einigen wenigen Gefolgsleuten in einem Curragh, dem heute noch bei irischen Fischern üblichen leichten Lederboot, die irische Küste. Bei stürmischem Wetter erreichten sie die Hebriden und, Islay, Jura und Oronsay hinter sich lassend, ankerten sie so lange nicht, wie sie ihre verlassene Heimat noch sehen konnten. Erst auf der Insel Iona, vor der Küste von Argyll, war das irische Ufer ihrem Blick unwiderruflich entzogen, und der Schmerz des Heimwehs konnte sich hemmungslos in sie hineinwühlen. Wie Liebende einer unerwiderten Leidenschaft bedürfen, um sich ein literarisches Denkmal zu setzen, hat Columbkille erst fern von Irland seinen poetischen Genius zu höchster Entfaltung gebracht. Liest man seine in Schottland entstandenen Verse, adäquat von Aodh de Blacam übersetzt, wird man des unwiderstehlichen Zaubers inne, der von ihrer melodischen Schönheit und von der Inbrunst, mit der sie sein »süßes Erin« als das verlorene Paradies beklagen, ausgeht.

Was irische Klosteräbte auch an Strafen für Verfehlungen ihrer Brüder verhängten – wiederholtes Rezitieren von Psalmen, Schläge mit der Lederpeitsche auf die Handfläche, Schweigeperioden und anhaltendes Fasten –, war harmlos im Vergleich zum Exil, das von den Betroffenen als ein Unglück von nicht nachlassender Schwere empfunden wurde. Sie ertrugen es nur, indem sie ihre Verbannung selbst sehnlichst herbeiwünschten und sich ihr wie einer von Gott auferlegten Prüfung in christlicher Ausdauer mit Freuden unterzogen. Columbkille scheint nach allem, was man über ihn weiß, das Exil selbst für sich bestimmt zu haben. Zwar kehrte er in regelmäßigem Abstand in dienstlichem Auftrag auf seine heimatliche Insel zurück, doch brach der Schmerz bei jeder erneuten Trennung um so heftiger wieder aus. Iona, gälisch Hy genannt, die von der Salzflut dröhnend berannte Felsenklippe vor der Insel Mull im westlichen Ozean, war eine in ihrer wilden Einsamkeit betäubende Droge, die Columbkille sich und seinen Gefährten gegen das Heimweh verabreichte, wobei ein Kranich, der sie gelegentlich besuchte, gleichsam die Rolle eines Boten spielte.

Columbkille war nicht der erste irische Gottesmann auf Iona. Gleichwohl ist er der eigentliche Begründer dieser für die kontinentale Mission so wichtigen Nachschubbasis des gelehrten Mönchtums und Ausgangspunkt seiner kontinentalen Wanderung. Darüber hinaus ist er zum Einiger der nördlichen

Stämme Britanniens unter dem Kreuz geworden. Die seit Patricks Zeiten aufrührerischen Pikten, die zu besänftigen auch Comgall nicht restlos gelungen war, gaben mitsamt ihren Herrschern Columbkilles leidenschaftlichem Bekehrungseifer nach. Sein Einfluß war so groß, daß er am Königshof von Dalriada in der Nachfolgefrage ein Mitspracherecht für sich beanspruchte.

Zahlreich sind die auf dem schottischen Hochland zurückgebliebenen christlichen Monumente, die unter dem bewegten Himmel dieser rauhen Landschaft noch in ihrem unverkennbar piktischen Charakter von einer kantigen und ungeschmeidigen Gesinnung zeugen. Die hindernisreiche Evangelisation der Pikten gab schließlich den Anstoß zur Ausbreitung des Christentums nach Northumbrien und in weite Teile Englands.

Die Regel, unter die Columbkille sein vallum monasterii stellte, verlangte von den Mönchen ebensoviel körperlichen wie geistigen Einsatz. Ihnen oblagen alle Arbeiten in der Landwirtschaft wie Pflügen, Säen, Ernten, Dreschen, Hacken. Andere stellten Geräte für den häuslichen und kirchlichen Gebrauch her, wobei die auf Iona entstandenen Metallobjekte den als »keltisch« bekannten künstlerischen Einschlag haben. Da Fisch ein Hauptbestandteil ihrer täglichen Nahrung war, brachten sie viele Stunden in ihren Booten auf dem Meere zu. Columbkille hat dem Abschreiben von Manuskripten in seinem mit Gebeten und wissenschaftlichen Arbeiten ausgefüllten Tagesplan einen beherrschenden Platz eingeräumt. Durch seine Handfertigkeit – er soll eigenhändig circa 300 Manuskripte kopiert haben – hat er dem Schreiber auf Jahrhunderte eine der ranghöchsten Stellungen innerhalb der klösterlichen Hierarchie gesichert. Die Illuminationstechnik, in Irland zu hoher Kunst entwickelt, macht den unschätzbaren Wert der heute in allen wichtigen Museen Europas verwahrten Handschriften aus. In der Bibliothek der Royal Irish Academy, Dublin, gehört der »Cathach«, eine fragmentarische Kopie von Psalmen, zu den Manuskripten, die neben dem »Buch von Durrow« Columbkille selbst zugeschrieben werden. Den »Cathach« umwittert der Verdacht, daß es sich um jene Nacht- und Nebelblätter handelt, mit denen der Heilige unbedacht den folgenschweren »Bücherkrieg« heraufbeschworen hatte, ein Ereignis, das wie eine letzte Eruption aus den Tiefen keltischer Vorzeit mit den Nachwehen einer schon überwunden geglaubten Barbarei hervorbrach.

Man braucht nicht nach Schottland zu reisen, um zu erfahren, was Columbkille den Engländern bis heute bedeutet. Ungeachtet der Tatsache, daß sein Kloster auf Iona nach seinem Tode im Jahre 597 als Mittelpunkt der irischen Mission galt und Äbte an seiner Spitze hatte, die von Columbkilles Clan bestimmt wurden, blieb es ein nationales Heiligtum und ist es bis heute geblieben. Sechzig Könige sollen hier ihre letzte Ruhe gefunden haben, darunter schottische, englische und skandinavische. In der Columbagemeinschaft sammelte sich ein Jahrhundert lang die Führungsschicht der keltischen

Kirche. Bei Shakespeare heißt es in »Macbeth« (II., 3) nach dem Tod des Schottenkönigs: »Wo ist Duncans Leichnam?«

»Nach Colmes Kill führt man ihn zur heiligen Gruft, wo die Gebeine seiner Ahnen alle versammelt ruhn...«

Nach der Reformation, die in Schottland nur auf geringen Widerstand traf, stand Iona als ein Ort christlicher Verbrüderung über den konfessionellen Zwistigkeiten. Er ist es unverändert geblieben, nachdem sich eine anglikanische Mönchsgemeinschaft dort angesiedelt hat, die sich auf ökumenischer Grundlage um die Menschen bemüht.

Völkerwanderung, Benedikt von Nursia

Anders als in Irland, das seine religiöse Revolution im Zeichen des Keltentums überstand, mußten die Völker des Kontinents um ihre politische und geistige Identität bangen, so stark war die Überfremdung durch äußere Einflüsse. Wie Ströme, die über die Ufer treten, hatten die germanischen Stämme sich aus ihren alten Siedlungsbetten in alle Richtungen Europas entfernt, durch Reichsgründungen neue Besitzverhältnisse schaffend und mit wechselnden Bündnissen die Gewichte der Macht so schnell verschiebend, daß für eine Stabilisierung der Lage alle Voraussetzungen fehlten. Auf der irischen Insel bot sich ungeachtet der lokalen Zerwürfnisse unter den Vertretern der gälischen Dynastien, die damals über sieben unabhängige Königreiche herrschten, ein Bild friedlicher Emanzipation. Jeder Clan stellte den höheren Mönchsklerus und lieferte das Prädikat der Heiligkeit gleichsam als erbliche Würde mit. Man kann, zumindest bis zur Synode von Whitby 664, von der keltischen Kirche als von einem »Familienunternehmen« auf nationaler Grundlage sprechen.

Verglichen mit der vertrauensvollen und naiven Festigkeit im irischen Inselreich, war die Labilität im übrigen Europa offenkundig, eine spannungsgeladene Szene insgesamt, immer in Gefahr, tumultuarisch auszuufern.

In diesem neurotischen Verwirrspiel hatte Leo der Große, Bischof von Rom (390–461), der sich zum erstenmal Papst nannte, nicht nur die Häresie bekämpft, sondern auch die Autorität des Apostolischen Stuhles gestärkt. Mit dieser sieghaften Machtfülle seines obersten Hirtenamtes beeindruckte er sowohl den Hunnenfürsten Attila, die Geißel Gottes (452), als auch den Wandalenkönig Geiserich (455), die er beide von einem Blutbad unter der römischen Zivilbevölkerung abhalten konnte. Was Leo begonnen hatte, indem er die Kirche mit ihrer gefestigten inneren Organisation an die Stelle des alten römischen Imperiums setzte, das als Machtklammer nicht mehr bestand, hat Gregor der Große (590–604) vollendet. Er verwirklichte in der lateinischen Kirche des Westreichs den seit Leo verfolgten primatialen Anspruch des Patriarchen von Rom gegenüber dem Bund der Bischofskirchen und begründete als »Servus Servorum Dei« Amt und Namen des Papsttums.

Zwischen diesen beiden großen Nachfolgern auf dem Stuhl Petri tritt um 480 die aus Notwendigkeit und menschlicher Sehnsucht gezeugte Gestalt des Benedikt von Nursia aus dem Halbdunkel der Zeit hervor. Bei seiner Geburt ging ein Jahrhundert zu Ende, in dem sich das Weströmische Reich aufgelöst hatte und die Gründung des Frankenreiches unter Chlodwig I. (490) und des Ostgotenreiches in Italien durch Theoderich den Großen (500) im Abstand von zehn Jahren aufeinander folgten.

Aber es waren nicht nur politische Gewitter, die grell am Horizont Europas aufblitzten. Immer wieder drängten kulturbildende Kräfte, die den historischen Prozeß begleiteten, aus genialen Einzelpersönlichkeiten hervor: Der Westgotenkönig Eurich (440 bis 484) kodifizierte das westgotische Recht, Philopomus, Physiker, Philosoph und Theologe (um 500) entwickelte die Impetus-Theorie in seiner Lehre von der »eingeprägten Kraft«, die bis in die von Galilei und Kepler vertretenen physikalischen Anschauungen hineinwirkte; Boethius (480 bis 524), Philosoph, Staatsmann und Ratgeber Theoderichs des Großen, gab mit seinem in der Haft entstandenen Traktat »Trost der Philosophie«, den er angesichts der ihn unter der Anklage des Hochverrates erwartenden Hinrichtung verfaßt hatte, ein Beispiel nobelster Selbstüberwindung. Fünf Jahre nach seinem Tode wurde die letzte griechische Philosophenschule geschlossen und zehn Jahre später, 540, in Konstantinopel die Hagia Sophia vollendet. Zwei Ereignisse, die, obwohl in entgegengesetzte Richtungen weisend, doch in einem, wenn auch verborgenen, ursächlichen Zusammenhang stehen.

Die Widersprüchlichkeit seiner Zeit mußte Benedikt von Nursia als Sohn einer Patrizierfamilie in Nursia (heute Norcia), einem kleinen Bischofssitz im sabinischen Bergland geboren, in sich und den Stationen seines Lebens überwinden. Entscheidend für seinen Werdegang wirkte sich der Konflikt aus, in den er sich als Student in Rom verstrickte, als er die Großartigkeit der antiken Stadt ebenso bewunderte wie die ersten Prachtbauten der christlichen Ära. Vieldeutig war die Einstellung der Gesellschaft, die ihn umgab. Weitgehend urban, durchsetzt mit den Fermenten von orientalischem Mystizismus, Aufklärung und Rebellion, gab sie sich unernst, sorglos und fatalistisch. In diesem Zustand gärender Unzufriedenheit erinnerte sich Benedikt des heiligen Paulinus von Nola: »Man muß Rom fliehen, wenn man nicht auf das Reich Christi verzichten will.« Benedikt brach seine Rechtsstudien ab und begab sich mit seiner Amme in die Sabiner Berge, wo er in dem heute Affila genannten Ort Enfide Anschluß an eine Priestergemeinschaft fand. Von der neugierigen Wundersucht der Menschen vertrieben, tauchte er im Flußtal des Anio bei Subiaco unter. Nach damals herrschender Auffassung hatte er sich, als er die Melote aus Tierfell, das Bekleidungsstück ägyptischer Einsiedlermönche, anlegte, für ein gottgeweihtes Leben entschieden.

Soweit stimmt seine Entwicklung mit der im keltischen Mönchtum üblichen Weltflucht überein. Spätestens nach drei Jahren härtester Bußübungen aber erkannte er, daß sich Gott seinem asketischen Opfer verweigerte. Er gelangte nun zu der letzten und entscheidenden Wirkungsstätte seines Lebens: nach Monte Cassino, wo er heidnische Tempelruinen und Reste römischer Befestigungsanlagen zu jener ersten, in Europa weithin erleuchtenden Klostersiedlung zusammenfügte, die als Wohnung eines neuen Geistes über äußere Zerstörungen triumphiert hat.

Weniger mit der Sorge um sein eigenes Seelenheil beschäftigt als vielmehr mit den Menschen und den Aufgaben, die seine Zeit ihm stellte, wurde Benedikt seiner Berufung als Baumeister des abendländischen Mönchtums gerecht.

Zieht man die mangelnde Produktivität des frühchristlichen, sich ausschließlich in orientalischer Ergebenheit und berauschter Selbstaufgabe genügenden ägyptischen Mönchtums und den phantasievollen Individualismus seiner keltischen Nachfolger zum Vergleich heran, erkennt man in der benediktinischen Verfassung des Klosterstaates eine Ausprägung europäischen Wesens mit seiner hervorragendsten Komponente, der Tatkraft. Es scheint, als habe sich der Impuls, der in den ausgreifenden Unternehmungen germanischer Völkerstämme zum Ausdruck kam, in dem Werk Benedikts zu einer göttlich inspirierten Kraft veredelt.

In einer Zeit, die den Kampf als legales Mittel der Macht heiligte, rüstete er mit seiner aus 73 Kapiteln bestehenden klösterlichen Gesetzgebung eine Streitmacht aus, die des Schwertes nur als Symbol göttlicher Willensvollstreckung bedurfte. »Geh an deine Arbeit und sei nicht traurig.« In diesen Worten, mit denen er seine mutlosen Brüder aufrichtete, stellte sich der ganze Sinn seiner Ordensregeln dar.

Was aber letztlich den Ausschlag für die europäische Durchsetzungskraft der Regula St. Benedicti gab, war der darin überzeugend formulierte Gedanke einer neuen Klostergemeinschaft auf der Grundlage einer strengen Disziplin. Zur damaligen Zeit galt sie im Vergleich zu der später von St. Columban eingeführten Regel viel weniger drakonisch und ausgesprochen human. Der bis ins einzelne geregelte Tagesablauf und die Forderung nach vollem Einsatz bei Arbeit und Gebet gaben das Fundament für diese in ihrer inneren Beschaffenheit höchst differenzierte Lebensordnung ab.

»Wir beabsichtigen, eine Schule für den Dienst des Herrn zu gründen, und hoffen, darin nichts Unannehmbares und Schweres zu verordnen. Sollte aber hier und da, wo es recht und billig ist, zur Besserung der Fehler oder zur Bewahrung der Liebe etwas Strengeres verfügt werden, so soll man nicht gleich erschrecken und deshalb den Pfad des Heils fliehen, der am Anfang immer eng ist; aber mit dem Fortschreiten im klösterlichen Wandeln und im Glauben erweitert sich das Herz, und mit unaussprechlicher Süßigkeit der Liebe geht man rasch voran auf dem Wege der Gebote Gottes. Und so werden wir uns seiner Leitung niemals entziehen, sondern in einer Schule im Kloster bis zum Tode verharren, an Christi Leiden durch Geduld teilnehmen und dadurch verdienen, auch seines Reiches Genossen zu sein.«

Benedikts straffe Klosterführung geht über das klischeehafte Modell einer »brüderlichen Kampfgemeinschaft« und einem »Kriegsdienst für den Herrn Christus« weit hinaus. Seine Regel, die er besonders für den schweren Anfang empfiehlt, bezieht sich ehrfurchtsvoll auch auf die Lehren der heiligen Väter Pachomius, Cassian, Basileios u. a., die ihm als östliche Vorbilder gegenwärtig sind. Auch äußerlich vollzieht Benedikt, wie eine frühe Miniatur beweist, eine gewisse Anpassung an die Attribute orientalischer Mönchstracht, die in Verzierungen auf dem Scapulare (Leibrock) und der cuculla (Kapuze) bestehen.

Daß Benedikt für die friedlichen Ziele seines Ordens die militärischen Kategorien wie Ausdauer und Gehorsam übernahm und sie gegen den allgemeinen moralischen Niedergang mobilisierte, versteht sich aus einer Zeit, in der Krieg nicht die Ausnahme, sondern die Regel, ein begleitendes Element des Lebens war. Erst indem Benedikt andere Bataillone ausrüstete, die den Kampf für Gott und die Menschen allein mit der Waffe ihrer Herzen austrugen, entstand ein für weite Kreise verbindliches Lebensideal.

Es wurde um so erstrebenswerter, als Benedikt im betonten Umgang mit den germanischen »Fremdlingen« – er nahm einen Novizen aus dem Volk der Goten in seine Gemeinschaft auf und empfing den Gotenkönig Totila – den Großmut eines wahren Mönchspatriarchen bewies, undogmatischer, als die Kirche es sein konnte.

Was die Generation nach Patrick in Irland von dem »Vater des abendländischen Mönchtums« nur lückenhaft erfuhr, hat später Gregor der Große im zweiten seiner vier Bücher »Dialoge« ergänzt. Freilich trat damals der grundlegende Unterschied in der Regelobservanz des irischen und lateinischen Mönchtums nicht so deutlich hervor wie Jahrhunderte später, als die keltische Kirche im Benediktinerorden einen mächtigen Widersacher zu fürchten hatte.

Columban, Gallus, Luxeuil, Wirken und Wirkung im Frankenreich

Während das Klosterleben auf dem Festland sich nach der Regel des im Jahre 547 gestorbenen Benedikt entwickelte, blieb es in Irland seinen keltischen Traditionen verhaftet. Gleichwohl vollbrachten seine kraftvollen Vertreter das Wunder, aus ihrer insularen Abgeschiedenheit auszubrechen und in den Ländern Europas eine religiöse Hingabe vorzuleben, die hier als maßlos empfunden werden mußte. Als erster in der Reihe irischer Wandermönche erreichte Columban den Kontinent. Mit voller Wucht prallte er gegen die komplizierten, von gegenseitigen Abhängigkeiten und strittigen Kompetenzen beherrschten staatlich-kirchlichen Strukturen des Frankenreiches, ein Konflikt, aus dem er gestärkt und mit dem Ansatz zu überzeitlicher Größe hervorging.

Die Verherrlichung Benedikts von Nursia war in vollem Gange, als Columban 543 im irischen Königreich Leinster als einziges Kind einer angesehenen Familie geboren wurde. Seine Mutter hatte dabei eine Sonnenvision, die sie auf das besondere Schicksal ihres Sohnes vorbereitete. Sie verstand diese als eine Prophezeiung, daß ihr der Sohn geraubt werde. Ihr Widerstand brach offen aus, als Columban das Elternhaus verlassen wollte. Sie verwehrte ihm den Ausgang, warf sich fassungslos zu Boden und beschwor ihn, halb flehend, halb befehlend, seine Entscheidung zu widerrufen.

Columban ist in der kurz angebundenen Art, wie er sich über den Schmerz seiner Mutter hinwegsetzte, eine gewisse Gemütsverhärtung nachgesagt worden. Doch ebensowenig wie er später von einem einmal eingeschlagenen Wege abwich, ließ er sich durch diesen Sturm mütterlicher Gefühle beeinflussen. Er hatte, wie die meisten seiner hochgestellten Zeitgenossen, als Elementarstufe seiner außerhäuslichen Erziehung die »fosterage« absolviert und, nachdem er beim Abt Sinell auf Cleenish Island hospitiert hatte, das Kloster Bangor unter Comgall bezogen.

Bei dem Ruf, den diese hohe Schule der Geistigkeit auch außerhalb Irlands genoß, und bei den von seinem Abt gepflegten europäischen Verbindungen war es fast unausbleiblich, daß Columban, zum Priester geweiht, das Missionswerk seines Meisters über die Britischen Inseln zum Festland weiterzutragen wünschte. Zumindest hat dieser Gedanke bei der Planung seines ausgreifenden Unternehmens eine Rolle gespielt.

»Geh aus deinem Heimatland und deiner Verwandtschaft und von deines Vaters Haus in ein Land, das ich dir zeigen werde.« Spätestens seit Columban haben die irischen Peregrini, wenn sie im Geist der Buße ihre Heimat verließen, diese alttestamentarische, an den Stammvater Abraham gerichtete Weisung Gottes auf sich bezogen.

Es würde dem Charakter des Keltentums widersprechen, sähe man die irische Wanderwelle allein unter dem Gesichtspunkt eines christlichen Fernauftrages. Ein organisierter und generalstabsmäßig vorbereiteter Auszug mit dem Ziel, den noch heidnisch gebliebenen Teil der europäischen Völker zu bekehren, hätte der subjektiven Sehnsucht nach einem weißen Martyrium widersprochen. Das Exil als endgültige Trennung von allem, woran das Herz hängt – Heim, Familie und Freunde –, stellte sich ihnen als die letzte Stufe am obersten Ende der Tugendleiter dar.

21 *Silberbüste St. Columbans, Anfang 16. Jh., im Museum von Bobbio im ligurischen Apennin (Italien). Columban, geboren 530 (543) im irischen Königreich Leinster, wurde von den Merowingern des Landes verwiesen und verstarb 615 nach 25jähriger Missionstätigkeit bei den Angelsachsen, Franken, Burgunden und Alemannen.*

Daß Columban und seine Gefährten sich auf die ungeordneten Verhältnisse im Frankenreich einließen, ist die fast zwangsläufige Folge. Den Einfluß Comgalls als eines mitreißenden missionarischen Vorbildes darf man freilich dabei nicht außer acht lassen, ebenso wenig wie die Tatsache, daß die Merowingerreiche auf gallo-romanischem Boden, für die das Christentum eine

22 *Teilansicht des Sarkophags (1480) von St. Columban in Bobbio.*

noch unbewältigte Herausforderung war, in ihrer Anfälligkeit und physischen Gefährdung dem freien Entschluß zum Exil besonders entgegenkamen.

Dem piemontesischen Mönch Jonas, der drei Jahre nach Columbans Tod in dessen oberitalienisches Kloster Bobbio eintrat und von 639 bis 641 mit dem Missionsbischof St. Armand im heutigen belgischen Raum Bekehrungsreisen unternahm, ist die einzige ausführliche Biographie über den ersten irischen Festlandapostel zu verdanken. Danach hat Columban mit zwölf ihn begleitenden Mönchen Irland im Jahre 590 auf der alten westlichen Seefahrtroute verlassen und längere Zeit in Britannien auf ein Schiff gewartet, bis die Gruppe den letzten Teil ihrer Reise in Richtung Loire-Mündung fortsetzen konnte. Sie landete zunächst zwischen St. Malo und St. Michel in der Nähe des heutigen Dorfes Saint-Colombe, wo Generationen zuvor irische Piratenschiffe geankert hatten. Die Inschrift einer an dieser Stelle angebrachten Granitplatte, die das Jahr 591 als Ankunftstermin Columbans nennt, hält sich an die von Jonas gegebenen biographischen Daten.

Man kann sich gut vorstellen, welch fromme Begeisterung die Reisenden erfüllte, die mit leichtem, gleichwohl durch ihre in Lederbeuteln mitgeführten Manuskripte kostbarem Gepäck in das »Abenteuer für Christus« strebten. Der Nimbus außergewöhnlicher Gelehrsamkeit war ihnen, wohin sie auch kamen, von ihrer Insel her bereits vorausgeeilt. Hibernia, damals der Rand der bewohnten Welt, verklärte sich von Europa aus, wo das geistige Leben weitgehend verkümmert war, zu einem Hort klassischer Bildung. Die Iren mögen zunächst vom Kapital ihrer intellektuellen Überlegenheit gezehrt haben. Im Verständnis der heiligen Schriften ebenso kundig wie in alten Sprachen und in freien Wissenschaften, erregten sie Bewunderung besonders durch ihre erstaunlichen, schon auf keltische Tradition zurückgehenden Gedächtnisleistungen. Mit diesem Fundus konnten sie auch Zeiten der Isolierung und des Zurückgeworfenseins auf primitive Lebensbedingungen in wilden und abgeschiedenen Gegenden bestehen.

Äußerlich befanden sie sich, als sie an ihren keltischen Stammesverwandten auf der bretonischen Halbinsel Armorica vorbei loireaufwärts zogen, in ständiger Gefahr. Sie ging vom Räuberunwesen auf den heruntergekommenen alten Römerstraßen aus, denen Columban und seine Gefährten folgten. Hier hatten bereits mehrere irische Landsleute zuvor das »rote Martyrium«, den Tod, erlitten.

Die Wege befanden sich in einem so holprigen Zustand, daß die Merowingerkönige, um den Erschütterungen auf tief eingekerbter Oberfläche hinlänglich standzuhalten, sich im ochsengezogenen Planwagen fortbewegten. Erst bei den Karolingern übernahm, wie einst zu römischer Zeit, das Pferd wieder seine bewährte Rolle im Verkehr.

Dramatisch wurde das Transportproblem durch die mangelhaft gewarteten Brückenwerke, die den Übergang für jeden Passanten zu einem halsbrecherischen Unternehmen machten. Die Unberechenbarkeit des Reisens spiegelte zugleich die jeder Willkür unterworfenen allgemeinen Verhältnisse in den fränkischen Teilreichen jener Zeit.

Dabei kann man nicht von einem trostlosen Leben schlechthin sprechen. Der Spätantike war im Gegenteil eine besonders farbenprächtige folkloristische Nachblüte gefolgt. Zu ihr gehörten die »Gerenden«, eine Zunft von fahrenden Leuten, die als Nutznießer des römischen Erbes Sagen, Lieder und Harfenspiel geschickt in den Dienst der öffentlichen Belustigung stellten. Bei festlichen Anlässen am Fürstenhof ebenso gerne gesehen wie bei allen größeren Menschenansammlungen auf Märkten und anderswo, ließen sie sich »im Genuß eines besonderen Friedens«, den andere entbehren mußten, nicht nur beschenken, sondern auch mit Nachrichten und diplomatischen Botschaften betrauen. Sie galten als »vox popoli«, als Stimme des Volkes, aber auch als sichere Gesandte, weil sie sich einer Art Immunitätsschutz erfreuten und keine Überfälle zu fürchten hatten.

Die Iren mag dabei etwas von dem keltischen Unsterblichkeitsglauben der

La-Tène-Zeit angerührt haben, als man mit Hilfe der Verkleidung aus Tierfellen, Hörnern und Hirschohren ihren Gott Cerunnos als Bewahrer menschlichen Lebens in sich aufnehmen wollte. Sollte es zu einer solchen Begegnung mit den »Gerenden« gekommen sein, war es für die Iren unzweifelhaft ein erster praktischer Anschauungsunterricht in Sachen Land und Leute, einschließlich der Enthüllungen über die rivalisierenden merowingischen Herrscherfamilien, die ihre nach salischem Erbrecht komplizierten Thronfolgeverhältnisse mittels Bruder- und Verwandtenmordes regelten.

Während sie über Nantes, Angers und Tours auf der viel begangenen Völker- und Heerstraße durch Gallien weiter vordrangen, von alten Druidenheiligtümern wie von Schatten einer ungeliebten Vergangenheit begleitet, mögen ihnen die »Gerenden« als Kuriere in das burgundische Hoheitsgebiet vorausgezogen sein. Bei Orléans am Loirebogen trennten sich Columban und seine Gefährten vom Flußlauf und strebten in östlicher Richtung an Bésançon vorbei auf die Burgundische Pforte zu, um westlich der Vogesen nach Norden an die Mosel und in das Reich Austrasien zu gelangen.

Hier regierte bis 553 König Gunthram, Herrscher über Austrasien und Burgund, dessen ostgermanische Burgunder teils als Gegner der Alemannen, teils als Bundesgenossen der Römer von hunnischen Söldnern des Aetius im Jahre 466 besiegt worden waren. Von hier nimmt die Nibelungensage ihren Ausgang.

Bei der Ankunft der Iren waren die Burgunder schon sechzig Jahre lang (seit 532) Bestandteil des fränkischen Reiches, wenn auch als merowingisches Teilreich mit einer gewissen Selbständigkeit. Zunächst Arianer, hatten sie im Laufe der Romanisierung – ungefähr seit 500 – den katholischen Glauben angenommen, ohne damit freilich, ebenso wenig wie die fränkischen Merowinger, ihrer blutigen Familienpolitik zu entsagen.

Selbst das Beispiel Gunthrams, eines von Gregor von Tours als besonders gerecht gerühmten Herrschers, war in dieser Hinsicht auf Adel und Klerus ohne Einfluß geblieben. Kein Wunder, daß Gunthram den Iren als Bundesgenossen im Kampf um die Anwendung christlicher Wertmaßstäbe im Leben seiner Untertanen freudig empfing und, von dessen mitreißender Bußpredigt beeindruckt, ihm Land zur Klostergründung in der »Arva Gallica« (Vogesen) schenkte. In Annegray, einem Ort kelto-romanischer Ruinen, richtete sich Columban mit seinen Mönchen behelfsmäßig in der Wildnis ein, zunehmend von rat- und heilsuchenden Menschen umringt.

Spätestens auf diesem ersten Teil seiner missionarischen Wanderschaft muß ihm klargeworden sein, daß der burgundische Hofstaat, der höhere Klerus eingeschlossen, dem König in der Begeisterung für die fremden Gäste nicht einmütig folgte. Mochten sie als Lehrmeister in allen Bildungsfragen willkommen sein, ihre asketischen Lebensgewohnheiten wirkten auf bestimmte Kreise aufreizend, um so mehr, als dadurch ihr eigener sittlicher Tiefstand ins allgemeine Bewußtsein rückte. So hatte Columban sich schon Feinde gemacht, ohne zu wissen, wer diese waren.

Gleichwohl nahm die Zahl seiner Schüler ständig zu, so daß ihm, nur wenige Kilometer von Annegray entfernt, das zuletzt von Hunnen in Trümmer gelegte castrum Luxovium zugewiesen wurde, ob noch von Gunthram oder seinem Nachfolger Childebert II., steht dahin. Mit Sicherheit gab ihm der neue Herrscher, der freilich schon 596 starb, Land für ein drittes Kloster in Fontaine, das heutige Fontaine-les-Luxeuil, wo Columban schon bald über 60 Mönche gebot.

Zwischen Annegray und Luxeuil lag für die Gemeinschaft eine entbehrungsreiche Zeit, in der sie vom Hunger ebenso bedrängt wurde wie von wilden Tieren. Wer das unauslotbare Waldgebirge der Vogesen kennt, kann sich gut vorstellen, daß Bären, Wölfe und Auerochsen um jene Zeit noch in die dünn besiedelten Täler kamen, und der geringe Baumeinschlag, der erst im Hochmittelalter verstärkt einsetzte, kaum für Licht im düsteren Laub- und Nadeldickicht sorgte. Ein Teppich von Ginster, Myrthe und Heidekraut, heute noch das Entzücken der Vogesenwanderer, entschädigte für die Härte des vorgeschriebenen Mönchslagers.

Inzwischen hatte Columban seine berühmte, noch nach mehr als zweihundert Jahren im Karolingischen Reich befolgte Klosterregel und ein für Laien und Mönche gleichermaßen gültiges Bußbuch geschrieben, nicht weniger streng als seine Regula. Gleichwohl zogen viele reuige Sünder die irische Praxis der öffentlichen Kirchenbuße vor.

Besonderen Zulauf hatte Columban aus der adeligen Jugend, die, der opportunistischen, dem Karrieredenken untergeordneten Lebenseinstellung der Älteren überdrüssig, auf der Suche nach höheren Werten war. Sie fühlte bei Columbans feurigen Bußpredigten das unwiderstehliche Verlangen, sich mit den Forderungen eines Klosterdaseins zu messen, und trat in großer Zahl zu ihm über. Aus den Novizen wurden kämpferische Äbte, die lange nach seinem Auszug nach Italien zu den eifrigsten Verfechtern der Regula Columbani gehörten. Heilungssuchende, die früher bei den warmen Quellen von Luxovium unter den Augen gallo-romanischer Gottheiten Linderung ihrer Leiden gefunden hatten, nahmen Columban als Wundertäter in Anspruch. Kraft seines Gebetes löste er viele aus subjektiver Krankheit, darunter auch Angehörige hochgestellter Familien. Sie lohnten es ihm mit Zuwendungen an Naturalien, Lasttieren und Baumaterial.

Für den Iren Columban, auf dessen Heimatinsel jeder in- und ausländische Student kostenlos Aufnahme fand, war diese Art Unterstützung ebensowenig anstößig wie die in seinen Klöstern geübte Laienfürsorge und die Verwaltung des Bußsakramentes.

Daß er indes mit einem eigenen Bischof – einem Mönch mit Bischofsweihe – der Abhängigkeit vom burgundischen Episkopat geschickt aus dem Wege ging und, ungeachtet des für das Frankenreich verbindlichen kirchenorganisatorischen Modells der Spätantike, das Klosterleben im Rahmen seiner eigenen keltischen Vorstellungen ordnete, nahm den gallischen Klerus zunehmend gegen ihn ein. Doch solange er die starke Hand des Königtums über sich hatte, konnte er sogar eine synodale Vorladung unangefochten überstehen.

Auch in den scheinbar ruhigen Jahren nach Childeberts Tod ging das geheime Zusammenspiel gegen diesen unbequemen Gottesmann unauffällig weiter, indem man Belastungsmaterial für eine Anklage zusammentrug. Dieses stützte sich vor allem auf Columbans Vorstoß bei Papst Gregor, der, auch wenn er ihn später abschwächte, nichts Geringeres als die Einführung des keltischen Ostertermins im Frankenreich zum Ziel hatte.

Wie in Irland, wo sich die Mönchskirche personell aus den Herrscherhäusern rekrutierte und Hoch- und Unterkönige zu ihren mächtigen Förderern gehörten, stellte sich Columban auch hier gewohnheitsmäßig unter den Schutz der merowingischen Dynastien. Nach Gunthram und Childebert II. in Austrasien war es in Burgund Theuderich II., der in direkter Nachfolge seines 596 gestorbenen Vaters das Thronerbe übernahm. Kabale und Machtkämpfe um die Ansprüche seines Halbbruders Theudebert II. und die konspirative Rolle seiner Großmutter Brunhilde heizten das innenpolitische Klima an. Columban, der auch zu Hause die barbarischen Spätaustriebe innerhalb des Führungsclans unerbittlich bekämpft hatte, trat ihnen hier mit gleicher Entschiedenheit entgegen.

Er hatte nicht mit der Königin-Großmutter gerechnet, die ehrgeizig, rachsüchtig und mit intriganter Ausdauer hinter den Kulissen die Fäden zog. Die »zornige Brunhilde«, als welche sie hier auf der Szene erscheint, war als Tochter des westgotischen Königs Athanagild im Jahre 567 mit Sigibert I. von Austrasien verheiratet worden. Er endete nach achtjähriger Ehe durch Mord. Als Witwe hat sie ihn in der Herrschaft achtunddreißig Jahre überlebt, bis auch sie 613 in einer Palastrevolte gestürzt und, an die Räder eines Wagens gebunden, zu Tode geschleift wurde.

Ihre mit Greueln gespickte Familiengeschichte ist das gleichsam von den Merowingern patentierte Muster, Thronprobleme unter den nächsten Verwandten mittels Gift oder Schwert zu lösen, wofür die Geschichte das dezente Wort »beseitigen« verwendet, als Mittel erlaubter Selbsthilfe ein getreues Abbild der merowingischen Epoche, die der fortgesetzten Teilung von Macht und Staat im salischen Erbrecht nur durch Verwandtenmord entgegenwirken konnte.

Erst später hat das merowingische Beispiel, wie die Steinmetzarbeiten an der während des 12. Jahrhunderts entstandenen Kathedrale von Tournai beweisen, christlichen Abscheu erregt. Hier sieht man an einer exponierten Säule die mißgestaltete Merowingerkönigin Fredegunde, die ihren Gemahl, Chilperich I., König von Neustrien, zum Mord an seinem Bruder Sigibert I. von Austrasien angestiftet und damit Brunhilde zur Witwe gemacht hatte. Zunächst Chilperichs Nebenfrau, ließ sie auch seine rechtmäßige Gemahlin, die Westgotin Galaswintha, aus dem Wege räumen und hetzte ihren aus der Ehe mit Childebert hervorgegangenen Sohn Chlotar II. weiter auf dem Weg zur Macht über das fränkische Gesamtreich.

Damit hatte auch Brunhildes Stunde geschlagen. Kein Wunder, daß sie mit dieser antik anmutenden Mitgift an Verrat und Meuchelmord nicht zu den vorbehaltlosen Anhängern Columbans gehörte und seinen moralischen Kategorien gegenüber zurückhaltend blieb. Aufgrund ihrer eigenen Erfahrungen reagierte sie sogar äußerst gereizt, wenn es um die Frage der menschlichen Vervollkommnung ging.

Zunächst freilich erfreute sich Columban, der häufig an ihrem Hof in Metz und ihrer Villa Bruyères am westlichen Abhang der Vogesen, halbwegs zwischen St. Didié und Épinal, zu Gast war, ihrer Gunst, die so weit ging, daß er den Umgang ihres Enkels Theuderich mit »Kebs- und Friedelweibern« freimütig kritisieren durfte.

Für den lasterhaften Umgang mit Frauen erkennt sein Bußbrevier, das sich überwiegend mit den Fehltritten von Klerikern und Laien befaßt, ihnen je nach Schwere des Falles harte Strafen androhend – statt Fleisch und Wein monatelang nur Wasser, Salz und Brot – keine mildernden Umstände an. In diesem Sinne mußte sich Theuderich, dem schon als vierzehnjährigen Jüngling vier uneheliche Kinder geboren wurden, von Columban scharf gemaßregelt fühlen.

Der Gedanke, ihn rechtmäßig zu vermählen, mag ihn mit Brunhilde vorübergehend in gemeinsamer Aktion verbunden haben, doch der Plan scheiterte. Die als Braut am westgotischen Hof in Toledo geworbene Ermenberga wurde wieder nach Hause geschickt. Gelegentlich ist der Vorwurf erhoben worden, Columban habe sich mit den Protagonisten der Macht allzu bedenkenlos arrangiert. Da er aber selber von hoher Geburt und an den Umgang mit der Oberschicht gewöhnt war, ist eher eine Annäherung aus der Richtung Theuderichs und Brunhildes zu vermuten. Bei dem Ruf, den Columban im Frankenreich genoß, mußten sie im Interesse ihres Leumunds um eine gute Beziehung zu dem Iren bemüht sein. Es gibt kein Anzeichen dafür, daß er sich aus Gründen des Opportunismus von seinen unbequemen moralischen Forderungen hätte abbringen lassen. Vielmehr scheint er das Verhältnis zum Königshof auf die Hoffnung gegründet zu haben, er könne mit seiner christlichen Erziehungsarbeit von oben in die Breite wirken.

Er sah sich dabei nicht einzelnen Mißständen gegenüber, sondern einer allgemeinen moralischen Anfälligkeit, einem Defizit an Persönlichkeitskultur, an dem das ganze Geschlecht der Merowinger krankte. Die Art, wie man bei Hofe auf seine eindringlichen Mahnungen reagierte, zeigte deutlich, daß die Norm des sittlichen Verhaltens beim untersten Grenzwert lag, und daß Columban, obwohl der Sprache des Königtums, des Lateinischen, mächtig, in seinem Anliegen vielleicht gar nicht verstanden worden ist.

Dieser beklagenswerte Zustand steht freilich im Widerspruch zu der geistigen Ausstrahlung der austrasischen Königsstadt Metz. Als hätten schon die Römer den alten Sitz der keltischen Mediomatriker auf eine immaterielle Bestimmung festlegen wollen, nannten sie ihn Dividorum, Götterburg. Im sechsten Jahrhundert stimmte Fortunatus, der christliche Dichter und verwunderte Chronist merowingischer Ausschweifungen, ein Loblied auf die lachenden Fluren, die von Fischen wimmelnde Flußniederung der Mosel und die machtvollen Mauern von Metz an, hielt aber, wie die ganze mittelalterliche Dichtung, die spirituelle Kraft für seinen größten Reichtum.

Mit dem Ruhm, sie ununterbrochen vermehrt zu haben, dürfen sich die ersten Bischöfe von Metz, zugleich päpstliche Legaten, mit Recht bekleiden. Unter ihnen nimmt später Drago, ein Sohn Karls des Großen, eine Sonderstellung ein. Er hätte es beinahe fertiggebracht, der kaiserlichen Lieblingsstadt Metz vor Aachen endgültig den ersten Platz zu sichern. Nicht weniger als die weltlichen Herrscher ihrer Zeit haben auch die Bischöfe Reichsgeschichte gemacht. Unter ihrer Mitwirkung fand das Christentum, das sich schon Ende des dritten Jahrhunderts durch römische Legionäre und Kaufleute in Metz verbreitet hatte, hier früher als anderswo Eingang. Von daher mag sich eine gewisse semantische Neigung seiner Bewohner erklären, die vom mittelalterlichen Okkultismus zur futuristischen Science-fiction reicht, wie sie sich an den transzendenten Glasmalereien Marc Chagalls in der Kathedrale St. Etienne ablesen läßt.

Nicht weit von der Mosel entfernt, aus beherrschender Höhe auf sie herabblickend, steht die älteste Kirche Frankreichs, St. Pierre aux Nonnains. An ihrer Ziegelbandtechnik läßt sie sich als römischer Profanbau, der Aula Palatina in Trier vergleichbar, erkennen. Sie war schon kirchlichen Zwecken geweiht, bevor sie 625 ein Frauenkloster des Benediktinerordens wurde.

Wenn nicht hier, so doch mit Bestimmtheit im Oratorium St. Étienne, das nach Aussagen des Gregor von Tours schon beim Durchzug der Hunnen, im Jahre 451, auf dem Platz der heutigen Kathedrale gestanden hat, zelebrierte Columban die heilige Messe. Angesichts dieser mit einundzwanzig Kirchen ungewöhnlich sakralen Stadt wundert man sich, daß sich der christliche Sinn den hier Herrschenden nicht nachhaltiger mitgeteilt und an ihrer seelischen Statur geformt hat. Columban mußte bei seiner Mission dort anfangen, wo die innerliche Neuwerdung noch des Geburtshelfers bedurfte, in zweiter Linie erst des Lehrmeisters.

Immerhin reichte Columbans patriarchalischer Einfluß auf den unreifen Theuderich vorübergehend aus, um sich der zunehmenden Anfeindungen des fränkischen Klerus erwehren zu können, auch wenn sich der Streit um das »richtige« Osterdatum auffällig zuspitzte, nachdem Papst Gregor im Jahre 597 den römischen Mönch Paulinus nach Großbritannien entsandt hatte.

Ehe Victorius von Aquitanien 457 seinen Osterzyklus von 28 mal 19 gleich 532 Jahren errechnete – der skythische Mönch Dionysius Exiguus, der »Kleine«, formulierte ihn endgültig etwa 150 Jahre später (525) – nach den Tafeln des Bischofs Cyrillus von Alexandria –, suchte die Kirche nach einem Ausgleich zwischen der jüdisch-christlichen Siebentagewoche und Mondmonat und Sonnenjahr. Dagegen leitete sich der keltische Modus unverändert von dem viel älteren, 84jährigen römischen Osterzyklus ab. So oft das am 14. Tag des Mondmonats gefeierte Ostern auf einen Sonntag fiel, ergab sich zwischen irischem und römischem Osterdatum ein erheblicher zeitlicher Unterschied. So kam es, laut Beda, gelegentlich vor, daß Ostern in einem Jahr zweimal gefeiert wurde, ein für die Verfechter des römischen Kalenders ärgerliches Kuriosum. Erschwert wurde Columbans Stellung durch die Tatsache, daß sein in Gallien erzogener und in Armorica bis heute hoch verehrter irischer Landsmann St. Ronan schon viel früher den römisch-lateinischen Kanon in Gallien befürwortet hatte.

Einstweilen jedoch konnte sich Columban auf die unbedingte Gefolgschaft seiner 222 Mönche, die ihm in drei Vogesenklöstern unterstanden, verlassen. Ungeachtet der härtesten Strafzumessung für Gedankensünden wie für begangene Vergehen – im extremen Fall wurde das Schlafen bei einer Leiche verordnet –, war seine Stellung an der Spitze des klösterlichen Gemeinwesens unangefochten, eine Bestätigung seiner überragenden Führungseigenschaften.

Neben der Regula monacorum und der Regula coenobialis hat er eine Reihe von Homilien, Instruktionen, Briefen, Gedichten und Episteln in Versen hinterlassen. Sie machen, neben seinem persönlichen Einfluß auf seinen Schülerkreis, das Ausmaß seiner christlichen Erziehungsarbeit deutlich.

Als ein Schwanken zwischen Erbitterung und trügerischem Wohlverhalten, das allein aus der Furcht vor nachteiligen Folgen einer Auseinandersetzung mit Columban zustande gekommen war, läßt sich Brunhildes und Theuderichs Haltung ihm gegenüber bezeichnen. Zu einem offenen Bruch hatten sie es bisher nicht kommen lassen. Als Brunhilde bei seinem Besuch in Bruyères heuchlerisch für die vier unehelichen Kinder ihres Enkels den Segen Columbans erbat und dieser ihr Ansinnen unter Hinweis auf ihre unstandesgemäße Geburt schroff ablehnte, machte sich die angestaute Feindschaft

Luft. Brunhilde stellte das Columbankloster unter Quarantäne und gab den Umwohnenden auf, die Mönche weder durch Gastfreundschaft noch durch materielle Zuwendungen zu unterstützen.

Columban war sich seiner Wirkung bewußt, als er, verbittert über die königliche Einmischung, die Villa Epoisses an der Côte d'Or, wo sich der Hof zu jener Zeit gerade aufhielt, zu einer klärenden Aussprache aufsuchte. Wie sein Biograph Jonas berichtet, fühlte er sich von der üppigen Tafel, die man, um ihn zu besänftigen, vor ihm ausrichtete, derart verhöhnt, daß er sie mitsamt Speisen und Wein unter heftigen Anklagen umstürzte. Von der furchtsamen Dienerschaft alarmiert, suchten Brunhilde und Theuderich um sein Verzeihen nach und gaben ihm das Gelöbnis ihrer Besserung mit auf den Weg.

Theuderich aber setzte in gewohnter Weise seinen lasterhaften Lebenswandel fort, so daß Columban ihm Exkommunikation androhte. Diesmal suchte Theuderich ihn in seinem Kloster in Luxeuil auf, um ihn mit in Aussicht gestellten Subsidien kompromißbereit zu stimmen, ohne Erfolg. Auch die Drohung einer Aufhebung der Unabhängigkeit seiner burgundischen Klöster von der Diözese in Besançon, die das Königshaus ihm garantiert hatte, beeinflußte seine Entscheidungen nicht. Keinerlei Zugeständnis ließ er sich in der Frage der Ordenskompetenz innerhalb der ihm unterstellten Klöster abringen, sondern wies Theuderich erneut in die Schranken. Damit war er zu weit gegangen. Als Columban ihn auch noch im doppelten Sinne des Wortes exkommunizierte, indem er den inneren Klosterbezirk für ihn und seinesgleichen zum verbotenen Territorium erklärte, konnte, wenn nichts Schlimmeres geschah, am Ende seine Ausweisung stehen.

Dieses aufbrausende Temperament, das Columban auch nicht vor Königen und ihrem Anhang zu zügeln bereit war, machte ihm andererseits den Weg durch das moralische Dickicht der Merowingerzeit frei. Nur mit Durchsetzungskraft und Grundsatztreue konnte er die damals noch schwache Flamme des Glaubens zu einem starken Licht anfachen. Er war es, der mit seinem kämpferischen Impuls dafür sorgte, daß dieses erste zaghafte Leuchten nicht erstarb, sondern zu einer soliden, sich langsam ausbreitenden Helligkeit wurde.

Einzelfunken hatte es bereits vorher gegeben. Zwei Frauengestalten, die eine Chlotilde (gestorben 544), burgundische Prinzessin, und die andere Radegunde (gestorben 587), Tochter des thüringischen Gaukönigs Berchthar, wurden durch ihre Einheirat ins Merowingerhaus zu christlichen Außenseiterinnen, indem sie hohe sittliche Maßstäbe setzten und sich damit vor dem verdüsterten Hintergrund ihrer Zeit um so strahlender in der Aura ihrer Heiligkeit abhoben.

Zu den Trägern der fränkischen Macht, Adel wie Klerus, hatte Columban von Anfang an ein gestörtes Verhältnis. Anders als in seiner irischen Heimat, wo das Christentum von existenzieller Bedeutung für die Menschen war, gehörte es im Frankenreich damals eher bloß zum guten Ton, sich Christ zu nennen.

Fast war es ein Statussymbol für bestimmte Kreise, sich nach außen einen christlichen Anstrich zu geben und sich damit von den weniger angesehenen Heiden zu unterscheiden. Nur so erklärt sich das wechselhafte Verhalten des austrasisch-burgundischen Herrscherhauses, das unzweifelhaft auf vergleichbare Herausforderungen empfindlich reagiert hätte, wäre Columban nicht ein weithin geachteter Gottesmann gewesen.

Dieses Beispiel hat ein Gegenstück in Papst Gregor dem Großen, seinem Zeitgenossen. Er drückte im Hinblick auf die Freigebigkeit Brunhildes gegenüber Kirchen und Klöstern und ihre Unterstützung seiner nach England entsandten Missionare »trotz ihres schlimmen Treibens« beide Augen zu. Erst in der Gegenüberstellung mit diesem anpassungsbereiten und risikoscheuen Zeitgeist gewinnen Columbans unerschrockenes Auftreten und seine vom Glauben abgeleiteten Maßstäbe ihren Rang.

Mit dem Befehl, ihn nach Irland zurückzuschicken, wurde Columban im Jahre 610 unter militärischer Bewachung an die Küste gebracht. Die Tatsache, daß gallische und fränkische Klosterbrüder zurückbleiben mußten, während nur die Mönche der Britischen Inseln abgeschoben werden sollten, beweist, daß die Verfechter unverrückbarer inselkeltischer Glaubensgrundsätze als Fremdkörper angesehen wurden. Als sie Orléans erreichten, wohin ihnen die königliche Order, sie am Zutritt zu allen Kirchen zu hindern, vorausgeeilt war, plagte sie der Hunger, aber niemand in der Umgebung wollte ihnen etwas zu essen geben, aus Angst vor königlichen Repressalien. Eine ihnen zufällig begegnende Syrerin bewirtete sie, und wie Jonas berichtet, gab Gott ihrem erblindeten Mann das Augenlicht zurück.

In Nantes sollte die letzte Etappe seiner Reise beginnen. Columbans tiefe Niedergeschlagenheit spiegelt sich in einem Brief an seinen designierten Nachfolger Athala, in dem er sich philosophisch mit seinem Schicksal auseinandersetzt, ihn mit dem Seufzer unterbrechend: »Während ich dies schreibe, teilt mir ein Bote mit, daß das Schiff bereit ist, mich gegen meinen Willen in mein Land zurückzubringen…«

In Armorika, der Bretagne, erging es Columban, wie es vielen vor und nach ihm ergangen ist. An der berüchtigten »côte des naufrages« vor Morbihan erlitt er Schiffbruch. Man rettete sich an Land. Der Kapitän ließ ihn laufen. Bei Carnac gibt es eine kleine Kirche, die sich »La Chapelle Saint Columban« nennt. Wenn auch erst im 16. Jahrhundert, also im Abstand von 1000 Jahren errichtet, scheint sie mit den Motiven einer Havarie auf den Wandfresken tief im Columban-Mythos zu wurzeln.

Vorbei an dem kultischen Spalier der Menhire, das hier damals noch mit dem heidnischen Heiligtum auf dem Mont Tombe an der Nordküste Armorikas korrespondierte – erst im Jahre 709 von Childebert III. zum christlichen Pilgerberg Mont St. Michel erhoben –, begab er sich an den Hof König Chlotars II. von Neustrien in Soissons, von dort nach Metz zu Theudebert II. von Austrasien. In dem Bestreben, das weiße Martyrium fern seiner Heimat, wie er es gelobt hatte, zu vollenden, mußte Columban an der Verhinderung seiner Rückkehr nach Irland leidenschaftlich gelegen sein. Es wird daher für möglich gehalten, daß es zwischen ihm und Chlotar zu einer Absprache bezüglich einer Weiterreise ins Langobardenreich nach Oberitalien kam. Sowohl Chlotar wie Theudebert, der ihn mit seinen Brüdern in Bregenz ansiedeln wollte, waren sich in ihrem Wohlwollen für ihn einig.

Metz war noch immer der heimliche Mittelpunkt fränkischer Macht. Kurz im Anschluß an Columbans Ausweisung, 611 oder 612, wurde Arnulf, Ahnherr der Karolinger, dessen Geschlecht als Arnulfinger in die Geschichte eingegangen ist, dort Bischof, bevor er seit 622 mit dem Hausmeier Pippin von Herstal zusammen das ostfränkische Reich Austrasien unter dem letzten großen Merowingerkönig Dagobert I. regierte. Fünf Jahre später, 627, zog er sich, von der reinigenden Kraft der Columbanklöster angezogen, als Einsiedler in die Vogesen zurück.

Columban läßt uns auf dem nun folgenden Abschnitt seiner Reise, die ihn von Metz über Trier nach Mainz und rheinaufwärts zunächst zum Bodensee und über das Aare- und Limmattal hinauf nach Zürich, von dort nach Tuggen zum Südostende des Zürichsees, heute Obersee genannt, führte, tiefer in sein mit unbeugsamer Strenge gepanzertes Wesen blicken. Nicht nur, daß er die Zurückgebliebenen der Klostergemeinschaft in Briefen und Gedanken mit zärtlicher Fürsorge umfängt, er gibt auch, vermutlich aus Erleichterung über die Abwendung seiner Rückkehr nach Irland, in einem Schifferlied einer bei seiner asketischen Zurückhaltung erstaunlich ungestümen Empfindung Ausdruck: »Hei, in Wäldern gefällt, schneidet der Kiel durch die Strömung des doppelhörnigen Rheins und gleitet sanft durch die Fluten. Hei, meine Leute, das Echo des Rufs laßt uns hören. Der Wind erhebt sich, erschreckender Regen will schaden, doch besiegt die Tatkraft der Männer den Sturm.«

Es scheint, als habe sich der Rhythmus der Ruderschläge unmittelbar in eine mitreißende religiöse Aufbruchstimmung umgesetzt, wobei die klassische Metrik des Hexameters den schwellenden Duktus keltischer Naturpoesie nur mühsam bändigt.

Es ist ein anderer Columban, der uns hier begegnet, einer, der wieder in heiliger Unrast umherschweift und nach der Anpassung seiner burgundischen Jahre aus einem veränderten Lebensgefühl schöpfen darf. Hier, in dem teilweise noch heidnischen alemannisch-rätischen Raum, wo nur einzelne Adelsgeschlechter das Christentum über das Medium der lateinischen Sprache kennengelernt hatten, war Columban in seinem missionarischen Eifer angesprochen. Mit Gallus, einem seiner Gefährten aus Bangor, der erstmals bei Columbans Rückzug aus dem Frankenreich überhaupt Erwähnung findet, zeigte er sich den Ungetauften am Obersee freilich in altbiblischem Zorn über ihre heidnischen Orgien. Gallus legte Feuer an ihre Tempel und warf ihre geweihten Gegenstände ins Wasser, während Columban sie für ihren hartnäckigen Unverstand verfluchte.

Von der Rache der beleidigten Heiden verfolgt, wichen die irischen Peregrini ins befestigte Arbon am heutigen Schweizer Ufer des Bodensees aus. Ein Geistlicher namens Willimar verwies sie nach Bregenz, wo sie von einer synkretistisch genutzten Aureliakirche aus Mission treiben konnten.

Dieser letzte Teil seines Aufenthaltes im fränkisch-alemannischen Randgebiet, der Columban mit seinen Brüdern auf einen Zustand zurückwarf, wie er den asketischen Idealen der ersten keltischen Wandermönche nahekam, läßt nicht so sehr den Meister als vielmehr seinen Schüler Gallus zunehmend hervortreten. Die Gruppe bestritt ihren Lebensunterhalt mit Fischen und Jagen und evangelisierte unter den widerspenstigen Anrainern des Bodensees, wobei Gallus durch Aneignung der Volkssprache offenbar ein vertrautes Verhältnis zu ihnen herstellen konnte.

Betrachtet man die alemannischen Grabfunde aus jener Zeit, so wird deutlich, in welchem Maße die Menschen damals noch in abergläubischen Vorstellungen befangen waren. Neben einzelnen Goldblattkreuzen herrschen magisch-okkulte Gegenstände vor, Amulette, Donarskeulen aus Bein, Teile von Kettenpanzern zur Abwehr von bösem Zauber, durchbohrte Eckzähne und Keramikschneckenhäuser als Kraft- und Fruchtbarkeitssymbole.

Augenfällige Erfolge in der Bekehrung eines Teiles der heidnischen Sueben, auf die Theudebert II. Columban angesetzt hatte, sind offenbar ausgeblieben.

Anders als Patrick war Columban nicht der Mann, ein noch verwildertes Terrain ideologisch fruchtbar zu machen. Vielmehr drängte es ihn, wo sich nur die Gelegenheit dazu bot, kraft Begabung, Herkunft und dialektischer Schulung unwiderstehlich in die theologische Auseinandersetzung mit gleichwertigen Disputanten. Praktische Bekehrungsarbeit hat er offenbar seinen Schülern überlassen. Es war Gallus, der, wie Columban es nannte, das »Futter des Glaubens« unter die Heiden streute.

Als daher der zuständige Herzog Cunzo die Columbangruppe unter der Anschuldigung, sie hätten See und Wälder leer gejagt, ausweisen wollte, erhob Columban keinen Widerspruch. Vielmehr hatte er damit den Vorwand für eine Weiterreise nach Italien erhalten, der ihm um so willkommener war, als ihm wegen der politischen Ausschaltung Theudeberts II. durch seinen Halbbruder Theuderich II. neue Schwierigkeiten drohten, vielleicht sogar Verfolgung.

Auf ihrem bis dahin gemeinsamen Weg steht die Jahreszahl 612 als Wendemarke, an der sich Columban und Gallus für den Rest ihres Lebens voneinander trennten. Wegen einer fieberhaften Erkrankung lehnte Gallus es ab, sich Columban und seinem Gefolge anzuschließen, eine in den Augen seines Meisters unerhörte Verfehlung. Er belegte Gallus mit der härtesten Strafe, indem er ihm verbot, die Messe zu zelebrieren, solange er, sein Lehrer, selbst am Leben sei. Ob es darüber zu einem Zerwürfnis zwischen ihnen gekommen ist, bleibt offen. Beide Viten, sowohl die Columban-Vita des Jonas als auch die Gallus-Vita des Walahfrid Strabo – besonders die letztere von kulturhistorischem Rang –, schweigen darüber.

Gallus, von Krankheit geschwächt, gedemütigt und von der Mehrzahl seiner Landsleute verlassen, blieb bei Boot und Fischernetz zurück, von Willimar in Arbon, ihrem ersten Freund und Helfer am See, unter persönlichen Schutz genommen. Er ließ Gallus von zwei Klerikern gesund pflegen und schickte ihm einen ortskundigen Führer, mit dem zusammen er sich auf die Suche nach einem geeigneten Platz für ein Bethaus begab. Er fand ihn im Hochtal der Steinach (670 Meter über dem Meeresspiegel), wo sich im Zusammenhang mit seiner Gebetszelle seit 720 die Stadt St. Gallen entwickelt hat.

Läßt man an dem Ort seiner Einsiedelei die umliegende Landschaft auf sich wirken, vor sich das vom 2504 Meter hohen Säntismassiv überragte Appenzeller Land, rheinaufwärts die Burg Liechtenstein, gegenüber das einladende Toggenburg, so stellt sich zwischen der Wunderwirkung des irischen Klausners und der gesegneten Fülle dieser Natur eine innere Verbindung her. Das engelhafte Weiß der verschneiten Hochgipfel im Glarner Land mit dem 3626 Meter hohen Tödi, die fruchtbaren Fluren rund um den Bodensee und das tiefe Blau des Walensees sind aus dem gleichen unvergänglichen Stoff des Ewigen wie die auf Gott bezogenen Gedanken des Heiligen selber.

Hier, wo die Konturen der Berghänge in der alpinen Landschaft überscharf hervortreten, ist Gallus als Person kaum noch faßbar, als ein fortwirkendes geistiges Element um so mehr. Selbst seine Lebensdaten sind strittig. Daß er im Jahre 560 in Irland geboren und 646 in Arbon gestorben sein soll, wird nicht einhellig von seinen Biographen vertreten. Zumindest aber muß er ein hohes Alter erreicht haben, ein Umstand, der zu seiner Volkstümlichkeit unter den Alemannen nicht unwesentlich beigetragen hat. Bis weit ins Österreichische hinein – sehen wir einmal von Bregenz und dem Vorarlberger Land ab – begegnen wir seinem Namen in Verbindung mit Ortschaften und Kirchen, am häufigsten natürlich in der Schweiz, aber auch in Prag und Frankfurt, wo Gallustor und Gallushaus sein Andenken ehren.

23 *Gallus-Zyklus des Malers Wannenmacher in der Galluskapelle in St. Gallen (Schweiz). St. Gallus, 560 in Irland geboren, predigt den Alemannen am Bodensee. Im Jahre 612 trennte er sich von St. Columban, der nach Italien weiterzog. Willimar von Arbon nahm St. Gallus, der 646 starb, unter seinen persönlichen Schutz.*

Sein Wirken war vornehmlich auf Seelsorge gerichtet und stellt den Einzelmenschen, ob in seiner Glaubensnot oder in seiner körperlichen Gebrechlichkeit, in den Mittelpunkt seiner Bemühungen. Mit derselben suggestiven Kraft, mit der er sich einen Bären gefügig machte, zähmte Gallus auch die heidnischen Alemannen, vor deren Zorn einst Columban und er geflohen waren. Eine Zeitlang soll er sogar unter ihnen gewohnt haben.

In Arbon, wo man nach Art der Römer im Liegen tafelte, hat Gallus die Teilnehmer aus dem Zustand träger Übersättigung mit seinen »Wortgottesdiensten« in einer Weise aufgerüttelt, daß der Priester Willimar bekannte: »Bei den Gastmählern der heilbringenden Lehre konnte ich die Tränen nicht zurückhalten.« Weniger scharfsinnig in seinen theologischen Attacken als Columban, fand er den Weg zu den Herzen des Volkes über dessen Sprache, obwohl er ebenso wie sein Lehrer das Lateinische beherrschte. Er legte den Leuten, die scharenweise zu ihm kamen, die heiligen Schriften aus, die er als Handschriften mit den typisch irischen Minuskeln wahrscheinlich aus Bangor mitgebracht hatte. Im achten Jahrhundert wurden sie in St. Gallen an gleicher Stelle in der vom Abt Otmar gegründeten Benediktiner-Abtei mit Eifer kopiert.

Ämter, die man Gallus antrug – er sollte Abt von Luxeuil und Bischof von Konstanz werden –, lehnte er ab und schlug an seiner Stelle seinen Schüler Johannes vor.

Unerbittlich in der Einhaltung des von Columban verfaßten Bußkanons, zeigte er sich im Umgang mit Menschen eher ungezwungen, so warmherzig und offen, wie es irischem Wesen bis heute entspricht, dabei von ausgeprägter persönlicher Bescheidenheit. Er evangelisierte bis in den heutigen Raum von Baden-Württemberg hinein, wo der »Heiligenberg«, bis dahin eine heidnische Kultstätte über dem Bodensee, möglicherweise mit dem Erscheinen des Gallus seinen heutigen Namen erhielt. Kein Wunder, daß er sich in dem überschwenglichen Barockbau des St. Galler Klosters mit der kostbaren Handschriftensammlung seiner Stiftsbibliothek, eine der bedeutendsten Kulturstätten nördlich der Alpen, kaum noch wiederfindet.

Die Frage nach dem Verhältnis zwischen Gallus und Columban ist oft gestellt worden. Aus heutiger Sicht würde man aufgrund der überwältigenden Autorität des älteren Columban, die sein Schüler Gallus durch Ungehorsam empfindlich verletzte, eher an eine lebenslange Entfremdung glauben. Doch scheinen beide, von ihrer Heimat gleich weit entfernt, über Irland wie über eine Relaisstation in einer Art telepathischer Verbindung gestanden zu haben: Columban, der, als er sein Ende nahen fühlte, Gallus zum Zeichen der Wiedereinsetzung in seine priesterlichen Rechte seinen Pilgerstab und sein Pallium überbringen ließ, und Gallus, der den Tod seines Lehrers noch in der gleichen Nacht durch einen Traum erfuhr.

Daß Columban die Ausweisung durch einen örtlichen alemannischen »dux«, die sich nur begrenzt auswirken konnte, mit einem Rückzug bis nach Italien beantwortet hat, gibt manche Frage auf. Bei seinem kämpferischen Impuls und seinen geradlinigen Reaktionen auf merowingische Machenschaften ist es zumindest erstaunlich, daß er einem unerheblichen äußeren Druck widerstandslos nachgegeben hat. Berücksichtigt man aber, daß er nur noch eine dreijährige Lebensspanne – er starb am 23. 11. 615 in Bobbio – vor sich hatte, mögen bei seiner Entscheidung Ermüdung und Einsicht im Spiel gewesen sein, sich nunmehr in Ruhe auf das letzte Ziel seiner irdischen Wanderschaft vorzubereiten.

Nachdem er die Alpen auf dem Paß des Großen St. Bernhard oder des Mont Cenis überquert hatte, kam ihm im Lande der Langobarden der Streit zwischen Arianern und Katholiken gerade recht, um in Mailand, ihrer Hauptstadt, mit gewohnter rhetorischer Brillanz in die Diskussion einzugreifen. Er schrieb an Papst Bonifaz IV. einen viel beachteten Brief: »Wir Iren haben nie weder Häretiker, noch Juden, noch Schismatiker gehabt... Seit Christus, der höchste Wagenführer, der, getragen von der Meereswoge, auf dem Rücken der Delphine zu uns gekommen ist, ist Rom edel und berühmt für uns unter allen anderen geworden.« Und, sich gleichsam an alle Päpste der Zukunft wendend, fährt er fort: »Wenn Eure Ehre groß ist dank der Würde eures Stuhles, soll eure Sorge darauf achten, daß diese Würde nicht verloren geht durch irgendeinen Sittenverfall. Eure Macht wird so lange dauern wie eure Klugheit. Denn sie ist der Pförtner des Himmels, der die Türen dem Würdigen öffnet und dem Unwürdigen verschließt.«

Mit gewohnter Klarsicht und Entschiedenheit bezog Columban über alle Auslegungsfragen hinweg für die Einheit der Kirche Stellung. Sei es, daß der Langobardenherzog – der spätere König Agilulf – dies als Kritik an seinem eigenen arianischen Bekenntnis verstand, sei es, daß er sich großmütig darüber hinwegsetzte, es spricht für sein unabhängiges Urteil, daß er in Übereinstimmung mit seiner katholischen Gemahlin Theudelinde dem Columban einen Platz im Waldgebirge über dem Tal der Trebbia, mitten im holz- und wasserreichen Apennin, überließ. Hier siedelte sich Columban mit seinen Gefährten am Fuße des Monte Penice, unweit einer verfallenen Kirche, an.

Daß einst Hannibal, als er hier vor seinem Sieg über die Römer überwinterte, einen Teil seiner Pferde und Elefanten verlor, hat Columban gewiß eher zum Bleiben ermutigt als abgeschreckt. Beim Bau der Hütten soll er sich als Holzfäller und Zimmermann betätigt haben. Damit hatte er über das Einswerden mit der Natur den Anschluß an das Finale seines Lebens erreicht.

Für diese Zeit ist sein inniger Umgang mit Tieren bezeugt, mit kleinen und großen, mit wilden und zahmen gleichermaßen, die seit jeher im christlichen Kosmos einen dem Menschen gleichwertigen Rang besitzen.

Sodann nahm er sich auf die rein geistige Aktivität zurück, indem er die Ernte seines Lebens in das neue Kloster Bobbio einbrachte, dabei in ständiger Verbindung mit seinem Mutterhaus Bangor. Die Manuskripte, die sich hier sammelten und die heute größtenteils über den Vatikan und die Universitäten von Turin und Mailand verstreut sind – ein großer Teil wird in der Biblioteca Ambrosiana in Mailand verwahrt –, enthalten das Substrat der abendländischen Gedankenwelt. Nicht nur, daß Columban als engagierter theologischer Autor in dichterischem Ehrgeiz mit daran formuliert hat, er umgab sich mit den Schriften der rechtgläubigen Kirchenväter, mit Psalmentexten, dazu mit akademischem Lehrmaterial zum Studium von Grammatik und Sprachen, wobei auch die unverständlich gewordenen Reste der gotischen, aber auch der griechischen Literatur und Fragmente von den alten Prachthandschriften der

Klassiker und der Bibel eine Rolle spielten. Indem seine Schüler aus Gründen der Kostenersparnis alte, bereits verwendete Pergamente als Makulatur erwarben und sie durch Abschaben für die Neubeschriftung herrichteten, fiel ihnen auch einiges als »heidnisch« verfemtes Schriftgut in die Hände, das somit der Vernichtung entging.

Bobbio, wo sich neben Werken von Ovid eine spätantike Plautusausgabe und das einzig bekannte Exemplar von Ciceros »De re publica« befand, ist in jeder Beziehung eine kulturerhaltende und -vermehrende Institution gewesen.

Imponierend auch die Zahl der Folgeklöster, die, sieht man von Bayern und Thüringen ab, allein im Frankenreich nach dem Vorbild von Luxeuil entstanden sind: Rebais, Jumièges, Fontenelle (Saint Wandrille), Chelles, Faremoutier, Corbie, Saint Omer, Saint Bertin, Remiremont, Hautvillers, Montiérender, Saint-Valíry-sur-Somme, Solignac u. a.

Dieses außerordentlich klosterfreundliche Klima ist ohne die Tatsache, daß sich der Monachismus hier schon lange vor Columban entwickelt hatte, kaum erklärbar. In diesem Zusammenhang wird der Name eines ersten irischen Mönches, Carantoc, genannt, der sich schon hundert Jahre vor Columban als Einsiedler nach Saulx zurückgezogen haben soll. Er wird auch heute noch in einem nach ihm benannten Dorf im englischen Cornwall verehrt.

Mit dem alten gallischen Mönchtum hat aber auch der Antagonismus zwischen dem südlich im Rhônetal gelegenen transjurassischen Teil Burgunds, der traditionsgemäß kraft Handel und Verkehr mehr nach Italien ausgerichtet war, dadurch dem lateinischen Ritus verpflichtet, und dem nördlichen cisjurassischen Teil, der bereitwilliger dem Columbanismus folgte, etwas zu tun.

Nur eine so unnachgiebige Persönlichkeit wie Columban konnte in diesem Widerstreit bestehen und ohne Einschränkung sein keltisches Credo vertreten.

Wenn seine Klosterregel auch als starr und unbeweglich kritisiert worden ist, hat sie doch mit Sicherheit unter den Absolventen seiner Klöster zu einer Auslese geführt, die wiederum das Überleben der Kirche in dieser Zeit ermöglichte. Kaum einer, der diese »klerikalen Akademien« ohne Eignung zu hohen geistlichen Ämtern verließ. Sieht man von den 620 Missionaren ab, die im Laufe der Jahre allein nach Bayern geschickt wurden, ist die Zahl der von der Kirche kanonisierten und in der Columbanregel erzogenen Bischöfe beträchtlich: Ehrenfried von Verdun, Ragnachaire von Basel, Archaire von Noyon und Tournai, Theofried von Amiens, Antbert von Cambrai und Arras, Donat von Besançon. In der Mehrzahl entstammten sie burgundischen austrasisch-neustrischen Adelsgeschlechtern. Der Neustrier Saint Walbert, der von 629 bis 670 dem Kloster Luxeuil vorstand und gleichzeitig in eine bis heute noch im bewaldeten Tal de la Roge nachweisbare Einsiedelei auswich, und der Austrasier Saint Romaricus, der um 620 nicht weit davon in Remiremont ein Doppelkloster nach irischer Regel gründete, gehören zu den noch heute im Waldland der Vogesen hochgeachteten Columbanjüngern.

Dieser unverändert dünn besiedelte Teil der »Arva Gallica« ist durch die Völkerbewegungen im zweiten und dritten und dann wieder im fünften und sechsten Jahrhundert so gründlich von Menschen entblößt gewesen, daß sich der Bestand an wilden Tieren schrankenlos vermehren konnte. Noch zu karolingischer Zeit boten sich hier den Jagdgesellschaften Kaiser Karls Auerochsen als begehrte Beute an.

Man darf die bereits fünfzig Jahre später aus den bescheidenen Klosterhütten entstandenen fränkischen Benediktinerabteien in den Vogesentälern mit ihrer gemilderten Regula nicht als Maßstab einer klösterlichen Selbstdarstellung nehmen, die es in Columbans Tagen noch nicht gab. Bescheiden bis zur Ärmlichkeit hausten die Mönche in ihren hölzernen Unterkünften und trugen nicht nur mit Landwirtschaft, sondern auch mit Schreibarbeiten zu ihrem Lebensunterhalt bei. Dreißig während des siebten und achten Jahrhunderts im luxovianischen Schreibstil entstandene Manuskripte sind erhalten geblieben.

Daß die Columbanklöster in zweifacher Hinsicht Europa kultiviert haben, indem sie den in Generationen vernachlässigten Boden wieder erntefähig machten und in gewalttätiger Zeit verstärkt geistige Bedürfnisse weckten, geht unbestritten auf den dynamischen Einfluß des großen irischen Mönchsvaters zurück.

Zusammen mit Gallus, der erst im gespannten Verhältnis zu seinem Lehrer Konturen entwickelte, hat er dem Raum zwischen Rhein und Alpen und weit darüber hinaus sein Siegel aufgedrückt. Man braucht nicht die Pergamenthandschriften mit der Lebensgeschichte dieser beiden Iren in den Stiftsbibliotheken der Klöster St. Gallen, Reichenau und Einsiedeln zu lesen, um zu erkennen, daß die christliche Tiefenwirkung ihrer Persönlichkeit bis heute ohne Beispiel ist. Schweizer Schulbücher brachten den Kindern ihre Glaubensapostel mit anschaulichen Schilderungen nahe:

»Im Jahre 610 laufen eines Tages die Leute von Tuggen am Oberen Zürichsee zusammen. Dreizehn fremdartig gekleidete Männer sind eingetroffen. Sie tragen lange Bärte und in der Hand hält jeder einen langen Stock. An Riemen, die über die Schultern gelegt sind, hängen eine Wasserflasche, eine Ledertasche und eine blecherne Kapsel.

Der Ledersack enthält kostbare Handschriften: Abschriften aus der Bibel oder Gesänge und Psalmen für den Gottesdienst. In der Kapsel befinden sich Reliquien.

Seltsam ist die Haartracht der Fremden. Das Vorderhaupt ist kahl geschoren, vom Hinterkopf aber wallt ihr langes Haar bis auf die Schultern. Es sind Mönche aus Irland, der grünen Insel im Ozean. Columban, ihr Führer und Leiter, ist ein großer, kräftigre Mann, rüstig trotz seiner siebzig Jahre...«

Diese für die kindliche Phantasie leicht zugängliche Schilderung deckt auch unsere Vorstellung von jenen biblischen Gestalten ab, die, besonders in den Generationen nach Gründung ihrer Mutter-Klöster Luxeuil und St. Gallen, als wandernde Mönche und Missionare in Burgund, Alemannien und Rätien unterwegs waren, immer der strengen Vorschriften ihrer Grundausbildung eingedenk. Doch anders als St. Gallen ist Luxeuil, aus dessen Klostererziehung zahlreiche Mönche des fränkischen Adels zu Bischöfen aufstiegen, der Allgemeinheit kaum noch als eine berühmte Zelle des Frühchristentums geläufig, dagegen vielmehr als ein seit römischer Zeit bekanntes Thermalbad in Haute-Saône.

Wer aber zufällig im Schweizer Kanton Graubünden die Talschaft Disentis erreicht, zumeist auf jenem, auch von den Mönchen aus Luxeuil benutzten uralten Verkehrsweg von Burgund nach Rätien durch das Vorderrheintal, sieht sich in der einst »Desertas« genannten Einöde ausgesetzt, wäre da nicht das Benediktinerkloster aus dem 7./8. Jahrhundert. Eine Mönchsliste von 720 nennt hundertzwanzig Namen rätoromanischer, fränkischer und alemannischer Mönche des ersten Konvents. Ihnen war sein Entstehungsgeheimnis, das in den Gräbern der beiden Eremiten aus Luxeuil, Placidius und Sigisbert, unter dem heutigen Klosterhof wurzelt, bis in Einzelheiten vertraut. Für die dreißig Benediktinerpatres und die zwanzig Brüder ist sie bereits Legende.

Nachdem die Besiedelung der Talschaft die ursprünglich lebensfeindlichen Bedingungen geändert hat, gehören auch touristischer Verkehrslärm und die lebensfrohe Erwartung der Klosterschüler von Disentis zur Normalität. Um so erstaunlicher ist, daß sich das Vermächtnis der Inklusen, von denen der Franke Sigisbert den Märtyrertod starb, freilich begünstigt durch den Eismantel des aus Dreitausendern gebildeten Surselva-Massivs, wie Artefakte im dauergefrorenen Boden bis heute unversehrt erhalten konnte.

Wandermönche ex gente Scottorum in Italien

Betrachtet man den Wirkungskreis der frühchristlichen Irenmission in Europa, so muß auffallen, daß sie sich um altkeltische Siedlungsgebiete kristallisierte, ohne dies zu begründen. Die auf das fünfte Jahrhundert vor Christus zurückgehende keltische Invasion hatte, geradezu zwingend, alle nachgeborenen Iren in diesen Wanderzyklus eingebunden.

Anders als in Schottland, Wales, Cornwall, der Bretagne und Irland selbst, wo die keltische Identität bis heute politische Virulenz in die jeweils übergeordnete staatliche Verfassung trägt, war sie in ihren übrigen europäischen Sitzen inzwischen teils romanisiert, teils germanisiert worden.

Wie stark sich besonders im transalpinen Gallien, wo die Vernichtung der Kelten durch Cäsar unvorstellbar grausam vor sich gegangen war, keltisches Volkstum erhielt, zeigt ihre über Jahrhunderte lebendig gebliebene Sprache, derer Martin von Tours noch mächtig gewesen sein soll.

Freilich gaben am Ende des sechsten und Anfang des siebten Jahrhunderts überwiegend germanische Herrscher und ihr stammesverwandter Adelsklerus neben ihrer mitgebrachten fränkischen Sprache der alten römischen Amtssprache den Vorzug. Immerhin konnten Columban und seine Mönche über alle von der dortigen Kirche aufgerichteten dogmatischen Hindernisse hinweg bis in die tiefsten Schichten der Volksseele vordringen, letztlich ein Phänomen keltischer Blutsverwandtschaft.

Während sich germanische Bevölkerungsteile noch weitgehend mit Ablehnung panzerten und erst von ihren eigenen und angelsächsischen Nachfolgegenerationen endgültig evangelisiert werden konnten, bestand bei den Kelten durch die gemeinsame Druidenreligion seit jeher eine transzendente Brücke, über die das von den Iren gepredigte Christentum diesen Volksteil ohne Umwege erreichte. Sieht man von westlichen Seeverbindungen ab, denen irische episcopi vagantes schon früh in die äußersten Randgebiete unter dem Nordstern wie Island, Grönland, Labrador, Neufundland, vielleicht sogar bis in den Golf von Mexiko folgten, hielten sich die Missionsmönche in Zentraleuropa mehr oder weniger an die alten Sitze der Kelten.

Nur im Hinblick auf die von ihnen zurückgelegten Pilgerstraßen nach Rom und Palästina, die schon von Kelten begangen waren, sieht das wie ein Zufall aus. Aber auch, wenn sie von den römischen Verkehrswegen abwichen, achteten sie darauf, daß sie wieder zu ihren Stammesverwandten in keltisches Kernland kamen.

Es liegt nahe, bei ihrer Fortbewegung auf überwachsenen keltischen Pfaden an Rutengänger zu denken, die in der Tiefe Erz- und Wasseradern aufspüren. Eine atavistische, vorzugsweise von Iren, Walisern und Bretonen geübte Kunst. Nur wenn man weiß, daß Wasserkult und Metallsuche oft über die geographische Richtung ihrer Einzel- und Gruppenbewegungen entschieden haben, versteht man ihre weniger rationalen als intuitiven Antriebe.

Fest steht, daß schon vor oder zumindest parallel mit der durch Columban eröffneten Missionswanderung zum Festland zahlreiche peregrini aus Anlaß einer Bußwallfahrt nach Rom oder ins heilige Land nicht mehr auf ihre Insel zurückgekehrt sind. Oberitalien mit den Ausläufern des Apennin bot sich ihnen, wie die überall wiederkehrenden Ortsnamen Eremito oder Pellegrino beweisen, als der ersehnte Rückzugsort für ein meditatives Leben an. Aus der Wildnis ihrer Einsiedeleien heraus gewannen sie als fremdartige, vom Geheimnis ihrer fernen Herkunft umwitterte Gestalten Einfluß auf ihre Umgebung. Oft wurden sie zu Lokalheiligen, deren irische Abstammung die kirchengeschichtliche Forschung trotz ihrer latinisierten Namen als »ex gente Scottorum« teils anerkannt, teils für wahrscheinlich gehalten haben.

Tatsächlich kann man bei einer Reise durch die italienische Campagna auf Gemeindepatrone stoßen, die dem Kreis irischer Exulanten zuzurechnen sind. Zwar wird sich kaum noch nachweisen lassen, in welchem Umfang sie im Bewußtsein der Bevölkerung als christliche Hefe gewirkt haben, die nach und nach ihre Lebensäußerungen durchdrang. Hingabe und Selbstentäußerung, wie sie den irischen Pilgermönchen entspricht, sind nicht spurlos an den Bewohnern dieser Landstriche vorübergegangen. Die überschwengliche religiöse Devotion, wie sie dort auch heute noch geübt wird, findet sich in vergleichbarer Weise bei irischen Kleinbauern wieder, als ob über Länder und Meere hinweg bildliche Naivität christlicher Ausdrucksformen und Gotteseifer in einem alten keltischen Zusammenhang stünden.

In der Gestalt von Columban hat die moralische Ausstrahlung des irischen Wandermönchtums geschichtliche Authentizität erhalten. Seine in Bobbio entstandenen »Instructiones« fassen am Ende seines Lebens noch einmal die für eine gottgefällige Lebensführung unerläßlichen Grundregeln, für Kleriker wie für Laien, zusammen. Sie erlauben uns, aus heutigem Verständnis, Columban den Vordenker der damaligen, noch unausgereiften Christenmenschen zu nennen.

Anders als die zehn Gebote, die für das Zusammenleben einer menschlichen Gemeinschaft den ethischen und darüber hinaus auch den rechtlichen Rahmen abstecken, sind Columbans Instruktionen eine für das Individuum bestimmte Anleitung zur Tugend. Darin führt er Unersättlichkeit, Lust, Geiz, Zorn, Neid, Faulheit, Prahlerei und Stolz als die acht Todsünden auf, also alles, was wir nachsichtig als charakter-immanente Eigentümlichkeiten subsumieren, ohne es Schwäche oder Anfälligkeit zu nennen. Durch Psychomachie die Tugendleiter zu ersteigen, ist sein Anspruch.

Damals galt der Klerus auf dem Kontinent weitgehend als verweltlicht. Gleichwohl war die allgemeine Bereitschaft, Columban auf dem schweren Weg der Tugend zu folgen, überraschend groß. Nicht nur unter seiner Gefolgschaft, auch weit über seine Zeit und sein unmittelbares Wirkungsfeld hinaus blieb der Columbianismus ein ständiger Anruf an das menschliche Gewissen.

Nicht nur, daß er auf beiden Seiten der Alpen, im schweizerisch-französischen wie im italienischen Teil, in vierunddreißig Gemeinden verehrt wird, ein Stück seiner Bischofsrobe ist bis nach Füssen ins Allgäu gelangt, wo es den Rang einer Reliquie hat. Selten vermochte eine religiöse Gestalt mit vergleichbarer Kraft die moralischen Energien ihrer Zeit zu wecken und auf ein Ziel auszurichten, von dem auch Columban wußte, daß es nur wenige erreichen. Aber allein die Hinwendung auf das Ziel genügte, um den ständig von seelischer Erschlaffung bedrohten Habitus des Menschen zu straffen.

Columban: »Du siehst alles, was dich umgibt, du siehst bis an den Horizont, aber nicht weiter. Du siehst, was tiefer als der Himmel ist, aber nichts darüber. Deine Unwissenheit ist starr und hindert dich zu begreifen. Wer wird dir von unglaublichen Wundern erzählen? Unglückliche Menschheit, wer wird dir zu Hilfe kommen?«

Es ist schwer, diese Worte seiner »Instruktionen« nicht heute noch auf sich selbst und unsere ins schier Unermeßliche ausgeweiteten Erkenntnismöglichkeiten zu beziehen. Daß diese von kühnen Gottesstreitern angeführte Bewegung von Irland aus schon vor Columban mit Einzelgruppen auf den Kontinent übergegriffen hat, ist wahrscheinlich. Immerhin sind sie in einem ziemlich begrenzten Umkreis von ihm zu suchen und mit einiger Sicherheit im Ausstrahlungsbereich seiner Persönlichkeit anzusiedeln. Eigenwilligkeit und ungehemmte Wanderlust der Kelten legen es nahe anzunehmen, daß St. Fridian und St. Ursus, beide schon für das 6. Jahrhundert, der eine in Lucca, der andere in Aosta bezeugt, als eine von Columban unabhängige Vorhut aufs Festland kamen.

Vielleicht lebte damals noch etwas von dem aufsässigen Geist des Pelagianismus in der keltischen Kirche, deren Vertreter in den Germanen, vor allem aber in den arianischen Ostgoten, heimliche Verbündete suchten. Die Frage, wann Fridian in Italien angekommen ist, und ob ein Zwischenaufenthalt wegen unvorhersehbarer Umstände zu jener erst durch seinen Tod begrenzten Dauer führte, ist vielerlei Deutungen ausgesetzt gewesen.

Er zog sich in die Wildnis des Monte Pisano bei Lucca zurück, an denselben Ort wie seinerzeit Patricius auf seiner Pilgerfahrt nach Rom, was den Schluß nahelegt, daß auch er sich auf dem Weg zu den heiligen Stätten befand.

Es mag Gründe gegeben haben, ausgerechnet hier unterzutauchen. Immerhin nicht so weit von Rom entfernt, daß sie nicht unter den Massenexekutionen an Christen erschauert und mit diesem düsteren Geheimnis eine unzerstörbare Verbindung eingegangen wären. Noch heute geht von der Landschaft mit ihren Zypressen, die sich wie statuarische Trauerbäume auf den Hügeln zu Gedächtnisprozessionen formieren, eine betonte Feierlichkeit aus.

Ob Fridian 560 oder 565 Bischof von Lucca wurde, ist ebenfalls unklar. Möglicherweise hat die Vernichtung des Ostgotenreiches durch die byzantinischen Feldherren Belisar und Narses mit der Schlacht am Vesuv 552, bei der König Teja das Ende seiner germanischen Herrschaft mit seinem Tod heroisch besiegelte, auf Fridians Entscheidungen eingewirkt, indem er die Entwicklung der neuen Lage in seiner bewaldeten Klausur erst einmal abwartete.

Es war die Zeit des Papstes Gregor des Großen und des aufblühenden Benediktinerordens in Monte Cassino. Um 565 hatte die in Europa wütende Beulenpest auch Italien erreicht, und Fridian konnte sich im Sinne der im keltischen Ritus geübten Selbstaufgabe bis an die Grenzen seiner Kraft für seine Schutzbefohlenen einsetzen. Drei Jahre später, 568, überschritten die Langobarden unter ihrem Fürsten Alboin die Grenze nach Italien.

Die Tatsache, daß Fridian danach mit Zustimmung der neuen Machthaber, die von Lucca aus ihre toskanischen Teilherzogtümer beherrschten, sein inzwischen entstandenes Kloster behalten durfte, beweist die Anerkennung durch die weltliche Gewalt. Wenn die den Langobarden angelasteten Greuel an Priestern, Mönchen und Nonnen auch nur annähernd zuträfen, müßte sich ihr Sinn unter dem Eindruck der starken Persönlichkeit des irischen Mönchbischofs so weit besänftigt haben, daß sie ihm zumindest in seiner Wohltätigkeit und Seelsorge freie Hand ließen. Damit wird die für den Barbarenmythos unerläßliche Zweckbehauptung von der langobardischen Raserei an Klerikern zumindest in diesem Punkte unglaubwürdig.

Auch scheint die Herkunft St. Fridians aus Ulster eine Gewähr dafür, daß er sich, anstatt den ideologischen Kampf mit der arianischen »Häresie« seiner germanischen Landesherren aufzunehmen, aus den politischen Wirren klug herausgehalten hat. Denn Kelten und Arianer verband um jene Zeit, als sich der nördliche Teil Irlands stärker als der südliche als Vorposten der keltischen Kirche verstand, mehr miteinander als keltisches Mönchtum mit den Anhängern der römisch-katholischen Kirche.

Gleichwohl hat Gregor der Große, unermüdlicher Streiter für den Primat der römischen Kurie, St. Fridian in seinen Dialogen überschwenglich gepriesen. Besonders, was dessen Macht über das Hochwasser angeht, dessen ungezähmte Energie die Menschen dieser Region damals noch vor unlösbare Probleme stellte.

Zweimal ist Fridian bei Katastrophen dieser Art als Nothelfer hervorgetreten. Einmal hat er den Arno, den ein ängstlicher Fährmann zu überqueren sich weigerte, so weit geglättet, daß dessen Boot ungefährdet am Ufer landen konnte.

Soweit mag die wunderbare Geschichte, die sich in Florenz und Umgebung verbreitete, in einem plötzlichen Wetterumschwung ihre Erklärung finden. Anders aber der spektakuläre Fall der Umleitung des Serchio. Er hatte in einem Nebenbett des Arno so gefährliche Wassermassen angesetzt, daß es zu einer katastrophalen Überschwemmung gekommen wäre, hätte Fridian nicht den Serchio vom Arno weg ins Meer geleitet.

In der legendären Überhöhung stellt sich dieser Vorgang auch nicht annähernd als etwas dar, was bei nüchterner Betrachtung der Sachlage nur eine »Regulierung« gewesen sein kann, für die Fridian auf Grund seiner keltischen Erziehung alle wissenschaftlichen Voraussetzungen besaß. Es mußte im Interesse der Kirche liegen, nichts Unerklärliches, das jenseits der göttlichen Sphäre stattfand, zuzulassen, um eine Aufwertung des antiken Lehrgutes auf den Gebieten der Mathematik, Astronomie und Geographie zu verhindern.

Vieles, was die Nachfahren der druidischen Kelten nicht nur aus ihrer alten Verbindung mit den Naturkräften, sondern mehr noch aus praktischer Kenntnis der auf Ägypter und Babylonier zurückgehenden Geodäsie ermittelten, sich dabei auf die Arbeiten des Eratosthenes von Kyrene (295 bis 214 vor Chr.) als ihren Lehrmeister berufend, verstieß fundamental gegen das allgemein verbindliche christliche Weltbild jener Zeit. Was dabei aus dieser Sicht als Ketzerei hätte verdammt werden müssen, wurde als »Wunder« zugelassen.

Wenn bei Fridian die wie eine moderne Ingenieurleistung anmutende Umleitung des Wassers noch als frommes Geheimnis ausgegeben wurde, konnten bei seinen späteren Landsleuten, dem Bischof Virgil in Salzburg im 8. und dem Mönchsautor Dicuil in Pavia im 9. Jahrhundert, ähnliche Erscheinungen nicht mehr als übernatürliche Eingebungen gelten. Beide, worüber in späteren Kapiteln noch zu sprechen sein wird, haben mit erstaunlicher Klarheit und gegen die kirchliche Lehrmeinung geophysikalische Gesetze vertreten, die unser wissenschaftliches Weltbild inzwischen voll bestätigt hat.

Im Jahre 588 ist Fridian in Lucca gestorben, nicht ohne vorher noch mit der Feindseligkeit heidnischer Fischer Bekanntschaft gemacht zu haben, die ihm an dem Rückgang ihrer Fangquoten die Schuld gaben. Doch knapp zweihundert Jahre später waren seine Gebeine Gegenstand der Pilgerverehrung.

Daß sich neben Willibrord auch Bonifatius, der Angelsachse, unter den Wallfahrern zu seinem Grab in Lucca befand, die dem keltischen Sproß aus königlichem Haus ihre Verehrung bezeigten, mag mancherlei Gründe haben. Nicht zuletzt den, daß er den Iren, obwohl er ihre wissenschaftlichen Anschauungen als Teufelswerk bekämpfte, durch seine eigene irisch beeinflußte Erziehung in seinem Geburtsort Crediantun (Crediton), Devonshire, und im Kloster ad Excancastre (Exeter) traditionell verbunden war. Dabei wird ein zwiespältiges Gefühl, ob er die ihm und den Iren gemeinsame klassische Bildungsgrundlage an die amtskirchliche Observanz verriet, eine gewisse Rolle gespielt haben. Es ging um die jahrhundertelang immer wieder neu gestellte Frage, wie sich geistliches Amt und wissenschaftliche Bildung in Einklang bringen ließen, ohne das Dogma des Glaubens zu gefährden.

In dem Maße, wie sich Fridians Kult über die Toskana und weite Teile Italiens verbreitete, wurde seine letzte Ruhestätte in Lucca zur bevorzugten Grablege von heiligen Männern und Frauen, die oft lange nach ihrem Ableben noch dorthin überführt wurden.

Darunter fällt der Name eines westsächsischen Edelings, des heiligen Richard aus England, auf, der hier zusammen mit seinen beiden Söhnen im Jahre 721 ankam und überraschend vom Tode ereilt wurde. Mit Bonifatius

24 *Chiesa di San Frediano in Lucca: Grabeskirche des Iren St. Fridian, der hier seit 560 zunächst Einsiedler, dann Bischof war. Die Langobarden, die nach 568 von Lucca aus ihre toskanischen Teilherzogtümer begründeten, ließen ihn bis zu seinem Tode (588) im Amt. Zweihundert Jahre später wurde seine Kirche ein viel besuchtes Wallfahrtsziel.*

verwandt, hatte er sich von ihm für das angelsächsische Missionswerk in Deutschland einnehmen lassen und sich mit dem Gedanken, auch seine drei heranwachsenden Kinder auf die Evangelisationsarbeit in Germanien vorzubereiten, angefreundet. Dabei mag ihn der Gedanke mit Befriedigung erfüllt haben, daß seine eigenen Nachkommen die von seinen heidnischen Ahnen vor dreihundert Jahren verlassene Heimat im nördlichen Deutschland mit dem Geschenk des Christentums wieder betreten würden.

Richards ältester Sohn, Willibald, als kränkliches Kind bei den Mönchen in Exeter groß geworden, kam dieser Vorstellung lebhaft entgegen. Er wollte, so hat er es später ausgedrückt, »bis zu den Enden der Welt und über die wildesten Meere gehen«. Mit zwanzig Jahren konnte er seinen Vater und den jüngeren Bruder Wynnebald zu einer Pilgerreise nach Rom überreden. Doch ehe sie ihr Ziel erreichten, starb Richard auf dem Weg dorthin in Lucca. Seine beiden Söhne setzten ihn an jenem durch Fridian bereits geweihten Ort bei und konnten erst 723, nachdem sie eine schwere Malaria überstanden hatten, ihre Reise fortsetzen. Beide strebten in entgegengesetzter Richtung auseinander, um sich nach mehr als zwanzig Jahren in Deutschland wiederzufinden. Willibald nahm mit zwei Gefährten eine Wanderung auf, die ihn über Sizilien, die griechischen Inseln, Syrien und das heilige Land Palästina wieder zurück über Byzanz (Konstantinopel) aufs italienische Festland führte. Er erlebte den Ausbruch des Ätna und verweilte vor der Reliquie der heiligen Agatha, besuchte das Grab des Johannes in Ephesus, Kleinasien, und trank in Kanaan einen Schluck Wein aus einem jener Gläser, die Christus beim Abendmahl gesegnet hatte. Unsere Phantasie reicht nicht aus, um uns dieses siebenjährige Unternehmen unter den Bedingungen jener Zeit noch vorzustellen, vielmehr gewinnt es in Bilderzählungen auf Altartafeln eine andere, ins Phantastische entrückte Wirklichkeit. Das gleiche trifft für Willibalds Gefangennahme durch die Sarazenen zu, die von der englischen Nonne Hugeburc in Heidesheim protokolliert worden ist. Seine nachgelassenen Erlebnisschilderungen sind 1848 unter dem Titel »Early Travels in Palestine« herausgekommen.

Als Willibald im Jahre 729 an der Südspitze des italienischen Stiefels landete, war er müde und von Eindrücken überwältigt. Für die Dauer von zehn Jahren zog er sich in das Kloster Montecassino zurück, ehe er sich vom Papst mit dem Missionsauftrag für Deutschland betrauen ließ.

Seine Reisen zu Wasser und zu Lande, deren Lektüre noch heute zu tiefem Nachdenken anregt, erscheinen uns durch ihre abenteuerliche Dimension ebenso bemerkenswert wie durch das kindliche Staunen, das sie begleitet, und die fromme Ergebenheit eines Menschen, der sich unerschütterlich auf Gottes Beistand verläßt. Nicht nur Willibald, sondern auch seine Geschwister sind während des achten Jahrhunderts im angelsächsischen Evangelisa-

25 *Grabmal Wunibalds (Wynnebald) im Münster von Heidenheim. Der Sohn St. Richards, eines westsächsischen Edelings aus Exeter und Verwandter von Bonifatius, missionierte im 8. Jh. in Thüringen. 721 wurde Richard in Lucca neben dem Iren St. Fridian beigesetzt.*

tionsdienst an noch ungetauften Deutschen aufgegangen. Willibald wurde Erzbischof von Eichstätt im Altmühltal, Wynnebald missionierte in Thüringen, wo ihm sieben Kirchen unterstanden, und Walburga hatte als Äbtissin das Kloster Heidenheim unter sich. Ein Beispiel, das für viele angelsächsische Fürstenkinder gilt, die den Weg der weltlichen Eroberung ihrer Vorfahren in umgekehrter Richtung zurückgingen, aber nicht wie diese mit dem sächsischen Kurzschwert gegürtet, sondern, wie ihre irischen Mentoren, mit dem Kreuz.

Das alles konnte der heilige Richard, als er im fernen Lucca sein Leben aushauchte, nicht ahnen. Wohl aber durfte er sich im Augenblick seines Ablebens vom Geist stammesverwandter Märtyrer und Wandermönche der keltischen Inselwelt umstellt fühlen.

Neben Fridian, nach dem die größte Kirche des 13. Jahrhunderts in Lucca benannt ist, muß hier auch der Ire St. Ursus erwähnt werden. Obwohl das Aosta-Tal von seiner Legende erfüllt ist, bleibt er merkwürdig unscharf, als habe ihm die Alpenregion das zur Erhellung seines menschlichen Umrisses notwendige Licht entzogen. Daß er früher als Fridian, vielleicht schon mit den ersten außeririschen Kontakten unter Comgall und Columbkille aufs Festland kam, wird aufgrund seiner wenn auch unbeweisbaren Beziehung zu dem arianischen Bischof Ploctean angenommen. Er soll ihm als Archidiakon zugeteilt gewesen und wegen der Unvereinbarkeit seines eigenen orthodoxen Bekenntnisses mit der von Ploctean vertretenen häretischen Abweichung von ihm abgerückt sein und eine eigene Klosterkirche gegründet haben. Diese Deutung mag in einer Zeit, als die Franken unter ihrem burgundischen König Gunthram und seinen katholischen Nachfolgern über die Valdostaner herrschten, aufgekommen sein. St. Ursus traf am Zusammenfluß von Buthier und Dora, wo sich die in nördlicher und westlicher Richtung die Alpenkette durchquerenden Straßen kreuzen, auf eine im Charakter römisch gebliebene Stadt. Mit Brücke, Amphitheater, Forum, Augustusbogen und Prätorianischen Pforten rechtfertigt sie noch heute den Beinamen »Rom der Alpen«. Diese mehrmals bei Durchzügen wandernder Germanenstämme verwüstete und geplünderte Augusta Praetoria hatte gleichwohl die Orientierung an den reinen Höhen nicht verloren, die ihm in der Gletscherregion der Pyramide des Tersiva (3513 Meter) gegenwärtig waren.

Ursus betrat von Frankreich her, wo er sich länger in der Gegend von Meyronnes aufgehalten hatte, heute eine nach ihm benannte Siedlung in den Basses Alpes bei Digne.

Hier nahm sich Ursus, wie Überlieferungen zu entnehmen ist, mit besonderer Wärme der Armen an, indem er sie mit Holzschuhen versorgte. Ein Basrelief in der Gemeindekirche von St. Cristofero außerhalb Aostas stellt ihn bei der Verteilung solcher »sabots« dar, eine karitative Geste, die noch jahrhundertelang von der auf ihn zurückgehenden Kollegiatkirche in Aosta geübt wurde. Sie ging schließlich in einen Holzmarkt über, der an jedem Ursus-Abend am 1. Februar vor dem Hause des einstigen, nach ihm benannten, zwischen dem siebten und achten Jahrhundert errichteten Hospitals als traditionelles Gedächtnisfest für den Heiligen abgehalten wird. Nirgendwo sonst als im Borgo St. Ursus in Aosta und Donaz ist ein solcher Volksbrauch nachweisbar.

Eine üppige in Frankreich wie in der Schweiz mit dem Namen des Heiligen verbundene Folklore hat die in wirren Zeiten entstandenen Leerräume seiner Biographie hinreichend ausgefüllt. Vielleicht blickt uns in der Krypta der Kollegiatkirche St. Orso von Aosta noch Mauerwerk an, mit dem Ursus in Berührung gekommen ist. Die später nach ihm benannte Kirche mit ihren ottonischen Fresken aus dem elften und ihrem Klosterhof aus dem dreizehnten Jahrhundert, ebenso wie das Laubenhaus des Priorats, lassen erkennen, daß der Ire Ursus auf der Schwelle von Spätantike und Mittelalter mehr war als ein besorgter Vater der Armen, sondern eine von weither über die westliche See gekommene religiöse Leitfigur.

Ähnlich vieldeutig ist die Erscheinung des St. Gunifort von Pavia, der in einem irischen Märtyrerkanon zusammen mit seinem Bruder und zwei Schwestern dem frühen Kreis der »Scoti« zugerechnet wird, vermutlich noch ein Menschenalter vor Fridian. Diese Mutmaßung stützt sich auf die Überlieferung, daß diese vier Adelssprößlinge vor einer blutigen Christenverfolgung auf das Festland geflohen seien. Da es aber auf den britischen Inseln zu keiner Zeit eine organisierte Jagd auf Anhänger der neuen Religion gegeben hat, bleibt nur der Schluß, daß damit auf die Pikten angespielt wird. Wie Patrick mehrmals beklagte, hatten sie den bereits angenommenen Glauben in zahlreichen Fällen widerrufen und die christlichen Gemeinden bis an die Küste von Ulster hart bedrängt.

Aus welchen Gründen die Wahl des Exils auf die heidnischen Teile Germaniens fiel, ist nicht bekannt. Nachdem die vier dort mit ihrem Missionsversuch gescheitert und beide Schwestern, Flavilla und Pusillana, für ihr mutiges Bekenntnis zu Christus enthauptet worden waren, wurden ihre Brüder in der Annahme freigesprochen, sie hätten sich von dem Gott ihrer toten Schwestern losgesagt. »Crudelis Scotia, sed crudelior Teutonica«, so lauten, in einem mittelalterlichen Codex zusammengefaßt, ihre Erfahrungen.

Die überlebenden Brüder, Gunifort und Gunibald, schlugen den Weg über die Alpen nach Como ein, hoffend, dort gefahrlos das Christentum verbreiten zu können. Doch auch hier wurden sie nach ersten Erfolgen beim »princeps civitatis« angeschwärzt und zum Tode verurteilt.

Einer von ihnen, Gunibald, starb unter dem Richtschwert, von seinem Bruder Gunifort heimlich begraben.

Damals scheint es Methode gewesen zu sein, zur Abschreckung bei der Exekution einer Familie mindestens ein Mitglied zu verschonen, im Vertrauen darauf, daß das Entsetzen ihn von seinen früheren Idealen abbringen würde.

Doch auch im Falle Gunifort hatte das taktische Manöver keinen Erfolg. Er weigerte sich, heidnischen Göttern zu opfern, worauf man ihn vor die Stadtmauern von Mailand schleppte. Hier wurde er, als Einleitung für die Hinrichtung, so lange mit Pfeilen beschossen, bis er, mit Wunden bedeckt und von seinen Feinden für tot gehalten, ohnmächtig zusammensank. Doch konnte er sich nach kurzer Zeit wieder aufraffen und seinen Weg nach Pavia fortsetzen. Hier nahm ihn eine Frau, die sich seines Zustandes erbarmte, in ihr Haus auf, pflegte ihn hingebungsvoll und mußte erleben, wie er am dritten Tag unter ihren Händen seinen schweren Verletzungen erlag.

Das für diese Zeit nicht ungewöhnliche Märtyrerschicksal der Geschwister aus dem Norden ist tief in das kirchliche Brauchtum Oberitaliens, besonders der Provinzen Pavia und Mailand, eingegangen. An ihn und seine seit 1236 verehrten und heute in der Kirche St. Gervase verwahrten Gebeine knüpften sich die Hoffnungen von akut Erkrankten, die ihre Kleider auf seinen Sarkophag legten; bereits in Prozessionen des zehnten Jahrhunderts wurde seine Litanei gesungen; Künstler- und Handwerkergilden begingen in der Kirche St. Gunifort alljährlich ein Votivfest, dem sich 1416 das Juristencollegium anschloß. Vom vierzehnten bis zum sechzehnten Jahrhundert taufte man zwischen Pavia und Mailand seine Söhne mit Vorliebe auf den Namen Gunifort. Die Reliquien des heiligen Märtyrers sind außer in der Lombardei nur in Moitiers in der Normandie nachweisbar. Wie die Zeit auch den Wahrheitsgehalt dieses Märtyrerberichts im Sinne einer Legende verändert haben mag, eine Tatsache, die zudem noch leicht übersehen wird, macht sie im Kern glaubwürdig. Ausgerechnet eine Gemeinde in der Normandie, jenem von den Iren immer wieder angelaufenen Herzland des Keltentums vor der normannischen Landnahme, stellt Gunifort in den Mittelpunkt religiöser Verehrung. Vielleicht, weil er sich an dieser Küste ausgeschifft und den unheilvollen Weg in die germanischen Lande weitergegangen war. Als er schließlich jenseits der Alpen die römische Provinz Aemilia erreichte, hatte er alle seine Geschwister, zuletzt sich selbst, an das rote Martyrium verloren.

Anders als die vier jugendlichen Auswanderer, die unbedenklich ihrem christlichen Überschwang folgten, von Verfolgung zu Verfolgung dem Tode entgegen, bereitete sich wahrscheinlich früher als sie ihr anonymer irischer Landsmann St. Pellegrino delle Alpi di Garfagnana gezielt auf seinen Auszug aus seiner Heimat vor. Vermutlich noch ganz unter dem Einfluß des ägyptischen Koinobitentums, das die materiellen Inhalte dieser Welt verachtete, soll er als Sohn eines bereits getauften Königs in Scotia, das ist Irland, Romanus, seinen Thronanspruch widerrufen und alle seine Habe an die Armen verteilt haben, um als namenloser Pilger ins Heilige Land aufzubrechen.

Es entspricht dem Geist jener Zeit, sich nach einer Berührung mit den geweihten Stätten als Anachoret in die Wüste zurückzuziehen und die Kunst der Selbstverleugnung zu üben. Pellegrino blieb vierzig Jahre dort verschollen, als er sich plötzlich von Gott aufgerufen fühlte, ein noch größeres Wagnis einzugehen. Er begab sich an den Hof des Sultans und predigte ihm das Evangelium mit dem Erfolg, daß man ihn in Ketten legte und mit dem Tode bedrohte. Bei einer Feuerprobe blieb er unversehrt.

Die phantastischen, aber für die damaligen Verhältnisse keineswegs ungewöhnlichen Abenteuer leisteten jenen utopischen Einzelheiten, mit denen der Bericht seiner Flucht ausgeschmückt wurde, Vorschub. Demnach soll er, von einer brutalen Schiffsbesatzung ins Meer gestoßen, seinen Mantel in ein Floß, seinen Stock in einen Mast und sein Felleisen in ein Segel verwandelt haben. Er landete bei Ancona, besuchte die Gräber der Apostel in Rom, St. Nikolaus in Bari und den Schrein des Erzengels St. Michael auf dem Monte Gargano, ein fast vollständiges Pensum der unerläßlichen Pilgerübungen jener Zeit. Ein Stern führte ihn in die wildesten Bezirke des Apennin, wo er sich in einem Wald, den er später Romanesca benannte, zurückzog. Wieder blieb er zwölf Jahre in einer Höhle, lebte von Tau und Kräutern und hatte Umgang allein mit den wilden Tieren dieser Bergwildnis. Wir sträuben uns zu glauben, daß er diesen lichtlosen Unterschlupf aufgab, um sich in der Nähe einer der vielen heißen Mineralquellen, mit denen dieser Teil des toskanischen Apennin gesegnet ist, niederzulassen und die bei solcher asketischen Lebensführung unausbleiblichen Leiden auszukurieren. Die »Thermae salonis« müßten es wissen, ob er dem aus keltischen Zeiten übernommenen Kult des Wassers zuliebe seine Selbstkasteiung aufgab und an den Quellen Heilung suchte. Er wurde 97 Jahre alt.

Auch sein Tod, den ein Ehepaar in der Grafschaf Frignano als Vision erlebte, war noch von mystischen Umständen begleitet. Man fand ihn, ein Pergament mit seiner Lebensgeschichte in der Hand, in seinem Baumsarg, bestattete ihn ehrenvoll an einem Ort, für den sich die Ochsen, die seinen Leichnam transportierten, durch plötzliches Anhalten entschieden. Er liegt südlich des Passes Foce di Radici in etwa 1529 Meter Höhe.

Mag auch die zeitliche Bestimmung dieser geheimnisvollen, vom smaragdgrünen Licht des Apennin eingefaßten Erscheinung zwischen dem fünften und achten Jahrhundert schwanken – man glaubt, seinen Tod für das Jahr 464 annehmen zu können –, so deuten doch die ungewöhnliche Ausbreitung seines Kultes bis hinunter nach Sizilien, und die Tatsache, daß Kaiser Heinrich VI. und sein Sohn Friedrich II. dem nach dem »Peregrino de Alpibus« in Piava a Foscina benannten Hospital bestimmte Privilegien einräumten, auf einen realen Ausgangspunkt. Wenn in den Annalen der Historia Ecclesiastica davon die Rede ist, daß ein heiliger Anachoret ein Buch mit Gebeten und ein anderes mit Meditationen hinterlassen habe, »die mit eigener Hand auf die Rinde der Bäume« geschrieben waren und sich bis heute erhalten haben, so wird hinter dieser ungenauen Aussage das Bild des irischen Pilgers lebendig, der die europäischen Provinzen jahrhundertelang mit dem kostbarsten Gastgeschenk, dem Fundus klassischer Gelehrsamkeit, durchwandert hat.

Die Epigonen Columbans unter den Pippiniden

Aus heutiger Sicht war die geistige Erneuerung des Abendlandes vom sechsten bis siebten Jahrhundert ein revolutionärer Akt, der seine Dynamik nicht zuletzt aus dem Pluralismus der Glaubenssätze bezog. Während im fränkischen Herrschaftsbereich zur Zeit Columbans und nach ihm der keltische Einfluß (Columbianismus) dominierte, setzte sich im übrigen Westeuropa die lateinische Opposition mit dem von ihr geförderten Benediktinertum durch. Mit dem Erscheinen des Bonifatius gewann sie auch in England schnell an Boden.

Die Nachblüte der keltischen Kirche auf dem Kontinent fällt mit der Regierungszeit Chlotars II. (613–628) und seines Sohnes Dagobert I. (629–638) zusammen. Während Chlotar die merowingischen Teilreiche vereinigte, wurde Dagobert I. zum starken Mann des Gesamtreiches. Beide ließen den Iren nicht nur freie Hand, sie förderten sie auch, indem sie ihre Klöster als Erziehungsstätten für die Kinder des fränkischen Adels bevorzugten.

Aber auch die Klöster in Irland gelten weiterhin als exklusive, nur den Begabtesten zugängliche Bildungsanstalten. Bei den nach wie vor ungefestigten moralischen Grundsätzen, die es den Königen und ihren Hausmeiern erlaubten, lästige Thronanwärter aus dem Wege zu räumen, dienten sie auch gelegentlich, wie im Falle Dagoberts, zu einer christlich gemilderten Abschiebehaft. Sein Majordomus Grimoald, der ihn vom Thron entsetzt hatte, ließ ihn nach Irland schaffen und als Mönch einkleiden. Von seiner Partei nach Austrasien zurückgeholt, verlor er nach nur drei Jahren Herrschaft, 670, sein Leben durch einen Mordanschlag.

Vorausschauend hatte schon ein Menschenalter vorher Pippin, Majordomus von Austrasien (gestorben 639), Grund genug gehabt, die Iren in seinem Herrschaftsgebiet zu verstärkter religiöser Aufklärung zu ermutigen. Vielleicht erreichte seine Großmütigkeit auch noch die Jünger Columbans, die sich im Laufe seiner Absetzbewegung nach Oberitalien selbständig machten.

Dazu gehört u. a. auch St. Ursan (nicht zu verwechseln mit St. Ursus von Aosta), der sich bei Basel unter unaufgeklärten Umständen von seinem Mei-

26 St. Ursanne: am Fluß Doubs und dem Mont Terrible im Berner Jura. Benannt wurde es nach dem irischen Eremiten St. Ursan, einem Gefährten und Schüler von St. Columban, der 620 hier verstarb.

ster trennte und sich in den Berner Jura zurückzog. Aus seiner Bergeinsiedelei am Fuße des Mont Terrible soll die nach ihm benannte Abtei entstanden sein.

Obwohl sein Wirken ohne besonderen Nachhall geblieben ist – er hinterließ eine später im Kloster St. Maixent bei Poitiers metrisch bearbeitete Schrift –, verdanken wir einem von der Legende überlieferten Zwischenfall eine intime und überaus aufschlußreiche Information über charakteristische Züge des Irentums. Sie hatten zu lange als altkeltische Eigentümlichkeiten gegolten, um von den Mönchen allein mit Hilfe des Glaubens restlos überwunden worden zu sein. Gemeint ist ihre Trinkfreudigkeit, die heute noch zur Legitimation ihrer sprudelnden Genialität herangezogen wird.

Es wird berichtet, daß Euclion, ein offenbar mit Gebietsvollmachten ausgestatteter Hoheitsträger, Ursan zu Tisch bat und sich von ihm Auskunft über seinen Gott erbat. Der Ire, dessen Verehrung in der Schweiz schon für das siebte Jahrhundert bezeugt ist, ließ sich vom Gegenstand seiner Betrachtung zu begeisterten Worten hinreißen, nicht der Verwandlung achtend, die mit seinem Gastgeber vor sich ging. Zum Satan geworden, versuchte ihn dieser mit Wein, indem er ihm den Becher in immer kürzeren Abständen füllte, den Ursan im gleichen Rhythmus leerte, worauf er sich bald in einem feuchtfröhlichen Zustand befand. Auf dieses Ziel hatte Euclion in realistischer Einschätzung keltischer Verführbarkeit kaltblütig hingearbeitet. Inmitten einer hämischen Tafelrunde schmähte er Ursan als »Agenten des Bacchus« und sprach ihm jedes Recht ab, sich im Namen der Religion Andersgläubigen als Vertreter einer höheren Sittlichkeit zu empfehlen.

In der Legende indes darf er seinen Triumph nur flüchtig auskosten. Ursan, der sich seiner Schwäche ebenso bewußt wird wie der raffinierten Kabale seines Gastgebers, läßt Euclion unter der Macht seiner Verwünschung an seinem Wohnsitz vollständig vereinsamen. Alle Menschen um ihn herum sind geflohen, nur Kröten, Ratten und Reptilien zu seiner Gesellschaft zurückgeblieben.

Noch bevor Columban zum Zuchtmeister seines Ordens wurde, hatte Gildas, ein zwischen 565 und 568 in Irland predigender und aus dem Waliser Kloster Llancarvan hervorgegangener Mönch, die Alkoholabhängigkeit auf den britischen Inseln gegeißelt. Seine in Litaneien gekleidete Klage über die Not Britanniens geht nicht zuletzt von der Tatsache aus, daß Trunkenheit schon zu jener Zeit auch in den Klöstern ein weit verbreitetes Übel war. So droht Gildas allen Brüdern, die sich, weil sie zu tief ins Glas geschaut haben, nicht am Chorgesang beteiligen können, Exkommunikation an. Dabei unterscheidet er zwischen denen, die aus Unwissenheit, aus Nachlässigkeit oder aus Mißachtung der Regel sündigen, und staffelt die Strafe in dreizehn, vierzehn und hundertzwanzig Tage Buße.

Nachdem in Columbans Stammkloster Luxeuil sein Nachfolger Eustasius, wenn auch unter wachsenden Anfeindungen, die Regula Columbani beibehalten konnte, wurde sie schon nach dessen Tod unter Walbert durch die benediktinische Regel ersetzt. Es scheint, daß damit die alten Widersacher des keltischen Ritus noch nicht zufrieden waren, sondern nach zusätzlicher Bestätigung ihrer Überlegenheit suchten.

Das nach Ursan zweite bekannte Opfer einer vergleichbaren Erprobung irischer Standfestigkeit war Deicolus. Nach einer Pilgerschaft in East Anglia hatte er sich Columban angeschlossen und wurde in Luxeuil sein Schüler.

Aus seiner erst im letzten Viertel des zehnten Jahrhunderts entstandenen Vita wissen wir, daß er seinem Lehrer 610 in die Verbannung folgen wollte, dann aber, infolge körperlicher Schwäche, als Einsiedler in den Vogesen zurückblieb.

Ein Weltgeistlicher, in dessen Kapelle er jede Nacht lange Gebete verrichtete, beschuldigte Deicolus bei seinem Grundherren einer sexuellen Verfehlung, worauf er ohne nähere Prüfung der Umstände entmannt wurde. Allein die regelmäßge Abwesenheit von seiner Eremitage bei Nacht, vielleicht auch die künstlich herbeigeführte Nähe einer Frau, reichten aus, einen so massiven Tatverdacht gegen ihn zu erheben. Wenn er sich auch nicht bestätigte und Deicolus mit den damals üblichen Mitteln rehabilitiert wurde – man übereignete ihm ein Landgut, auf dem er das Kloster Lutra gründete, das heutige Lure im Département Haute-Saône –, ist der Vorfall doch für die latente Mißgunst und Verleumdungsbereitschaft gegenüber den irischen Exulanten bezeichnend. Zunehmend wurden sie zur Zielscheibe eines unkontrollierten Argwohns, der in dem Maße wuchs, wie die antikeltische Partei, die auf den britischen Inseln bereits die Führung übernommen hatte, auch auf dem Festland vordrang.

Gleichwohl scheint es unter der Nachwirkung des unerbittlichen columbianischen Vorbildes keine ernsthaften Einbrüche in die Front der Tugend gegeben zu haben, die durch sein von ihm geformtes Mönchtum so leidenschaftlich verteidigt wurde.

Daß bei höchster offizieller Anerkennung durch die fränkischen Herrscherhäuser sich unübersehbare Hinweise für eine schleichende Vertrauenskrise mehrten, bezeugen auch die näheren Umstände, die zur Weltentsagung eines fränkischen Grundherren in der Picardie, Richarius, geführt haben. Er traf, bisher religiös gleichgültig, in Ponthieu auf zwei irische Wandermönche, Fichorie und Cheidocus. Von heidnischen Bauern arg bedrängt, mußten sie sich, vielleicht in Anspielung auf altkeltische Zauberpraktiken, als böse Geister verdächtigen lassen, die ihre Saaten weghexten und sich allerlei ruchloser Magie ergaben. Richarius, entrüstet über den törichten Schimpf, der unschuldigen Fremden angetan wurde, befreite sie aus ihrer mißlichen Lage, lud sie zu sich nach Hause ein und lauschte eine Nacht lang tief bewegt ihrer christlichen Verkündigung. Am Morgen war ein ergebener Diener Gottes aus ihm geworden. Im Jahre 640 gründete er in der Picardie, nicht weit vom damaligen Ort Centulum, eine klösterliche Niederlassung und führte dort bis zu seinem Ende im Jahre 645 ein Leben in Zurückgezogenheit und Buße. Nach ihm heißt Centulum noch heute St. Riquier.

Nicht nur für die potentielle Angreifbarkeit irischer Wanderprediger beim einfachen Volk, sondern auch für die beispielhafte Wirkung ihres Auftretens bei dem gebildeten Adel ist dieser Vorfall bezeichnend. Die Wandlung, wie sie Richarius durch zwei nicht einmal besonders namhafte Jünger des irischen Apostolats erlebte, dürfte für die damalige Zeit kein Einzelfall gewesen sein. Wortgewalt und leidenschaftliches Eindringen in die menschliche Psyche waren ein hervorstechendes Merkmal der Inselkelten, die das Individuum immer wieder mit verzweifelter Anstrengung aus dem Sog des allgemeinen moralischen Niederganges herauszureißen vermochten, um es zum bewußten Teilhaber göttlicher Gnade zu machen. Wenn schon die Epigonen Columbans einen so bemerkenswerten Einfluß auf ihre Umgebung ausübten, um wieviel mehr mußte er selbst Gewalt über die Menschen gehabt haben. Mindestens zweimal, während er bei seiner Austreibung aus Burgund in verschiedenen Adelshäusern rastete, erwies sich seine charismatische Persönlichkeit als schicksalsverändernd für die Gastgeber. Sie ließen ihre Kinder von ihm segnen und hatten damit, ohne es vorauszusehen, deren Lebensrichtung neu bestimmt. Sowohl der Bischof Audoin von Reims als auch der heilige Faro (Burgundofaro), deren Eltern Columban bei seiner Flucht aufgenommen hatten, konnten unter dem Einfluß der Einsegnung nicht mehr in ihr gewohntes Dasein zurück.

Columban hatte nichts von seiner Aura eingebüßt, auch nicht unter den demütigenden Umständen als Verjagter, dem man unterwegs sein Gepäck stahl, ein Übergriff, für den er auf dem Weg nach Nantes den austrasischen König, den er als »Hund von Theuderich« verfluchte, verantwortlich machte. Dabei muß die männliche Schönheit seiner hohen Gestalt ebenso eindrucksvoll gewesen sein wie seine geistige Strahlkraft und der leidenschaftliche Ernst seines Charakters. Drei Kinder des fränkischen Edelmanns Chagnerich, die Columban in dessen Haus gesegnet hatte, blieben ihr Leben lang den irischen Wandermönchen besonders verbunden: Chagnoald, auf Wunsch Chagnerichs in Luxeuil erzogen, später Bischof von Laon; Fara (Burgundofara), Begründerin des Klosters Faremoutier bei Meaux; Faro (Burgundofaro) gründete, ebenfalls bei Meaux, Einsiedelei und Kloster Broilum (Breuil), das er irischen Pilgern offenhielt. Als Bischof von Meaux nahm er die Iren unter seinen persönlichen Schutz. Er starb 627. Den heiligen Kilian, nicht zu verwechseln mit dem späteren Missionar der Ostfranken, konnte er überreden, sich in Aubigny bei Arras, und St. Fiacre (Fiachra), sich in der Einsiedelei von Broilum niederzulassen.

Fiacre hatte, wie der Vita von St. Faro und der Chronik von St. Denis zu entnehmen, in einem vorsätzlich schäbigen Gewand, um unerkannt und in seiner vornehmen Abkunft unentdeckt zu bleiben, Irland verlassen. Als er in Gallien ankam, erbat er sich von dem Bischof Faro ein Stück Land, um darauf ein Kloster zu errichten und den alten Traum des »Monachos«, dessen, der einsam lebt, in der Fremde zu verwirklichen. Er folgte auch insoweit den Zielsetzungen seines Gönners Faro, als er dem Kloster für die irischen Pilger ein Hospiz angliederte, dazu einen Garten für den Anbau von Feldfrüchten für den eigenen Bedarf.

Die kleine Kapelle, Ausgangspunkt der klösterlichen Siedlung, wurde noch Jahrhunderte nach Fiacres Tod von irischen und anderen Pilgern aufgesucht. Besonders Frauen, die er, solange er lebte, vom Betreten des monastischen Bezirkes ausgeschlossen hatte, trugen dem toten Heiligen ihr spezifisch weibliches Anliegen vor. Darunter die Königin Anna von Österreich, die Fiacre um die Geburt eines Thronerben anflehte. Daß die französische Dynastie der Mitwirkung eines irischen Heiligen ihren damaligen Dauphin, den späteren König Ludwig XIII., verdankt, mag einer der Gründe für die weit verbreitete Verehrung St. Fiacres besonders in Frankreich sein. Sein Kult drang darüber hinaus in die Niederlande und ins Rheinland.

Die Heiligung auch der weniger profilierten Irenmönche beruht nicht zuletzt auf der hohen Wertschätzung, der sich die ferne Insel als Heimstatt der Tugend und Gelehrsamkeit während des ganzen Mittelalters und darüber hinaus erfreute. Es ist immerhin tröstlich, daß Fiacre, auch wenn er als historische Gestalt weitgehend vergessen ist, doch durch die Gleichsetzung seines Namens mit einer pferdebespannten Karosse eine Art von Popularität aus zweiter Hand erleben darf. Seitdem im 17. Jahrhundert in Paris ein Hotel St. Fiacre bestand, vor dem Pferdekutschen vermietet wurden, gilt der Fiaker in Frankreich, Österreich und dem angrenzenden Donauraum als Inbegriff eines besonders lauschigen Transportmittels, das in Wiener Heurigenliedern noch heute gefühlvoll verherrlicht wird. Eine merkwürdige Symbiose, wenn man dabei an die weltverneinende Philosophie seines Namensgebers, St. Fiacre, denkt.

Mit ihm teilt einen gewissen folkloristischen Nachruhm sein bischöflicher Beschützer St. Faro, der Irenfreund. Noch zweihundert Jahre nach seinem Tod kam er in einem romanischen Tanzlied am Hofe Karls des Kahlen als Erretter von sächsischen Gesandten, die auf Geheiß König Chlotars II. meuchlings ermordet werden sollten, zu Ehren.

Ausgerechnet Chlotar, der sich als Gönner der irischen Mönche feiern ließ und aus dessen Kreis von Hofbeamten sich mehr als einer in ihre klösterliche Obhut begab, macht den inneren Widerspruch jener Zeit deutlich. Immer wieder mißlang der Versuch, christliche Prinzipien auf Dauer zum moralischen Gesetz des Handelns zu machen. Allein einzelnen Frauen des merowingischen Herrscherhauses, nach der Burgundin Chlothilde und der Thüringerin Radegunde, beide im sechsten Jahrhundert, und der Witwe Chlodwigs II., der Angelsächsin Bathilde im siebten Jahrhundert, war die Kraft zum Höhenflug einer exemplarischen christlichen Lebensgestaltung gegeben.

Bathilde war als Sklavin, eine damals übliche Kriegsbeute, von England an den neustrischen Königshof gebracht und von Chlodwig zur Gemahlin genommen worden. Nach seinem Tode regierte sie einige Jahre für ihren Sohn Chlotar III., ehe sie von ihren Gegnern ins Kloster Chelles bei Paris geschickt wurde, eine Stiftung, die auf sie selbst zurückgeht. Hier, wie auch im Kloster Corbie an der Somme, das sie mit 657 Mönchen und einem Abt aus Luxeuil ins Leben rief, blieb die Columbanregel für Jahrhunderte in Kraft. Beide Klöster haben sich als geistige Zentren, in denen wertvolle Handschriften nach irischer Manier entstanden, hervorgetan.

Damit ist die Frage, warum der Zuzug der Iren im siebten Jahrhundert einen gewissen Höhepunkt erreichte, aber nur teilweise beantwortet. Sie kamen nicht eigentlich als Fremdlinge, umso weniger, als sie schon in vorchristlicher Zeit als Piraten an den Küsten Galliens erschienen waren. Dies und die Tatsache, daß sie zu den wenigen europäischen Völkern gehörten, die außerhalb der römischen Zivilisation lebten, machte es ihren Kritikern leicht, mit dem Finger auf sie zu zeigen. Gegen den üblen Leumund, der ihnen durch das Urteil Strabos aus der Zeit des Augustus anhaftete, mußten sie sich gelegentlich immer noch zur Wehr setzen:

»Diese kalte und grüne Insel hat keinen guten Ruf. Die Iren sind noch wilder als die Briten. Sie sind gleichzeitig Pflanzenfresser und Menschenfresser. Sie essen ihre eigenen Verwandten und haben eine solche Moral, daß sie weder ihre Mütter noch ihre Schwestern respektieren.«

Der heilige Hieronymus, dem es an Sarkasmus nicht fehlte, verstieg sich zu der Behauptung, »daß diese Rasse von Schweinen sich vereinige, ohne die Ehe zu kennen«. Die Menschenfresserei, so fuhr er fort, habe »in diesem Lande ihre kulinarischen Spezialitäten, und die irischen Damen lieferten die zartesten und von allen geschätzten Gerichte«.

Umso größer war angesichts solcher Schmähungen die Genugtuung der irischen Wandermönche, wenn sie als Nachfahren des gleichen Volkes fünfhundert Jahre danach nicht nur anerkannt und besonders von den regierenden Fürsten umworben wurden. Der Bedarf an geschultem Mönchspersonal nahm derart zu, daß man es in den irischen Heimatklöstern geradezu in Gruppen rekrutierte. Umgekehrt strebten fränkische Kleriker in die begehrten Inselklöster, um ihre Bildung zu vervollkommnen, damit für die Missionsarbeit, neuerdings auch unter den noch ungetauften Angelsachsen, ihr apostolisches Rüstzeug erwerbend. Das geistige Klima im Frankenreich zur damaligen Zeit läßt sich am ehesten als eine Mischung aus politischer Bedenkenlosigkeit und gespielter Reue umschreiben. Bei jedem Rückfall in die alten Laster blutiger Thronstreitigkeiten setzte die Regierung, in schlauer Abschätzung der Gunst, die sie den Asketen aus Irland erwiesen hatte, und der Dankbarkeit, die sie dafür erwartete, auf nachsichtiges Entgegenkommen. Die Furcht, daß einer des anderen Wohlwollen verlieren konnte, schaffte Verständigungsbereitschaft.

Mit St. Fursey trat ein Ire auf den Plan, der kraft seiner visionären Gaben mehr Furcht als Vertrauen einflößte. Seine Fähigkeit, mit Verstorbenen im Zwischenreich zu wandeln, ließ eine originelle, noch von Dante bei der Abfassung seiner »Göttlichen Komödie« als Inspirationsquelle benutzte literarische Gattung entstehen. Fursey, von hoher Geburt, besaß mit seiner Hellsichtigkeit noch eine Antenne zum Okkultismus der Druiden, der freilich bei ihm über die Naturkäfte hinaus in eine Sphäre beseelter Erscheinungen reichte.

Als Abt des von ihm gegründeten Klosters Rattemat wanderte er, aus der Heiligen Schrift predigend, in Irland umher, wurde krank und fiel in Trance. Erwachend sah er die nebelhaften Linien seiner Zukunft jenseits der Insel, sammelte einige Gefährten um sich und schiffte sich nach Britannien ein. Dort hatte König Sigebert von East Anglia seit zwei Jahren mit Hilfe des burgundischen Bischofs Felix seine Untertanen für den christlichen Glauben gewonnen. Er bereitete Fursey bei seiner Ankunft im Jahre 633 einen ehrenvollen Empfang. Die kostbaren Geschenke aus Gold und Edelsteinen, mit denen er ihn überhäufte, wies der Heilige zurück und erbat sich statt dessen einen Platz für eine Einsiedelei, den man ihm innerhalb der Mauern einer ehemals römischen Festung, heute Burgh Castle, nahe Yarmouth, überließ. Hier entwikkelte er in zwölf Jahren, wie er es vorausgesehen hatte, eine so zwingende christliche Überzeugungskraft, daß König Sigebert dem nächsten in der Thronfolgeordnung, Egric, die Krone überließ und sich unter dem Eindruck von Furseys konsequenter Weltabkehr in das von ihm, Sigebert, gegründete Kloster St. Edmunds in Suffolk zurückzog. So weit ging seine religiöse Ergriffenheit, daß er sich bei einem Einfall des noch heidnischen Königs Penda aus Mercia weigerte, seine Zelle mit dem Oberbefehl über seine Truppen zu vertauschen, getreu seinem Gelübde, weder zu kämpfen, noch ein Schwert zu tragen. Er wurde mit Gewalt an die Spitze seiner Soldaten gestellt und fiel, zusammen mit König Egric und der ganzen Armee, in einer nicht mehr genau datierbaren Schlacht.

Dessen Nachfolger, König Anna, baute das aus Furseys Eremitage hervorgegangene Kloster Cnobheresburg aus, in allem seinem christlichen Vorgänger nacheifernd, und überließ vier Kinder, eine Stieftochter und zwei Enkelinnen der klösterlichen Zucht.

St. Fursey verließ wegen der wiederholten Angriffe Pendas im Jahre 644/45 East Anglia in Richtung Rom, nachdem er seine Brüder Foilan und Ultan in Cnobheresburg an seine Stelle gesetzt hatte. Dabei durchquerte er die Picardie, wo ihn der Hausmeister vom Neustrien, Erchinoald, im Auftrag König Chlodwigs für ein Wirken in ihrem Herrschaftsbereich gewinnen konnte. Fursey gründete das Kloster Lagny, nordöstlich von Paris, starb aber, als er eine Reise mit dem König unternahm, im Jahre 650 in Mezerolles.

Erchinoald, der ihn zuvor in seinem Palast zur Taufe seines Sohnes nach

Péronne gebeten hatte, ließ ihn von seinem Sterbebett überführen und in der Kirche, die inzwischen auf seinem Gut entstanden war, begraben. Péronne an der Somme wurde mit seinem angeschlossenen Kloster, dem »Monasterium Scottorum«, ein begehrtes Pilgerziel für die »Hiberni«, die dort den ersten Patriciuskult des Kontinents einführten. In irischer Zuständigkeit ist das Kloster bis zu den Einfällen der Normannen im Jahre 880 geblieben.

Die Vita Fursei erwähnt einen Zwischenfall, der nicht nur für den exorbitanten Gottesschwärmer aus Irland, sondern darüber hinaus für einen bestimmten Zug allgemeiner religiöser Überspanntheit im damaligen Europa bezeichnend ist. Vielleicht hat er etwas mit dem gleichzeitigen Aufbruch des Islam zu einer neuen Weltreligion zu tun, ein Vorbeben, das mit seinen noch kaum wahrnehmbaren Ausschlägen schon registriert wurde.

Fursey, der anläßlich des Taufmahls beim Majordomus Erchinoald so lange die aufgetragenen Speisen verschmähte, bis ihm sechs in der Nähe festgehaltene Staatsgefangene vorgeführt und auf seinen Einspruch freigelassen wurden, und der Angelsachse Sigebert, der in seiner staatsgefährdenden Friedfertigkeit den Bestand seines Königtums aufs Spiel gesetzt hatte, indem er den Kampf gegen die Angreifer verweigerte, handelten aus dem gleichen irrationalen Impuls. Sie traten einer Welt, deren Ordnung durch Gesetz und Macht zusammengehalten wurde, mit Gewaltlosigkeit gegenüber. Immer waren es zunächst Iren, die mit stählernem Sanftmut in den Mechanismus menschlicher Überheblichkeit eingriffen, wohl wissend, daß die unvollkommenen irdischen Zustände sich kaum ändern ließen. Gleichwohl entsprach es ihrer für Gott entflammten Phantasie, in ihren Bemühungen nicht nachzulassen, und in den schicksalhaften Zyklus, nach dem sich Fortschritt und Rückschritt aneinander aufheben, mit der Logik ihres Herzens einzugreifen.

Von den vielen Scoti, die damals mit ihren frommen Schriften im Lederbeutel und ihren Handglocken aus Eisenblech Europa, vor allem aber das Frankenreich, durchzogen, sind nicht alle mit Namen und nach Verdienst gewürdigt worden. Der weitaus größere Teil blieb anonym. Ein Zufall hat den Irenbischof Falvius, einen von ihnen, als den Urheber eines Gesinnungswandels eines fränkischen Edlen, den er nach Rom begleitete, festgehalten. Sigiramm, aus der Gegend von Bourges, der Hauptstadt des Berry, gab unter dem moralischen Übergewicht des Iren sein bisheriges Leben auf, zog sich in die Einsamkeit zurück und gründete zwei Klöster.

Unter den zahlreichen Klerikern, die selbst vom Kontinent nach Irland pilgerten, um dem Geheimnis dieser reinen und selbstlosen Frömmigkeit nahe zu sein, wäre gerne auch Wandregisil gewesen, der bei seinem vorübergehenden Aufenthalt im Kloster Bobbio von der Sehnsucht nach der heiligen Insel im Atlantik ergriffen wurde. In diesem Geiste gründete er das Kloster Fontanelle, später nach ihm St. Wandrille genannt.

Um wieviel mehr nahm der Aufenthalt unmittelbar in einem Kloster Irlands die Seele gefangen, wie es Dagobert II., Sohn des seliggesprochenen Sigebert von Austrasien, als politisches Exil von seinem Majordomus Grimoald auferlegt worden war. Als er schließlich auf Betreiben seiner Mutter von Wilfrid, dem Bischof von York, nach Austrasien zurückgebracht wurde, trennten ihn nur noch drei Jahre von seinem gewaltsamen Tod. Der auf einer Jagd in der Nähe von Verdun an ihm begangene Mord hätte sich, kaum beachtet, in die Reihe der merowingischen Familienmorde eingefügt, wäre das Opfer nicht eine in zwanzigjähriger irischer Klosterhaft geprägte Persönlichkeit von geschichtlichem Rang gewesen. Durch die Läuterung, die er auf der insula sanctorum an sich erfahren hatte, wirkte er über sein Ende hinaus.

In seiner kurzen Regierungszeit von seinem Gegenspieler Grimobald auf ein Teilstück seines Reiches, das Elsaß, beschränkt, hatte er zwei von den vier Iren, die ihn zurück in die Heimat begleiteten, als erste Bischöfe in Straßburg eingesetzt, den heiligen Arbogast und Florentius. Letzterer gründete das Kloster Haslach im Kinzigtal des mittleren Schwarzwaldes, wo er auch begraben ist.

Damit berühren wir den alemannischen Raum, der, obwohl zusammen mit Churrätien, seit der ersten Hälfte des sechsten Jahrhunderts unter fränkischer Herrschaft ein fast aggressives Gefühl von historischem Eigenwert entwickelt hatte, nicht zuletzt im Hinblick auf seinen Ausdehnungsdrang, mit dem es zwischen dem dritten und fünften Jahrhundert der römischen Großmacht entgegengetreten war. Es schwang auch unbestimmt im Verhältnis zu den von fränkischen Herrschern eingesetzten Stammesherzögen mit, so daß es, wie schon zur Zeit vom Columban und Gallus, zu Ausbrüchen von Volkszorn kam. Waren es auch vordergründig spontane Reaktionen auf Ereignisse, die, wie bei den beiden Irenmissionaren, einen religiösen Hintergrund hatten, drückte sich doch eher eine allgemeine sozialpolitische Spannung darin aus. Die Wanderprediger aus Hibernia, die allein schon durch ihr unangepaßtes Auftreten provozierend wirkten, mußten bei den Alemannen offenbar auf größere persönliche Gefahren gefaßt sein, umsomehr, als das Königtum nicht unmittelbar zu ihrem Schutz eingreifen konnte. Allein der jeweilige örtliche Herzog (dux) war zuständig.

Wie riskant das, weniger bei Gruppen-, als bei Einzelunternehmungen, sein konnte, zeigt das Beispiel des heiligen Fridolin, der nicht nur rund um das von ihm gestiftete Heiligkreuzkloster in Säckingen am Oberrhein, sondern bis tief in die Schweiz, vor allem im Kanton Glarus, verehrt wird. So fraglich wie seine irische Herkunft ist auch die Zeit seines Wirkens, die sowohl mit König Chlodwig und seiner Taufe im Jahre 496 als auch mit Chlotar II. oder König Dagobert I. in Verbindung gebracht wird.

Wenn auch seine historische Einordnung schwierig bleibt, gibt es doch zwei Anhaltspunkte im Leben Fridolins, die für sein Irentum sprechen. Nicht nur, daß er rastlos zwischen Mosel, Rhein, Bodensee und Alpenvorland unterwegs war, ehe er am Oberrhein, auf der Strominsel bei Säckingen seßhaft wurde, er fühlte sich auch dem Andenken des heiligen Hilarius von Poitiers (310 bis 367) in besonderer Verehrung verpflichtet. Dieser als Bekennerbischof bekannt gewordene Kirchenlehrer, Schrifsteller und Dogmatiker war es, von dem er Eingebungen für die Richtung seines Wanderweges empfing.

Als Fridolin die Mosel erreichte, gründete er das Kloster Eller, das auf »Hilaire«, die »Posaune gegen die Häresie« hinweist, gemeint ist dessen Opposition gegen die Arianer.

Ebenso wie die Wanderlust entspricht auch die Vorliebe Fridolins für Hilarius als einen »gewaltigen Verteidiger der Kirche« im Sinne der Orthodoxie dem frühchristlichen Ideal auf der irischen Insel. Darüber hinaus mag die ungewöhnliche Gelehrsamkeit des Hilarius, der neben seinen zwölf grundlegenden Büchern »De Trintitate« viele Streitschriften, Kommentare und lateinische Hymnen hinterließ, Fridolin aus seiner eigenen Bildungstradition vertraut und eine entscheidende Voraussetzung für ihre innere Verbindung gewesen sein.

Immer von Hilarius durch im Traum erfahrene Weisungen geführt, begab sich Fridolin über Trier an jenen Punkt des Hochrheins, der zwischen Deutschland und der Schweiz die Grenze bildet, und fand die geweissagte Insel. Aber als er sich auf dem ihm vom Grafen Urso geschenkten Grund niederlassen wollte, wurde er von den Einwohnern als Viehdieb verschmäht und schwer mißhandelt.

Dieser Zwischenfall machte deutlich, wie wenig die geltende Landfriedensordnung bei den Alemannen einen durch den Territorialherrn legitimierten Gottesmann vor willkürlichen Übergriffen bewahren konnte. Zu sehr wich das Bild des im Zustand der Enthebung frei umherziehenden Fremdlings von der Norm des Ungesetzlichen ab, in die sich nur Vagabunden und Räuber einfügten.

Nach einer legendären Überlieferung, von der ein Bild in der Liebfrauenkirche in Rankweil bei Feldkirch berichtet, soll Fridolin nach dem Tod des Grafen Urso von dessen Bruder Landolf zur Herausgabe der übereigneten Güter vor ein Gaugericht zitiert worden sein. Da er keine Dokumente besaß, welche die Schenkung beurkunden konnten, wandte er sich in seiner Not an Gott. Am Grab des Urso in Glarus (Schweiz) kam ihm der einzige Zeuge, nämlich das Totengerippe des Grafen selber zur Hilfe. Indem es mit dem Beklagten vor die Richter trat, konnte es den überlebenden Bruder Landolf mit schauerlichem Nachdruck von Fridolins Rechtsanspruch überzeugen. Das unter seiner Leitung entstandene Doppelkloster wurde ein Mittelpunkt christlich-humanitärer Erziehung.

Der Platz ist nicht mehr genau zu lokalisieren, wohl aber legen die fruchtbaren Obsthänge für die Rodungs- und Kulturarbeit der Mönche aus dem Fridolinskloster Zeugnis ab.

Auf dem Fridolinsaltar der Gemeindekirche von Säckingen werden die Reliquien des Heiligen, an jedem sechsten März ein Wallfahrtsziel, verwahrt. Es gilt als ungeschriebenes Gesetz bei den Gläubigen der Umgebung, ihr Vieh erst nach dem »Friedlesfest« zum Weiden ins Frei zu führen.

Welche Verehrung dem Apostel aus Irland auch noch tausend Jahre nach seinem Tode entgegengebracht wurde, beweist sein Schrein im Fridolinsmünster. Er ist das Werk eines verdienten Augsburger Silberschmiedes, der von der Fürstäbtissin des »freiadeligen Damenstiftes« in Säckingen den Auftrag erhielt, nachdem er sich als Künstler von »die größte Renomé und Reputation« 1758 darum bemüht hatte. Es war bereits nach einem mittelalterlichen Reliquiar, das 1661 durch ein hölzernes Behältnis ersetzt wurde, das dritte und nunmehr vollkommenste seiner Art. Der Künstler ging bei dem etwa zweieinhalb Zentner schweren »silbernen Sarg für den heiligen Leib S. (anc) ti Fridolini zum Preise von 7000 Gulden« von der selbstverständlichen Annahme aus, daß nur ein Abkömmling aus irischem Königshaus solcher Pracht würdig sei. Auf dem plattformartigen oberen Abschluß des Schreins erscheint Fridolin in Benediktinerkutte, den Abtstab in der Rechten, neben ihm das Skelett des Grafen Urso, dem er die linke Hand reicht. Dieses figürliche, an eine Spieluhr erinnernde Dekor, gemahnt an die Legende, nach der Fridolin den bereits verstorbenen Grafen als seinen einzigen Entlastungszeugen vom Tode erweckt und mit ihm sein Recht erstreitet.

Von seinem Leitstern Hilarius, dessen Bahn er immer wieder kreuzte, fiel Licht auf Fridolins Missionsweg von Poitiers, wo er das Grab seines verehrten Meisters durch ein Traumgesicht wiederfand, über Trier entlang der Mosel zum Rhein, über Straßburg in die Schweiz zum Oberrhein nach Säckingen als seiner letzten irdischen Zuflucht.

Auch im Hinblick auf seine Bodenverbundenheit hat Fridolin in unseren Augen spezifisch irische Eigenschaften, die er mit St. Trudpert, dem zweiten Inselklausner im alemannischen Missionsraum, teilt. Trudpert erhielt nach einer erst im zehnten Jahrhundert geschriebenen Passio, die vermutlich auf eine viel ältere Vorlage zurückgeht, auf die gleiche Weise wie Fridolin Land von dem Adeligen Otpert im Münstertal des Schwarzwaldes, zugleich sechs Unfreie, die ihm bei der Rodung helfen sollten. Es entspricht zwar nicht dem Muster eines im ständigen Gebet versunkenen Einsiedlers, wohl aber dem keltischen Mönchsideal, den Einsatz seiner Kräfte bis an die äußerste Grenze zu treiben, sodaß Trudpert mit seiner schonungslosen Arbeitswut ein aufreizendes Beispiel gab. Zwei solcher Hilfskräfte fühlten sich überfordert, griffen zur Axt und erschlugen ihn während eines Mittagsschlafes im Freien. Einer seiner Mörder wurde auf Betreiben des Grafen verurteilt, der andere beging

Selbstmord. Für Trudperts Märtyrertod wird das Jahr 607 angenommen. Das später an dieser Stelle entstandene erste rechtsrheinische Benediktinerkloster, im Jahre 933 von den Hunnen zerstört, überlebte seinen romanischen Wiederaufbau nur in Teilen und wurde mit dem darauf folgenden gotischen Chor 1632 von den Schweden in Schutt und Asche gelegt. Kloster und Klosterkirche feierten 1727 ihre barocke Auferstehung und mit ihnen die Märtyrergloriole des irischen Eremiten, der in der Gemeinde St. Trudpert auf geheimnisvolle Weise gegenwärtig ist.

Inzwischen nahmen in der Verbrecherstatistik jener Zeit die Überfälle auf Kleriker zu, die schon durch ihre mitgeführten kostbaren Gewänder und Kirchengeräte die Begehrlichkeit von Wegelagerern auf sich lenkten. Auch mehrten sich im gesamten Herrschaftsbereich der Franken die Fälle, daß Mönche bei der Urbarmachung von Klostergrund aus dem Hinterhalt erschlagen wurden, gelegentlich auch von Jagdhütern, die einen Rückgang ihres Wildbestandes befürchteten. Im ganzen sind bei dieser Art von Selbstjustiz mehr Missionsmönche bei der Bodenbearbeitung umgekommen als bei der Evangelisation. Für die Iren hat sie das rote Martyrium, das sie auf ihrer Insel vergeblich suchten, zu einem realen Bestandteil der Erwartung auf dem Kontinent gemacht.

Trudpert und Fridolin gehören zum Kreis jener Scoti, die sich auf den Spuren Columbans in den alemannischen Siedlungsgebieten niederließen, wo mit Zustimmung der fränkischen Oberherrn missioniert werden sollte. Es ist daher kein Zufall, daß im sechsten und siebten Jahrhundert irische Peregrini am Oberrhein besonders zahlreich in Erscheinung traten.

Einer von ihnen war St. Landelin, dessen Verehrung, ausgehend von seinem Märtyrertod um 640 auf den Lehensgrund eines alemannischen Adeligen, seit dem späten 10. Jahrhundert weit ins Elsass vorgedrungen ist. Sein Kult hatte zunächst nur lokale Bedeutung, breitete sich aber umso nachhaltiger aus, je unklarer die biographischen Einzelheiten der Inselmönche insgesamt wurden. Den Grund dafür vermag ein Vertrag des Klosters St. Trudpert im Münstertal aus dem Jahre 1363 ein wenig aufzuhellen. Danach übertrug es seine Ländereien in der Mortenau an das Ordenshaus der Benediktiner in Ettenheimmünster, das, einer Schenkungsurkunde aus dem Jahre 730 zufolge, aus einer kleinen Mönchszelle oberhalb Mönchsweiher hervorgegangen war. Diese bis zum Mittelalter nur unvollständig gerodete Waldfinsternis im oberen Schuttertal am Rande des Schwarzwaldes findet sich im heutigen Namen »Ortenau« wieder.

Ettenheimmünster, das in seiner ersten Form nur zwanzig Jahre bestanden hatte, vermutlich unter einer gemischten keltisch-lateinischen Regel, ist 760 neu gegründet worden, diesmal als Benediktinerkloster. So verbreitet damals das von Columban geprägte irische Ordensideal auch gewesen sein mag, und wieviele Nachahmer es weiterhin fand, die Auseinandersetzung zwischen den beiden Richtungen verschärfte sich in dem Maße, wie die Mönchswanderung von den britischen Inseln nach Europa zu einer unkontrollierten Bewegung anschwoll. Getragen wurde sie von eigenwilligen Temperamenten, die zur Anpassung weder Talent noch Neigung besaßen. Zwei Lebensberichte über Landelin gehen auf das zehnte bzw. zwölfte Jahrhundert zurück. Darin heißt es, daß Landelin aus dem Land der Schotten stamme, was mindestens bis zum zehnten Jahrhundert gleichbedeutend mit Irland war, und daß er Eltern und Heimat verließ und zum Festland hinüber zog. »Über das Elsaß gelangte er zum Rhein, überquerte ihn und ließ sich am Rande des Schwarzwaldes nieder. In Altdorf fand er bei einem christlichen Mann mit Namen Hedolfus, dessen Frau und Kindern gastliche Aufnahme. Eine der Töchter war blind. Er verweilte eine zeitlang bei ihnen, brach dann aber auf, um in der Einsamkeit zu leben. Seinen Gastfreunden versprach er, bald wiederzukehren. Er zog die Unditz aufwärts und ließ sich an einer Stelle nieder, wo Unditz und Lautenbach zusammenfließen. Dieser Ort wird als besonders anmutig beschrieben.

Der Einsiedler fällte Bäume, machte das Land urbar und errichtete eine Hütte. Auf dem Berg, der südlich der Einsiedelei liegt, erhob sich die Gieselburg, die ein Herr namens Giso bewohnte. Dessen Jäger hatte eines Tages den Auftrag, seinem Herrn ein Wildbret zu erlegen. Auf der Jagd kam er zur Einsiedelei Landelins. Als der Jäger ihn gewahrte, geriet er in großen Zorn und beschuldigte ihn, die Jagdgründe seines Herrn zu zerstören und das Wild zu vertreiben. Alle demütigen Erklärungen des frommen Mannes nützten nichts, er tötete ihn. An der Stelle, wo der Einsiedler erschlagen wurde, entsprangen vier Quellen, eine am Kopfende, eine am Fußende, eine unter der rechten und eine unter der linken Hand.

Da die Gastfreunde von Altdorf vergeblich auf die Rückkehr des Eremiten warteten, machten sie sich auf die Suche. Sie fanden schließlich den Leichnam. Das blinde Mädchen tastete den Leib des Toten ab und fühlte Blut an ihren Händen. Einer göttlichen Eingebung folgend, benetzte sie damit ihre Augen und erblickte plötzlich wieder das Tageslicht. Die Frauen luden den Leichnam auf eine Bahre, um ihn nach jenseits des Rheins zu bringen. Schwach an Kräften, mußten sie die Bahre häufig absetzen. Als sie die nach etwa einer halben Stunde wieder aufheben wollten, war die Last so schwer geworden, daß an einen weiteren Transport nicht mehr zu denken war. Sie sahen das als Zeichen an, daß der Gottesdiener hier begraben sein wollte. Ein Stock, den eines der Mädchen neben dem Grab Landelins in den Boden steckte, bedeckte sich mit Laub und wurde ein großer Baum. An jedem Geburtstag kamen Leute, um am Grab des Märtyrers zu beten und ihn anzurufen, ihr Elend zu lindern. Gott allein weiß, wie viele er geheilt und wie viele er noch heilen wird.«

So weit dieser Abschnitt seiner Lebensgeschichte. Zwingender als die wissenschaftlichen Zweifel an der Existenz Landelins und an jenen Urkunden, die sein Wirken bezeugen sollen, sind die sich aus einer geschichtlichen Zusammenschau ergebenden Schlüsse. Daß er der Beschützer seiner Mönche von Ettenheimmünster gewesen sein soll zu einer Zeit, als es noch kein Kloster an dieser Stelle gab, sondern allenfalls die Zelle seiner Einsiedelei, muß nicht gegen die historische Figur Landelins sprechen. Umso weniger, als die Zerstörung des ersten Klosters aus den Jahren zwischen 730 und 740 darauf hinweist, daß das irische Element und mit ihm auch ein authentischer Zeuge wie Landelin, systematisch zurückgedrängt wurde, wobei man auch die Anwendung gewaltsamer Mittel nicht ausschließen kann.

Umso inbrünstiger hielt der Volksglaube bis heute an ihm fest. Drei Werke zwischen 1300 und 1506, deren Künstler anonym geblieben sind, knüpfen an den Landelinkult an, zum erstenmal auf seinem Sarkophag eines romanischen Bildhauers von 1300. Er ist die plastische Umsetzung der Legende mit allen bewegenden Einzelheiten des Wunders, das sich nach seinem Tode an der blinden Tochter des Hedolfus vollzieht. Ähnlich anschaulich schildert ein Holzschnitt des 15. Jahrhunderts aus der Stiftsbibliothek St. Gallen das übernatürliche Ereignis, diesmal um den dramatischen Hergang seiner Ermordung ergänzt. Wer genau hinsieht, erkennt hinter den Frauen, die den Heiligen beklagen, zwei Hirsche an seiner Einsiedlerhütte mit menschenähnlichen Zügen. Dies könnte ein Schlüssel sein für Landelins Verwurzelung in der keltischen Mythologie, die den Unsterblichkeitsglauben vom Hirschgott herleitet.

Beide Male ist Landelin mit einer Krone dargestellt. Auf einer Büste des Heiligen rückt ein unbekannter Silberschmied die mit Edelsteinen verzierte und kunstvoll bearbeitete Krone so beherrschend ins Blickfeld, daß er den Merowingerkönigen ebenbürtig erscheint. Diese wertvolle Metallarbeit befindet sich, ebenso wie der Sargdeckel, im Landesmuseum Karlsruhe.

Der Quelle, die noch immer an dem alten Ort der Einsiedelei Landelins im nachmaligen Klosterbezirk von Ettenheimmünster sprudelt, wird bis heute augenheilende Wirkung nachgesagt.

Nur wenige Kilometer von Ettenheimmünster entfernt, erhebt sich in der Riedlandschaft des Rheins die katholische Pfarrkirche Maria Himmelfahrt, deren barocker Baukörper die Fundamente der abgebrochenen romanischen Basilika, ehemals Teil der Reichsabtei Schuttern, umschließt. Diese war weitaus größer als die heutige, im 18. Jahrhundert vollendete Kirche, deren besonderes Kennzeichen eine vom hellen Steinmaterial zurückgestrahlte Lichtfülle ist. Sie täuscht in ihrer durchdringenden Klarheit darüber hinweg, daß es in der freigelegten Unterkirche ein Geheimnis gibt.

Hier entdeckten Archäologen erst in jüngerer Zeit das Grab des irischen Klostergründers Offo aus dem 7. Jahrhundert. Offoniscella, später Offoniswilare, so hieß die auf den Resten einer römischen Hofanlage entstandene Mönchsniederlassung, die der Klosterchronik zufolge auf das Jahr 603 zurückgeht. Wie die Überreste einer schlichten Saalkirche von geringen Ausmaßen erkennen lassen, war sie von den Proportionen der späteren Reichsabtei Schuttern noch weit entfernt.

Anders als von seinem Zeitgenossen Landelin und, wie dieser, seiner Herkunft und Abstammung nach irischer Königssohn, zeugt von Offo keine Vita, nicht einmal eine Legende, die seiner Gestalt Leben einhauchen könnte. Dafür gibt es mehrere figürliche Darstellungen innerhalb und außerhalb der Kirche, die sich auf Offo beziehen. Doch bleiben sie ohne Verknüpfung mit einer kirchengeschichtlichen Überlieferung merkwürdig unverbindlich, wie das übliche Steinmetzdekor an Sakralbauten eher allgemein. Eine Urkunde des Merowingerkönigs Dagobert von Austrasien, die im 11. oder 12. Jahrhundert vermutlich von einem Mönch aus Schuttern fehlerhaft nachgeschrieben wurde, hat die Geschichte des Klosters noch mehr ins Zwielicht gerückt und der Geschichtswissenschaft neue Rätsel aufgegeben.

Gesichert ist, daß die Mönche unter Offo in jenem kleinen, dem merowingischen Königshof benachbarten Kloster nach irischer Observanz lebten, vermutlich noch lange über den Tod ihres Gründers hinaus. Nach Offos Tod – sie begruben ihn, wie damals üblich, westlich der ersten Kirche im freien Feld inmitten seiner bereits verstorbenen Brüder – nimmt die Ungewißheit zu. Ein kleines Bethaus über seiner sterblichen Hülle, eine Memoria, ist der letzte Anhaltspunkt für sein Wirken in Schuttern. Mindestens für einen Zeitraum von hundert Jahren waren die Quellen versiegt.

Erst ab 725, als der Abt Pirmin, von der Insel Reichenau im Bodensee vertrieben, mit einem Reformauftrag hier erscheint, ist wieder vom Kloster des Offo die Rede. Wie Landelins Niederlassung in Ettenheimmünster, die von Bischof Heddo zum zweitenmal, nun als Benediktinerkloster, gegründet wurde, war auch die Offoniscella auf dem fränkischen Hofgut Herlisheim, damals noch zum Elsaß gehörig, durch uns unbekannte Umstände in Vergessenheit geraten. In jedem Fall darf man dahinter eine nicht mehr bestehende Verbindung zum austrasischen Königshof in Metz vermuten, ohne dessen Schutz das irische Mönchtum in seinem Fortbestand gefährdet war.

Die Urkunde über die Schenkung des Klostergeländes an Offo, die auf Dagobert I. zurückgeht, ist nicht erhalten. In der fehlerhaften Kopie im Schreibstil des elften Jahrhunderts wird man eine Bestätigung dieser Schenkung durch Dagobert II. sehen dürfen. Er mag, als seine austrasische Herrschaft auf das Teilreich Elsaß beschränkt wurde, eine nochmalige Ausfertigung des Schenkungsaktes für notwendig gehalten haben. Offo lebte freilich damals schon nicht mehr. Geblieben war aber die Verbindung zu Irland. Sie gestaltete sich noch enger unter den Straßburger Bischof Arbogast, und insbesondere durch Dagobert II., von dem man nach seiner Rückkehr aus der irischen Klosterhaft als dem »Geschorenen« sprach. Als er um 680 gewaltsam zu Tode kam, scheint das Kloster ohne seinen mächtigen Gönner verwaist gewesen oder zu einem Schattendasein herabgesunken zu sein. In den Annalen des 7. Jahrhunderts findet es keine Erwähnung mehr.

Ebenso wenig sind Einzelheiten über Offos Ende oder sein Sterbejahr bekannt geworden. Allein die Tatsache, daß bei der Vergrößerung des Klosters um Hauptkirche, Vorhof und Kreuzkirche seine Reliquien in die Hauptkirche übertragen wurden, während seine Grabkapelle fortan als Gedächtniskapelle für den Gründer diente, weist auf seine anhaltende Bedeutung hin.

Hinter dem großzügigen Bauprogramm, mit dem die ursprüngliche Anlage in eine repräsentative Reichsabtei der Benediktiner umgewandelt wurde, kann man Pirmins Autorität nicht übersehen. Daß er Offos Gebeine in ein Reliqiengrab versenkte, läßt auf eine besondere Ehrerbietung schließen, die von seinen Zeitgenossen nicht geteilt wurde. Eher kann man von einem Bann des Schweigens sprechen, der über die irischen Kleriker damals verhängt worden war. Offo kann aber Pirmin, dem verdrängten Westgoten aus Spanien, nicht gleichgültig gewesen sein, zumal die iberische Halbinsel seit frühester Zeit mit dem keltischen Irland über den bloßen Handelsverkehr hinaus auch in kultureller Verbindung stand. Ist er auch beim Wiederaufbau des Klosters und der Einführung der Benediktinerregel mehr hervorgetreten als bei der Umbettung von Offos Gebeinen, darf man doch in ihm jene entscheidende Instanz vermuten, die in aller Stille für die bleibende Anerkennung des Gründers sorgte.

Nach dem Ende des neunten Jahrhunderts, als der Orden so nachhaltig erstarkte, daß sein Haus, die Offoniscella, auf dem Dienstverzeichnis Ludwigs des Frommen als Reichskloster an zweiter Stelle stand, hat es abermals infolge dynastischer Auseinandersetzungen den Schutz der Krone und damit ihre Zuwendungen verloren. Erst durch die Angliederung an das Bistum Bamberg durch Kaiser Heinrich II. im Jahre 1007 lebte es wieder auf, wurde instandgesetzt und ausgeschmückt.

Bis zur Überbauung mit der Barockkirche hat hier infolge von Bränden, Plünderungen und Zerstörungen nichts so oft den Platz gewechselt wie die Gebeine Offos, die sowohl für marodierende Soldaten als auch für Bürger der benachbarten Städte begehrte Reliquien waren. Mehr noch als der durch die Jahrhunderte ungebrochene Ruf ihrer Heiligkeit ist die Tatsache von Bedeutung, daß Kaiser Heinrich II. unter Mitwirkung seines Jugendfreundes Bischof Bernward von Hildesheim den Reliquienbehälter mit einem Bodenmosaik einfassen ließ, das älteste seiner Art in Deutschland.

Heinrich, Großneffe Ottos des Großen, mag sich bei dem hohen Rang, den er dem Gedächtnis Offos einräumte, an das Wirken irischer Gelehrter am sächsischen Kaiserhof erinnert haben. Im Hinblick auf die Größe seines Bamberger Bistums könnte es verwundern, daß er diesem entlegenen Kloster soviel Beachtung schenkte und es durch seine Instandsetzung zu einem bevorzugten Ordenshaus der Benediktiner machte. Offo wurde durch ihn wieder als das Leitbild der mönchischen Gemeinschaft eingesetzt.

Nicht wie in der Spätantike waren frühchristliche Allegorien das Bildmotiv, sondern, wie die von Heinrich in Auftrag gegebene Darstellung »Kain tötet Abel« beweist, ein Figurenzyklus von alttestamentarischer Wucht. Ob sie der Schlüssel zu Offos gewaltsamen Ende ist, bleibt dunkel. Umso eindeutiger weist sie auf das ewige Menschheitsdrama hin, das diese Szene offenbart. Nur noch in Bruchstücken vorhanden, regt sie dazu an, sich im Zusammenhang mit dem Märtyreraltar, der sich einst über Offos Bogennischengrab erhob, das Ende seines Lebens als einen jähen und blutigen Abgang vorzustellen. Was Landelin unweit von hier durch den Jagdaufseher des Burgherren Giso widerfuhr, könnte Offo, zumal in den Thronwirren der ausgehenden Merowingerzeit und einem gelegentlich aufflammenden Mißtrauen gegen das irische Pilgermönchtum in ähnlicher Weise zugestoßen sein. Die beherrschende Figur über dem Reliquiengrab ist verschwunden. Daß es Offo war, auf dessen grausamen Tod die Fragmente einer Inschrift »dieser zornige Kain tötet...« hindeuten, wird in der Verdichtung aller Umstände immer wahrscheinlicher. Der Gedanke, daß sich hinter Kain, der die Axt an den Hals seines Bruders legt, ein feindlicher Confrater verbirgt, der Offo als seinen verhaßten Zuchtmeister umgebracht hätte, ist zumindest nicht abwegig. Jedenfalls ist mit diesem Bildmosaik mehr gemeint als ein nur erbauliches Gleichnis. Es scheint ein auf Offo bezogenes tragisches Ereignis festzuhalten.

In unverändert großen Scharen strebten die irischen Wandermönche nach Europa, unter ihnen auch St. Fursey's Brüder Ultan und Foilan, die sich, wie der »Vita St. Fursei« später hinzugefügt worden ist, vor einem neuen Angriff des machtvollen Königs Penda von Mercia in Panik mit ihren Mönchen und allen noch erreichbaren Klosterschätzen von den britischen Inseln ins Frankenreich eingeschifft hatten. Penda, einer der letzten angelsächsischen heidnischen Herrscher, hatte Cnobheresburg bei Yarmouth (County Norfolk) zerstört und König Anna vertrieben. Für den irischen Klosterbezirk in der alten römischen Festung Garrianonum, heute Burgh Castle, gibt es nicht mehr die geringsten baulichen Anhaltspunkte.

Im Abstand von zehn Jahren hatte Penda nacheinander zwei getaufte Widersacher von Northumbrien, König Edwin 632 und König Oswald 642, überwunden, sie getötet und ihrem Volk als Märtyrer hinterlassen, um dann in wiederholten Einfällen auch das Land der Ostangeln heimzusuchen. Ultan

27 *Gertruden-Kathedrale in Nivelles, Brabant (Belgien). Hier hatte die Witwe des 640 verstorbenen austrasischen Hausmeiers Pippin I., Idoberga (Ita), im 7. Jh. ein Nonnenkloster nach irischer Regel gegründet. Ihre Tochter Gertrud wurde dessen erste Äbtissin. Es war die Wirkungsstätte des irischen Bischofs St. Foilan (Feuillen), der 652 von hieraus das Kloster Fosses im Sambretal gründete.*

und Foilan, zusammen mit ihrer gesamten Klostergemeinschaft aus der Gefangenschaft losgekauft, suchten ihr Heil zunächst am Grabe Furseys in der Picardie, womit sie sich in den Machtbereich Neustriens und seines Hausmeiers Erchinoald begaben. Er empfing sie mit zurückhaltender Ehrerbietung, bestrebt, der Verantwortung für eine so vielköpfige Mönchskolonie enthoben zu bleiben. Daher empfahl er sie collegialiter an den Hausmeier von Austrasien, Grimoald, weiter. Dessen Vater, Pippin I., der Alte, hatte den merowingischen Königen Chlodwig II. und seinem Sohn Dagobert I. gedient. Nach seinem Tode war das inzwischen erblich gewordene Amt des Reichsverwesers auf Grimoald übergegangen, und damit auch der heimliche Ehrgeiz, selbst an die Stelle des inzwischen dekadent gewordenen Herrschergeschlechtes zu treten.

Als er sie in Romanisch-Brabant, einer Provinz des heutigen Belgien, willkommen hieß, mögen seine politischen Pläne bei der Begegnung mit den irischen Flüchtlingen zur Vollendung gereift sein, denn kurz darauf unternahm er mit der Zwangsverschickung des noch kindlichen Thronanwärters Dagobert II. nach Irland den Versuch einer Machtverschiebung zu seinen bzw. seines Sohnes Gunsten.

Einstweilen aber dienten ihm seine fromme Mutter Idoberga, eine geborene aquitanische Prinzessin, kurz Ita genannt, die als Witwe Pippins I. in Nivelles ein Nonnenkloster unter irischer Regel gegründet hatte, und seine als Äbtissin eingesetzte Schwester Gertrud als Alibi für seine Machenschaften, mit denen er auf die Usurpation der Krone zielte.

Im gemeinsamen Patronat ermächtigten sie Foilan und seine Mönche, in Fosses, nahe Nivelles, ein weiteres Kloster zu errichten. Es entstand noch vor Itas Tod im Jahre 652 auf einer hausmeierlichen Domäne, die sich von Biesmes südlich bis an die Sambre ausdehnte.

Setzt heute in Fosses der in Richtung Namur vorbeiflutende Verkehr kurz aus, lassen die getünchten, die »ferme blanche« umgebenden Mauern das Bild einer streng abgeschirmten klösterlichen Enklave entstehen. Als erste Männerabtei auf belgischem Boden ist sie später in dem mittelalterlichen Schloß Leich aufgegangen, unter dessen Mittelteil bei Renovierungsarbeiten die Fundamente des alten Klosters und ein Gewölbe, vermutlich ein ehemaliger Saal, zum Vorschein kamen. Ein unterirdischer Gang führt zur Gemeindekirche von Fosses-la-Ville.

Auf diesem romantisch verwilderten Grund, heute im Privatbesitz, halten das Wasser eines Fischteichs und der an einer steinernen Brücke über ein Wehr leise dahinplätschernde Bachlauf die lebendige Verbindung zu Foilans (Feuillen's) einstigem Klosterbetrieb, ein kleines Wunder keltischen Wasserzaubers. An die Niederlassung erinnert nur noch bruchstückhaftes Mauerwerk. Die Kapelle ist völlig verschwunden.

»Nach dem Tode der Dienerin Gottes, Ita«, wie es in dem Bericht eines in irischer Tradition erzogenen Klerikers von Nivelles heißt, mußte Foilan zum Nutzen der ihm anvertrauten Erde eine Reise unternehmen. »Es war am Tage der Vigil« des heiligen Märtyrers Quintinus, der 30. Oktober 657. Er hatte in der Kirche von Nivelles das feierliche Meßopfer dargebracht und bat dann die älteren unter den Brüdern, falls er auf der Reise sterben sollte, möchten sie, die alle Mühen mit ihm geteilt hatten, seinen Leichnam um der Liebe willen suchen. Dann sagte er allen Lebewohl und machte sich auf den Weg nach Soignies, um dort einen Bruder namens Madelgaire zu treffen, bevor er nach Fosses zurückkehren wollte.

In derselben Nacht wurde er von einem bösen Menschen in die Irre geführt, er kam zu einer Hütte auf einem Gut, wo böse Menschen hausten, die ihn mit falscher Freundlichkeit aufnahmen. Seine Gefährten, die den Leuten nicht trauten, blieben die Nacht über wach. Nachdem das Morgenlob beendet war, richtete er einige freundliche Worte an die Hausbwohner, sprach ein Gebet und sagte den Seinen, sie dürften von niemandem etwas Böses argwöhnen. Dann ging er schlafen. Die teuflischen Männer aber erhoben sich, und zusammen mit den Leuten, die sie von anderswo herbeigeholt hatten, töteten sie den heiligen Mann und ebenso dessen Begleiter. Der Heilige rief »Deo Gratias«. Da schlugen sie ihm, damit er nicht länger gehört würde, das ehrwürdige Haupt ab.

Dann machten sie in einem nahen Gebäude, wo eine Herde Schweine gehalten wurde, eine Grube und verscharrten dort auf gottlose Weise die vier zerstückelten Körper. Das Verbrechen blieb viele Tage unbekannt, weil die Täter die Kleider ihrer Opfer und das Pferd des Heiligen und alles, was sie bei sich gehabt hatten, außer Landes brachten und in der Fremde verkauften.

Da aber die Reisegesellschaft ihr Ziel nicht erreichte, begannen die Brüder, sich in Liebe um sie zu sorgen. Sie machten eine öffentliche Verkündigung und ließen die Vermißten überall suchen. Die genannte Jungfrau Christi, Gertrud, bestürmte Gott mit Fasten und beschwörendem Gebet. Darauf sandte sie in der ganzen Gegend Läufer aus. So zog sie das dunkle Verbrechen ans Licht des Tages. Am 47. Tage nach dem Mord, eine mystische Zahl, die an verschiedenen Stellen der Heiligen Schrift erscheint, wurden die vier Leichen bei Sonec nahe Roeulx (im Kohlenwald) gefunden, sieben Jahre, nachdem der heilige Fursey aus der Welt geschieden war. Sie wurden aus der Erde gehoben und bei Licht von Kerzen und Fackeln unter Antiphonen und geistlichen Gesängen von Volk und Klerus ehrfürchtig auf Schultern in nächtlicher Prozession nach Nivelles getragen.

Dorthin waren eben zu jenem Tage der ehrwürdige Dido, Bischof von Poitiers, und der Majordomus Grimoald gekommen, um miteinander die heilige Stätte zu besuchen. Sie wurden über die Ankunft der heiligen Leichen belehrt. Der ehrwürdige Bischof eilte ihnen entgegen, betete unter Tränen und pries den Herrn. Hierauf nahmen er und der edle Patrizier Grimoald die Last der heiligen Leiber auf ihre Schultern, trugen sie in das Haus der heiligen Jungfrau und erhielten davon Reliquien. Dann wurde er ehrfürchtig und unter Psalmen und Gesängen in sein eigenes Kloster gebracht. Alle Vornehmen eilten ihm entgegen und trugen ihn auf ihren Schultern. Er wurde mit allen Ehren an dem berühmten Orte, der auch Fosses heißt, beigesetzt. Dort finden Gebete ihre Erhörung durch die Gnade unseres Herrn Jesus Christus.«

Grimoald, der in dieser, noch vor Dezember 658 entstandenen Aufzeichnung wohlmeinend als »edel« bezeichnet wird, führte am Rande des Ereignisses mit dem Kirchenfürsten Dido geheime Gespräche. Sie hatten die Zukunft der austrasischen Krone zum Gegenstand. Knapp einen Monat später war König Sigebert III., erst 27 Jahre alt, tot. Bischof Dido schickte, wie mit Grimoald verabredet, Sigeberts Sohn, den Prinzen Dagobert II., in ein Kloster nach Irland, während Grimoald seinen eigenen Sohn Childebert auf den Thron setzte. Noch im gleichen Jahr oder nur wenig später ereilte Grimoald die Rache Chlodwigs, der ihn stürzte und hinrichten ließ. Als Childebert 662 starb, gelang es Chlodwig, die Herrschaft für die Dynastie der Merowinger zurückzugewinnen, indem er seinen Sohn Childerich II. als König einsetzte, der Austrasien und Neustrien noch einmal vereinigte. Aber auch dieser endete schon nach dreijähriger Herrschaft 673 ebenfalls durch Mord.

Pippin II., Grimoalds Neffe, nutzte die nach Dagoberts Heimkehr aus Irland entstandenen Wirren, um sich als Majordomus des ganzen Frankenreiches und als eigentlicher Herrscher und Begründer der späteren Karolingerdynastie im Sinne kommender Weltgeltung durchzusetzen.

In widerspruchsvoller Weise und ohne ihre bewußte Mitwirkung sind die irischen Mönche und Äbte in dieses intrigante Spiel verwoben. Einen Ausbruch aus diesem unheilvollen Zirkel von Statusdelikten aus Mord und Vergeltung gab es für sie nicht, nur die gewaltlose Auflehnung durch Zuspruch und Fürbitte. Gewiß war Barbarei auch in Irland eine alltägliche Erscheinung, doch blieb sie kompakt und durchschaubar, während sie hier in der heimtükkischen Gestalt der Verschwörung auftrat.

Nach St. Foilans schrecklichem Ende übernahm sein Bruder Ultan, bislang Bischofsabt in Péronne, das verwaiste Amt in Fosses. Mit gleicher Seherkraft ausgestattet wie sein Bruder St. Fursey, sagte er der heiligen Gertrud ihren Tod voraus. Ihre um 670 verfasste Vita stammt von einem Iren aus dem ersten Doppelkloster von Nivelles und gehört zu den frühesten Manuskripten der irischen Hagiographie. In ihr wird, wenn auch mit angemessener Schonung, der zwielichtigen Rolle ihres Bruders Grimoald bei der versuchten Ausschaltung des merowingischen Thronprätendenten Dagobert gedacht. Sie hat das makellose Bild seiner nach einem entbehrungsreichen Äbtissinnenleben mit

33 Jahren verstorbenen Schwester, die eine Brautwerbung König Dagoberts für einen jungen Adeligen aus seinem Gefolge mit ergreifenden Worten ausschlug, kaum trüben können; Grimoald machte sich die Auffassung seiner Zeit zunutze, daß auch der größte Sünder sich mit »frommen Werken« hinreichend entsühnen kann, indem er im Jahre 650 in den Ardennen das Doppelkloster Stablo (Stavelot) und Malmedy gründete. Obwohl für die Anfänge des christlichen Lebens in Belgien von bleibender Bedeutung, steht die merowingische Abtei seiner Schwester in Nivelles, Sitz der keltisch-germanischen Nervionen, an religiösem Ruhm kaum hinter ihnen zurück. Beginnend mit ihrem Sterbejahr 569 hat er sich vor ihrem gotischen Schrein mit ihren Reliquien in der ehemaligen Kollegiatskirche St. Gertrud von Jahr zu Jahr erneuert, während in der romanischen Krypta Namen und Taten ihrer Herrschaftssippe längst vergessen sind. Bis auf ihre Eltern, den Hausmeier Pippin I. von Landen, Stammvater der karolinischen Dynastie, und seine Gemahlin Ita, können die Merowinger in ihrer modrigen Gruft nur auf die Fürsprache der mit ihnen hier begrabenen Klosterbrüder aus Hibernia hoffen, darunter Foilans drei ermordeten Gefährten.

Schwer hatte es auch der neustrische Hausmeier Ebroin, vor den Augen der Nachwelt Gnade zu finden. In seinem Machtbereich kam Dagobert II., kaum daß er in seinem ihm zugewiesenen Teilreich im Elsaß drei Jahre regiert hatte, bei einem künstlich herbeigeführten Jagdunfall ums Leben. Mit dem in politische Händel verstrickten Bischof Leodegar machte sich Ebroin weniger Umstände, er ließ ihn 679 kaltblütig umbringen. Ein Vorgang, der sich in klassischer Folgerichtigkeit des merowingischen Mord- und Rachezyklus nur zwei Jahre danach an seinem eigenen Leibe wiederholte.

Gleichwohl haben sich die Iren dem Ruf ins Frankenreich nicht widersetzt, auch nicht der Gefahr, in politische Ränke hineingezogen und dabei ein mögliches Opfer von Anschlägen zu werden. Vielmehr entsprach es ihrer Passionsbereitschaft, das ihnen in ihrer Heimat verwehrte gewaltsame Ende in der Fremde zu suchen.

Nicht jeder, der in der geschäftigen Provinzstadt im wallonischen Brabant die auf das 10. Jahrhundert zurückgehende und mehrmals überbaute St. Gertrudiskirche betritt, verspürt den asketischen Hauch der irischen Mönchskolonie, die später ein lebhaftes Pilgerzentrum wurde. Schulklassen lösen sich zwischen den zerbröckelnden Grabreihen der Klosterkrypa zu schwatzenden Grüppchen auf, ohne daß sich der irische Anteil an der zweiten Missionsperiode Belgiens in ihrer jugendlichen Vorstellung konkretisiert. Dagegen hält die religiöse Folklore, wenn auch in der verfremdeten Form eines militärischen Massenaufzugs, an ihr fest.

Im Abstand von sieben Jahren werden jeweils am 25. September die Reliquien St. Foilans, heute in der Gemeindekirche von Fosses-la-Ville im »Marche de S. Feuillen« um das ganze, einst zum Konvent gehörende Territorium getragen. Der Brauch wird 1086 erstmals urkundlich erwähnt, ist aber vermutlich älter.

Seit der Unabhängigkeit Belgiens 1830 hat die Parade, an der sich früher neben belgischen Soldaten auch Kongolesen- und Zuavenkompanien beteiligten, die Züge einer nationalen Demonstration angenommen, die mit klingendem Spiel, Salut und kirchlichem Segen die aus dem ganzen Land herbeiströmenden Besucher in einen Volksfesttaumel versetzt. Freilich ist der Gegenstand der Verehrung darunter kaum noch wiederzuerkennen.

Es gibt aber einen zuverlässigen und im Bewußtsein der Belgier allgegenwärtigen Informanten für diese vom Nebel der Vergangenheit eingeholte Zeit von 1200 Jahren. Es ist der Bischof St. Amand, der Apostel des Landes, der den Franken an der Schelde und Scarpe bis 674 das Evangelium predigte. Er wurde auf dieser beschwerlichen Missionswanderung von dem Mönch Jonas von Susa begleitet, der 617, zwei Jahre nach dem Tode Columbans, in sein Kloster Bobbio eingetreten war und auf Drängen des Abtes Bertulf von Luxeuil die Lebensgeschichte des Heiligen geschrieben hatte. Die authentische Frische seiner Eindrücke, die er an Columbans Wirkungsstätte, gleichsam in der Nähe seines geistigen Flügelschlages, gesammelt hatte, weht spürbar durch die von ihm verfaßte »Vita de San Columbano«. Darüber hinaus muß sie sich auch in langen Gesprächen zwischen Jonas und Amand dem belgischen Bischof inspirierend mitgeteilt haben, denn er schloß sich dem religiösen Auftrag des Irentums wie kaum ein zweiter seines kirchlichen Ranges auf. Während der fränkische Klerus, von wenigen Ausnahmen abgesehen, den Mönchen aus Hibernia eher mit Zurückhaltung, gelegentlich sogar mit kaum verhohlener Feindseligkeit begegnete, wurde Amand zu ihrem hochherzigen Mäzen. Nicht nur hat er den Kult irischer Heiliger – wie den St. Brigids – in diesem Teil des Frankenreiches populär gemacht, er förderte auch mit Nachdruck die Ansiedlung irischer Klöster als Zellen einer höheren Gesittung und eines intensiven liturgischen Lebens.

Das gleiche taten, wenn auch oft aus anderen Gründen, die Träger der Staatsmacht, die sich nicht selten Iren kommen ließen, um mit ihnen ihren Mangel an persönlicher Bildung auszugleichen. Überwiegend aber sahen sie in ihnen ein Element zur eigenen Reinwaschung von Sünden, darauf vertrauend, sie am Tage des Jüngsten Gerichtes erfolgreich für sich als Strafverteidiger plädieren zu lassen.

Der britischen Inseln dunkles Zeitalter

Landnahme der Angeln und Sachsen

In der zweiten Hälfte des 7. Jahrhunderts, als das irische Mönchtum auf dem Kontinent noch unentbehrlich war und innerhalb des Frankenreiches mit höchster Zustimmung ein weites Betätigungsfeld fand, geriet die keltische Kirche als Ausdruck ihres Nonkonformismus gegenüber der katholischen Kirche immer mehr in die Defensive. Diese Entwicklung fand auf der britischen Hauptinsel im Jahre 664 ihren Höhepunkt und formalen Abschluß in der Synode von Whitby. Dafür gibt es einen unvoreingenommenen Chronisten, den Angelsachsen Beda mit dem Beinamen Venerabilis, der Ehrwürdige. Seine »Historia Ecclesiastica«, die erste Geschichtsdarstellung Englands überhaupt, ist zu gleichen Teilen auch ein spannendes Kapitel damaliger Europapolitik zwischen den Britischen Inseln und den Ländern des Kontinentes.

Irland sah sich als nicht vollwertiger Partner von dieser Allianz ausgeschlossen. Nicht zuletzt deshalb, weil den kontinentalen Völkern die stammesbezogenen Herrschaftsformen der Kelten fremd geworden waren. Kein Wunder, daß sich ungeachtet des starken religiösen Einsatzes des irischen Mönchtums in Zentraleuropa, gleichsam über es hinweg, die Aspirationen von Franken und Angelsachsen zunehmend miteinander vermischten. Ein Prozeß, der von einer diskreten, kirchlich gesteuerten Heiratspolitik nicht unwesentlich begünstigt wurde.

Diese für die geistigen Grundlagen Europas entscheidende Epoche hat neben Beda auch Gregor von Tours, der zweite bedeutende Historiker jener Zeit, mit allen für die Beteiligten auch weniger schmeichelhaften Einzelheiten festgehalten.

Bei Beda beginnt sie mit dem Abzug der Römer von Britannien und den barbarischen Attacken der Skoten von Irland, der Pikten von Schottland und der Angelsachsen von der festländischen Nordseeküste her in der Mitte des 5. Jahrhundert. Die letzteren, von dem Britenkönig Vortigern als Söldner verpflichtet, sind unter dem Sammelbegriff »teutonic tribes« in die englische Geschichte eingegangen. Sie verwandelten auf der Insel die ehemaligen römischen Provinzen in Königreiche, das größte davon zunächst im Süden, Kent, wo sich die sagenhaften Söldnerführer Hengist und Horsa selbständig machten. Wenn heute gelegentlich von der Vetternschaft zwischen England und Deutschland die Rede ist, so lassen sich mindestens diese beiden Urverwandten mit Namen anführen.

Die heutigen Einwohner von Schleswig-Holstein, Friesland und Niedersachsen mögen sich füglich darüber streiten, wer mit größerer Berechtigung diese verwegenen Haudegen und Konquistadoren der Frühzeit für sich beanspruchen kann. Die Angeln, Sachsen, Friesen und Jüten hatten bei Ausgang des 6. Jahrhunderts zwei Drittel von dem besetzt, was sich heute England nennt, und holten sich den Rest danach ohne nennenswerten Widerstand.

Kaum war die erste Regentschaft fest eingerichtet, folgten zahllose Schiffsladungen mit Kolonisten. Sie segelten themseaufwärts und erreichten über die Flüsse, auch nördlich davon, den Wash und den Humber, weitere Siedlungsgebiete. Neue Kleinkönigreiche und deren Zusammenschlüsse untereinander entstanden. Die christianisierten Briten diesem vitalen Vorstoß gegenüber wehrlos, wichen nach Wales und Cornwall, damals noch Westwales, zurück. Von hier aus nahm auch der sagenumwobene Britenkönig Arthur seinen heroischen Kampf gegen die neuen Herren der Insel auf, am Ende ohne Erfolg.

Für die Waliser beginnt damit eine von der Entwicklung Englands unabhängige Geschichte, die neben dem wohl bekanntesten Chronisten Beda von drei ihrer Historiker zwischen dem sechsten und zwölften Jahrhundert aufgezeichnet worden ist: Gildas, seinem Landsmann Nemniuus mit dem latinisierten Namen Nennius, und Gottfried von Monmouth. Gildas, der älteste von ihnen, bezieht sich auf die Zeit vor der angelsächsischen Invasion, die nach seinem Verständnis wenig mit dem insularen Heldenmythos der König Arthur-Zeit zu tun hat.

Was der berühmten National Portrait Gallery in London an frühmittelalterlichen Darstellungen britischer Herrscherfiguren fehlt, ergänzt Gildas durch die gelegentlich respektlose Personenbeschreibung walisischer Regenten, die er pauschal als »Sünder in hohen Stellungen« bezeichnet. Vortigern, der keltische König von Mittel- und Ostwales in der ersten Hälfte des fünften Jahrhunderts, wird bei ihm zu einem »Superbus Tyrannus«. Sein negativer Ruf mag auf der Tatsache gründen, daß er gegen die Pikten und andere Angreifer aus dem Norden die Sachsen nach Britannien einlud, ihm zu helfen. Doch anders als die Römer, die den Pikten auf der Highland-Linie Einhalt geboten und irische Einbrüche auf die äußeren westlichen Halbinseln unterbunden hatten, ließen die Sachsen ihr Hoheitsgebiet gegen irische Eindringlinge ungeschützt mit dem Eregbnis, daß diese sich auf der ganzen Strecke der Westküste von Cornwall bis nach Argyll festsetzten, so wie die Angelsachsen im Osten. Es entspricht der Logik der Geschichte, daß ein Hilfeersuchen an eine ausländische Macht von dieser kurzerhand als ein Freibrief für eine Landnahme ausgelegt wird.

Wales erwuchs in dieser Gefahr einer nationalen Fremdbestimmung eine mythische Heldenfigur namens Cunedda, der mit seinen acht Söhnen alle

Iren aus ihren britischen Siedlungen vertrieben haben soll. Seither ist Cunedda, Vorkämpfer walisischer Identität, und seine Nachkommenschaft tief in das Unabhängigkeitsstreben des keltischen Volksstammes eingebunden, von einer Anzahl Fürsten, die als Gründer frühwalisischer Königreiche gelten, als ihre Vorfahren beansprucht. Andere dagegen führen sich auf irischen Ursprung zurück, nachdem der Herr auf Pembroke sich mit einer irischen Königstochter vermählt und die in Oghamschriften bestätigten Kontakte zur gallo-römischen Kultur von Armorica aufgenommen hatte. Kein Zufall daher, daß alle Viten der frühesten walisischen Heiligen auf dem Festland in der heutigen Bretagne geschrieben worden sind.

Nachdem sich die britischen und englischen Reiche im ständigen Wechsel teils mit, teils gegeneinander verbündet hatten, setzte sich eine Gruppe davon an die Spitze: Northumbrien im 7., Mercia im 8. und Wessex im 9. Jahrhundert.

Während dieser Zeit war die Kirche Britanniens zunächst für fast 150 Jahre sich selbst überlassen. Obwohl gerade in dieser Epoche der geistig-religiöse Austausch zwischen Irland einerseits und den keltischen Gebieten von Westwales und Schottland andererseits, aber auch zwischen den Britischen Inseln und Armorica einen gewissen Höhepunkt erreichte, ist sie in der allgemeinen Vorstellung und Geschichtsschreibung der Engländer als das »dunkle Zeitalter« (dark ages) festgeschrieben. Sein Beginn wird mit dem Abzug der Römer 410 und sein Ende mit der Vereinigung der rivalisierenden germanischen Einzelreiche Britanniens unter König Alfred dem Großen 871 gleichsetzt. In diesem Geschichtsabschnitt haben die heidnischen Angelsachsen, zumindest im 5. und 6. Jahrhundert, die Rolle des Wolfes übernommen, vor dem sich die christlichen Schafe in ihren angestammten keltischen Pferch in Sicherheit brachten.

Auswanderung der Briten nach Armorica

Dazu gehört Gildas (keltisch: Gweltas), eine der unsterblichen Gestalten des britischen Frühchristentums, der sich auch in der Bretagne mehrfach mit seinem Namen verewigt hat. In ihm sind offenbar zwei Persönlichkeiten gleichen Namens, die im Abstand einer Generation einander folgten, zusammengeflossen. Der eine hat sich zunächst, als Flüchtling von Wales kommend, an der Südküste der Bretagne als Eremit auf der Insel Houat niedergelassen, dann, um 530 auf der Halbinsel bei Sarzeau, gegenüber, das Kloster St. Gildas de Rhuys gegründet. Der andere predigte noch 565 den Iren unter ihrem König Ainmire das Evangelium und schrieb dort der zweiten Generation gälischer Heiliger nach Patrick eine Meßliturgie. Seine Landsleute David

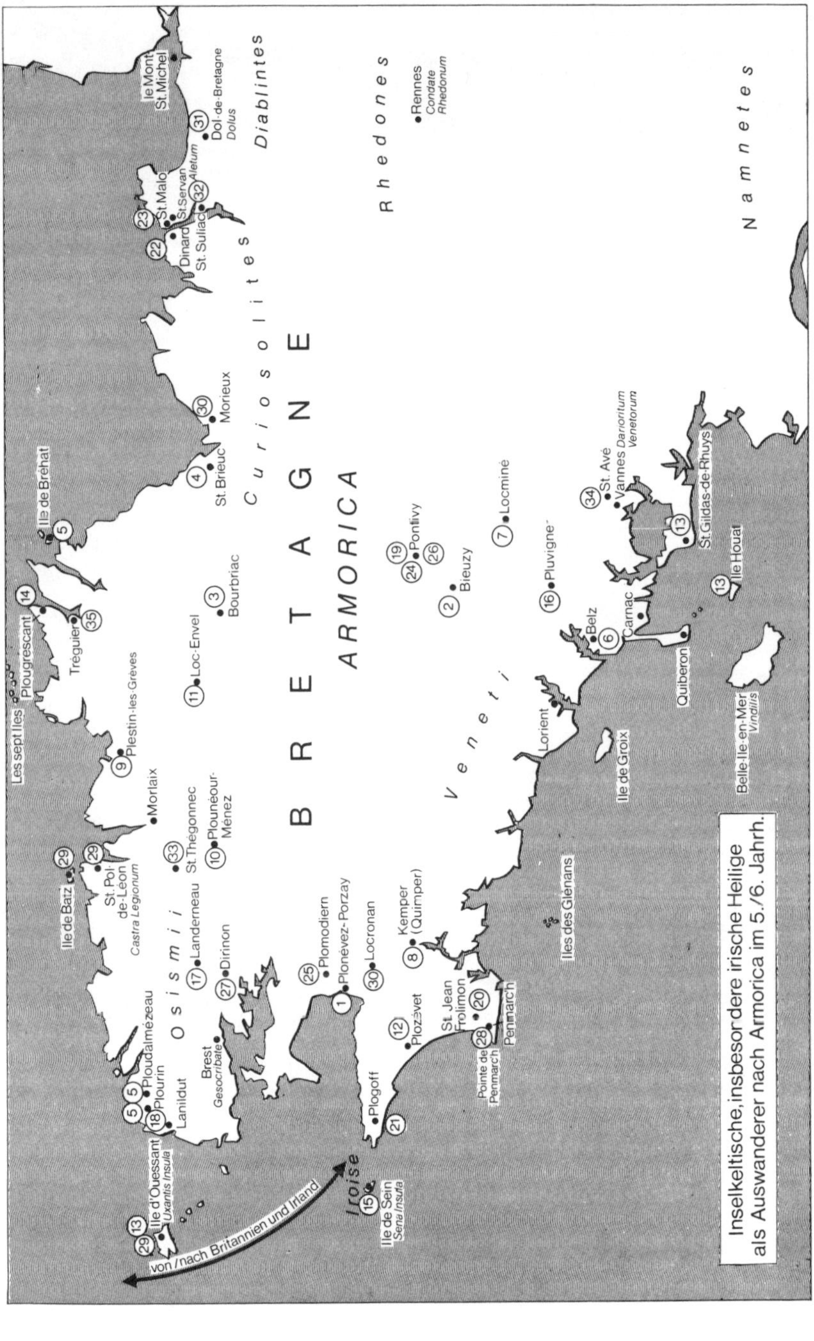

Inselkeltische, insbesondere irische Heilige als Auswanderer nach Armorica im 5./6. Jahrh.

Erklärung der Ziffern auf der Karte

Nr.	Name des Heiligen	Jahrhundert	Ort	Kurzangaben
1	Ste Ana (Anne) de la Palud	6.	Plonévez-Porzay	Großmutter Christi, zugleich hier: Göttermutter der Iren. Entsprechung: Zwei Hügel bei Killarny »Da Chich Anann« (die beiden Brüste der Ana).
2	St. Bihui (Bieuzy)	6.	Bieuzy	Kam mit St. Gildas von den britischen Inseln. Erschlagen um 550 während einer Messe.
3	St. Briac	6.	Bourbriac	Eremit von den britischen Inseln, Schutzheiliger der Geisteskranken, Epileptiker, allg. Nervenkranken.
4	St. Brieg (Brieuc)	6.	Saint-Brieuc	Schüler von St. Ildut. Landete mit zahlreichen Schülern von den britischen Inseln. Einer der sieben Gründer der Bretagne.
5	St. Budoc	6.	Ile de Bréhat, Ploudalmézeau, Plourin	Irischer Mönch, auf der Flucht seiner Mutter in einer Tonne im Ozean geboren. Wurde Bischof von Dol.
6	St. Cadoc	5.	Belz (Flußinsel St. Cado)	Prinz von Glamorgan, Gründer des Klosters Llancarvan in Wales. Betreute in Armorica die Auswanderer. Nach Piratenüberfällen der Sachsen ging er nach Wales zurück und starb dort als Bischof.
7	St. Columban	6.	Locminé	Irischer Wandermönch von hoher Abstammung. Missionierte mit seinen Gefährten in Armorica (570), bevor er Luxeuil in Lothringen und Bobbio in Italien gründete.
8	St. Corentin	6.	Quimper (Kemper)	Einer der sieben Gründer der Bretagne. Landete mit zahlreichen Schülern von den britischen Inseln. Eremit im heiligen Hain von Plomodiern, dann von König Gradlon zum Bischof von Kemper bestellt.
9	St. Efflam	5.	Plestin-les-grèves	Sohn einer irischen Königstochter und eines britischen Fürsten, Vetter König Arthurs
10	St. Enéour	6.	Plounéour-Ménez	Eremit von den britischen Inseln. Landete in einem steinernen Trog.
11	St. Envel	6.	Loc-Envel	Zwillingsbrüder aus Irland nebst Schwester Yuna. Lebten und starben als Eremiten.
12	St. Galoneg	6.	Plozévet	Irischer Mönch. Starb als Bischof von Kemper.

Erklärung der Ziffern auf der Karte

Nr.	Name des Heiligen	Jahr-hundert	Ort	Kurzangaben
13	St. Gildas (Gweltas)	6.	St. Gildas-de-Rhuys und: Île d'Ouessant Île Houat	Eremit von den britischen Inseln, zunächst auf der Ile Houat. Gründete 530 ein Kloster. Starb 570. Ein offenbar zweiter Gildas (Gweltas) kam 598 von den britischen Inseln und wurde Abt im Gildas-Kloster Rhuys. Er beschreibt in »De exidio Britanniae« das Auswandererschicksal der Inselbriten.
14	St. Gonéri	6.	Plougrescant	Eremit. Kam mit seiner Mutter Elibouban von den britischen Inseln.
15	St. Gwénolé	5.	Île de Sein	Landete von den britischen Inseln kommend und gründete ein Kloster.
16	St. Gwigner	6.	Pluvigner	Irischer Prinz, landete mit zahlreichen Gefährten. Eremit, dann Klostergründer.
17	St. Houardon	6.	Landerneau	Kam von Irland über See in einem steinernen Trog.
18	St. Ildut	5.	Lanildut	Vormals Abt des Klosters Theodosa (später nach ihm Llanilltyd genannt, heute Lantwit major) in Glamorgan/Wales. Lehhrer mehrerer Gründer der Betagne, vor allem Paulus Aurelius und Gildas. Nach der Legende einer der drei Hüter des heiligen Grals. Eine der bedeutendsten Gestalten der keltischen Welt. Er lebte mehrere Jahre in der Bretagne und gilt selbst als einer ihrer sieben Gründer.
19	St. Ivi	6.	Pontivy	Kam von den britischen Inseln, gründete hier ein Kloster.
20	St. Johannes (Jean)	6.	St.-Jean-Frolimon La chapelle St. Vio	Irischer Eremit. An dieser Stelle war ein Landeplatz für viele irische Heilige.
21	St. Kollodan (Ké)	6.	Plogoff	Irischer Gefährte und Truchseß König Arthurs. Wurde nach der Schlacht von Camlann Bischof erst in Cornwall, dann in Armorica.
22	St. Léonorius (Lunaire)	6.	Dinard	Eremit aus Irland. Einer der sieben Heiligen Büder, darunter St. Maklow (Malo).
23	St. Maklow (Malo)	6.	Saint-Malo	Ire, Schüler von St. Brendan. Erzbischof von Aleth (dort seine Reliquien). Kam mit den Einwanderern. Exilliert nach Saintongo, wo er starb. Einer der sieben Gründer der Bretagne.
24	St. Meriadec	6.	Pontivy	Eremit von den britischen Inseln bei dem Dörfchen Stival.

Erklärung der Ziffern auf der Karte

Nr.	Name des Heiligen	Jahrhundert	Ort	Kurzangaben
25	St. Mordiern	6.	Plomodiern	Irischer Eremit, kam aus Wales und christianisierte die Westküste Armoricas. Wurde verehrt im heiligen Hain (Koad Neved) von Plomodiern.
26	Ste. Nolwen	6.	Noyal-Pontivy	Landete mit ihrer Amme, aus Britannien kommend, um als Eremitin zu leben. Clan-Chef Nizan ließ sie enthaupten. Mit ihrem Haupt in der Hand lebte sie weiter und suchte ihr Grab.
27	Ste. Nonn	6.	Dirinon	Tochter einer irischen Prinzessin aus Ehe mit walisischem König. Nach Vergewaltigung durch Prinz Keredig floh sie nach Armorica und gebar ein Kind, Divi. Sie lebte und starb hier als Einsiedlerin.
28	St. Nonna	6.	Penmarc'h	Irischer Heiliger, war 501 bis 585 Erzbischof von Armagh.
29	St. Paulus Aurelius (Pol-Aurélien)	Anfang 6.	St. Pol-de-Léon und: Île de Batz Île d'Ouessant	Schüler von St. Ildut (wie Gildas, Brieg und Samson) von Wales. Landete in Armorica mit zwölf Gefährten. Zuvor zeitweise Kaplan des Königs Mark auf Tintagel in Cornwall. Einer der sieben Gründer der Bretagne.
30	St. Ronan	5./6.	Locronan (La forêt sacrée) und: Morieux (St.-René)	Irischer Eremit von fürstlicher Abstammung. Starb bei Morieux und wurde auf einem Ochsengespann nach Locronan, wo er im heiligen Hain gelebt hatte, überführt.
31	St. Samson	6.	Doi-de-Bretagne	Kam 550 von Wales. Schüler von St. Ildut. War Erzbischof von York gewesen. Gründer des Klosters von Dol. Einer der sieben Gründer der Bretagne.
32	St. Suliac	5./6.	Saint-Sulliac	Mönch aus Wales. Hier gestorben 606.
33	St. Tégonnec	5.	Saint-Thégonnec	Schüler von St. Gwénolé, ging nach Irland und starb dort als Erzbischof von Armagh.
34	St. Tévé	5.	Saint-Avé	Kam mit den Auswanderern von den britischen Inseln. Ging zurück nach Wales, begraben in Penaly (Co. Pembrokshire). Beiderseits des Kanals verehrt.
35	St. Tugdual	6.	Tréguier (Kloster)	Kam von den britischen Inseln mit 72 Mönchen, seiner Mutter Ste Pompée und seiner Schwester Ste. Sew. Einer der sieben Gründer der Bretagne.

und Cadoc, der Weise, der nach Studien an der irischen Klosterschule Lismore (County Waterford) das Waliser Kloster Llancarvan am Bristol-Kanal ins Leben rief, hatten in ihrem Schüler St. Finnian, der in Irland das Kloster Clonard gründete, einen berühmten Koordinator für die Ausbildung des monastischen Nachwuchses an den keltischen Küsten der Britischen Inseln. Dieser St. Gweltas kam erst um 598 von Britannien nach Armorica und wurde Abt des Klosters Saint-Gildas-de-Rhuys, als Heiliger verehrt in »beiden Britannien«. In seiner Chronik »De excidio et conquestu Britanniae« hat er den Exodus der Briten vor der angelsächsischen Landnahme der Nachwelt überliefert, Dokument einer Völkerverschiebung, besonders eindrucksvoll vor dem Hintergrund moderner Vertreibungen.

Wie weit diese Bewegung ausfächerte, läßt sich anhand der Tatsache erkennen, daß aus Armorica das zweite Britannien wurde, und daß man heute noch von »les deux Bretagnes« spricht, nämlich von Inselbritannien »outre Manche« und von der Festlandbretagne. Darüber hinaus hat der 572 im Nordwesten der Iberischen Halbinsel gegründete Bischofssitz Britonia, bis 585 zu der von den Sueben beherrschten Provinz Galaecia gehörend, den Ausgriff der britischen Flüchtlinge in seinem Namen festgehalten. Eine, wenn auch vage, linguistische Spur führt noch weiter bis ins südliche Portugal, das damalige Lusitanien, wo am Ende des 19. Jahrhunderts in der Nähe der Stadt Guimarães eine keltische und von Christen besiedelt gewesene Ruinenstadt mit dem Namen »Citania de Briteiros« wiedergefunden worden ist. Anders als im 20. Jahrhundert für den vom restlichen Reichsgebiet aufgenommenen Treck der Deutschen aus Osteuropa gab es für die flüchtenden Briten keine Heimat in diesem Sinne, sondern allenfalls über Westeuropa verstreute Gebiete mit rezenter keltischer Vorbevölkerung. Eine Art überregionale Gemeinsamkeit besteht in dieser subtilen Weise noch immer. Dem älteren Gildas und allen, die vor und nach ihm aus Irland, Wales und Cornwall zu Schiff an die nahen und fernen Gegenküsten der armorikanischen Halbinsel gestrebt waren, fiel kraft ihrer moralischen Autorität die verantwortliche Führung über ganze Auswanderungskontingente zu.

Der Umfang dieser Schiffsbewegungen führte dazu, daß bis in die Neuzeit das See- und Küstengebiet von Finistère zwischen der Ile d'Ouessant im Norden und der Ile de Sein im Süden die »Iroise«, die »Irische See« genannt wird. Der dazugehörige Teil des Festlandes ging, zunächst als Bistum, dann als comté (Grafschaft) unter dem Namen »Cornouaille«, Cornwall, in die Geschichte ein. Der Herkunft nach bezeichnete man die britischen Einwanderer allgemein als die Leute aus dem »pays de Galle« (Wales).

Aus Gildas' Reisen nach Italien, Spanien und Frankreich mag geschlossen werden, daß er für seine Flüchtlinge internationale Hilfe organisierte, bevor er sich für den Rest seines Lebens in der Bretagne niederließ. Im Jahre seiner

28 *Skulptur St. Ronan aus seiner Grabkapelle (Chapelle du Pénity = Eremitage) neben der Kirche von Locronan in der Bretagne. Der irische Wanderbischof des 5./6. Jh., dessen Vater noch zu den 350 von St. Patrick eingesegneten Bischöfen gehörte, lebte, über Cornwall nach Armorica kommend, zunächst an der Küste von Léon, danach im »heiligen Hain« bei Locronan (Finistère). An druidische Mystik erinnert die Legende der Magierin Keben, die ihn bei König Gradlon als Werwolf verdächtigte, aber bei ihrem letzten Angriff auf das Gespann weißer Ochsen, die seinen Leichnam transportierten, von der Erde in Flammen verschlungen wurde.*

Ankunft soll ihm eine geheimnisvolle Persönlichkeit, der von ihm getaufte Freund Taliésin, »Fürst der Barden, Propheten und Druiden des Westens«, nach Armorica gefolgt sein. Gildas ist 570 als Abt seines Klosters dortselbst als Eremit gestorben, entweder im Bois de Gildas, wenige Kilometer östlich von Saint-Gildas-de-Rhuys, oder auf der Insel Houat, deren Bevölkerung ihn als ihren heiligen Toten in Anspruch nimmt. Die Legende hat ihn durch seinen Tod hindurch wieder mit dem Wasser vereint, das ihm über weite Strecken seines Lebens Heimat gewesen war, und ihm auf seinem Sterbebett die Worte in den Mund gelegt: »Ihr werdet meinen Leichnam in ein Boot legen und unter meinen Kopf den Stein, auf dem ich mich auszuruhen pflegte. Niemand wird in dem Boot bleiben. Ihr werdet es ins Meer hinausstoßen und es nach dem Belieben Gottes treiben lassen…«

Die Legende fährt fort: »Brüder, die von Cornwall herüber gekommen waren, wollten ihn in ihr Vaterland nach Westwales mitnehmen. Doch während man noch darüber beriet, wie man es anstellen sollte, versank das Boot mit der heiligen Leiche im Meer und verschwand, ohne je wieder aufzutauchen…«

Lateinische und keltische Christianisierung der Angelsachsen

Knapp achtzehn Jahre später war der König der Jüten, Ethelbert von Kent, in Canterbury mit Bertha, der getauften Tochter des fränkischen Königs von Paris, vermählt, acht Jahre, bevor St. Augustin mit einem Missionsauftrag des Papstes Gregor I., des Großen, an der Spitze von 39 Benediktinermönchen erschien. In Canterbury, dem alten römisch-britischen Durovernum, richtete er 597 den ersten Bischofssitz ein und wurde 601 Primas von England, nachdem er Rom die erfolgreiche Bekehrung Ethelberts hatte melden können. Diese tiefgreifende Zäsur hatte sich in einem knappen Vierteljahrhundert vollzogen. Bei der Nähe Kents zum gegenüberliegenden Festland ist nicht auszuschließen, daß der fränkische Regierungsadel mit Zustimmung des römischen Klerus zu Ethelbert eine höchst persönliche Beziehung anbahnte, indem er die katholische Prinzessin Bertha ins Spiel brachte. Diese in jeder Hinsicht folgenreiche Verbindung kam 588, sicher nicht ohne die unerläßliche Mitgift an weiblichem Charme, zustande. Doch war Ethelbert, wie die vierzehn Jahre zwischen Heirat und Bekehrung beweisen, kein bequemer Überläufer. Beda berichtet respektvoll, daß es sich dieser erste christliche König Englands, durch den der Hoheitstitel »Bretwalda«, »Oberherr über Britannien«, in die englische Geschichte eingeführt wurde, mit der Annahme des neuen Glaubens nicht leicht gemacht habe. Geht man davon aus,

29 *Krönungsstuhl der Könige von Northumberland in der 678 von St. Wilfried gegründeten Abtei von Hagulstad (heute Hexham), südlich des römischen Hadrianwalles.*

daß ihn Bertha und der ihr mitgegebene Beichtvater Augustinus sanft, aber nachhaltig auf die christliche Seite ziehen wollten, war sein Sinneswandel, wie es gründlicher teutonischer Art entspricht, gleichwohl ein schmerzhafter und langwieriger Prozeß. Vorübergehend voller Zweifel, argwöhnte er in der Privatreligion seiner Frau eher eine für ihn besonders raffiniert ausgelegte Falle, wie er sich auch in geschlossenen Räumen davor fürchtete, von der ihm fremden Religion »verzaubert« zu werden. Im Hinblick auf die modernen Mittel psychischer Beeinflussung wäre dies etwa der Furcht vor dem Angriff mit Psi-Kräften gleichzusetzen. Daher ließ er sich mit St. Augustin nur unter freiem Himmel auf Gespräche ein, ja, er ging mit ihm zu solchen Zwecken sogar auf der Insel Thanet im Fluß Stour in Klausur.

Ethelbert war ein skeptischer Zuhörer und hatte es, obwohl er den Missionshelfern in Canterbury freie Hand ließ, zur Enttäuschung des Papstes mit der Ausbreitung des Christentums in seinem Hoheitsbereich nicht eilig. In Kent, über das er kaum bis nach London und über die Themseregion hinausgelangte, kam es nach seinem Tode 604 zu einer heidnischen Restitution.

Nachdem der entscheidende Durchbruch des neuen Glaubens bei den Angelsachsen im ersten Anlauf nicht gelungen war, stießen Papst Gregor und seine Nachfolger mit einer massiven Kampagne bei den keltischen »Häretikern« nach. Der Aufforderung, in den Schoß der Mutterkirche zurückzukehren, ergab sich nach längerem Widerstreben zunächst nur der Südteil Irlands.

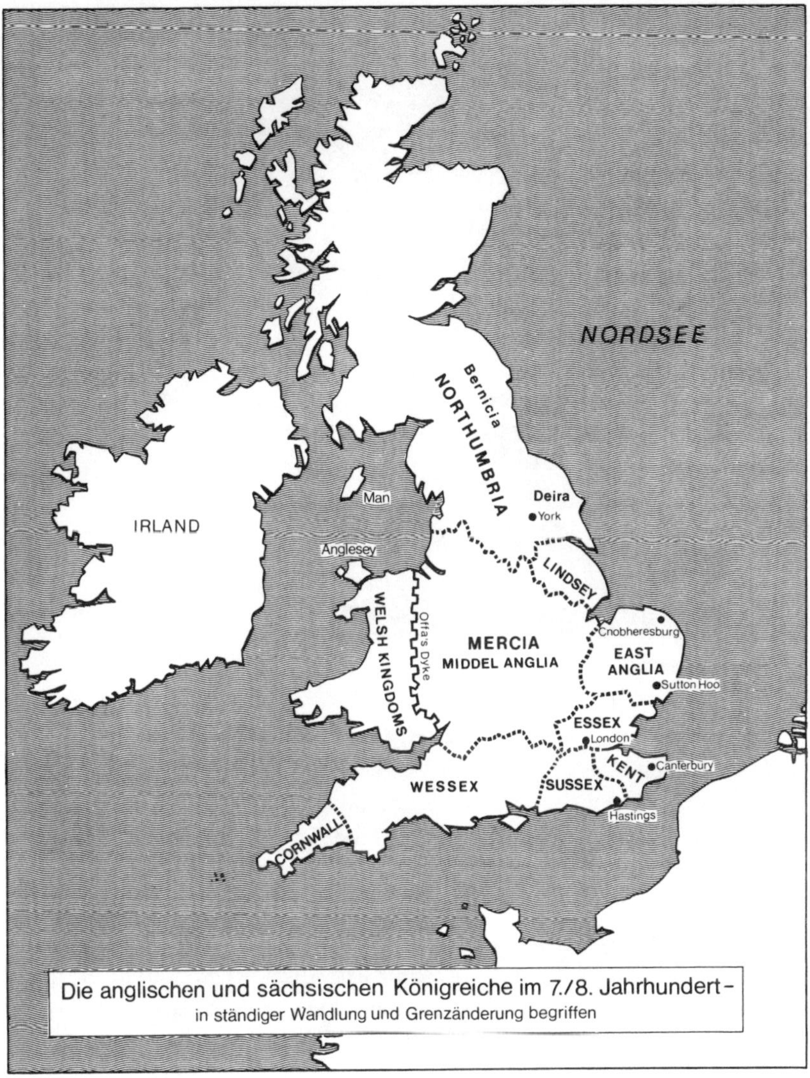

Die anglischen und sächsischen Königreiche im 7./8. Jahrhundert – in ständiger Wandlung und Grenzänderung begriffen

Wie Beda berichtet, machte er unter dem Abt Cummian von Durrow im Jahre 633 mit Rom seinen »Osterfrieden«. Dagegen blieben im nördlichen Irland und bei den keltischen Brüdern Britanniens der alte Kalender und die anstößige Tonsur in Kraft.

Inzwischen hatte Raedwald, König von East Anglia, Ethelberts Nachfolge als Bretwalda angetreten, dessen Nachfolger im Amt des Overlord von Britannien König Edwin von Northumbrien werden sollte. Beide waren Heiden.

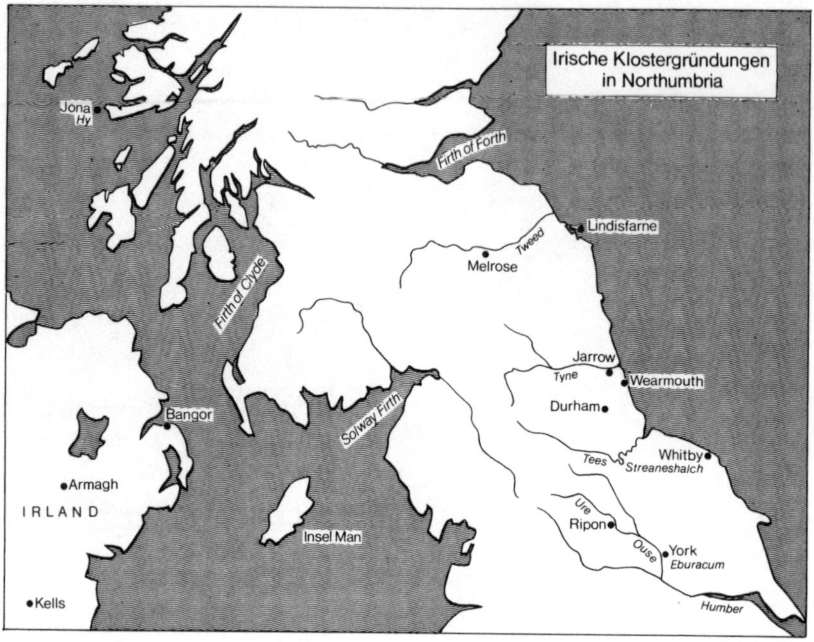

Es gibt keine erregendere Illustration dieses verschollenen Zeitalters als das 1939 am Ostufer des Flusses Deben gegenüber Woodbridge in East Anglia gehobene Schiffsgrab von Sutton Hoo. Anhand seiner kostbaren, in einem Ruderboot versenkten Grabaussteuer aus Harfe, Trinkhörnern, Münzen, Silberschüsseln, steinernem Zepter mit Bronzeschmuck und anderen Objekten läßt er sich mit einiger Sicherheit auf die Lebensdauer des Königs Raedwald, spätestens eine Generation nach ihm, eingrenzen. Der bedenkenlose Elan, den man mit dem Eroberungsgeschlecht der Angelsachsen verbindet, aber auch ein Zug von intellektuellem Tiefgang sind von dem eisernen Maskenhelm mit seinen verzinnten Bronzeauflagen, vom Schmuckfries aus germanischen Flechtmustern und von den Zeremonialkriegern an Stirn- und Schläfenseite in faszinierender Weise eingefangen. Je länger man sich in seinen Anblick vertieft, umso deutlicher kehrt sich das abstrakte Zweitgesicht jener ersten Angelsachsen hervor, mit deren Draufgängertum eine unbequeme Geisteshaltung Schritt hielt. Die Bereitschaft, die Herausforderung durch eine fremde Philosophie anzunehmen und sich redlich mit ihr auseinanderzusetzen, zeichnet nicht nur den ersten christlichen Bretwalda Ethelbert von Kent aus, sondern in nicht geringerem Maße auch den Ostangeln Raedwald, der zunächst die heidnischen Idole neben dem christlichen Altar in seiner Kirche bestehen ließ und vorsorglich allen gleichzeitig seine Reverenz erwies.

30 Bamburgh Castle, Sitz der Könige von Northumberland, südlich von Berwick upon Tweed an der Nordseeküste. König Oswald erlaubte von hier aus dem irischen Mönch St. Aidan, den er im Exil im Kloster Iona kennengelernt hatte, das Kloster auf der Insel Lindisfarne, in Sichtweite der Bamburgh, im Jahre 635 zu gründen. Der König dolmetschte Aidan bei der Taufe der Sachsen. Die Festung datiert von 1164 und ist in ihrer heutigen Form normannisch.

Untersucht man die kunsthandwerklichen Gegenstände von Sutton Hoo auf ihre stilistischen Einflüsse, die ihren Ursprung im Mittelmeerraum, in Gallien, Irland und Schweden haben dürften, muß man sich von der Vorstellung einer in der Insellage erstarrten Monokultur trennen.

Noch schillernder wird das Bild, zieht man Bedas Bericht mit der Personenbeschreibung Edwins von Northumberland zur historischen Aufhellung der »dark ages« heran. Er enthält für die Bekehrung Edwins eine Schlüsselszene von shakespearehafter Dramaturgie:

Darauf im nächtlichen Monolog Edwin, gefährdet von einem gegen ihn gerichteten Mordanschlag, den sein Rivale aus dem Nebenkönigreich Bernicia, Ethelfrid, geplant hat. In seiner Not erscheint ihm der römische Mönch Paulinus, in dem er erst Jahre später den Beichtvater seiner zukünftigen zweiten Frau Ethelberga erkennt. Dieser prophezeit ihm, daß aus ihm einer der größten Könige Englands würde, falls er sich taufen ließe. In einer Entscheidungsschlacht 617 wird Ethelfrid von Bernicia getötet. Dessen sieben Söhne, darunter der spätere Märtyrerkönig Oswald vom Northumberland, müssen ins Exil gehen.

Zwar hatte Edwin sein politisches Ziel, Alleinherrscher über Northumberland zu werden, erreicht. Vom Übertritt zum katholischen Glauben trennten ihn aber noch zehn Jahre. Dieser Aufschub entsprach weniger seinen privaten Zweifeln. Seine zweite Frau, die katholische Prinzessin Ethelberga von Kent, und ihr Kaplan Paulinus mögen ihn alsbald überzeugt haben. Eine andere Sache war die Einführung des Christentums als Staatsreligion, die er im Hinblick auf die voraufgegangenen revolutionären Ereignisse nicht überstürzen durfte.

Zwei Ereignisse sollen ihm schließlich den entscheidenden Anstoß gegeben haben: ein Attentat, bei dem sein Hofbeamter den für ihn bestimmten Stoß eines vergifteten Schwertes abfing, und die schmerzlose Niederkunft Ethelbergas, die einer Tochter das Leben schenkte. Er berief die Mächtigen seines Reiches ein, um über die zukünftige Religion in Northumberland Beschluß zu fassen. Von diesem Reichstag sind die Worte eines seiner Edlen überliefert: »Ist das Leben der Menschen auf Erden nicht wie der Flug eines Sperlings zur Winterzeit, der, aus der Dunkelheit kommend, kurz durch die Wärme der königlichen Halle schwirrt und weiterfliegt in die unbekannte Finsternis? So ist auch unser Leben. Was folgt, oder was davor war, wissen wir nicht. Warum also nicht dieser neuen Lehre folgen, wenn sie uns darüber etwas Sicheres sagen kann?...«

Am Osterabend des Jahres 627 ließ sich König Edwin mit seinem ganzen Hofstaat in der kleinen Holzkirche von St. Peter taufen, bezeichnenderweise aber nicht von Paulinus, dem Glaubensanwalt der lateinischen Amtskirche – ihn fand er mit dem Bischofsstuhl von York ab –, sondern von einem keltischen Priester. Das hatte nach dem Grundsatz »cuius regio eius religio« zur Folge, daß in ganz Northumberland das Christentum nicht römischer, sondern keltischer Observanz eingeführt wurde. Darüber hinaus bewirkte er mit der Taufe in seiner Eigenschaft als Bretwalda die Rezeption der keltischen Form des Christentums auch in den anderen, unter der Oberhoheit des Bretwalda verbundenen Königreichen. Daß er sich nach der Überlieferung dreimal dem Taufakt unterzogen hat, erhält aus seiner dreifachen Machtstellung als König beider northumbrischer Teilreiche Bernicia und Deira sowie als Bretwalda institutionelle Bedeutung.

Ungeachtet seines politisch weitsichtigen und maßvollen Vergehens trat nach dem Tode Edwins das gleiche ein wie zuvor in Kent beim Tode Ethelberts: Das Land wurde wieder heidnisch.

Beda und der fränkische Geschichtsschreiber Gregor von Tours sind sich darin einig, daß Edwin als ehrlicher Zauderer vor dem rücksichtslosen und opportunistischen Franken Chlodwig, dem ersten getauften Merowingerkönig, den größeren Respekt verdient. Edwin regierte mit glücklicher Hand und machte sein Reich so sicher, daß das geflügelte Wort umging: »Eine junge Frau kann mit ihrem neugeborenen Kind auf dem Arm von Küste zu Küste wandern, ohne daß ihr ein Leid geschieht.«

Eine unheilige Allianz zwischen zwei ungleichen Königen, dem heidnischen Sachsenkönig Penda von Mercia und dem christlichen Britenkönig Cadwallon von Nordwales, brachte dieses erste Licht angelsächsisch-christlicher Zivilisation zum Verlöschen. Im Jahre 632 verlor Edwin in der Schlacht bei Hatfield sein Leben, und die junge Kirche von Northumberland fiel ohne seinen wirksamen Schutz ins Heidentum zurück.

Vielleicht hätten die zwei Jahre nach der folgenschweren Niederlage und dem Tode Edwins bis zur Thronbesteigung Oswalds ausgereicht, den neuen Glauben wieder mit dem alten Wotanskult der Sachsen zu überwuchern, wäre nicht der Norden schon zuvor um 400 durch den Briten St. Ninian von Withorn aus, und in der zweiten Hälfte des 6. Jahrhunderts von dem Iren St. Columbkille von Iona aus, christlich geformt worden. Die stets als unberechenbar gefürchtete Bevölkerung fand sich unversehens in der Lage von Urgemeinden wieder, die sich zunehmend heidnischen Gegendrucks erwehren und ihre Glaubensgenossen, gleichsam im Untergrund, zusammenhalten mußte. Der äußere Anschein der Entwicklung sprach noch mehr zu ihren Ungunsten. Eine von König Edwin begonnene, St. Petrus geweihte Kirche in York, eine andere auf der Insel Lindisfarne, standen unvollendet. In seinem führungslosen nördlichen Königreich, das sich vom Firth of Forth in Schottland südwärts bis zu den Ufern des Humber in Yorkshire erstreckte, fanden Willkür, Gewalt und Gesetzlosigkeit vorübergehend Eingang.

Doch schon 634 endete das Interregnum. Das Schicksal gab Oswald, dem nach dem Umsturz in der Abgeschiedenheit des Klosters Iona herangewachsenen Sohn des Königs Ethelfrid Gelegenheit, durch den Sieg über Cadwallon in der Schlacht von Heavenfield den alten Waliser Widersacher auszuschalten und sich außer zum König von Northumberland zugleich zum Bretwalda zu proklamieren. Die Schlacht in der Nähe des Hadrianswalls nördlich des Tyne, die Oswald für sich entschied, symbolisierte für ihn an der größten militärischen Grenzbefestigung der römischen Besatzungszeit auch einen weltanschaulichen Durchbruch. In der Zeit von 122 bis 130 nach Chr. von Hadrian als Verteidigungswerk gegen die keltischen Pikten errichtet, wiederholt von Schottland her berannt und 383 endgültig aufgegeben, wurde es von Oswald auch im geistigen Sinne überwunden. Für ihn war die Rettung der Kirche in erster Linie an die Notwendigkeit gebunden, ihre keltischen Fundamente zu erhalten.

Es ist überliefert, daß er auf einer Anhöhe über seinem Kriegslager, von wo aus er die siebzehn großen Forts, die Meilenkastelle und Wachtürme der Römer überblicken konnte, ein hölzernes Kreuz errichten und seine Soldaten vor der Schlacht vor ihm niederknien und beten ließ. Diese karge und menschenleere Landschaft mit der weit ausschwingenden Bewegung der Cheviothügel, die sich gleichsam kontrapunktisch zum Verlauf der künstlichen Erd-

und Steinwerke verhält, ist wie geschaffen für einen Dialog mit der Einsamkeit. Unüberhörbar darin war für Oswald die göttliche Verlautbarung, wonach er sich als Wiedererwecker des christlichen Glaubens verpflichten und alle Anstrengungen machen sollte, dieses Ziel in seinem kurz befristeten Leben zu erreichen.

Ist es Ironie oder tiefere Bedeutung, daß Oswald als König Ethelfrids Sohn, ungeachtet der tödlichen Feindschaft zwischen seinem Vater und König Edwin, dessen religionspolitischer Erbe und Vollstrecker wurde und das Christentum, zunächst in keltischer Form, endgültig in seinem Hoheitsgebiet institutionalisierte? – Northumberland, bisher wiederholt Schauplatz von Flügelkämpfen fürstlicher Rivalen, konnte unter ihm kraft seiner neuen Vormachtstellung die Bekehrung auch von Essex, Mercia und Sussex durchsetzen. Noch im gleichen Jahrhundert waren die Voraussetzungen für einen Brückenkopf angelsächsischer Mission auf dem Festland geschaffen. Sie ergaben sich aus der Tatsache, daß die erste Generation der angelsächsischen Missionare ohne Ausnahme aus den theologischen und universalwissenschaftlichen Fakultäten keltischer, insbesondere irischer Klöster hervorgegangen war.

Edwin hatte den Werdegang Oswalds vom zwangsverschickten Thronanwärter zum Bretwalda über den größten Staatenverbund Englands, in dem alle Zungen – walisisch, piktisch, gälisch und englisch – vereinigt waren, nicht voraussehen können. Gleichwohl scheint er ihm das Kloster von Iona nicht zufällig, sondern in einem Akt staatsmännischer Voraussicht als Exil bestimmt zu haben. Hier wurde Oswald in seinen christlichen Überzeugungen von den berühmten irischen Vorbildern der keltischen Mönchskirche geprägt. Die Folge war, daß sich für ihn bei der Rechristianisierung Northumberlands die Frage des römisch-katholischen Bekenntnisses gar nicht stellte.

Unverzüglich setzte er als eine erste organisatorische Maßnahme den ihm vom Kloster Iona überlassenen irischen Bischof Corman als Taufprediger ein, der indes, unter dem Eindruck seiner wilden und unbelehrbaren Zuhörer entmutigt, alsbald von seiner Aufgabe zurücktrat. An seiner Stelle wurde der Ire Aidan, gleichfalls von Iona kommend, berufen. Den von Paulinus eingerichteten Bischofssitz in York, den zu besteigen die römische Amtskirche in Kent und Wessex von ihm erwartete, lehnte Aidan ab. Desgleichen den ihm von König Oswald angebotenen Sitz in der königlichen Residenz, der Bamburgh an der Nordseeküste. Statt dessen zog er sich in die auf Sichtweite der Bamburgh liegende Insel Lindisfarne südlich von Berwick-upon-Tweed, nicht weit von der schottischen Grenze, zurück. Von hier aus wollte er, auch im übertragenen Sinne, die von Edwin begonnene und unter Oswald mit einer Abtei vervollständigten Kirche als eine – wie in seiner Heimat Irland übliche – Einheit aus Kirche und Mönchskommune einrichten. Daß Aidan, ungeachtet seiner sanften Wesensart, über das im Jahre 633 gescheiterte Bekehrungswerk des Paulinus hinweg eigene programmatische Wege ging, war für Rom ein Grund zur Besorgnis. Doch seine persönliche Heiligkeit, die ihre Wurzeln in der rigorosen Askese des keltischen Eremitentums hatte, machte ihn auch in den Augen seiner ideologischen Gegner unantastbar.

»Das höchste Lob«, so schreibt Beda über ihn, »für seine Evangelisation besteht darin, daß er und seine Nachfolger das vorlebten, was sie predigten. Er suchte nicht nach irgendwelchen irdischen Besitztümern, noch kümmerten sie ihn. Er liebt es, alles wegzugeben, was er von Königen und Wohlhabenden erhielt. Ob in der Stadt oder auf dem Lande, er reiste zu Fuß, es sei denn, die Umstände hätten ihn gezwungen, ein Reittier zu nehmen. Wann immer er Menschen begegnete, hielt er an und sprach mit ihnen. Waren sie Heiden, drang er in sie, sich taufen zu lassen. Waren sie Christen, stärkte er ihren Glauben, und hielt sie an, ein gutes Leben zu führen und anderen Wohltaten zu erweisen...«

Beda findet in seiner Verehrung für Aidan nur einen Makel an ihm, daß er nämlich am falschen Tag Ostern feierte. Mit dieser Abweichung befand sich Aidan indessen mit seinem König Oswald sowie mit seinen Mönchen in Übereinstimmung. Beide, Herrscher und Bischof, fühlten sich vom Erzbischof von Canterbury unabhängig.

Im übrigen ergänzten sie sich wirkungsvoll bei der christlichen Kulturarbeit in Northumbien. Aidan, des Sächsischen noch nicht mächtig, war zunächst auf die Dolmetscherdienst von König Oswald persönlich, der in Iona die keltische Sprache erlernt hatte, angewiesen, was besonders die Verständigung mit den Taufanwärtern erleichterte. Oswald hinwiederum hielt in seiner Burg die Tafel für die Armen gedeckt und linderte mit dem königlichen Schatz jegliche Not seiner Untertanen.

Die unmittelbare Umsetzung von Glaubensinhalten in das Leben trug entscheidend dazu bei, die letzten Heiden der britischen Insel zu bekehren. Sowohl Oswald als auch Aidan wußten, was bereits Edwin geahnt haben mochte, daß nicht so sehr die geschulten Vertreter der römisch-katholischen Amtskirche, sondern eher die spröden, unnachgiebigen Asketen des keltischen Klosterwesens das Überzeugungswunder an den eigenwilligen Menschen dieses Landes vollbringen konnten.

Man muß lange suchen, um einen Ort in Europa zu finden, der vom Element dieser weltaufzehrenden Frömmigkeit in vergleichbarem Maße durchdrungen ist wie Lindisfarne. Schloß sich mit der steigenden Flut der poröse Vorhang des Ozeans, war die Klausur gegen jeden Zutritt von außen hermetisch abgeriegelt, allein von der Allgegenwart Gottes umgeben.

Der umwälzende Einfluß, der von dieser rauhen, sich in ihrem unzugänglichen Charakter gleichbleibenden Insel auf die angelsächsischen Lande damals ausging, ist von der Persönlichkeit ihres ersten Bischofs nicht zu trennen. Sein Beispiel erfüllte die Brüder in ihren unbequemen Zellen aus Flechtwerk und Lehm mit einem glühenden Fanatismus, der nur noch von der Härte der irischen Klosterregel übertroffen wurde. Beides schlug sich in einem religiösen Korpsgeist nieder, der den einzelnen erst zur Selbstaufgabe im Dienste der Mission befähigte.

Aidan, der die Wiederherstellung des Christentums in Northumberland darüber hinaus vorantrieb – in seiner Zeit entstanden mehrere Tochterklöster im Norden, darunter das 640 im heutigen Schottland von seinem Schüler Eata geleitete Kloster Melrose – war eine in seinem Tugendstreben unerbittliche Natur. Er erlaubte sich und seinen Mönchen nur die einfachsten Gewänder aus ungefärbter Wolle und ging in seinen puritanischen Moralauffassungen so weit, daß er hinter den »geheiligten Mauern« keine Kühe duldete: Wo Kühe waren, seien Kuhhirtinnen auch nicht weit. Grund genug, das Kloster für alle Angehörigen des weiblichen Geschlechtes zum Sperrgebiet zu erklären.

In diesem Punkte unterscheidet er sich von Patricks Generation, die im Dienste der himmlischen Harmonie auch Ehen rettet, indem sie dem Partner jeweils dazu verhalf, seine verlorene Liebesfähigkeit wiederzugewinnen.

Ungeteilt dagegen war Aidans Liebe zur ganzen Schöpfung, für deren geringste Kreaturen er sich im Sinne jeder apokryphen Schriften des Urchristentums geoffenbarten Erlösungssehnsucht verantwortlich fühlte.

Als Bischof ebenso verehrt wie als Lehrer seiner Mönchsschüler – zu ihnen gehörte in den Jahren von 648 bis 652 der spätere St. Wilfrid – liebte Aidan das Schweigen und die heilige Armut, floh die Menschenmenge und die Pracht von York (Beda). Seine Autorität als Oberhirte war nicht vom äußeren Zeichen des Bischofsstuhls, den Paulinus dort von 626 bis 633 eingenommen hatte, abhängig, sondern allein von der Kraft seiner Persönlichkeit, die Vertrauen zwischen ihm und den Menschen schaffte. In der Isolation auf Lindisfarne, von wo er zur Meditation regelmäßig mit dem Boot auf die nur von Vögeln bewohnten kleinen Farne-Inseln entschwand, hat er auch mit Hilfe der von östlichen Philosophien entliehenen Mittel geistiger Disziplinierung – wir würden heute dafür den modernen Begriff des autogenen Trainings verwenden – einen Höchstgrad innerer Unanfechtbarkeit erreicht. Sie befähigte ihn, während seiner sechzehnjährigen bischöflichen Amtsperiode die gegensätzlichen Strömungen zwischen der von ihm vertretenen keltischen und der lateinischen Kirche in Grenzen zu halten, bestärkt durch die überragende Stellung Irlands in der damaligen Christenheit. Im 7. und 8. Jahrhundert standen irische Theologie und allgemeine Gelehrsamkeit in höchstem Ansehen. Studenten aus allen Ländern Europas drängten sich zu den irischen Klöstern, vor allem auch aus England. Es war das »goldene Zeitalter« Irlands.

Im Jahre 642 kam es ungeachtet der erfolgreichen Missionsarbeit in Northumbrien noch einmal zu einem auf König Oswald gerichteten heidnischen Gegenstoß bei Oswestry, wo Penda von Mercia ihn besiegte. Oswald fiel. Penda ließ seinen versehrten Leichnam an einen Baum nageln. Die Märtyrerhand wurde später in seinem Königssitz, der Bamburgh, aufbewahrt, sein Haupt in Durham. Andere Reliquien Oswalds gelangten sogar bis nach Hildesheim, wo sie in einer silbernen Kopfbüste eingeschlossen sind.

Das blutige Ende Oswalds gab der Evangelisation der britischen Insel Impulse besonderer Art, in die auf paradoxe Weise Pendas eigener Sohn, Prinz Penda, einbezogen war. Von Schuldgefühlen ergriffen, bat er Aidan um die Taufe. Indem er die Tochter Oswys, der seinem Bruder Oswald auf den Thron gefolgt war, zur Frau nahm, heiratete er in das christliche Königshaus von Northumbrien ein.

Das führte 653 dazu, daß der Mönch Diuma als Bischof nach Mercia entsandt wurde, ein Jahr später der Mönch Cedd nach Essex, beide von Aidan in Lindisfarne auf ihre Aufgabe vorbereitet. Ihr gemeinsamer Lehrer war damals schon nicht mehr am Leben. Ihn hatte im Jahre 651 in einem Dorf bei der Bambergh der Tod so überraschend ereilt, daß er unter einem improvisierten Schutzdach an der Außenmauer der Kirche seinen Geist aufgab, viel beklagt und bis heute als ein Heiliger, der Gewalt über Stürme und Feuer hat, auf den britischen Inseln verehrt.

So lange Aidan seine Klosterfamilie auf Lindisfarne im Geiste von Iona zusammenhielt und durch seine missionarischen Sendboten für die keltische Kirche warb, hielt sich Rom zurück. Zwar kam es immer wieder zu bizarren Schmähungen zwischen den konservativen keltischen und den fortschrittlichen lateinischen Kräften, vor allem, wenn es um die alten Streitfragen des richtigen Osterdatums und der richtigen Tonsur ging. Die Haartracht der keltischen Mönche, so hieß es bei den »Römischen«, stamme von Simon, dem Magier, einem Oberdruiden, und sei vom Schweinehirten des Königs Laoghaire eingeführt worden. Gelegentlich weigerten sich die orthodoxen Flügel wechselseitig, mit Mönchen des anderen Lagers unter dem gleichen Dach zu wohnen. Gleichwohl bewegten sich für den aufmerksamen Beobachter beide Parteien, wenn auch kaum merklich, aufeinander zu.

Aidan war nicht der Mann gewesen, der mit zugespitzten Argumenten in den dialektischen Kleinkrieg eingegriffen hätte. Anders als Columban, der sich als gefürchteter Debattenredner in der dogmatischen Arena zu Hause fühlte, machte Aidan seinen Einfluß durch die Bescheidenheit seines Auftretens, durch Demut und Hingabe still, aber um so nachhaltiger geltend. Er war, im entgegengesetzten Sinne eines ausbrechenden Vulkans, von zurückgehaltener, kontinuierlich energiespendender Glut. Ein modernes Standbild neben den Ruinen der von dänischen Piraten 793 zerstörten und von Benediktinern nach der normannischen Eroberung wieder aufgebauten sächsischen Abtei gibt diesem besonderen Zug von gebändigter Besessenheit Ausdruck.

Die Insel, die im Laufe ihrer Geschichte sechzehn Bischöfe hatte und heute das älteste Archidiakonat Englands besitzt, war so sehr ein Teil von Aidan geworden, daß sich seine unmittelbaren Nachfolger, die Iren Finian (651–661) und Colman (661–664), nicht dem Zeitgeist ergaben, der sich der katholischen Seite zuneigte, sondern in der keltischen Opposition verharrten.

Die Synode von Whitby, Kapitulation der keltischen Kirche

Der entscheidende Anstoß, die Angleichung mit Rom zu vollziehen, kam von König Oswy, dessen Gemahlin, eine Tochter Edwins, bereits nach dem lateinischen Kalender Ostern feierte. Deren gemeinsamer Sohn Alfrid war Schüler von St. Wilfrid gewesen, jenes Edelmanns aus Northumbrien, der als vierzehnjähriger Knabe in die Erziehung Aidans nach Lindisfarne gegeben worden war. Wilfrid hatte das Kloster 652, ein Jahr nach dem Tode seines verehrten Lehrers, als ein mit reichen apostolischen Gaben gesegneter Jüngling von achtzehn Jahren verlassen. Als 644 die Synode von Whitby im heutigen North Riding, Yorkshire, einberufen wurde, stand er am Anfang einer glänzenden, wenn auch in seiner Diözese nicht unumstrittenen Karriere als Bischof von York und Missionspriester in den Niederlanden und im Frankenreich. Er vor allem drängte auf Einigung mit Rom, was ihm noch im gleichen Jahr die Huldigung des fränkischen Klerus einbrachte. In der neustrischen Königsstadt Compiègne wurde er von zwölf Bischöfen und mit Zustimmung Chlotars III. zu einem goldenen Sessel am Hochaltar der Kathedrale getragen und, nachdem er dort von einer großen Menschenmenge das Bekenntnis seiner Ergebenheit gegenüber der lateinischen Kirche abgelegt hatte, durch Handauflegen gleichsam in Lehnspflicht genommen.

Dieser aufwendige Akt macht deutlich, was Wilfrids Vermittlerrolle dem Pontifikat wert war und wie hoch es diese neue Verfügbarkeit über das Angelsachsentum schätzte.

Zeitgenössische Autoren haben den Verlauf der Synode von Whitby in lateinischen Protokollen festgehalten. Sie fand im Kloster Streaneshealch statt, dem die Äbtissin aus sächsischem Adel, St. Hilda, vorstand. König Oswy präsidierte der Runde, in der jeder nach demokratischen Regeln seine Argumente vertreten konnte: Colman, seit 661 Bischof von Lindisfarne, nebst seinen Mönchen, Cedd, sein Vorgänger, derzeit Bischof von Essex, und

31 *Apostelfries (12. Jh.) im Anfang des 7. Jh. gegründeten Malmesbury, Kloster in County Wiltshire, England.*

St. Hilda, votierten für die Beibehaltung des keltischen Ritus. Wilfrid und Jakob, der Diakon, einst Helfer des Paulinus, Bischof Agilbert von Wessex und andere Mönche und Priester von höherem und niederem Rang ergriffen für die römische Form Partei.

Die leidenschaftliche Debatte wurde auf beiden Seiten in einer von Bildern und Gleichnissen gesättigten Sprache geführt. Es fällt uns heute schwer, aus der rationalen Abkühlung unserer Vorstellungswelt zu den naiven Metaphern dieses Dialogs noch ein Verhältnis herzustellen. Der weitgereiste Wilfrid tat sich in seinem Vortrag durch Weltläufigkeit und Pathos hervor, indem er der »törichten Ignoranz von Pikten und Briten« die Rechtgläubigkeit der ganzen christlichen Welt – er zählte Afrika, Ägypten, Asien und Griechenland auf – gegenüberstellte. Colman berief sich auf den heiligen Johannes, Wilfrid wiederum konterte mit dem Konzil von Nicäa, was einen Hinweis auf die arianische Häresie enthielt. Darauf appellierte Colman an den heiligen Columbkille von Iona. Wilfrid nahm für die römische Partei das »allergesegneteste Haupt der Apostel, St. Petrus, in Anspruch. Dem wußte der ehrenwerte Colman nichts mehr entgegenzusetzen und räumte ein, daß tatsächlich Petrus und nicht Columbkille den Schlüssel des Himmels besäße.

Dieses Zugeständnis machte König Oswy diplomatisch »mit einem Lächeln«, wie die Protokolle vermerken, zum Ausgangspunkt seines Schlußwortes. Nun, so ließ er sich vernehmen, nachdem die Schlüsselgewalt des Apostelfürsten Petrus über den Himmel von beiden Seiten einverständlich anerkannt sei, wolle er sich dessen Befugnis widerspruchslos unterordnen, weil ihm sonst, wenn er an die Pforten des Himmels käme, vielleicht niemand öffnen würde.

Die Aufforderung, es ihm gleich zu tun, wurde von der Versammlung in dem Sinne aufgenommen, daß in Zukunft alle der Kirche von Rom folgen wollten, besonders, was die römische Tonsur und das Osterdatum anginge. Damit war die Synode offiziell mit einem Erfolg für die römisch-lateinische Fraktion zu Ende gegangen.

Man kann sich kaum einen größeren Gegensatz vorstellen als zwischen Aidan und seinem ehemaligen Schüler Wilfrid. Obwohl sie beide tief in der geistigen Tradition Irlands wurzelten, operierten sie in der Auseinandersetzung von zwei verschiedenen Positionen aus: Aidan, so lange er lebte, als der über Auslegungsfragen erhabene Einsiedler, der aus der Distanz zur Welt das Ziel »des ganzen Glaubens« unverrückbar vor Augen hatte, ohne daß Anpassungsmechanismen die Geradlinigkeit seiner Auffassungen beeinträchtigten. Wilfrid, eher von der Statur eines Kirchendiplomaten, der zum Vorteil seiner Partei die Mittel einer genialen Regie einsetzte, und damit das individuelle Apostolat, wie es Aidan vorgelebt hatte, in eine politische Dimension erweiterte. Zum erstenmal erkannte die keltische Seite in der angelsächsischen Fähigkeit, methodisch denken und organisieren zu können, einen ihr bis heute fremd gebliebenen Charakterzug. Er wurde für sie zur Herausforderung, aber weniger im Sinne einer vorprogrammierten Benachteiligung als vielmehr in einem konkurrierenden Streben nach gegenseitiger Ergänzung.

Wilfrid, der später als Bischof von York aufgrund seiner beunruhigenden Vielseitigkeit mit seinem König und dem Erzbischof von Canterbury in Konflikt geriet, und beim Papst in Rom seine Rechtfertigung erwirkte, tat sich auch als Bauherr von Steinkirchen hervor. In einer Zeit, die bis dahin nur Holzarchitektur gekannt hatte, verwendete er bei der von ihm gegründeten Abtei Hagulstad (heute Hexham) westlich von Newcastle Material aus dem ehemaligen Römerlager Corstopitum (Corbridge) am Hadrianswall. Diese in ihren Grundmauern angelsächsische Konstruktion, zu ihrer Zeit als das größte und schönste Kirchenbauwerk nördlich der Alpen bekannt, bildet heute noch den eindrucksvollen Mittelpunkt des kleinen Marktfleckens am Tyne.

In sein zweites Kloster, Ripon in Yorkshire, nahm Wilfrid den späteren St. Willibrord, Sohn des Wilgris, als siebenjährigen auf. In dieser berühmten Schule für den missionarischen Auslandsdienst bereitete sich Willibrord bis zu seinem zwanzigsten Lebensjahr auf seine Evangelisationsaufgaben vor, ehe er nach einem weiteren Studiengang in Irland im Kloster Ramelsigi, dem heutigen Mellifont bei Drogheda (County Louth) im Jahre 689 mit zwölf Gefährten die britischen Inseln in Richtung Kontinent verließ. Zum Priester geweiht, begab er sich in das heutige Holland, damals Westfriesland, und wurde auf Fürsprache des fränkischen Hausmeiers Pippin von Heristal vom Papst zum Erzbischof der Friesen mit dem Bistum Utrecht ernannt.

In mancherlei Hinsicht ist Willibrord die erste bedeutende Erscheinung im angelsächsischen Missionskreis, der die beiden insularen Traditionen, die irische und die lateinische, in einer glücklichen Synthese vereinigte. Bevor er sich in Echternach im heutigen Luxemburg zum Sterben niederlegte, war er rastlos unterwegs gewesen, taufend, predigend, Kirchen und Kapellen errichtend, den Morddrohungen noch ungetaufter Friesen unter ihrem Herzog Radbod in selbstlosem Einsatz trotzend. Wie es keltischer Praxis entsprach, bediente er sich dabei der Hilfe von Wanderbischöfen. Andererseits führte er als Neuheit für sich und seine Nachfolger die Verpflichtung einer beim Papst zu erwirkenden Missionserlaubnis ein, die für die irischen Mönche, die aufs Festland gingen, bislang nicht bestanden hatte und auch nicht vorstellbar gewesen war.

Die Abhängigkeit der extrem individualistischen Akteure wurde seit Whitby durch ihre Einordnung in die katholische Hierarchie größer, der persönliche Spielraum kleiner. Kein Zweifel, daß die keltische Mönchskirche durch die Beschlüsse dieser Synode, besonders auf dem Festland, einen empfindlichen Rückschlag erlitten hat. Als Institution mehr und mehr durch die Angelsachsen verdrängt, blieb sie gleichwohl durch ihre herausragenden Persönlichkeiten präsent. Die Klosterschule von York konnte auf die irischen Lehrer auch weiterhin nicht verzichten. Noch als Alkuin in der Mitte des 8. Jahrhunderts dort studierte, hatte sich ihr Anteil kaum verringert.

Als unmittelbare Folge von Whitby gaben die irischen Mönche von Lindisfarne mit ihrem Abt Colman das Inselkloster auf und siedelten mit dreißig englischen Brüdern nach Irland an die Westküste über, wo sie sich in Inisboffin bei Galway niederließen. Solange sie geschlossen gegen ihre Kontrahenten auftraten, waren sie einig gewesen. Hier fielen sie auseinander, als wäre der Keim einer jahrhundertealten Zwietracht wieder virulent geworden. Die englischen Mönche trennten sich von der Gemeinschaft und gründeten weiter nördlich in Mayo ein eigenes Kloster mit irischer Regel, fortan Muigheó Sacsan genannt.

Noch bis zum Ende des 7. Jahrhunderts und darüber hinaus begriffen sich die Abteien in Irland als Zellen des Widerstandes gegen den dominierenden anti-keltischen Einfluß, wobei sie sich in heimlicher Übereinstimmung mit den britischen Priestern in Cornwall und Devon auf der Hauptinsel befanden. Diese wiederum erregten das Mißfallen eines der prominentesten Kirchenmänner ihrer Zeit, des sächsischen Bischofs von Wessex, St. Aldhelm.

Von einem gelehrten irischen Mönch namens Meldubh im Kloster von Malmesbury erzogen, geriet er als erster Bischof von Sherborne zwischen die keltische und römisch-lateinische Front, obwohl er schließlich die Angleichung fertigbrachte. Er bediente sich dabei höchst unkonventioneller Mittel, indem er mit Hilfe seiner literarischen Begabung die keltischen Abweichler beschwor, nicht länger dem von Rom abgelehnten Kanon des falschen Osterfestes als »Quarto Decimanen« zu folgen. Wortgewaltig fährt er in der Aufzählung ihrer Fehltritte fort. »Nicht genug, daß sie mit uns, die wir als Sachsen Rom ergeben sind, weder beten noch an einem Tisch essen wollen, schlimmer noch, sie werfen die Nahrung, die übrig bleibt, den mit offenem Maul wartenden Hunden und den schmutzigen Schweinen vor. Sie geben Anweisung, daß die von uns benutzten Teller und Schüsseln ausgekratzt und mit Sand oder Asche ausgescheuert werden müssen, ehe sie wieder auf den Tisch kommen. Sie bieten uns keinen Friedensgruß noch einen Kuß der Brüderlichkeit, sie geben uns kein Wasserbecken und keine Handtücher, um unsere Hände und Füße zu waschen, wie unser Herr seinen Jüngern auftrug, es an Freunden zu tun. Wenn jemand von uns, den Katholischen, mit ihnen zusammen leben will, weit davon entfernt, in ihre Gemeinschaft aufgenommen zu werden, zwingen sie ihn, sich vierzigtägigen Strafen zu unterwerfen...« Mit diesem dramatischen Appell und einem Briefwechsel, den er mit Célanus, Abt von Péronne, führte – Péronne war das einzige Kloster, das bis zum Einfall der Wikinger im Frankenreich 880 nach Regel und Belegung irisch geblieben ist –, hat er der Nachwelt eine skurrile Seite jener sich immer mehr in Haarspaltereien verlierenden Auseinandersetzung enthüllt. Wäre es lediglich um das Osterdatum und die Tonsur gegangen, hätte sich aus diesem Antagonismus kaum jene Kraft der Anverwandlung befreien können, die schließlich, wie Beda feststellte, zu einer ersten Hochblüte christlicher Zivilisation geführt hat. Die keltische Phantasie verband sich mit dem Ordnungssinn des Germanischen, ihre individuelle Mystik und Ekstase mit der rationalen Einsicht und dem Sinn für Maß und eigenverantwortliche Hingabe an eine verfaßte Gemeinschaft.

Dieses fruchtbare Zusammenwirken hebt sich nirgendwo deutlicher hervor als in den damals entstandenen religiösen Kunstwerken, wozu die Ende des 7. Jahrhunderts aus dem Kloster Lindisfarne hervorgegangene Handschrift der Evangelien gehört, heute im Britischen Museum in London. Man weiß nicht, was man mehr bewundern soll, die bildhafte Vorstellungskraft der Mönche oder die formale Disziplin der technischen Ausführung.

Ebensowenig wie Iona hat Lindisfarne nach der Synode von Whitby die keltische Sonderstellung über Nacht aufgegeben, ungeachtet einiger äußer-

32 *Kreuzdarstellung von einem Grabstein in Clonmacnoise, County Offaly, 887 n. Chr*

rer Konzessionen. Davon zeugen die ersten beiden Bischöfe nach 664 auf Lindisfarne: der erste, Eata, der unter Aidan im Inselkloster studiert hatte, und der zweite, Cuthbert, der als Schafhirte die Berufung zum mönchischen Leben für sich von einer Vision ableitete, in die er St. Aidans Seele in seiner Sterbenacht von Engeln emporgetragen sah. Er erneuerte für die Dauer seines zwölfjährigen Bischofsamtes auf Lindisfarne die von Aidan eingeführte Strenge der Selbstkasteiung und Versenkung in Gott. Er hielt sich für längere Zeiträume von der Klostergemeinschaft fern, indem er auf den Farneinseln mit Vögeln und Seeottern, über die er eine eigenartige Macht erlangte, lebte.

Die Geschichte von Lindisfarne personifiziert sich für die Nachwelt in St. Aidan und St. Cuthbert, die, ohne einander jemals begegnet zu sein, in einer Art von telepathischer Verbindung standen. Diese seherische Gabe ist schon für das Druidentum bezeugt. Sie hat ihre Entsprechung in den religiösen Praktiken der Brahmanen in Indien seit 1500 vor Chr. und geht möglicherweise auf gemeinsame indoeuropäische Urphänomene zurück. Im keltischen Christentum setzt sie sich in einer Vielzahl von überlieferten Fällen, zu denen auch das Verhältnis zwischen St. Columban und St. Gallus gehört, fort.

Eine Zusammenfassung solcher medialer Kräfte und damit der Versuch ihrer Potenzierung dürfte die von England her seit dem 8. Jahrhundert verbreitete Gebetsverbrüderung darstellen: die suggestive Sichtbarmachung lebender und abgeschiedener Brüder unter gleichlautender Fürbitte durch weit auseinander liegende, in Meditation verbundene Klostergemeinschaften. Bedeutende Zeugnisse hierfür sind die in einer Reihe kontinentaler Abteien nachgelassenen libri vitae, vor allem in den irisch beeinflußten Klöstern von St. Gallen, Remiremont und Stavelot-Malmedy.

Diese psycho-mentale Mitgift des irischen Mönchtums stellt sich als auf Dauer wirken des Korrektiv der angelsächsischen und allgemein-europäischen Art des Denkens dar. Sie dürfte ungeachtet der Anknüpfung an orientalische frühchristlich-philosophische Grundlagen zu einem nicht unwichtigen Teil in die mittelalterliche Mystik des Abendlandes, zum Beispiel des Meisters Eckehart, eingeflossen sein.

Zur Aufnahme solcher sublimer Energien scheint nur ein Gefäß geeignet, das die Natur so wenig einladend modelliert hat wie die Klosterinseln von Iona und Lindisfarne. In ihrer trostlosen Beschaffenheit fand die karge Lebensführung der im irischen Geiste lebenden Mönchsgemeinschaften eine vollkommene Entsprechung. Über Lindisfarne sagt Beda: »Zweimal täglich Insel und zweimal Kontinent, von Wasser umgeben bei jeder Flut und trocken bei jeder Ebbe.« Damals ein Wechselgesang aus Gezeiten und klösterlichen Horen, der im Rhythmus der Ewigkeit zwischen Himmel und Erde tönte, heute, nachdem die Stimmen sich getrennt haben, ein monodisches Konzert der Elemente allein.

Neuerdings kann man Lindisfarne auch motorisiert über einen Damm erreichen. Sieht man von einem modernen Kleinbetrieb für Met, Likör und Honig ab, leben zweihundertfünfzig Einwohner vom Fischfang und einem mäßigen Pilgertourismus. Da sie ohne das schmeichelhafte Attribut, das sich mit dem Begriff des Freizeitwertes verbindet, auskommen müssen, ist ihre unscheinbare Insel außerhalb der anglo-irischen Welt kaum bekannt geworden. Gleichwohl stellt sie, nicht anders als die biblischen Stätten Palästinas, einen Kristallisationspunkt in der Geschichte des europäischen Christentums dar.

Ausbreitung des Islam im Süden, des Christentums im Norden

Verlust der altchristlichen Provinzen in Asien und Afrika an den Islam

Die religiös-politischen Energien, die sich seit dem Auftreten Mohammeds als Stifter einer neuen Weltreligion in der zweiten Hälfte des 6. Jahrhunderts im Orient sammelten, gab Byzanz als empfindlicher Transformator nach Westen weiter. Mit dem Untergang der antiken Zivilisation Westroms hatte es, seit Konstantin der Große im Jahre 330 seinen Herrschaftssitz dorthin verlegt hatte, dessen Nachfolge im Imperium Romanum angetreten. Mit dem machtpolitischen Schwerpunkt verlagerte sich zugleich die geistig-kulturelle Mitte in das östliche Mittelmeer. Dazu gehörten insbesondere die Küstenländer Kleinasiens, Syrien, Palästina und Ägypten.

Allein das alte persische Großreich konnte Byzanz in diesem Raum gefährlich werden. Zwischen ihnen kam es in der ersten Hälfte des 7. Jahrhunderts zweimal zum militärischen Kräftemessen. In den Jahren 613/614 wurden die Oströmer in Syrien und Palästina vernichtend geschlagen. Zehn Jahre später führte der byzantinische Kaiser Herakleios im Gegenzug seine Heere nach Persien, das er 628 besiegte. Seine Reformen leiteten die Eigenentwicklung des byzantinischen Reiches ein.

Mit dem Erscheinen Mohammeds wuchs, zunächst kaum beachtet, im Vorderen Orient eine dritte Macht heran. Vier Jahre nach seinem Tod eroberten seine Nachfolger, die Kalifen, die Halbinsel Arabien. Dort war der jemenitische Süden bereits während des 4. Jahrhunderts durch getaufte abessinische Herrscher christlich durchsetzt worden. Der Islam brauchte kaum ein Vierteljahrhundert, um nicht nur den Südteil Arabiens, sondern auch Syrien, Persien, Palästina und Ägypten militärisch zu überrennen. Bis 750 hatte der Islam in den hundertzwanzig Jahren seines Bestehens von den Pyrenäen und vom Atlantik bis zum Indus und zu den Strömen Westturkestans die grüne Fahne des Propheten aufgepflanzt. Heute weiß man, daß damals der Christenheit im Zeitraum eines Menschenalters zwei Drittel ihrer Bekenner an den Islam verlorengingen. Eine Tatsache, die das Gleichgewicht zwischen den drei Weltreligionen – Buddhismus, Christentum und Islam – mit bis heute anhaltenden Folgen zu Ungunsten Europas veränderte.

Dies geschah auf dem Hintergrund jahrhundertelanger Beunruhigung Europas durch die Hunnen und Awaren, zuletzt durch die Türken, die schon als Großreich in Mittelasien ihre staatsbildende Kraft bewiesen hatten, und die das Schicksal, als sie über die Reichsgrenzen drängten, bereits zu Nachfolgern der islamischen Weltmacht vorbestimmt hatte.

Byzanz, bis zu seinem Verlöschen 1453 strahlender Mittelpunkt der Ostkirche, konnte das Griechentum in der orthodoxen Form des Glaubens noch einmal erneuern. Gleichwohl wurde sein Einflußbereich durch den nachhaltigen Ansturm des Islams zunehmend eingeengt. Das Mittelmeer, zu allen Zeiten Brücke des Austauschs zwischen den Völkern, bildete für vierhundert Jahre bis zu den Kreuzzügen eine von Europa her kaum zu überwindende Schranke, womit die Christenheit in eine Art Ghetto-Situation geriet.

Letzte Stellung der keltischen Kirche im Nordwesten Europas

Das alles vollzog sich in einer Zeit, als das Abendland, um seine Katholizität im Sinne Roms zu festigen, die politischen Voraussetzungen für die Integration der noch heidnischen Germanen schuf. Ihre unverbrauchte Kraft hatte wesentlich dazu beigetragen, den Bestand der Kirche für die Zukunft zu sichern. Dieses auch in seiner weltlichen Zielsetzung machtbewußte Konzept ging über die uneigennützige Religiosität Irlands vollkommen hinweg. Wahrscheinlich gab es damals kein Land, das mit einer vergleichbaren Ausschließlichkeit von den irrationalen Kräften des Glaubens beherrscht wurde wie die kleine Insel am Nordwestrand Europas. Ohne Ehrgeiz, wenn es um Einfluß und außer-insulares Ansehen ging, lebte es jenseits der für die übrige Welt gültigen Kategorien des nationalen Egoismus, mit denen sich unser Kontinent bis heute wie mit einer lästigen Tradition herumplagt.

Mag der mangelnde Sinn für politische Realitäten die Kelten schon zu ihrer Frühzeit an Staatengründungen gehindert haben, so war er doch andererseits, wie das Beispiel des iro-schottischen Mönchtums beweist, die Voraussetzung für eine zweckfreie Hingabe an die unbequemen Ideale des Christentums. Ohne diese Treue im Grundsätzlichen wäre es ihnen leicht gefallen, sich kampflos in die Ordnung der lateinischen Kirche einzufügen.

Seine gleichsam letzte Posaune in diesem Streit war der Ire Fintan, der auf einer im Jahre 632 zur Vereinheitlichung des Osterdatums auf der Insel einberufenen Nationalsynode mit dem für sein Volk charakteristischen Konservativismus gegen seinen reformwilligen Landsmann Cummian auftrumpfte. Dieser, empört über soviel Eigensinn, wünschte ihm, daß »der Herr ihn durchbohren möge«. Statt dessen spricht die Eintragung im Martyrium von Tallaght mit dem Zusatz »Fintan, den das Feuer des Gerichts nicht brennt« dafür, daß man damit höheren Orts seine Unnachgiebigkeit gebührend honorieren wollte.

Das Beispiel Fintans regt dazu an, unter dieser nicht endenwollenden Kontroverse nach der wahren Ursache der »reaktionären« Einstellung zu suchen. Die Anhänger der keltischen Position bestanden darauf, daß sie mit dem Mondkalender die ältere Überlieferung für die Berechnung des Osterdatums besaßen. Im Gegensatz zu dem auf dem Sonnenjahr fußenden Julianischen Kalender, seit Cäsar für das Römische Reich in Kraft und entsprechend von der Kirche übernommen, hielten sie, wie die Mehrzahl der Völker der Alten Welt und Alt-Amerikas am Mondjahr mit 360 Tagen fest. Das daraus errechnete Osterdatum galt als sakrosankt. Dahinter stand die Erinnerung an die vorchristliche kultische Gebundenheit im Kosmischen, die in vergangenen Epochen ihr Leben beherrscht hatte.

Solcherart durch atavistische Erfahrungen vorgeprägt, konnte sich die insulare Entwicklung nur in einem retardierenden Rhythmus vollziehen, ein für die progressive Ungeduld auf dem Festland ärgerlicher Tatbestand. Letztlich hat sich erwiesen, daß dieser immer wieder unterbrochene Vorgang der Angleichung eine mäßigende Wirkung, nicht zuletzt auch zum Wohle der siegreichen Reformpartei, ausgeübt hat.

Gerade auch in den späteren Jahrhunderten, als die vollzogene Gleichschaltung beider Kirchen den Weg für Verwaltung, Organisation und Bürokratie freimachte, und der »Apparat« zum Selbstzweck zu werden drohte, erwies sich die unauswechselbare geistige Substanz des irischen Mönchtums als das eigentliche Salz der jungen Religion. Unverdrossen überquerten ihre Protagonisten, allein oder in Zwölfergruppen, die See in Richtung Festland. Ob auf keltische oder benediktinische Art geschoren, ist Ende des 7. Jahrhunderts bereits eine zweitrangige Frage. Von ihren ursprünglich weißen, unter Witterungseinfluß stark nachgedunkelten Gewändern umhüllt, stützten sie sich im Gehen auf den langen, gekrümmten Stab. Ihre liturgischen Bücher trugen sie in einem Lederbeutel bei sich, dazu an Riemen befestigte Wasserflaschen, um den Hals Schnüre, an denen Kapseln mit Hostien und heiligen Reliquien hingen, ein Auftritt, der ihnen eine von Mißtrauen begleitete Aufmerksamkeit sicherte. Noch immer fühlten sie sich, berauscht von einem ungehemmten Individualismus, im vollen Besitz ihrer Bewegungsfreiheit. Begierig auf die asketischen Abenteuer ihres Exils, waren sie weniger in Erfüllung eines missionarischen Einsatzbefehls als vielmehr in dem Bestreben unterwegs, Gott ihr persönliches Bußopfer anzubieten.

Unbemerkt hatten sie indes einen Teil ihrer Kompetenz bereits an ihre Schüler, die Angelsachsen, abgegeben. Diese, an römischen Vorbildern geschult, im Aufbau hierarchischer Strukturen erfahren, nahmen das »Management« des Bekehrungswerkes in germanischen Landen für sich in Anspruch.

Im Gegensatz zu den Iren, die seit Beginn ihrer Pilgerschaft im 5. Jahrhundert weitgehend anonym geblieben waren und in unschuldiger Selbstvergessenheit der begehrten Trophäe, ihrem eigenen Seelenheil, nachjagten, bauten die Angelsachen mit dem Sinn für das Machbare systematisch die Basis für die Evangelisationsarbeit aus. Dabei kam ihnen die Tatsache entgegen, daß bereits in der zweiten Hälfte des 7. Jahrhunderts zahlreiche Klöster, die bislang der irischen Observanz gefolgt waren, als Übergang eine »regula mixta« einführten, halb keltisch, halb benediktinisch.

Die Christianisierung der Ostfranken, Kilian

Unbeeindruckt von dieser Entwicklung machte sich der um 640 in der irischen Grafschaft Carvan im heutigen Ulster geborene Kilian mit elf weiteren Mönchen auf den Weg zum Festland. Dazu die Teutonica Francia: »Irland ist eine Insel im Ozean, fruchtbar an seinen Ackerböden, berühmt aber durch seine Heiligen, von ihnen sich Italien des Columban, Alemannien des Gallus und das deutsche Frankenland sich des Kilian erfreut.«

Wie seine Vorgänger, die erst durch den pietätlosen Ansturm der Außenwelt in die Rolle von Beichtvätern, Ratgebern und frommen Wundertätern hineingewachsen waren, scheint auch Kilian bei seiner Reise kein vorgefaßtes Missionsziel gehabt zu haben. Erst der Aufenthalt in den Gebieten, die von den Bergen des Harzes im Norden bis zum Thüringer Wald im Süden reichten, mag ihn davon überzeugt haben, daß ihn hier eine größere Aufgabe als seine eigene Vereinigung mit Gott erwartete. In den ältesten Biographien über ihn wird ein für die irische Wesensart bis heute bezeichnender Zug erwähnt, die Toleranz. Obwohl Kilian bei den von den Franken unterworfenen Germanenstämmen – sie hatten als Folge der Völkerwanderung in nicht endenwollenden Verdrängungskämpfen um 500 die Alemannen und um 531 die Thüringer besiegt – auf mehrheitlich heidnische Bevölkerung stieß, fühlte er sich »von ihrem schönen Aussehen und ihrer edlen Art« angezogen. Mag sich auch später bei der institutionalisierten Mission gelegentlich Ungeduld und Herablassung gegenüber widerspenstigen Schützlingen eingeschlichen haben, dem Iren war jede Überheblichkeit fremd.

Kilian, den das unerlöste Heidentum erbarmte, holte sich vom Papst in Rom eine Missionserlaubnis und erreichte, nicht ohne Duldung des Hausmeiers Pippin des Mittleren mit zweien seiner ursprünglich elf Gefährten, den Priestern Kolonat und Totnan, das ostfränkische Herzogtum im Raum Rhön-Grabfeld. Hier stand er auf altem keltischen Siedlungsboden, der, wie ein an der Saalburg über der Stadt Hammelburg aufgestellter Menhir beweist, mit steinernen Monumenten seiner Stammesvorfahren durchsetzt war.

Auf dem damaligen Aschberg, von Wallresten einer alten Fliehburg und einem Kranz von hundert Quellen umgeben, soll er 686 das erste Kreuz aufge-

33 *Der »heilige Berg der Franken«: Kreuzberg in der bayerischen Rhön, wo St. Kilian gepredigt haben soll.*

richtet und den Waldleuten die erste christliche Botschaft verkündet haben. Der heutige Kreuzberg (930 Meter hoch) mit seinem Franziskanerkloster hat davon seinen Namen.

Zwar liegen für die erste Phase der Irenmission an dieser Stelle keine schriftlichen Zeugnisse vor. Doch läßt sich anhand von Landschaftsbezeichnungen und Ortsnamen – Weiler Kilianshof am Fuß des Keuling, Kilianskopf und Totnanberg, Schottenweg und der frühere Name Kiliansstein für die Sodenburg im Saaletal – sowie der zahlreichen Kilianskirchen ein eindrucksvoller Nachweis für das Wirken des irischen Apostels und seiner beiden Helfer erbringen. Dazu das christliche Brauchtum mit seinem Kilianstag am 8. Juli und die aus diesem Anlaß abgehaltenen Prozessionen, ferner die bereits um 742 vollendete Pfarrkirche in Brendlorenzen, nicht weit von dem uralten Verkehrsweg durch das Tal der Brend. In geringer Entfernung davon befand sich Pippins Königsgut Salz, seit karolingischer Zeit viel besuchte Kaiserpfalz im ehemaligen Salzgau und schon im frühen Mittelalter politisches Zentrum im Saale-Main-Gebiet, wo Kilian zu einer ersten Lagebesprechung von Pippin empfangen worden ist. In Bischofsheim, in dessen Nähe seit altersher an einem Feldweg ein irisches Radkreuz steht, soll das »Bischofshaus« Kilians erstes Quartier gewesen sein. Obwohl am Kreuzschaft die Jahreszahl 1636 zu lesen ist, handelt es sich nach der Art seiner figürlichen Darstellungen mit großer Wahrscheinlichkeit um ein hiberno-romanisches Denkmal aus christlicher Frühzeit. Möglicherweise ist es während des Schwedenkriegs im 17. Jahrhundert beschädigt und im angegebenen Jahr wieder instandgesetzt worden.

Der Kreuzberg, obwohl als keltisch-germanischer Göttersitz zuerst durch Kilians christliche Wortgewalt entmachtet, nahm erst tausend Jahre später, als ein Kreuzpartikel auf verschlungenen Wegen in das Kloster gelangt war, seinen heutigen Namen an. Alsbald zum Wallfahrtsziel geworden, begann er – nach Ludwig Bechsteins Worten – als »Ursitz des Lichtes der Christuslehre« erneut zu strahlen. Bis heute hält das Kloster seine gastlichen Pforten für alle offen, die sich, fernab vom Weltgetöse, auf das geistige Fundament des Lebens besinnen wollen.

Es ist leicht zu erkennen, daß die Rhönleute besonders glaubensstarke Menschen sind, die sich zu einer Zeit, als man sich anderswo, nicht selten gewaltsam, noch einer religiösen Neuorientierung widersetzte, am Fuße des damals noch Aschberg genannten Hochgipfels um den fremden Apostel scharten. Begierig nach einem anderen Feuer als das, was sie jahrhundertelang für ihre keltisch-germanischen Götter entzündet hatten, fachten sie in ihrer kultischen Bereitschaft den Funken seiner Botschaft zu mächtiger Flamme an, die bald schon auf die noch heidnisch gebliebenen Inseln im ostfränkischen Raum übersprang. Nie mit dem römischen Luxus obergermanischer Städte in Berührung gekommen, waren die Ansiedler auf ihren kargen Böden, die sie erst im letzten Jahrhundert mit der massenhaften Auswanderung nach Amerika aufgaben, entsprechend ihrer Bedürfnislosigkeit empfänglich für den Trost des Evangeliums. Daß sich das Märtyrerschicksal Kilians und seiner Gefährten schon drei Jahre nach seiner Predigt am Aschberg in Würzburg erfüllte, hat der leidenschaftlichen Frömmigkeit in der Rhön bis heute Nahrung gegeben. Es muß offen bleiben, wie die Missionsroute der in Gallien miteinander bekannt gewordenen Dreiergruppe nach ihrem Zusammentreffen in Mainz verlief, mainaufwärts, wo Kilian in Mainflingen gepredigt haben soll, über die Rhön nach Würzburg oder umgekehrt. Andererseits will die Chronik von Michelstadt wissen, daß es im Odenwald (Südhessen) schon seit 675 die ersten, von den irischen Wandermönchen getauften Christen gab. Die Kiliansquelle am Waldrand außerhalb der Stadt und die dem Märtyrer geweihte Stadtkirche, deren früheste Vorgängerin Kilian aus Holz errichtet und Einhard, der Biograph Karls des Großen, zwischen 821 und 827 durch eine steinerne Konstruktion ersetzt haben soll, könnten ihr recht geben. Seit Jahrhunderten sprechen die Michelstädter von jenem bei ihrer Stadtkirche austretenden Bächlein als vom »Kiliansfloß«, aus dem der Märtyrerapostel das Taufwasser schöpfte.

Kilian, inzwischen der Sprache seiner Täuflinge mächtig, zog weiter in

34 *Würzburg war von 686 bis 689 Wirkungsstätte des irischen Wanderbischofs St. Kilian und seiner Gefährten Totnan und Kolonat. Alle drei wurden hier in ihrem Oratorium ermordet. Ihre Standbilder säumen die alte Brücke über den Main. In Würzburg wurde 1134 ein irisches »Schottenkloster« gegründet und 1400 übersiedelten die irischen Mönche des Wiener Schottenklosters unter ihrem Abt Thomas nach hier.*

Richtung des Kastells Wirciburg (Würzburg), wo Gozbert anstelle der von den Franken abgesetzten thüringischen Könige als Herzog regierte. »Ein Mann von natürlicher Begabung«, heißt es wohlmeinend in Kilians Biographie. Gozberts Vater war noch überzeugter Heide gewesen. Vermutlich in Erinnerung an die heilige Radegunde, eine der letzten Frauen aus dem thüringischen Herrscherhaus, suchte Gozbert mit Hilfe Kilians in das Geheimnis einer Lehre, von der er sich angezogen fühlte, einzudringen. Schon nach kurzer Unterweisung durch die Iren, ließ er sich, zusammen mit zahlreichen Vornehmen seines Hofes, taufen.

Es entspricht der insularen Tradition frühchristlicher Kompromißlosigkeit, daß Kilian bei aller ihm nachgerühmten Sanftmut und Liebenswürdigkeit hart blieb, als Gozbert den Preis für seine Bekehrung nicht zahlen wollte. Er widersetzte sich, als Kilian die Trennung von Geilana, der Witwe seines Bruders, verlangte. Nach irischer Auslegung ließ das kirchliche Gesetz eine Witwenehe unter Schwägern, die es mit Blutschande gleichsetzte, nicht zu. Verständlich, daß der Herzog an der von ihm zärtlich geliebten Frau festhalten wollte. Kilian, der seine moralischen Grundsätze mit nicht weniger alttestamentarischer Strenge vertrat als seinerzeit Columban, drang nachhaltig in Gozbert, um ihn unter Berufung auf die Unvereinbarkeit seines christlichen Standes mit einem Leben in Sünde umzustimmen. Schweren Herzens erklärte sich der Herzog schließlich bereit, sich »um Gottes Willen« von Geilana zu trennen, eine Entscheidung, die für Kilian das Todesurteil bedeutete.

Als die zutiefst verletzte Frau einsah, daß sich der Herzog der Forderung des irischen Missionsbischofs nicht länger verschloß, sann sie auf Rache. Während der Abwesenheit Gozberts auf einem Feldzug ließ sie Kilian am 8. Juli 689 mit Totnan und Kolonat in seinem Oratorium, das zugleich Kapelle und Wohnstatt war, durch einen gedungenen Mörder enthaupten und ihre Leiber in Eile zusammen mit ihren liturgischen Gewändern, Kelchen, Kreuzen und Reliquien im Boden der Zelle verscharren. Offiziell ließ sie verlautbaren, die Iren hätten das Land verlassen. Als Beweis dafür sollte ein an der Stelle des Oratoriums hastig eingerichteter Pferdestall dienen.

Nicht lange, nachdem Gozbert ahnungslos und in Erwartung eines Wiedersehens mit seinem Beichtvater heimgekehrt war, wurde das Verbrechen ruchbar. St. Burkhard, erster Bischof von Würzburg, fand die Gebeine der Märtyrer unversehrt, wie es heißt, und erhob sie in der von ihm errichteten Kathedrale im Jahre 752 zu den Altären. Heute befinden sie sich in der Krypta der romanischen Basilika Neumünster am St. Kilians-Platz.

Um die Tragödie im Sinne einer höheren Gerechtigkeit zu vollenden, berichtet die Überlieferung, daß der Täter im Wahnsinn Hand an sich legte, Geilana in geistiger Umnachtung starb, Gozbert von seinem Diener ermordet und sein Sohn vertrieben wurde. Eine spätere »Passio« relativiert diese Schreckenschronik dahingehend, daß für die Nachkommen Gozberts »in dieser Provinz kaum mehr ein Ehrenamt in der Staatsverwaltung verblieb«.

Nach dem Verständnis unserer Zeit würde man die drei heiligen Männer für ihren Tod, den sie durch ein flexibleres Verhalten hätten verhindern können, selbst verantwortlich machen. Gewiß fällt es uns schwer, die Strenge, wie sie Kilian Gozbert und Geilana gegenüber zeigte, nicht für überzogen zu halten, eine Einstellung, für die es immer mehr Sympathisanten gegeben hat als für moralische Unbeugsamkeit mit all ihren unbequemen Konsequenzen. Gleichwohl hat das Opfer dieser Männer tief in das religiöse Leben des Frankenlandes eingegriffen. Mehr als von ihrer sittlichen Grundsatztreue fühlten sich die Menschen von ihrer Todesbereitschaft ergriffen. Die Iren, die den Mordplan ahnten, hätten frühzeitig bei der ihnen wohlgesonnenen Bevölkerung des Umlandes Zuflucht finden können. Indes scheinen sie ihr gewaltsames Ende als die Erfüllung ihres roten Märtyrertums geradezu ersehnt zu haben.

Wenn man den irischen Peregrini insgesamt schon ihren ausschweifenden Idealismus anlastet – in Thüringen, an Rhein und Donau hatten sie unter den Christen keine stabilen Verhältnisse schaffen können – um so wichtiger für sie war die moralische Unzweideutigkeit ihres Handelns. Nur durch ihr persönliches Beispiel konnte das keltische Element massive Kritik von sich abwenden und bis hinauf zum Papst eine respektvolle zurückhaltende Einstellung gegenüber seiner aus lauter lästigen Einzelgängern bestehenden Gemeinschaft erreichen. Erstmals durch die Entsendung des Bonifatius, der in den germanischen Landen »Ordnung schaffen« sollte, durfte sich die irisch-schottische Mönchskirche zu Recht gemaßregelt fühlen.

Nähert man sich heute Würzburg, vor sich die damals vom Herzogssitz gekrönte Festung Marienberg und die Türme des 788 in Gegenwart Karls des Großen geweihten Domes, muß man die Alte Brücke mit den zwölf steinernen Skulpturen, von den klerikalen Wohltätern Pippin und seinem Sohn Karl dem Großen bis zu den von den irischen Märtyrern angeführten Heiligengestalten, alle in Überlebensgröße, überqueren. Sieht man von den eingesessenen, seit ihrer Kindheit mit den Frankenaposteln vertrauten Würzburgern ab, bleibt die eindrucksvolle Gestalt Kilians mit Schwert und Märtyrerpalme für die Mehrzahl der Menschen weitgehend anonym. Erwartungsvoll streben sie in die Stadt der Mozartfeste und der Riemenschneider-Sammlungen im Mainfränkischen Museum, verzaubert von der barocken Spielart des städtebaulichen Ensembles, die in den Landschaftsformen, vor allem in der philosophischen Transparenz des Frankenweines, ihre heitere Entsprechung findet. Dabei ist die Kilianitradtion seit mehr als 1300 Jahren nie wirklich unterbrochen gewesen. Ist auch der Sarkophag in der Kiliansgruft in Neumünster, der ersten, über der Mordstätte entstandenen Memorialkirche, leer, und sind die Märtyrerhäupter heute im Domschrein vereinigt, triumphiert ihre geistige Unversehrtheit über die Zerrissenheit ihrer Leiber.

Würzburg wurde bis zur Säkularisation 1803 ein Mittelpunkt irischer Exulanten, Clemens Scotus, der Alkuin als Lehrer an die Palastschule Karls des Großen und Ludwigs des Frommen folgte, ist hier im 9. Jahrhundert gestorben. Der Chronist Marianus Scotus wurde 1059 unter Heinrich V. zum Leiter der Kathedralschule berufen. Verbunden damit war eine ständige irische Gemeinde, die wiederum von der Gründung des Würzburger Schottenklosters 1138/39 und eines irischen Benediktinerklosters nicht zu trennen ist. Bis 1497 blieb es rein irisch. Die Schottenkirche der Gemeinde ist erhalten, wenn auch nach den schweren Luftkriegsschäden im März 1945 in veränderter Form.

In der Würzburger Universität wird eine Anzahl irischer Manuskripte verwahrt, die Mönche von ihrer Heimatinsel mitbrachten, darunter der berühmte Codex der St. Pauls Episteln aus dem 8. Jahrhundert, versehen mit Hunderten von Eintragungen in Irisch, das früheste handschriftliche Corpus in irischer Schriftsprache überhaupt. Sieht man von der Fülle der Landschafts- und Ortsbezeichnungen ab, die sich auf Kilian und seine zwei Diakone beziehen, verläuft ihre Spur seither unverändert durch das christliche Brauchtum, gipfelnd im sommerlichen Kilianifest.

Ungeachtet ihrer beherrschenden Stellung in der mainfränkischen Volkskunst – es gibt fast keinen Rebgarten, in dem sie nicht in vielfältiger plastischer Abwandlung seit Generationen zu Hause sind –, dringt man bis zum Kern ihres Martyriums kaum noch vor.

Auch Karl der Große hat, wenngleich mit dem notwendigen Maß an politischer Nüchternheit, vom Kilianskult Gebrauch gemacht, indem er das zur Missionierung des sächsischen Kernlandes gegründete Bistum Paderborn zunächst dem Bistum Würzburg und damit dem Patrozinium des Märtyrerheiligen von Irland unterstellte. Nicht nur die um 800 gegründete Kilianskirche in Paderborn, sondern neun weitere Kirchen in Westfalen wurden ihm geweiht.

Daß Würzburg als seelsorgerische Basis für die neuen Missionsgebiete in Sachsen und Bayern an die Stelle des Klosters Fulda trat, mag nicht mehr als ein Zufall sein. Doch vor dem Hintergrund der Tatsache, daß die Mainlande zu Karls Zeiten bereits in der dritten Generation neben der Niederrheinfront Aufmarschgelände gegen die Sachsen gewesen waren, sieht der Einzug Kilians in die alten Feindstellungen nach Vorsehung aus.

Denn wer hätte die eben erst besiegten Sachsen eher in die neue christliche Kulturgemeinschaft des Frankenreichs führen können als jener Ire, der in freier Entscheidung bei den Ostfranken das rote Martyrium auf sich genommen hatte? In gleicher Weise wirkte der Kilianskult im Zuge der Ostpolitik Karls des Großen nach Bayern hinein. Gibt es innerhalb des Bistums Würzburg allein 126 Kilianspatrozinien, sind es außerhalb Würzburgs 109. Seine Verehrung reicht über das Kloster Tegernsee, wo seit dem 10. Jahrhundert Reliquien von ihm verwahrt werden, bis nach Österreich hinein.

Irische Einzelgänger im 6. und 7. Jahrhundert

Den Iren waren unsere Sprache und unser Volkstum zunächst fremd, mehr noch als ihren Schülern und Nachfolgern, den Angelsachsen. Nach heutigem Verständnis würden wir sie als Ausländer, nicht weit vom Status einer sozialen Randgruppe einstufen. Erst auf diesem Hintergrund erkennt man in ihrem Exil das Abenteuer der totalen Selbstaufgabe, das sie in dem Maße, wie sie sich von ihrem insularen Vaterland entfernten, der »patria aeterna« näherbringen sollte.

Anders die Wandermönche im Süden, die in ihrer Mehrzahl Italien als Durchgang für eine Wallfahrt nach Rom und ins Heilige Land benutzten, ohne es vorsätzlich als Emigrationsziel anzustreben. War es auf der Hin- oder Rückreise, fast immer kamen sie auch hier mit geweihtem Boden in Berührung, den entweder die biblischen Apostel schon betreten oder die Märtyrer mit ihrem Blut getränkt hatten. Zumeist der lateinischen Sprache mächtig, nahmen sie gerne den Zufall, selbst einen Schiffbruch zu Hilfe, um sich in ihrem Exilbedürfnis für die weiten, unerschlossenen italienischen Bergregionen als lebenslange Klausur zu entscheiden.

Oft erlaubte es ihnen der Andrang des Volkes nicht, lange in der Verborgenheit zu bleiben. Sie wurden alsbald für die Menschen in ihrer näheren und weiteren Umgebung zu religiösen und moralischen Leitfiguren in einer Zeit, da die noch einige Generationen zuvor als Barbaren gefürchteten Germanen in Gestalt der Langobarden im überwiegenden Teil der Halbinsel schon ein stabilisierendes Element geworden waren. Andere Eroberer befanden sich bereits als zukünftige Gefahr im Aufbruch.

Im Jahre 668 erschienen in Unteritalien zum erstenmal die Sarazenen, gefolgt von Hunnen und Muselmanen, die alle ihren Teil zur Verwüstung und mehr noch zur geistigen Verödung der Region beitrugen. Das kirchliche Leben war so gut wie erloschen.

Währenddessen lebte auf der irischen Insel in seinem Klosterbezirk Rachau (der Name besteht in dieser Form nicht mehr) einer jener Mönchsbischöfe, die den für die Söhne der führenden Familien des Landes üblichen Weg einer monastischen Erziehung zurückgelegt hatten. Cathal, wahrscheinlich in der Grafschaft Tipperary im damaligen Königreich Munster geboren, wurde später Lehrer der berühmten von St. Carthach (oder Mochuta) gegründeten Klosteruniversität von Lismore (Grafschaft Waterford), bevor er um 665 sein Land verließ. An Cathal, der in Apulien als St. Cataldus zu einem in ganz Italien verehrten Heiligen wurde, erinnert in Lismore, der kleinen Stadt am Südufer des Blackwaterflusses, nichts mehr, wohl aber an den ersten Abt der in ganz Europa hoch angesehenen Bildungsstätte. Hier hatte der Waliser St. Cadoc von Llancarvan, leidenschaftlicher Verehrer Vergils, drei Jahre mit intensiven Studien verbracht, bis er das »vollkommene Wissen des Westens« erworben hatte.

35 *Tarent, Duomo di St. Cataldo, Fresko des irischen Bischofs Cataldus Rachau in der Krypta. Im Kloster Lismore in Irland von St. Carthach ausgebildet, ging er 665 nach Italien. Seine Silberstatue wird noch heute auf Prozessionen mitgeführt.*

Cathal kam nicht als ein unbekannter Mönch aufs Festland. Als Magister in Lismore hatte er sich bereits einen Namen gemacht, mehr aber noch durch seine ungewöhnliche Persönlichkeit. Beim Tode seiner Eltern hatte er sein Erbe unter den Armen verteilt, für die er sich auch als Priester verantwortlich fühlte. Vermutlich mehr durch deren keltische Wundergläubigkeit und ungehemmte Phantasie als durch die »Zauberpraktiken«, die man ihm nachsagte, geriet er in den zweideutigen Ruf eines Magiers. Im frommen Irland des 7. Jahrhunderts hätte man ihn keiner schlimmeren Ketzerei verdächtigen können. Auf Befehl des Königs Meltrid (vermutlich eine Verstümmelung des Namens Moelochtrid) landete er im Kerker, aus dem ihn jedoch schon bald der Tod des Herrschers befreite. Voll rehabilitiert, wurde er zum Bischof von Rachau, wahrscheinlich Slanrathan (County Tipperary) ernannt, wo er einige Jahre Dienst tat.

Bevor er eine weitere Stufe seiner Laufbahn erreichte, trat er, wie viele seiner Vorgänger, vermutlich im Jahre 666, eine Pilgerreise ins Heilige Land an. Auf dem Weg zwischen südlicher Adriaküste und Orient, der noch Jahrhunderte danach von Kreuzfahrern benutzt wurde, konnte er durch seine in Palästina gestärkte Glaubenskraft viel bewegen, was ihm später als Wunder ausgelegt wurde. Er soll sich mit Erfolg eines ertrunkenen Seemannes, der vom Mast gefallen war, angenommen und einen Sturm auf hoher See beschwichtigt haben.

Ob der heute Rada di San Cataldo in Apulien genannte Ort bei Lecce in Apulien etwas mit seinem Schiffbruch zu tun hat, bleibt offen, wie vieles in seinem Leben, das sich der Kenntnis der Nachwelt entzieht.

Eines scheint außer Zweifel. Cathal fühlte sich, als er die lichtbeladenen Ufer der alten Magna Graecia in Unteritalien vor sich sah, davon unwiderstehlich angezogen. Er erkannte hier die Heimat seiner aus Büchern gewonnenen klassischen Bildung. Obwohl die sarazenische Küstenpiraterie gerade um diese Zeit hier wütete, worauf nicht zuletzt die mangelhafte Erfassung geschichtlicher Abläufe zurückgeht, muß der Geist der Antike in den damals noch vorhandenen Bauwerken der frühen griechischen Kolonisten ungebrochen und von solcher Wirkung auf Cathal gewesen sein, daß er jeden Gedanken an eine Rückkehr nach Irland aufgab.

Fast alle Landeplätze rund um den apulischen Stiefelabsatz bis zum Kap Santa Maria di Leuca erheben den Anspruch darauf, den fremden Wanderer eingelassen zu haben, nicht ahnend, daß der verehrte Heilige einmal die ganze Halbinsel mit seinem Kult überziehen würde.

Sieht man von der beurkundeten Tatsache ab, daß auf der Bischofsliste von Tarent zwischen den Jahren 680, als Bischof Germano starb, und 743, als

Cesario ihm nachfolgte, 63 Jahre offen sind, könnten sich diese sehr wohl bis zu Cataldos Tod im Jahre 685 mit seinem letzten Lebensabschnitt decken. Noch 58 Jahre danach blieb die Tarenter Diözese verwaist, was auf eine ununterbrochene Kette historischer Turbulenzen schließen läßt. Mit der Rückeroberung der Stadt, die 927 von den Sarazenen noch einmal gründlich zerstört wurde, und ihrem Wiederaufbau unter dem byzantinischen Kaiser Nikephoros fanden die Drangsale ihr vorläufiges Ende.

Der normannische Bischof Drogo, der 1071 unter dem Steinfußboden der ersten Kirche – heute das Baptisterium des Domes – Cathals Gebeine entdeckte, bestattete sie unter dem Hochaltar der von ihm errichteten, in Teilen noch als byzantinisch erkennbaren Kathedrale. Ein bei seiner Leiche gefundenes Silberkreuz trägt seinen eingravierten Namen.

Von diesem Augenblick an bereitete sich unter tatkräftiger Mitwirkung des normannischen Klerus seine Verehrung bis nach Sizilien, wo eine Stadt nach ihm benannt ist, und bis Malta aus. Sie erreichte sogar Frankreich. Erst fünfhundert Jahre nach seinem Tode sind seine Verdienste als »Heiliger, Mönch, Bischof, Pilger und Missionar« um eine in ihrem Glauben erschütterte Bevölkerung uneingeschränkt gewürdigt worden. Von den spärlichen Überlieferungen, auf die sich seine Biographen stützen, ist eine Anmerkung in seiner Vita besonders aufschlußreich. Danach hat Cathal das religiöse Leben von Grund auf reformiert, indem er nicht nur die Verwaltung der Tarentiner Diözese, sondern auch Liturgie, Gottesdienst und Moralvorschriften für Laien und Priester auf eine neue Grundlage stellte. Daß er sich, ungeachtet der irischen Vorliebe für ein Leben der Askese in der Einsamkeit, zu dieser weitgreifenden Aktivität entschloß, wirft ein bezeichnendes Licht auf den Notstand der Kirche am Ende des 7. Jahrhunderts in dem vom arabischen Vormarsch bedrohten Süden Italiens.

Sieht man von der silbernen Statue des Heiligen in der Kathedrale und einem byzantinischen Porträtfresko in ihrer Krypta ab, beherrscht sein übergroßes Standbild den Hafen, den Tarentinern und der Küstenschiffahrt gleichermaßen vertraut. Für alle, die um seine Herkunft von der fernen Insel im Atlantik wissen, ein faszinierender Fremdling. Man braucht sich nur die Entfernung zwischen Irland und Apulien vor Augen zu halten, um auch die geistige Spannweite seiner Erscheinung auszuloten. Tarent, das auf sein alt-griechisches Erbe nicht weniger stolz ist als auf das christliche Vermächtnis, das der Apostel Paulus hier an Land brachte, hat während einer geschichtslosen Zeit in S. Cataldo den Mann gefunden, der beide Traditionen glücklich wieder zu einer europäischen Synthese zusammenführte.

Bei allem, was Ende des 7. Jahrhunderts durch den Islam und das Vordringen slawischer Völker nach Westen in Bewegung geraten war und was das Oströmische Reich weiter schwächte, hielten die Iren an ihrem geheiligten Exulantentum fest. Auch wenn sich die Ausbreitung des Christentums jetzt mehr in Form einer organisierten und von geschultem angelsächsischen Personal betriebenen Mission vollzog, blieb das auf die irischen Peregrini ohne nachhaltigen Einfluß. Einzeln oder in kleinen Gruppen schweiften sie weiter in unabhängiger und fanatischer Pilgerschaft frei umher. Nichts, mit Ausnahme ihres durch die Francia führenden Reiseweges, war an ihren religiösen Expeditionen im voraus berechenbar. Sie benutzten, wie die Pioniere aus Hibernia vor ihnen, vorwiegend die »Rheinschiene«, an der entlang sie die Leiden der Heimatlosigkeit und Gegnerschaft der Heiden suchten, bestrebt, in diesen Anfechtungen um Christi willen Sieger zu bleiben. Salvatio et solitudo – Erlösung und Einsamkeit – war weiterhin der Leitgedanke ihres frommen Wanderlebens.

An der Schwelle zum 8. Jahrhundert verdichtet sich noch einmal der mystische Schleier, hinter dem die Hiberni auf dem Festland ins Legendäre verschwinden, als hätten sie schon zu ihren Lebzeiten einer Entstofflichung ihrer historischen Rolle Vorschub geleistet, vermutlich eine natürliche Abwehrreaktion auf das disziplinierte Vorgehen ihrer angelsächsischen Missionsschüler. Vielleicht aber auch eine gezielte Vernebelung durch die Kirche, die zum irischen Einzelgängertum zunehmend auf Distanz ging.

Gerade in diesem Zeitabschnitt mehrten sich die historisch schwer erfaßbaren Fälle im Bereich des religiösen Vagantentums, das von der irischen Insel seinen Ausgang nahm. Ein herausragendes Beispiel, dessen ungenaue Datierung und märchenhafte Ausschmückung in einem umgekehrten Verhältnis zu seiner Nachentwicklung steht, stellen die heilige Dymphna und ihr Priester Gerebernus dar, die von Belgien bis zum Niederrhein im religiösen Brauchtum ihren festen Platz haben. Die damit im Zusammenhang stehenden Ereignisse werden für das ausgehende 6. und beginnende 7. Jahrhundert angenommen.

Nach der Legende wuchs Dymphna, eine irische Königstochter, unter dem Einfluß ihrer getauften Mutter und eines ihr als geistlicher Erzieher beigegebenen Priesters namens Gerebernus als treue Anhängerin des neuen Glaubens heran. Der königliche Vater wird als Heide bezeichnet, was sicher nur im Hinblick auf sein heimliches Renegatentum in einem schon damals christlich geprägten Land zutrifft. Sein irrationales Verhalten, in dem ihn die irische Überlieferung gefangen hielt, erinnert an den keltischen Zauberer Merlin, den ein überlebtes Zeitalter, bevor es sich verabschiedet, in tragische Wider-

36 *Darstellung aus einer flämischen Chronik:*
St. *Dymphna, irische* Königstochter (Ende 6. Jh.), *wird in* Geel, *auf dem* Gebiet der damiligen Villa Westerloo (Belgien) *von ihrem* Vater *enthauptet.* Ihr Priester Gerebernus *empfängt den* Todesstreich (Hintergrund).

sprüche verstrickt. Bevor Dymphnas Mutter in noch jugendlichem Alter starb, empfahl sie ihre Tochter der Obhut des Priesters, ohne den König, ihren Gatten, in diese Schutzpflicht einzubeziehen. Dieses Vormundschaftsverhältnis, einseitig an dem Vater vorbei, muß einer schrecklichen Vorahnung entsprochen haben. Der König, zunächst untröstlich über den Verlust seiner Gemahlin, begab sich bald danach auf die Suche nach einer vergleichbaren Königin, die er natürlich nicht finden konnte. Statt dessen schenkte er seiner inzwischen herangewachsenen Tochter, die in allem das Ebenbild der geliebten Verstorbenen war, mehr als väterliche Aufmerksamkeit. Sein Hof konnte ihn überreden, Dymphna zu heiraten. Diese wies seinen Antrag entsetzt zurück. Als er sie weiter hartnäckig mit Geschenken und zärtlicher Zudringlichkeit verfolgte, bediente sie sich einer List. Sie heuchelte Sympathie für seine Absicht, erbat sich aber gleichzeitig einen Aufschub von vierzig Tagen.

In dieser Zeit reifte nach Absprache mit Gerebernus ihr gemeinsamer Plan zur Flucht. Mit Diener und Kammerfrau, die eigentlich die königliche Hochzeit hätten vorbereiten sollen, stachen sie überstürzt in See und landeten in Antwerpen.

Wenn es auch ungewöhnlich ist und irischer Übung widerspricht, daß die Flüchtlinge aus Hibernia nicht die westliche Seeroute in Richtung Armorica benutzten, sondern auf dem kürzesten Weg zum Kanal an die belgische Küste strebten, so könnte es dafür mindestens zwei Gründe geben: Sie nahmen, von Verfolgung bedroht, in höchster Eile das erste ausfahrende Schiff, das sie mehr zufällig in Antwerpen absetzte. Darüber hinaus durften sie hier auf Asyl hoffen, denn in die Belgica prima und in die Belgica secunda war bereits in einer ersten Missionswelle das Christentum eingedrungen. St. Amand, der Belgienapostel, und sein Schüler Bavo haben es in der zweiten Hälfte des 7. Jahrhunderts bis in die letzten Winkel des Landes verbreitet.

Der gelegentlich geäußerten Vermutung, bei den beiden Märtyrern Dymphna und Gerebernus könnte es sich um Angelsachsen handeln, widerspricht die Aufführung ihrer Namen im irischen Martyrologium. Ihre Herkunft scheint nach Nordirland zu weisen, wo man Dymphna mit einem Geschlecht des Namens Orgiel in Verbindung bringt. In den »Acta Sanctorum Hiberniae« ist von einem Mägdlein Damnad die Rede, deren Beinamen »Schene« – die Flüchtige – ist. Sie wird für die heilige Dymphna gehalten, die für die kleine belgische Provinzstadt Geel seit dem frühen Mittelalter zur Bezugsperson für Pflegefälle der Neurologie und Neuropathologie geworden ist.

Als Ausgangspunkt dieser eigenartigen Tradition gilt Dymphnas Martyrium unweit von Geel, das diese eher unauffällige Landgemeinde als »Barmherzigkeitsort« über Fachkreise für Nervenheilkunde hinaus bekannt gemacht hat. Die Besonderheit der Therapie besteht in einem offenen Vollzug der Heilbehandlung, auch für schwere Fälle. Sie werden in die private Fürsorge von Bauernfamilien gegeben, die sich im Rahmen einer »Kolonie« für diesen ungewöhnlichen Krankendienst schon seit Generationen zur Verfügung halten.

Was Dymphnas Ende in den damals noch undurchdringlichen Wäldern an der Nete angeht, entspricht es in seiner blutigen Konsequenz der Unanfechtbarkeit der irischen Moralauffassung zu Anfang der christlichen Ära. Während sich gewisse Vorstellungen der irischen Druidenreligion unverändert in die neue Lehre übernehmen ließen, standen andere zu ihr in einem unüberbrückbaren Gegensatz. Dazu gehörte die Ehe zwischen Blutsverwandten, die, wie im Alten Orient, gelegentlich in den führenden Familien der Clans praktiziert wurde, durch das Beispiel der Pharaonen gelegentlich sogar mit den höheren Weihen der Staatsräson versehen.

Es scheint verständlich, daß sich bei den ersten christlichen Generationen im keltischen Bereich ein Unrechtsbewußtsein in diesem Zusammenhang nur zögernd einstellen wollte. Daraus erklärt sich die ultimative Kampfbereitschaft des keltischen Klerus, eine bis dahin gültige Gesellschaftsform mit allen Mitteln außer Kraft zu setzen. Daß dabei auch, wie im Fall des ostfränkischen Herzogs Gozbert und seiner verwitweten Schwägerin Geilana, der moralische Purismus bisweilen zu weit getrieben wurde, konnte bei der grundlegenden Bedeutung dieser Frage nicht ausbleiben.

Die irische Königstochter Dymphna ist, was ihre Herkunft, Jugend und Schönheit angeht, ein exemplarisches Opfer jenes als abartig bekämpften Gewohnheitsrechtes, das von einflußreichen Personen offenbar immer noch, vorwiegend aus dynastischen Überlegungen, in Anspruch genommen wurde.

Von Antwerpen aus, berichtet die Legende weiter, hatten Dymphna und ihr kleines Gefolge den Weg nach Südosten eingeschlagen, der sie in die Nähe einer dem heiligen Martinus geweihten Kapelle brachte, untrügliches Zeichen für eine frühchristliche Ansiedlung. Sie befanden sich auf dem Boden des heutigen Geel, damals noch eine ungerodete Wildnis auf dem Gebiet der Villa Westerloo. Hier wähnten sich die Flüchtlinge einstweilen sicher.

Inzwischen waren drei Monate vergangen, in denen der König ihre Reiseroute ausspioniert und schließlich selber die Verfolgung aufgenommen hatte. Von Antwerpen aus sandte er seine Höflinge als Spürhunde in alle Richtungen. Dabei kamen einige von ihnen in die Nähe von Geel, wo sie, als sie für ihr Quartier bezahlen wollten, vom Wirt einen unerwarteten kriminalistischen Hinweis erhielten. Er hatte von Reisenden vor ihnen das gleiche fremde Geld kassiert.

Äußerst befriedigt über diese Kunde, eilte der König herbei, stellte zuvor Gerebernus in den Wäldern um Geel und ließ ihn, als dieser ihm die Auslieferung der Tochter standhaft verweigerte, enthaupten. Dymphna, fast gefühllos vor Schmerz über das Ende ihres väterlichen Freundes, widersetzte sich um so entschiedener der Werbung ihres Vaters. Der abgewiesene König ließ seiner rasenden Wut freien Lauf und schlug, als niemand aus seinem Gefolge diese Bluttat auf sich nehmen wollte, eigenhändig seinem Kinde den Kopf ab.

Diese Geschichte in ihrer anekdotischen Lehrhaftigkeit besitzt alle Elemente einer mittelalterlichen Moritat, wie man sie früher vor Kirchenportalen und auf Marktplätzen zur feierlichen Ergötzung aufzuführen pflegte. Tatsächlich ist das Leben der heiligen Dymphna Gegenstand zahlreicher Legendendramen, Dialoge und lyrischer Traktate, von denen sich einige als Handschriften in lateinischer Prosa in berühmten Bibliotheken befinden. Auch in der bildenden Sakralkunst, sowohl in der Plastik als auch in der Malerei, sind Dymphna und ihre Leidensgeschichte ein beliebtes Motiv, besonders im belgisch-niederländischen Raum. Neben zahlreichen Darstellungen an der St. Dimpnakirche in Geel gibt es in der St. Jakobskirche in Antwerpen eine Dymphnakapelle mit Altar.

Läßt man einmal die Zutaten beiseite, mit denen die menschliche Phantasie im Laufe der Zeit die Wahrheit verfremdet haben mag, stößt man, und zwar erst im 10. Jahrhundert, auf eine vielsagende Querverbindung zum historischen Urquell. Vom Niederrhein, wo sich in Xanten ein Kult um die Thebäische Legion und ihrer dort bestatteten Märtyrer entwickelt hatte, bewegten sich regelmäßig Wallfahrten nach Geel. Dabei stahlen die Pilger eines Tages, verblendet von der zeitgemäßen Gier nach Reliquien, die beiden Steinsarkophage der Märtyrer Dymphna und Gerebernus. Von den Bürgern Geels wurden sie bei ihrem Raubzug gestellt und ließen die Gebeine Dymphnas zurück. Mit ein paar Knochen des heiligen Gerebernus entkamen sie bis nach Sonsbeck am Niederrhein, fünf Kilometer von Xanten, wo er seither als Märtyrer verehrt wird, entfernt.

St. Dymphna wird in ihrer Kirche in Geel mit einem gefesselten kleinen Teufel zu Füßen, den sie durch ihren Märtyrertod entmachtet hat, dargestellt. Aus der frommen Sicht des Mittelalters verhieß ihr Sieg über den Dämon, von dem ihr königlicher Vater und die Geisteskranken gleichermaßen besessen waren, allen jenen Hilfe, die ihren »Verstand verloren« hatten. Spätestens zwischen 1349 und 1479, als in Geel die St. Dimpnakirche entstand, eine der schönsten der Provinz, setzte der Strom der Umnachteten in der Erwartung ein, die heilige Dymphna könnte den bösen Geist in Fesseln schlagen. Gewohnt, von ihrer Umgebung gemieden und abgesondert zu werden, trafen sie hier auf offene, hilfsbereite und vorurteilsfreie Menschen, die mit Hilfe der Heiligen die damals allgemein verbreitete Dämonenfurcht bezwangen.

Zunächst ließen sich die Kranken mit ihrer Begleitung in der Kirche nieder. Es wurden ihrer bald so viele, daß die sogenannte »Ziekenkamer (Siechenkammer)« ausgebaut werden mußte. Als 1541 der Kirchenraum einstürzte, erhielt das Siechenhaus seine letzte und heute noch bestehende Form. Holzverkleidet, sieht dieses Krankenzimmer im flämischen Renaissancestil eher wie eine Sakristei aus, die in der unbeholfenen Zweckmäßigkeit ihrer Zeit neben Liegeplätzen für die Kranken und ihre Angehörigen sogar eine Küche beherbergte. In schweren Fällen wurden die geistig Behinderten, so bei Tobsucht und Krämpfen, mit eisernen Ketten an einer besonders massiven Schlafstatt gesichert. Man denkt beim Anblick dieser Beruhigungszelle an Breughels »Dulle Greet«.

Neun Tage dauerte die einleitende religiöse Therapie, die aus kirchlichen Zeremonien und Gebeten des Priesters bestand. Stellte sich danach kein sichtbarer Erfolg ein, übernahmen Familien aus der Umgebung die Kranken. Mit der Zeit wurde daraus ein Pflegeverhältnis von Dauer. Im bäuerlichen Familienverband aus mehreren Generationen, Großeltern, Eltern und Kindern mitsamt Haustieren, nahmen die Pfleglinge, mit kleinen Pflichten betraut, wie selbstverständlich ihren Platz ein. Alle, die auch heute noch aus Tradition mit ihnen zusammenleben, lassen sich an geduldiger und verantwortlicher Fürsorge von keiner modernen Sozialeinrichtung übertreffen.

Diese einzigartige Einrichtung der »Irrenkolonie«, von vier Ärzten betreut, hatte vor dem Zweiten Weltkrieg mit 3600 Patienten die stärkste Belegung. Die Kranken kamen aus vielen Ländern Europas, sogar aus Indien. Heute sind es vorwiegend Belgier.

Der heilige Amand, zwischen 647 und 651 Bischof von Maastricht, soll die Gebeine Dymphnas und ihres Priesters zu den Altären erhoben haben. Nur durch ihn, der als Missionsbischof zwischen Schelde, Maas und Rhein unterwegs war, kann das auch für seine Zeit ungewöhnliche Märtyrerschicksal der beiden irischen Flüchtlinge bei uns verbreitet worden sein. Schon Ende des 7. Jahrhunderts sind in den späteren Herzogtümern Kleve, Geldern und Jülich zwei irische Mönche mit den Namen Wiro und Plechelmus nachweisbar. Für sie mag der Opfertod ihrer Landsleute ein hinreichender Grund gewesen sein, entlang der Römerstraße in diese bisher von ihren Brüdern wenig beachteten Gegenden im deutschen Niederrheingebiet vorzustoßen.

Dymphnas Reliquien sind schließlich nach Minden in Westfalen gelangt, wo sie heute noch Bestandteil des Domschatzes sind. Ein Beweis, welchen Rang diese Heilige auch in den Bistümern, die Karl der Große in den altsächsischen Gebieten eingerichtet hatte, genoß. Ein Kult aber hat sich daraus hier nicht entwickelt. Dymphnas nachhaltige Verehrung blieb auf Geel beschränkt, unvergänglicher Bestandteil dessen, was man hier »Familienpflege« nennt.

Wie lange sich die Menschen eine Heilige, die sich nur ein Vierteljahr bei ihnen versteckt gehalten hatte, zu eigen gemacht haben, wissen sie nicht zu sagen. Jedenfalls dürfte die Tatsache, daß von einer historisch ungesicherten Gestalt noch nach 1300 Jahren ein karitativer Impuls ausgeht, der mit dem Begriff »humanitäre Verpflichtung« nur unzureichend beschrieben ist, für unsere Zeit beispiellos sein.

Gemessen an der Ausdehnung des aus neun Provinzen bestehenden Landes, ist Belgiens Anteil an der historischen Entwicklung unseres Kontinentes ungleich größer. Hier, zwischen Niederrhein und Maas, zeichneten sich schon unter den späten Merowingern und ersten karolingischen Hausmeiern umrißhaft die Konturen eines künftigen Europas ab, das als Abendland mit der Person Karls des Großen als seine politische Schöpfung auf Dauer verbunden bleibt.

Wie in Vorwegnahme dieser Entwicklung haben die Iren schon Jahrhunderte zuvor als Wanderbischöfe, Mönche und Magister die geistesgeschichtlichen Grundlagen geschaffen, indem sie den Menschen in den entlegensten Orten ihre religiöse Grundüberzeugung vorlebten. Anders als in Geel, Nivelles, Fosses, Lüttich und Gent, ist die irische Tradition in Mecheln, Waulsort und kleinen, in keinem Reiseführer erwähnten Landgemeinden Flanderns und Walloniens mit dem Verfall ihrer Klöster oder Klosterzellen weitgehend untergegangen. Gleichwohl können sie, sobald man ihre klerikalen Annalen durchforscht, oftmals bezeugen, daß sich das gegenwärtig in Brüssel konstituierende Europa von morgen in seinen christlichen Anfängen auf die Mitwirkung der frühen Glaubensboten aus Irland gründet.

Disibod im Nahetal

Wenn auch keine Phantomfigur wie Dymphna, gehört auch Disibod zu jenem Kreis von Iren mit unscharfen Konturen, die gegen Ende des 7. Jahrhunderts auf dem Kontinent ankamen. In Irland Klosterbischof, soll er aus unbekannten Gründen von seiner Familie zur Emigration gedrängt worden sein. Mit drei Gefährten, Gisvald, Clemens und Sallust, erreichte er das linksrheinische Gebiet im heutigen Bundesland Rheinland-Pfalz, nachdem er sich zunächst neun Jahre ohne sichtbare Spuren in den Ardennen und Vogesen aufgehalten hatte.

Die unzuverlässigen Überlieferungen, die ihn einmal für einen Iroschotten, dann wieder für einen bekehrten Germanen fränkischer Abstammung halten, werden durch seine von der heiligen Hildegard von Bingen im 12. Jahrhundert verfaßte Vita nicht klarer. Nach ihrer eigenen Aussage ist diese Niederschrift das Ergebnis mystischer Eingebungen, die ihr Disibod in phantastischen Übertreibungen als eine Art Übermenschen nahegebracht haben.

Die irische Herkunft Disibods kann indes bei allen bisher angemeldeten Vorbehalten nicht zweifelhaft sein. Dafür spricht schon sein Bischofstitel,

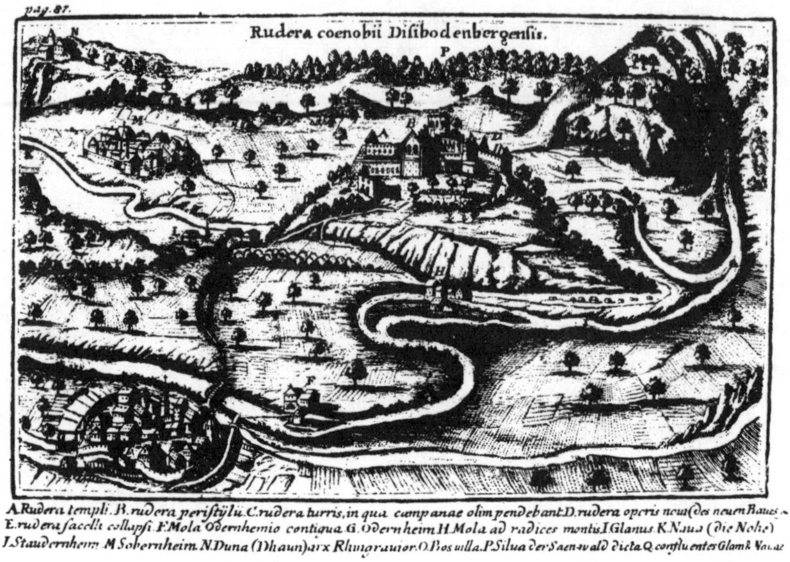

37 *Disibodenberg am Zusammenfluß des Glan mit der Nahe: Klosterruine an der Stelle, auf der der irische Bischof St. Disibod († 700) im 7. Jh. seine Eremitage und danach sein Kloster errichtete. Hildegard von Bingen schrieb seine Vita.*

den er ohne die Gebietskörperschaft einer Diözese als Wandermönch nur in Irland erlangt haben kann. Ebensowenig steht seine Mitwirkung an der Wiedererweckung des Glaubens in dem von der Völkerwanderung schwer mitgenommenen Gebiet zwischen Rhein und Hunsrück in Frage.

Vor der endgültigen Landnahme der Franken um 500 hatten sich, wenn auch nur für kurze Zeit, Burgunder und Alemannen in diesem Gebiet festgesetzt. Alle diese Bedrängnisse brachten das kirchliche Leben an den Rand seiner Existenz. Wie immer in solchen Gefahren, die sich mit organisatorischen Mitteln nicht abwenden lassen, erschien zur rechten Stunde ein bis zur Selbstauslöschung entschlossenes Individuum in der Gestalt Disibods. Daß der Berg, auf dem er seine Klause einrichtete, Gegenstand jahrhundertelanger Verehrung als Disibodenberg wurde, und daß auf seiner Höhe der Erzbischof Williges von Mainz Ende des 10. Jahrhunderts ein Kanonikerstift ansiedelte, unterstreicht Disibods über seine lokale Bedeutung weit hinausgehenden Rang. Heute beherrscht der Disibodenberg mit seinen malerischen Klosterruinen zwischen den Weindörfern Staudernheim und Odernheim, wo Nahe und Glan zusammenfließen, die Landschaft.

Es liegt nahe, anzunehmen, daß die keltisch-germanische Bevölkerung, deren Gebiete um 407 nach Chr. von den Römern aufgegeben werden mußten, auf den irischen Disibod noch wie ferne Verwandtschaft wirkte. Ringwälle, Fürstengräber, vor allem aber Kupfer- und Quecksilberadern, an denen entlang sich die alten Kelten mit Vorliebe anzusiedeln pflegten, treten hier in bemerkenswerter Häufigkeit auf. Es ist sicher kein Zufall, daß Waldalgesheim, unweit der Nahemündung bei Bingen, zum Code-Wort für ein bestimmtes Dekor der La-Tène-Zeit, einer auf das Ende des 4. vorchristlichen Jahrhunderts datierten Epoche, wurde. Ihr gehören die bei Waldalgesheim gefundenen Objekte an, wie sie in exakt der gleichen Ausführung hundert Jahre später unter dem kunstgeschichtlichen Kennwort »Waldalgesheim-Stil« in Irland auftauchten. Der Aufbruch der Rheinkelten nach Hibernia tausend Jahre vor Disibods Erscheinen wird durch den archäologischen Befund unserer Zeit bestätigt. Unter dieser Prämisse kommt uns Disibod wie ein später Heimkehrer vor.

Nach irischer Auffassung über das Wesen des asketischen Einsiedlertums waren die großen, intakt gebliebenen Römerstädte Mainz, Trier und Köln, die als christliche Gemeinden die historische Wachablösung durch die Germanen überlebt hatten, für ein Büßerleben in der Abgeschiedenheit nicht geeignet. Kein Wunder daher, daß Disibod unter Umgehung dieser Mittelpunkte urbanen Lebens durch die Eifel und den Hunsrück ins Nahetal strebte, dabei den Glan überquerend. In einer uneinheitlich besiedelten, mit alten römischen Gutshöfen durchsetzten Gegend – die Römerstraße von Kreuznach nach Metz führte an die Nahe und ein Stück durch das Nahetal – faßte er einen 245 Meter hohen Hügel ins Auge. Nördlich und südlich fast senkrecht aus dem Flußtal aufsteigend, an der östlichen und westlichen Seite abgedacht, bot diese Anhöhe den Wandermönchen einen markanten Halt, um so mehr, als sie von ihrem Gipfel aus einen umfassenden Rundblick über das Nahetal genossen.

Damals war die Landschaft aus vulkanischem Gestein, teils herb, teils lieblich geformt, durchgehend mit Wald bedeckt. Der kraft Herkunft mit Bodenproblemen vertraute Disibod nahm mit seinen Gefährten sogleich die Rodung der Wildnis um den Berg in Angriff, um sie für eine größere Ansiedlung aufzuschließen. Wenn auch der Weinbau seit römischer Zeit von der Gunst rebenfreundlicher Gesteinsarten – Porphyrboden, Quarzite und körniger Sandstein – profitierte, so galt er doch noch als Luxuskultur, vorwiegend auf fränkische Hofeigner, die mit ihren Hörigen königliches Siedlungsland bearbeiteten, beschränkt. »Reple me« heißt es auf einem römischen Tonkrug, den man zusammen mit Weinbau-Werkzeug und kostbaren Glasgefäßen hier gefunden hat, »füll mich wieder!« Doch für Disibod wird, nachdem Adel und Klerus ihren Bedarf gedeckt hatten, kaum mehr als ein Meßwein für den Gottesdienst abgefallen sein. Mit den Bewohnern des Nahetals, für die noch die freie Lebensform der Fischer, Jäger und Holzfäller galt, begann unter dem emeritierten irischen Bischof die Urbarmachung auch jenes Teils der Talsohle, in dem heute das kleine Weinbauerndorf Staudernheim liegt. Bei der Durchführung dieses »Strukturprogramms«, wie man heute einen vergleichbaren Eingriff in die Landschaft nennen würde, kam Disibod mit den Menschen in enge Berührung. Er lernte ihre Sprache und kümmerte sich im weitesten Sinne um ihr Wohl, nahm insbesondere auf ihre geistig-seelische Bildung Einfluß. Bald war an der östlichen Seite des Disibodenberges eine Kapelle »gegen Sonnenaufgang« entstanden, an der westlichen eine Anzahl von Hütten für seine Helfer. Hier hatte Disibod, genau so hellhörig für Weisungen von oben wie seine keltischen Brüder, jene Quelle gefunden, die ihm als zukünftiger Wirkungsort geweissagt worden war. An diesem Ort ist er bis zu seinem Ende am 8. September 700 geblieben. Er war, als er starb, 81 Jahre alt.

Disibods Leben ist an spektakulären Ereignissen denkbar arm gewesen. Es verlief in den Bahnen jenes eigensinnigen Anachoretentums, wie es seit St. Patrick mit Beten, Wachen und Fasten in strenger Einsamkeit für das irische Mönchtum verpflichtend war.

Es dauerte nicht lange, und sein fabelhafter Ruf zog mehr und mehr Anhänger in seinen Kreis, so daß auch der umwohnende Adel nicht umhin konnte, dem Mönchsvater Ländereien, Dörfer, Waldungen und den Zehnten zu schenken. Auf Disibod verfehlte das jeden Eindruck. Er blieb bei seiner unangepaßten Lebensform der Armut und körperlichen Abtötung. Er trug auch nicht das gleiche Habit wie seine Brüder, sondern behielt das abgenutzte Pilgerkleid seiner Wanderzeit bei, unbeirrbar darauf bedacht, nicht dem geringsten Druck von außen nachzugeben, sondern auf sich verändernde Bedingungen nur noch entschiedener zu reagieren. Bei solchem Grad von Selbstaufgabe blieb es nicht aus, daß sich schon zu seinen Lebzeiten jener phosphoreszierende Stoff um sein Haupt sammelte, aus dem der Heiligenschein gemacht ist. Aber anders als im spätantiken Ägypten, wo man diesen aus destilliertem Alkohol, den man in Reifen um den Kopf des Priesters entzündete, künstlich herstellte, stand Disibod aus eigener Kraft gleichsam im Strahlenkranz des »brennenden Wassers«. Er starb unter schweren körperlichen Schmerzen, geduldig und standhaft, als handele es sich um eine aus Liebe zu Gott getragene Kasteiung. Als seinen letzten Ruheplatz bestimmte er seine Gebetszelle.

Nach dem Bericht der heiligen Hildegard von Bingen wurde sein Grab schon 45 Jahre nach seinem Tod auf Weisung der fränkischen Könige geöffnet. Seine Gebeine überführte man unter großen Feierlichkeiten in das Kloster auf dem Gipfel des Berges, das sich inzwischen aus dem ursprünglichen Bethaus Disibods entwickelt hatte. Bonifatius, zu jener Zeit schon der mächtige Prokurator der Papstkirche, hat zusammen mit anderen hohen Würdenträgern diesem aufwendigen Weiheakt beigewohnt, der Disibods Selbstbescheidung augenfällig widersprach. Sein Nachruhm beweist, daß der irische

Heilige inmitten des Wandels, der das Klosterwesen unter benediktinischem Einfluß erfaßt hatte, noch ein halbes Jahrhundert später und lange darüber hinaus mit seinem unzeitgemäß gewordenen asketischen Absolutheitsanspruch triumphierte.

Ironischerweise lenkte sein posthumer Kult die von ihm verabscheuten irdischen Reichtümer in einem solchen Ausmaß zu dem Ort seiner Verehrung, daß das Kloster beim Einfall der Normannen 893 und später der Magyaren auf der Liste plünderungswürdiger Einrichtungen obenan stand. Es wurde bei diesen Gelegenheiten gründlich zerstört und erst unter Williges, der von 976 bis 1011 den Erzbischofsstuhl von Mainz einnahm, wieder aufgebaut. Mehr noch, er erweiterte den Komplex durch eine Frauenklause an der Nordostseite der Kirche.

Die Belegung mit adeligen Jungfrauen, darunter die vierzehnjährige Hildegard von Böckelheim (die spätere heilige Hildegard von Bingen), sicherte der Stiftung mehr die materielle als die geistige Basis. Hildegard, der Gemeinschaft mit Mönchen abhold, setzte sich zwischen 1147 und 1150 mit achtzehn Nonnen in das bei Bingen im heutigen Bingerbrück entstandene Kloster Rupertsberg ab. Der Niedergang der Benektinerabtei auf dem Disibodenberg, der 1259 den Zisterziensern übertragen wurde, gab ihrer Entscheidung mit hundertjähriger Verspätung recht. Bis zum 17. Jahrhundert hat das Kloster entsprechend den politischen Wechselfällen gute und schlechte Zeiten erlebt – bis der pfälzisch-bayerische Erbfolgkrieg und schließlich der Dreißigjährige Krieg sein Ende besiegelten. Sein Steinmaterial wurde für den privaten Hausbau der Umgebung profaniert.

Gleichwohl geben der zerbröckelte Grundriß der noch erkennbaren Anlage mit den großräumigen Konventsgebäuden, mit Gäste- und Krankenhaus, Kellergewölbe mit romanischem Doppelfenster, Kapelle mit frühgotischen Rippenansätzen und Fragmenten eines Taufbeckens, vor allem aber die durch die Mauerreste markierten Maße einen Eindruck von der 57 Meter langen Basilika und ihrer beherrschenden Stellung im Nahetal. Der Gesamtkomplex wird in seinen Proportionen mit den Klöstern Hirsau im Schwarzwald, Gurk in Kärnten, Montecassino in Italien und Santiago de Compostela in Spanien oft in einem Atemzug genannt. Heute singen nur die Vögel im Blätterdom das Lob der »Rudera coenobii Disibodenbergensis«.

Hildegard, als Äbtissin des Rupertberges ebenso angesehen wie als visionäre Dichterin und Heilkundige, hat im Schloß Böckelheim oberhalb der Nahe ein brüchiges Denkmal ihrer Familienaristokratie, mit ihren Schriften dagegen ein unversehrtes Abbild hochmittelalterlichen Seelenadels hinterlassen. Sie trugen ihr den Beinamen »Gefäß des heiligen Geistes« ein. Darunter ist das Leben Disibods als Dokument für die Anfänge des Klosterwesens noch heute von Bedeutung. So lange Hildegard, ein Kind des alten keltisch-römischen Weinlandes, auf dem Disibodenberg lebte, war sie dem irischen Einsiedler räumlich und geistig nahe. Sie wohnte 1143 seiner Überführung zur vergrößerten Abteikirche bei, wo er im Marmorsarkophag unter einem von Säulen getragenen Baldachin im Hauptchor bestattet wurde. Auch später, als Landschaftsräume, die südlich von der Einmündung des Glan in die Nahe bis nördlich zu der Einmündung der Nahe in den Rhein reichten, und bewegende Ereignisse ihres Jahrhunderts wie der erfolglose zweite Kreuzzug sich zwischen sie und Disibod drängten, blieb sie im Banne des irischen Eremiten.

Man mag darüber rätseln, auf welchem Weg mystischer Kommunikation sie ihn fünfhundert Jahre nach seinem Tode zum Sprechen gebracht hat.

Iren in der Bavaria Sancta

Marian und Anian am Irschenberg

Ein vierbändiges Sammelwerk »Bavaria Sancta«, als gegenreformatorische Waffe unter Herzog Maximilian I. von Bayern im 17. Jahrhundert entstanden, nennt neben bekannten bayerischen Heiligengestalten auch die Namen von irischen Wanderbischöfen, Klostergründern, Märtyrern und Eremiten bis hin zu ihren iro-fränkischen Schülern und Nachfolgern, die im Geist ihrer keltischen Mönchsväter im damaligen Stammesherzogtum wirkten. Wie selbstverständlich werden sie in ihren in den Bistumsklöstern von Freising und Eichstätt verfaßten Lebensbeschreibungen den ersten romanischen Glaubensboten gleichwertig an die Seite gestellt.

Daß ihr Anteil an der »peregrinatio pro dei amore« – der Pilgerschaft um Christi willen – im Donau- und Alpenraum besonders hoch ist, hat nicht zuletzt mit dem bis nach Norditalien reichenden Stammesherzogtum Baiern und dem Schutz und der Fürsprache seiner Herzöge aus dem Geschlecht der Agilolfinger zu tun.

Angezogen von einer neuen wagnisreichen Missionsaufgabe der Slawenbekehrung, strebten sie vermehrt vom ausgehenden 6. bis zum Ende des 7. Jahrhunderts und später in die alt-bairische Provinz. Auf die Peregrini der Scotia major (Irland) mußte dieser Teil des fränkischen Hoheitsgebietes, in dem nach nicht abreißenden Kriegszügen ehemalige Römerstädte in Trümmern lagen, wie ein erwünschtes Märtyrerexil wirken. In den einstigen römischen Provinzen Rätien, Noricum und Pannonien hatte die Völkerwanderung die Verhältnisse gründlich destabilisiert. Durch die gegen Europa gerichteten Bewegungen aus der Tiefe des asiatischen Raumes war von Osten her eine Art Kettenreaktion entstanden. Sie vollzog sich parallel zu und unabhängig von dem Ausgriff der Araber, die sich unter Rückendeckung durch ein vorläufiges Friedensverhältnis mit dem byzantinischen Reich auf dem Wege über den Nordrand Afrikas im Anmarsch auf die Iberische Halbinsel befanden. An der Donau erschienen die Slawen in den weitgehend entleerten Siedlungsräumen und wurden zu Nachbarn der auf der Hochebene ansässig gewordenen Bajuwaren.

In diesen aufrührerischen Gegenden war das Christentum schon im 5. Jahrhundert durch einzelne erleuchtete Träger wie die romanischen Heiligen Florian und Severin verbreitet worden, ohne daß sich eine festgefügte kirchliche Organisation herausgebildet hätte. Im Jahre 657, fast vierzig Jahre bevor der später als Patron von Oberbayern und Salzburg gefeierte Franke St. Rupert auf

38 *Wilparting, Wallfahrtskirche bei Irschenberg in Oberbayern: eiserne Glocke des irischen Eremiten Marian (7. Jh.), der von versprengten Slawen verbrannt wurde. Anian, sein Gefährte, starb gleichzeitig in seiner nahe gelegenen Zelle. Ihre Überreste wurden später in der Kirche zum Altar erhoben.*

Einladung des Herzogs Theodo nach Bayern kam (696) ließen sich zwei irische Wanderbischöfe am Irschenberg nieder.

Keiner der eiligen Autotouristen, die bei dem Abfahrtsschild Bad Aibling die Autobahn verlassen, vermutet hinter dem Ortsnamen Irschenberg die einstige Eremitage der alten irischen Exulanten im nahen Wilparting. Wer hier abzweigt, befindet sich in einer oberbayerischen Idylle, die bei näherem Hinsehen unerwartet einen dramatischen Teilaspekt unseres frühchristlichen Schicksals enthüllt.

Wenn sich auch gelegentlich Befürworter für eine romanisch-fränkische Abstammung der beiden Peregrini Marian und Anian finden – die Iren haben ihre unaussprechlichen keltischen Namen häufig latinisiert – so spricht doch gegen eine solche Version, daß die ersten Kirchengründungen in Bayern der irischen Form von Klöstern folgten, mit Äbten an der Spitze, die zugleich Bischöfe ihrer Mönchsgemeinschaften waren.

Dieses keltische Modell kam den Hiberni mit heimatlichen Bedingungen entgegen. Um so leidenschaftlicher suchten sie ihr Anachoretentum durch Härte und Kasteiung zu verwirklichen. Hier fanden sie jene erhoffte, halb barbarische Freizügigkeit, in der sie sich ungehindert ihrer bizarren Absonderung ergeben konnten, dabei das Risiko eines gewaltsamen Endes als Wunschvorstellung einbeziehend. So wie Rupert im heutigen Salzburg die mit Wald überwachsenen Ruinen des alten römischen Juvavum vorgefunden hat, lagen auch andere, einst blühende Orte der christlichen Romania verlassen. Die im Umfeld verbliebenen Bevölkerungsreste wurden von gesetzlosen Horden terrorisiert. Im Gebiet um den Chiemsee, wohin sich mit Vorliebe römische Verwaltungsbeamte zurückgezogen und dort ihre Landhäuser errichtet hatten, entwickelten sich im 8. Jahrhundert die ersten Klöster Oberbayerns. Insbesondere die Seeinseln wurden Zellen einer neuen, nunmehr christlichen Zivilisation, wobei im Chiemsee an eine frühere irische Niederlassung angeknüpft werden konnte.

Von der Wirksamkeit der beiden Iren weiß man weniger als von ihrer Verweildauer in Wilparting. Aus Rom mit einer päpstlichen Missionserlaubnis gekommen, richteten sie sich hier auf einem ehemaligen römischen Militärstützpunkt ein, wo sie ab 657 nahezu vierzig Jahre im Verborgenen wirkten. Ob wegen der auch in ihrem Sinne strategisch günstigen Lage oder aus Märtyrereifer wegen des noch nicht überwundenen heidnischen Baumkultes der Bajuwaren, der an dieser Stelle seinen Mittelpunkt gehabt haben soll, ist nicht bekannt. Den Vorteil eines Spähpostens auf beherrschender Höhe nutzten sie jedenfalls nicht, als eine slawische Horde sich ihrer Einsiedelei näherte.

Die Slawen waren im 4., 5. und 6. Jahrhundert aus dem Raum der heutigen Ukraine westwärts nach Siebenbürgen und Rumänien, dann auf die Balkanhalbinsel vorgerückt, nachdem sie von den Einfällen der Awaren ständig

39 *Ex voto mit der Wallfahrtskirche Wilparting und den irischen Heiligen Marian und Anian.*

beunruhigt worden waren. Salzburg lag damals an der neuen Slawengrenze, und es bedurfte nur geringer Störungen, um die slawischen Heiden aus ihren Enklaven am Hauptkamm der Tauern in Bewegung zu bringen. Genauso unbemerkt, wie sie sich den Bajuwaren aus dem östlich, nördlich und westlich des Salzachtales aufsteigenden Urwald durch verkehrsfeindliche Täler und Hochgebirge näherten, konnten sie nach ihren Gewalttaten unentdeckt wieder dahin entschwinden.

Die Furcht vor dem ursprünglich tatarischen Reitervolk der Awaren vom Asowschen Meer als Folge ihres Vorstoßes nach Pannonien und Niederösterreich (565–570) und nach ihrer Belagerung von Byzanz im Jahre 626 mag ein glaubhaftes Motiv gewesen sein für die überstürzten Grenzüberschreitungen, aber auch für die unkontrollierten Entladungen von Haß und Zerstörungswut auf seiten der Slawen. Auch ihr Erscheinen in Wildparting, wo sie Marian in seiner Eremitage aufforderten, ihnen als Wegkundiger vorauszugehen, deutet auf panikartige Begleitumstände. Marian, der sich unter Berufung auf sein Gelübde, seine Höhle nicht lebend zu verlassen, weigerte, wurde deswegen von ihnen am 15. November 697 lebendig verbrannt. Am gleichen Tage soll Anian, seinen mit ihm verwandten Gefährten, in seiner Zelle in Alb, unweit von Wilparting, der Tod ereilt haben.

Dieser für die damalige Zeit nicht ungewöhnliche und über die Grenzen des Bistums Freising hinaus kaum bekannt gewordene Vorgang gewinnt erst eine zusätzliche Dimension, wenn man sich die knapp siebzig Jahre später erfolgte Christianisierung der slawischen Karantanen in Kärnten unter dem Salzburger Irenbischof Virgil 769 und die religiöse Eingliederung der Westslawen ins Abendland vorstellt, die im 10. Jahrhundert abgeschlossen war.

In dieser Periode entstand in der Missionierung unter den Slawen eine gewisse Konkurrenz zwischen dem griechisch-orthodoxen und dem lateinischen Ritus, ein Antagonismus, der das politische Spannungsfeld zwischen Byzanz und Rom deutlich macht. Im 9. Jahrhundert waren bereits die berühmten Brüder Kyrillos und Methodius nach Mähren gekommen, wo sie sich zunächst erfolgreich um die Bekehrung der Slawen bemühten. Einer von ihnen wagte sich sogar bis Bayern vor. Dort verhaftete man ihn kurzerhand und schob ihn als persona ingrata ab. Ihr Einfluß wurde bis zum 10. Jahrhundert auf Grenzlinien zurückgedrängt, die sich im wesentlich noch heute mit denjenigen decken, welche die Staaten mit griechisch- bzw. serbisch- und russisch-orthodoxem Bekenntnis von den in die lateinisch-kirchliche Welt des Westens einbezogenen Staaten trennen.

Bei den marodierenden Alpenslawen, die Marian auf den Scheiterhaufen warfen und dadurch vermutlich den tödlichen Schock seines Gefährten Anian auslösten, mag es sich um versprengte, flüchtende Landsknechte gehandelt haben, die in ihrer eigenen gefährlichen Lage Amok liefen.

Knapp fünfzig Jahre nach dem Ende der beiden Iren setzte die Verehrung ihrer heiligen Gebeine ein, die unter Bischof Tolosius in der Zeit zwischen 741 und 755 mit dreitägigem Fasten erhoben wurden. Tolosius, für dessen Existenz jeder konkrete Anhaltspunkt fehlt, ist vermutlich mit dem zweiten Bischof von Freising, Joseph, identisch.

Mit wechselnder Intensität, die im 18. Jahrhundert ihren Höhepunkt erreichte, hat der Pilgerstrom zu den gemarterten »Hiberni«, wie sie in der lateinischen Inschrift auf dem Marmorsarkophag in der kleinen Kirche von Wilparting genannt werden, bis heute angehalten. Ihre Knochen sind zusammen mit der kleinen Eisenglocke und der Bischofsmitra, die beide noch aus Irland stammen, in einer kostbaren Fassung zur Schau gestellt, ein fragmentarischer Lebensaufriß von seltener Eindringlichkeit.

Die Kirche selbst, kurz nach dem Martyrium des Marian am Ort seiner Zelle entstanden und wiederholt umgebaut, wurde zuletzt 1759 mit lebhaften Rokoko-Stukkaturen ausgeschmückt. Ein Freskenzyklus und mehrere Gemälde nehmen auf das missionarische Wirken der beiden Iren Bezug, angefangen mit ihrer Konsekration durch Papst Eugen I. über ihren Umgang mit den Bergbauern, die sie in der Lehre Jesu unterwiesen, bis hin zu ihrem Ende in diesem damals noch öden Waldland.

Mehr noch lassen die zahlreichen Votivbilder aus den letzten Jahrhunderten nach Art naiver Sonntagsmalerei erkennen, daß die Heiligen, obwohl sie darauf entrückt in rosigen Wolken über der kleinbäuerlichen Voralpenidylle schweben, in den Herzen der Menschen nicht weniger lebendig geblieben sind als die Linde vor der Kirche, die Marian noch selbst gepflanzt haben soll. Sie grünt noch immer.

Südbayern, das zusammen mit dem alemannischen Allgäu einen Teil der früheren römischen Provinz Rätsien bildete, zog in den stürmischen Jahrhunderten des Frühmittelalters vermehrt irische Taufapostel an. Ob sie dabei der bis heute anhand von Gräberfeldern nachweisbaren Dichte keltischer Siedlungen folgten, oder dem Ruf bairischer Herzöge, die ihnen die Eingliederung noch bestehender heidnischer Inseln in einer weitgehend christianisierten Region übertrugen, ist nicht geklärt. Wenngleich sich zunächst beim Erscheinen des sächsischen Ordnungsträgers Bonifatius, der kompromißlos die Diözesanverfassung durchsetzte, ihr Zustrom verringerte, ist er bis zum 12. Jahrhundert nie ganz versiegt.

Dazu trug vor allem der legendäre Ruf der ersten irischen Klöster in St. Gallen und Luxeuil bei, aus deren Gründerkreis sich fortlaufend der von den Landesfürsten besonders umworbene monastische Nachwuchs für die Missionsarbeit in dem um die Provinz Burgund, um Thüringen, die Provence und Baiern erweiterten Frankenreich rekrutierte.

Eustasius und Kloster Weltenburg

Ein besonders wortgewaltiger Tauf- und Wanderprediger war der von Columban als sein Nachfolger in Luxeuil eingesetzte Eustasius, ein burgundischer Gefolgsmann, der seine Berufung ganz im Sinne seines irischen Vorbildes und Lehrers verstand, indem er durch makellose Lebensführung und unmittelbare Ansprache die Menschen auf einen christlichen Daseinsweg führte. Daß er dabei auf der von König Chlotar II. in Macon 626/27 einberufenen Synode von gewissen Merkmalen der keltischen Klostertradition Abstand nahm, hat ihm in den Augen seiner 6000 Mönche nicht geschadet. Erst sein Nachfolger, der dritte Abt Waldebert, hat in Luxeuil die columbanisch-benediktinische Mischregel auch formal eingeführt.

Von den zahlreichen Klöstern, an deren Gründung Eustasius und seine Brüder mitgewirkt haben sollen, hat Weltenburg am Donaudurchbruch oberhalb von Kelheim in der Umzingelung seiner festungsartig aufgetürmten Felsenmauern etwas von der grandiosen Einsamkeit jener auf das 7. Jahrhundert zurückgehenden Niederlassung der ersten Missionsmönche festgehalten. Von zahllosen Touristen bestaunt, ist sie inzwischen zu einem weitläufigen, von den Barockmeistern Asam zu einem prächtig ausgeschmückten Klosterkomplex angewachsen. In diesem urwelthaften Naturlabyrinth, in dem kein Schiffer sein Boot an Land ziehen, sondern nur an eisernen Ringen im Felsen befestigen kann, gönnt die Donauschiffahrt ihren Passagieren im Vorbeifahren einen Augenblick atemloser Verzückung.

Magnus (St. Mang) im Allgäu, Alto und Altomünster

Wer einst von diesem »Basislager« zu den Ungetauften aufgebrochen ist, wann, und wohin er sich durchschlug, ist nirgendwo dokumentiert. Zwei Namen, Magnus oder St. Mang aus dem Kloster St. Gallen, der im Auftrag des Augsburger Bischofs im Allgäu missionierte, und St. Alto, auf den das bayerische Kloster Altomünster zurückgeht, gehören als Schützlinge des Karolingerkönigs Pippin, des Vater Karls des Großen, der zweiten Hälfte des 8. Jahrhunderts an. Ihre Zugehörigkeit zum iro-schottischen Wandermönchtum wird weniger von der Wissenschaft als von der Legende bestätigt. Beide kultivierten das ihnen vom Frankenkönig geschenkte Land und, in der Verborgenheit ihrer Gebetszellen lebend, bewirkten sie ein »Rodungswunder«, nicht nur in den versteppten Waldgebieten, sondern in den Herzen der Heiden gleichermaßen. Der in Füssen verehrte Magnus scheint sich dadurch, daß er den Eisenerzbau in dieser Gegend begründete, als der mit Wasser- und Erzadern vertraute Kelte zu legitimieren, während St. Alto durchaus zum Kreis des irischen Bischofs Virgil (Ferghal) in Salzburg gehört haben mag. Auf dem anläßlich der Neubesiedlung des Klosters Altomünster entstandenen Gedenkblatt ist Alto bei der Rodungsarbeit dargestellt, mit der Kirche, die seinen Namen trägt, im Hintergrund. Sein Symbol, das sogenannte keltische Messer, wird als Hinweis auf seinen Rodungsanteil verstanden. Selbst wenn Alto kein gebürtiger Ire war, sondern, wie sein späterer Biograph, der Mönch Othlo vom Regensburger Kloster St. Emmeran, behauptet, einem schottischen Adelsgeschlecht entstammte, so ist das kein Widerspruch, waren doch die Skoten als Namensgeber Schottlands ein einst dahin ausgewanderter Stamm der Iren.

Als »Alto reclausus«, wie ihn eine Urkunde des Bischofs Josephs von Freising schon im 8. Jahrhundert bezeichnet, trägt er die von der Zeit unvernebelten Züge eines naturverbundenen, sich an Gott und die Menschen verschwendenden Irentums. Dieses für seine Herkunft typische Charakterbild war im Mittelalter von so prägender Kraft, daß es jeden adelte, der sich damit auch nur entfernt vergleichen konnte. Das erklärt, warum die Herkunft bei manchen frühchristlichen Glaubensboten bis heute strittig ist.

Ferghal von Salzburg (Virgil) gegen Bonifatius

Am Ende des 7. Jahrhunderts hatte sich die Kirche ohne viel Aufhebens der Iren als Bestandteil der christlichen Kultur Europas bemächtigt. Etwa fünfzig Jahre später, als die angelsächsische Mission ihnen auf das Festland gefolgt war, gehörte ihr Martyrium bereits zur religiösen Erbauungsliteratur in britischen und irischen Inselklöstern. Rom hatte einstweilen andere Sorgen. Wenn sich auch die Kirche Irlands im Jahr der Ermordung (697) der beiden Einsiedler Marian und Anian durch slawische Marodeure der päpstlichen Führung unterstellte, machten immer noch »keltische Schismatiker« ihren Einfluß in Westeuropa geltend, zumeist in den Reihen des niederen Klerus. Vor allem hatte Iona den alten Ritus nicht aufgegeben.

Hinzu kamen das Unabhängigkeitsstreben und die Eigenmächtigkeit der Germanen. Selbst bei der politischen Führung des Frankenreiches durch die papsttreuen katholischen Hausmeier war dieser Charakterzug nicht zu übersehen. Für den Pontifex Maximus wurde es daher höchste Zeit, einen Mann ihres Stammes an die Spitze der Kontinentalmission zu stellen, der aus der Kenntnis gemeinsamer Wesenszüge das Werk der Zähmung vollendete.

Dazu war der Angelsachse Winfrid-Bonifatius ausersehen, im Jahre 672/73 als Sohn einer westsächsischen Nobelfamilie im heutigen Devonshire geboren, in den Klöstern Adescanastre (Exeter) und Nursling (Hampshire) erzogen. In allem dem Vorbild des großen Klosterpatriarchen St. Aldhelm von Malmesbury nacheifernd, mit dem er bis zu dessen Tod 709 in enger Verbindung blieb, hielt er wie dieser seine Bildung nach irischer Art im Gleichgewicht mit theologischem und klassischem Wissen. Seine Beziehung zum Irentum hatte tiefe Wurzeln, die auch dann nicht an Kraft verloren, als er in seiner Eigenschaft als Promotor fidei der römisch-englischen Mission im Frankenreich zwangsläufig mit diesen von Kindheit an erworbenen geistigen Grundlagen aus Gründen der Kirchenräson in Konflikt geriet.

Immer wieder finden wir ihn bei seiner praktischen Aufgabe als Organisator einer straffen Kirchenordnung im Gegensatz zur irischen Tradition mit ihrem lockeren Regularium. Sein Briefwechsel mit den Päpsten Gregor II., Gregor III. und Zacharias ebenso wie mit befreundeten Äbten und Klosterbrüdern verrät mehr noch als die Lebensbeschreibungen über ihn eine bemerkenswerte Unsicherheit in der Anwendung religiöser Vorschriften bei seinen neu gewonnenen Glaubenskindern. Überall auf der Ebene der Mönchskirche trat ihm das irische Missionserbe in den Weg. Die Bereitschaft des Bonifatius, sich eng an die Autorität des päpstlichen Stuhles anzulehnen, hat in diesem Zwiespalt ihre wesentliche Ursache.

Einerseits als demütiger Pilger zu den Gräbern der Iren Fridian in Lucca und Disibod an der Nahe, andererseits als scharfer Ankläger Virgils, des irischen Bischofs von Salzburg und Apostels von Kärnten, scheint er das gestörte Verhältnis zu seinen Brüdern von der keltischen Nachbarinsel bis zu seinem Tode nicht bewältigt zu haben. Zu tief war er in der irischen Klosterkultur, mit der er über Aldhelm und den in Irland erzogenen Willibrord verbunden war, befangen, als daß er sich leichten Herzens vom Einfluß der Lehrer und Vorgänger der Angelsachsen hätte befreien können. Vielleicht hat dieser schmerzliche Widerspruch in seiner Seele dazu beigetragen, das Beispiel des hingebungsvollen irischen Wandermönchtums, wenn auch mit paradoxen Mitteln, lebendig zu erhalten. Zumindest hat er durch die Neuordnung der Kirche auf der Grundlage einer Diözesanverwaltung dafür gesorgt, daß ihr Andenken in den Sprengeln nicht verloren ging. Sein eigenes Werk war in seiner Zeit zu einer solchen Bedeutung gelangt, daß es den Einfluß der Iren weitgehend verdrängte. Erst in der Auseinandersetzung mit ihnen rettete Bonifatius deren besten Teil, ihre geistige Universalität und ihre nonkonformistische Lebenseinstellung.

Die Biographen des Bonifatius sind sich darin einig, daß die Erklärung für sein aufopferungsvolles Apostolat bei Friesen, Sachsen, Hessen, Thüringern und Bayern nicht allein in seinem Missionseifer, sondern zu gleichen Teilen auch in seiner Blutsbindung mit den Germanen des Kontinents zu suchen ist. Die Beziehung zu seinen sächsischen Vorfahren war rund 250 Jahre nach ihrem Erscheinen auf der Britischen Insel noch durchaus lebendig. Für die Iren andererseits lag die letzte Welle der keltischen Einwanderung vom Kontinent rund 1000 Jahre zurück. Wenn sie auch gerne diesen Spuren folgten, die unter ständigen Bevölkerungsverschiebungen weitgehend unkenntlich geworden waren, und sich für sie auf eine kaum mehr als sentimentale Erinnerung reduzierten, schied der Gesichtspunkt der Verwandtenbekehrung als Motiv ihrer religiösen Wanderung aus. Sie wurde von ihnen ausschließlich als Liebesopfer für Christus verstanden.

Bonifatius war von anderer Statur, nüchterner und von der Autorität eines strengen Erziehungsberechtigten. Freilich muß man bei seinen undiplomatischen Alleingängen – wie dem Fällen der Donar-Eiche 724 im hessischen Hofgeismar – berücksichtigen, daß sich Europa von zwei Seiten bedrängt sah. Die Araber beherrschten das westgotische Spanien und waren im Begriff, über Frankreich weiter in das Zentrum Europas vorzustoßen. Rom mußte sich damals ständiger sarazenischer Piratenüberfälle erwehren.

Die irischen Mönche, sehen wir von dem Vorgehen ihrer Protagonisten

Columban und Gallus am Zürcher See ab, hatten im allgemeinen auch fremdartiges Geistesgut als Ausdruck einer volkseigenen Kultur respektiert und es behutsam in ihre christliche Weltanschauung überzuleiten und einzuschmelzen versucht. Anders der Angelsachse Bonifatius. Feuerköpfig rottete er den als Götzendienst verhaßten Kult des Donnergottes in Hessen symbolhaft mit Stumpf und Stiel aus. Dadurch zog er sich zwangsläufig den Haß der heidnischen Priesterschaft, darüber hinaus auch den Argwohn des katholischen Klerus zu, die sich beide in der Ablehnung dieses Radikalismus einig waren. Bonifatius mußte sich gar der moralischen Unterstützung keines Geringeren als Karl Martells versichern, um nicht durch seine Unbesonnenheit das für seine schwierige Mission unerläßliche Wohlwollen des Papstes zu verlieren.

Die schwerste Anfechtung seiner Laufbahn stand ihm noch für seine Tätigkeit als päpstlicher Legat in Bayern bevor. Vermutlich weil er sich bei der Amtseinführung des Iren Virgil im Bistum Salzburg übergangen fühlte, ließ er es ihn fortan bei jeder Gelegenheit spüren, daß es ihm an Objektivität mangelte. In Briefen und Beschwerden rügte Bonifatius immer wieder mit unverhältnismäßigem Aufwand angebliche Abweichungen von dem, was er die »reine Verwirklichung des katholischen Glaubens« nannte. Die Kampagne gegen Virgil, dem nach Rupert größten Bischof der Diözese Salzburg, endete ohne greifbares Ergebnis. Sie hat der Größe dieser beiden im Antagonismus verstrickten Heiligengestalten der europäischen Frühkirche nichts anhaben können. Ungefähr auf diese Zeit geht eine Verfügung des Bonifatius zurück, die er auf dem Konzil von Soissons gegen die »episcopi et sacerdotes vagantes« durchsetzte, den unversöhnlichen Blick dabei auf Virgil und all seine Landsleute im irischen Missionsdienst auf dem Kontinent gerichtet.

Virgil, dessen keltischer Name »Fearghal« soviel wie »Mann aus Irland« bedeutet, wurde zwischen 700 und 720 als Sohn einer Adelsfamilie geboren und dadurch, fast automatisch, zum Träger wissenschaftlicher Traditionen. Schon während seiner Zeit als Mönch und Abt im Kloster Aghaboe (County Laois) soll er sich durch seinen Bildungseifer, vor allem aber durch seine Beschäftigung mit der antiken Kosmographie hervorgetan haben. Gerade dieses für die keltische Klosterkultur typische Interesse enthielt für Bonifatius den Kern eines unlöslichen Konfliktes.

Hier standen der im druidischen Denken erzogene, von einem spekulativen Geist beherrschte Ire und der sachkompetente, strikt den Richtlinien seiner kirchlichen Organisationspolitik folgende Angelsachse mißtrauisch einander gegenüber.

Mit dem Chorbischof Dubhdachrich (latinisiert: Dobdagrecus) und dem Priester Sidonius hatte Virgil seine Insel vor 743 verlassen. Bereits in diesem Jahr erschien er als Gast beim fränkischen Hausmeier Pippin dem Jüngeren in Quierzy an der Oise. Dieser, angezogen von der Gelehrsamkeit des irischen

Mönches, behielt ihn zwei Jahre an seinem Hof. Danach schickte er ihn 745 mit seinen beiden Gefährten zu seinem Schwager Odilo nach Bayern. Vielleicht liegt in der Tatsache, daß Virgil schon im gleichen Jahr dort die Stelle des verstorbenen, noch von Bonifatius eingesetzten angelsächsischen Abtbischofs Johannes in Salzburg annahm, ein Grund für das spätere Zerwürfnis.

Was bei Bonifatius auf den ersten Blick wie eine Überreaktion aussieht, wird auf dem Hintergrund kirchlicher Mißstände seiner Zeit verständlicher. Er sah sich Entartungserscheinungen gegenüber, die an die Mystifikationen moderner Sektenprediger erinnern. Zwei Fälle sind namentlich bekannt: Ein Franke Aldebert bezeichnete sich als Bindeglied zwischen Gott und den Menschen. Er sei ein Apostel Christi, versicherte er der berauschten Menge, und beschenkte sie mit seinen Nagelspänen und Haaren von seinem Haupt.

Der andere, Clemens, war ein keltischer Wanderbischof, der Christus als den Heilsbringer ankündigte, der alle gefangenen Geister, und zwar jene, die Gott, als auch solche, die heidnische Idole anbeteten, erlösen würde.

Abgesehen von der allgemein lässigen Moralauffassung weiter Teile des fränkischen Klerus und der uneinheitlichen Gestaltung der Sakramentalien fühlte sich Bonifatius durch diese Art religiöser Hochstapelei herausgefordert. Als sich ein ungebildeter Priester im Salzburgischen bei einem Taufakt einer fehlerhaften lateinischen Formel bedient hatte, verlangte er von Virgil die Wiederholung der Taufe, die in seinen Augen nicht gültig war. Der Ire lehnte ab und bekam auf Nachfrage bei Papst Zacharias recht. Damit hatte sich die Beziehung zwischen Virgil und Bonifatius wiederum verschlechtert.

Daß Virgil in seiner Eigenschaft als Abt des Klosters St. Peter ohne bischöfliche Weihe – in sie willigte er erst 767 ein – die Diözese regierte und für seinen Landsmann Dubhdachrich, der seinerseits die Bischofsweihe besaß, praktisch alle damit verbundenen Funktionen ausübte, brachte Bonifatius erneut gegen Virgil auf. Er zeigte ihn bei Zacharias an, nicht ohne sich auch auf dessen häretische, wie er es sah, Antipodenlehre zu berufen. Obwohl der einseitig informierte Papst zunächst die Entrüstung des Bonifatius teilte und in einem Schreiben vom 1. Mai 748 verlangte, daß Virgil zu einem Verhör in Rom erscheinen sollte, kam es weder zu der ihm angedrohten Absetzung noch gar zu seiner Exkommunikation und Laisierung. Vielmehr rechtfertigte sich Virgil so erfolgreich, daß Zacharias, ein gebürtiger Grieche aus Santa Severina in Kalabrien, angesichts der naturwissenschaftlichen Exaktheit dieser Verteidigung den Vorwurf der Häresie fallen ließ. Die Behauptung Virgils, daß auch Isidor von Sevilla und Beda Venerabilis die Möglichkeit einer Welt von »Gegenfüßlern« nicht ausgeschlossen hätten, entzog der Anklage vollends den Boden. Immerhin hatte es die Kirche in der Hand, Virgils ungeliebte Überzeugungen auf anderen Wegen zu unterdrücken: Nicht eine seiner Schriften ist auf uns gekommen.

Die ursprüngliche Einheit des Menschengeschlechtes, eine für das Dogma der Erbsünde und der Erlösung unverzichtbare Voraussetzung, ging von der Erde als Scheibe aus. Lebewesen, die »gegen uns gehen«, waren darauf ebensowenig unterzubringen wie alle sich daraus ergebenden sonstigen ketzerischen Konsequenzen.

Die frühkeltische Welt indessen hatte sich mit ihren herausragenden Exponenten, von denen Brendan, der Seefahrer, nur einer war, die klassische Überlieferung zu eigen gemacht. Danach war die Erde rund und hatte folglich auch eine andere bewohnte Seite, von der aus Sonne und Mond ebenso wahrgenommen werden konnten wie auf unserer Seite.

In diesem Zusammenhang muß man sich vor Augen halten, daß Irland seit jeher die auf exakter Erd- und Himmelsbeobachtung beruhende Erkenntnis der Alten Welt auf dem Wege der bis ins Archaikum zurückreichenden Seeverbindungen aufgenommen hatte. Zwischen dem westgotischen Spanien, in dem sich vor der arabischen Invasion eine ibero-römische Kultur von unerhörtem intellektuellen Reichtum entfaltet hatte, und Irland bestanden jene engen Beziehungen, die es schon seit der Jungsteinzeit gegeben hatte. Über sie erreichte auch orientalisches Gedankengut aus dem byzantinischen Exarchat Karthago in Nordafrika die ferne Atlantikinsel und trug wesentlich dazu bei, daß das Interesse an der dinglichen Welt und ihrer systematischen Durchdringung nicht von religiöser Mystik aufgesogen wurde. Dazu gaben nicht zuletzt die Schriften des heiligen Isidor von Sevilla (570 bis 636), die Irland früher als jedes andere Land, teilweise noch zu seinen Lebzeiten, erreichten, den entscheidenden Anstoß.

Bemerkenswert ist für die dramatische Zuspitzung der Antipodenfrage die Tatsache, daß alte Seefahrervölker sich schon immer mit der naturgegebenen Enge der Weltsicht bei den Binnenländern im Widerspruch befunden hatten. Was sich vom Lande her, wo die Horizonte, begrenzt durch die Gesetzmäßigkeit der Topographie, nie offen liegen, nur schwer dem Bewußtsein erschließt, kann dem Schiffer angesichts des kreisenden Sternenhimmels nicht lange verborgen bleiben: daß die Erde eine Kugel ist und sich dreht.

Virgil, der von Irland her den Beinamen »Geometer« trug, hat seine kosmographische Weltweisheit mit der Umsicht und Tatkraft eines verantwortlichen Kirchenmannes seiner Diözese, zunächst als Abt, später als Bischof, in Einklang zu bringen gewußt. Er legte den Grundstein zum Salzburger Dom, an dessen architektonischer Gestaltung er selbst entscheidenden Anteil hatte. Er hielt Synoden ab und schuf zusammen mit den bayerischen Bischöfen und Äbten eine Gebetsverbrüderung. Das im Original in Salzburg erhaltene Verbrüderungsbuch ist ein wichtiges theologisches Dokument.

Er gründete so wichtige Kirchen wie Innichen (heute Südtirol), Kremsmünster, Maria Saal und St. Margarethen bei Knittelfeld, alle in Österreich, dazu bedeutende Klosterschulen und ein Kollegium für Kanoniker am Dom zu Salzburg. Er zog fähige Mitarbeiter heran und sorgte für ausreichenden Nachwuchs, der den Glauben vertiefen und das Bewußtsein der neu gewonnenen Glieder der christlichen Gemeinschaft veredeln sollte.

Sein unbestritten größtes Werk ist die Bekehrung der Slawen in Karantanien, das damals die heutige Steiermark, Kärnten und einen Teil von Krain umfaßte. Ungeachtet wiederholter Aufstände in diesem Gebiet verfolgte er mit Ausdauer und diplomatischem Geschick die Bekehrung dieser widerspenstigen Volksgruppe. Zwei hervorragende Geiseln des Bayernherzogs, den Sohn und den Neffen des noch heidnischen Slawenherzogs Boruth, ließ er im Kloster Herrenchiemsee, das seinem Gefährten aus irischer Zeit, Dubhdachrich, unterstand, christlich erziehen. Damit hatte er zwei wichtige Garanten für sein neues Missionsgebiet gewonnen.

Alkuin aus dem gelehrten Kreis um Karl den Großen hat Virgil und sein Wirken überschwenglich gepriesen. Auch heute noch ist der irische Bischof, dessen Evangelisation weit über das Salzburgische hinaus nach Süden und nördlich in den bayerischen Raum hinausreicht, Gegenstand ungebrochener Verehrung. Für die Erbauer der ältesten Kirche des Chiemgaus, Urschalling, gehört er neben St. Rupert zu den bevorzugten Gestalten, die in figürlicher Darstellung von der westlichen Seite des Chorjochs auf die Gemeinde herabblicken dürfen. Ein flämischer Maler des 17. Jahrhunderts, Frans de Neve aus dem Umkreis der Antwerpener Meisterschule, hat in einer lebhaften Szene den Augenblick der Bischofsweihe festgehalten, der sich Virgil erst als reifer Mann zwischen fünfzig und sechzig Jahren unterzog. Bezeichnenderweise entspricht der dargestellte Menschentyp noch immer dem Bild, das wir uns bis heute von einem Iren als dem mehr rotbraun- als blondhaarigen und hellhäutigen Vertreter seiner keltischen Rasse machen. Insofern gehört Virgil, wie ihn die Künstler des Barock bis hin zur Romantik des 19. Jahrhunderts sahen, seinem irischen Aussehen nach an die Seite seiner beiden Landsleute Marian und Anian, die auf den Abbildungen in Wilparting in ihrer physiologischen Beschaffenheit seine Brüder sein könnten.

Nicht weniger eindrucksvoll sind die beiden von Sebastian Stief im Stil des romantischen Historismus geschaffenen Gemälde im Salzburger Dommuseum. Sie zeigen auf der einen Seite die Ankunft des Rupertus in Salzburg, vor den Tempelruinen auf dem Gipfel der heutigen Hohensalzburg, ein vertrauter Anblick für jeden Reisenden, der zum erstenmal den charakteristischen Hausfelsen über der Salzach erblickt; auf der anderen Seite St. Virgilius im Kreis der Bauleute, die zusammen mit ihm Plan und Modell des zu errichtenden Domes aufmerksam begutachten. Der Heilige, der die von St. Rupert gegründete, offenbar baufällige Peterskirche vor sich hat, wird durch die Auffassung des Künstlers rund tausend Jahre nach dem Tod seines Modells als der ingeniöse »Geometer«, für den die Gesetze der Architektur das Geheimnis eines größeren, eines himmlischen Baukörpers umschlossen, bestätigt.

Bei der Entstehung des Bildes lag St. Peters Klosterkirche freilich schon längst in Ruinen, auf unterirdische Gänge und Katakomben, nicht weit vom Felshang, abgesunken. Darin wurde eine der Kapellen der heiligen Getrud von Nivelles geweiht. Von hier ist Patrick an der gleichen Stelle angerufen worden. Der Apostel Irlands, dessen Name noch auf einer Inschrift am Altar erscheint, muß Virgil besonders teuer gewesen sein. Er selbst und St. Rupert ruhen in der Krypta der Kathedrale, die Iren und ihre Freunde zum Nachruhm aller um sich geschart.

Was Alkuin den Besuchern des Domes zu sagen hatte, gilt auch nach wiederholten baulichen Veränderungen heute noch: »Was du, in den prächtigen Dom hineinkommend, bewunderst, auf Virgilius geht es zurück, von Liebe zum Herrgott getrieben.«

Salzburg, schon vor Virgil im Schnittpunkt fränkischer Pilgerzüge, die den im 5. Jahrhundert bereits bestehenden christlichen Weihestätten in Laurecaum (Lorch-Enns) und Aguntum (Lienz), beide in Noricum, folgten, hat längst sein kultisches Gewicht zugunsten einer modernen Wallfahrt zu den Kunstaltären der Festspielstadt verschoben. Die frommen Fährten sind verschüttet.

Sie wurden zwischen dem 7. und 8. Jahrhundert von einer verstärkt einsetzenden und über den Rand des bairischen Stammesherzogtums hinausdrängenden Welle irischer Missionsmönche gelegt. Für die Forschung scheint inzwischen erwiesen, daß ihrer Wanderung die intakte Verkehrstopographie der keltisch-römischen Handelswege zugrunde lag. Auch darf inzwischen als sicher gelten, daß der Salzburger Bischof mit seinen irischen Helfern die bis ins Ungarische reichenden Einflüsse koordiniert und damit ein Übergewicht der byzantinischen Orthodoxie im südlichen Mitteleuropa verhindert hat.

Konkurrierende Christianisierung Hessens durch Iren und Angelsachsen

Bei unserem mit Überlandverbindungen dicht verknüpften Verkehrsnetz ist es schwer vorstellbar, daß es im 8. Jahrhundert noch weitgehend unerschlossene Landstriche gab. Dazu gehörte das Gebiet zwischen Vogelsberg und Spessart, in dem auch Buchonien, das Buchenland, lag. Dieser Raum, heute Teil des Bundeslandes Hessen, wurde damals dem von Bonifatius neu gegründeten Bistumssprengel Würzburg, das neben Thüringen und dem Maingebiet auch einen Teil Oberhessens umfaßte, zugeschlagen. Die beiden anderen Sprengel waren Büraburg und Erfurt.

Es erregt bis heute Verwunderung, daß der »Apostel Germaniens«, der sich mit unvergleichlichem Elan in seine kirchliche Aufbauarbeit stürzte, die irische Enklave in Buchonia nicht aufgespürt, jedenfalls nicht angetastet hat.

Es mag Umstände gegeben haben, die das unentdeckte Eigenleben der »ecclesia in Buchonia« begünstigte. Im Jahre 741 war Karl Martell, der Araberbezwinger, in Poitiers gestorben und hatte sein Herrschaftsgebiet unter seinen Söhnen Pippin und Karlmann aufgeteilt, wobei Karlmann mit Oberfranken auch Thüringen und Hessen erhielt. In der Zeit ab 747, als er sich in das Kloster Montecassino zurückzog, scheint seinem Bruder Pippin, vier Jahre vor dessen Salbung zum fränkischen König, vorübergehend die Kontrolle über diesen Teil des neuen Bistums entglitten zu sein. Niemand in der Hierarchie der Franconia Sancta hatte bis dahin den leeren Flecken auf dem katholischen Kirchenatlas bemerkt. Acht Kirchen zwischen Mainz, Gießen und Gelnhausen, sieben davon mit irischen Wanderbischöfen und einem Leutpriester an der Spitze, verkörperten eine damals von Bonifatius allgemein schon nicht mehr geduldete Institution. Sie hat bis zur Karolingerzeit überlebt.

Eine auf Abt Beatus von Honau bei Straßburg zurückgehende Schenkungsurkunde aus dem Jahre 778, mit der er die namentlich aufgeführten Kirchen seinem Kloster im Elsaß vermachte, könnte der Schlüssel zu diesen geschichtlich nur unzureichend aufgehellten Vorgängen sein.

Daß die »Hohe Aue« im Rhein den peregrini gentis Scottorum als ein besonders begehrtes Refugium bekannt war, darf angesichts der traditionellen irischen Vorliebe für Niederlassungen in oder an Gewässern vorausgesetzt werden. Hier fanden sie in der natürlichen Trennung vom benachbarten Festland jenes Element, in dem sie sich wie in einer Taucherglocke auf den Boden der Stille herablassen konnten.

Spätestens seit der Rückkehr Dagoberts II., König von Austrasien, aus irischer Klosterhaft (679/80), muß die Rheininsel von Iren gezielt angesteuert worden sein. Kirchenmänner, die ihn von Irland her begleiteten, nahmen nacheinander den Bischofsstuhl von Straßburg ein. Sie mögen dazu beigetragen haben, daß Honau, ein zu Beginn des 8. Jahrhunderts von Herzog Adalbert, dem Bruder der heiligen Odilia, nach irischem Ritus gegründetes Kloster, als Sammelpunkt irischer Pilger und Mönche eine ähnliche Bedeutung erlangte wie Péronne oder Würzburg.

Schon früher können Missionsimpulse von hier ausgegangen sein. Im heutigen Frankfurt-Höchst entstand bei einem alten Quellenheiligtum eine keltische Kirche, eine andere, die Michaeliskirche, in Buchonien. Überhaupt deuten im Gebiet der Wetterau einschließlich des Niddagaues und der Dreieich verstreute Taufsteine und Scheibenkreuze auf eine Evangelisation der Iren schon im 7. Jahrhundert hin. Hier huldigte die spärliche Bevölkerung dem keltischen Gott Lug, der in Form eines hohlen Ochsenkopfes Opfer von ihr eintrieb. Für die mit solchen Idolen vertrauten Iren ein Grund mehr, sich im Umkreis anzusiedeln und von einer Klosterkommune aus leicht vergänglichen hölzernen Zellen die heidnische Festung friedlich einzunehmen. Vom Abt Beatus, der kurz vor seinem Tode die acht genannten Kirchen in die Zentralgewalt seines Klosters Honau überführte, ist wenig bekannt. Man darf aber annehmen, daß er aus verantwortlicher Vorsorge für seine Iren handelte, die auch 23 Jahre nach dem Tode des Bonifatius noch den lateinischen Reformeifer zu fürchten hatten. In Buchonia fielen sie ihm erst nach 814, als Ludwig der Fromme die Regierungsgeschäfte von seinem verstorbenen Vater Karl dem Großen übernommen hatte, zum Opfer.

Danach setzte eine Verunglimpfung der irischen Vergangenheit ein, die für die Vertreter der römisch-katholischen Partei noch vom keltischen Ungeist infiziert war. Die nunmehr einheitlich katholischen Kirchen hatten alle ihre Gespenster, ihre Flüche und ihr Teufelswerk, ein Spuk, in dem die Volksphantasie schon bald nicht mehr den Ursprung der Dämonisierung, den verdrängten irischen Ritus und seine Anhänger, erkannte.

Schotten, ein amutiges Städtchen von 8500 Einwohnern, ist mit seinem aus der frühen Bezeichnung »ad Scotos« entstandenen Namen einzigartig bei uns. Doch ebenso wie der Schottenring, eine frühere Autorennbahn auf der Hochfläche des Oberwaldes, ruft er nach 1200 Jahren nur noch die falschen Assoziationen von Dudelsack, Kilt und schottischen Hornpfeifen hervor. Tatsächlich ist Schotten ein entlegenes Missionsfeld der Iren gewesen, das der eiserne Besen des Bonifatius nicht erreichte und wo das Christentum zum erstenmal mit fremder Zunge gepredigt wurde. Es war das keltische Credo, welches die heidnischen Herzen gewann.

Die gelehrten Vaganten im Frankenreich

An den Palastschulen der Karolinger; Die Tafelrunde Karls des Großen

Die Zeit des irisch-keltischen Klosterwesens im Frankenreich ging in den von Bonifatius neu geordneten Kirchenprovinzen dem Ende zu. Die Zeit der doctissimi magistri de Hibernia begann. Bedeutende Gründungen des Benediktinerordens vom Ende des 7. bis zum Ausgang des 8. Jahrhunderts, darunter die Abteien Echternach, Reichenau, Murbach, Fulda, St. Gallen und Nonontola (Oberitalien) schränkten für die noch keltisch orientierten Brüder von den Britischen Inseln die Überlebenschancen ihrer mönchischen Gemeinschaftsformen zunehmend ein. Gefangenen Fischen vergleichbar, mußten sie in dem sich straffenden kirchlichen Verwaltungsnetz sozusagen mit immer weniger Sauerstoff auskommen, was der phantasievollen Entfaltung ihrer keltischen Eigenart das Lebenselement entzog, und sich in der Disziplin der lateinischen Klosterregel weitgehend selbst aufgeben. Außer bei ihren traditionellen Anlaufstellen wie St. Gallen, Péronne, Cambrai, Laon, Würzburg und auf der Hohen Aue fanden sie kaum noch Unterstützung im Klerus und bei dem landbesitzenden fränkischen Adel.

Waren sie schon vorher kaum lenkbar und wenig anpassungsfähig gewesen, ließen sie nun unter dem Eindruck wachsender Kritik ihren aus der Sicht der Oberen ausgefallenen Eingebungen umso mehr freien Lauf. Es mehrten sich die Klagen über die sacerdotes vagantes, die wie Leute im ambulanten Gewerbe sich im freiem Umherziehen feilboten, keinen festen Wohnsitz nachweisen konnten und mehr oder weniger von der institutionalisierten Nächstenliebe der Kirchen und Klöster lebten. Nur gelegentlich nahmen sie auch die private Hilfsbereitschaft einzelner Zeitgenossen in Anspruch. Schwer vorstellbar, daß sich unter diesen frommen Gelegenheitsarbeitern auch ernst zu nehmende Gelehrte befanden, die jeder Hofschule zur Zierde gereicht hätten.

Zu jener Zeit lebten die Volksmassen stumpf und unwissend dahin, wenn sich auch langsam unter der Woge der Zerstörung, die in der ersten Hälfte des 8. Jahrhunderts bei der Sarazenenplage über die geheiligten Orte wie z. B. das Vogesenkloster Luxeuil hereingebrochen war, der Sinn für die Unwiederbringlichkeit geistiger Schätze schärfte. Nicht länger nur die Klöster, deren gelehrte Mönche eine Art geistiger Goldwäsche betrieben und viel von den edelsten Substanzen theologischer und weltlicher Weisheit horteten, auch die Herrschenden fühlten sich für die Erfassung und Sicherung des universalen Bildungsgutes verantwortlich.

40 *St. Corentin, einer der sieben Gründerheiligen der Bretagne (6. Jh.).*

Bei den fränkischen Hausmeiern hatte sich aus alter Zeit die Tradition einer Hofschule erhalten, die indes keine hoch gesteckten intellektuellen Ziele verfolgte.

Schon bei den Pippiniden ist ein Streben nach Geistigkeit, mit dem sie die mehr rohen Impulse der kriegerischen Merowinger überflügelt hatten, unverkennbar. Pippin, Karls Vater, genoß zwei Jahre lang den persönlichen Umgang mit dem gelehrten Virgil, bevor er ihn in bestimmter Mission (745) an den bairischen Herzogshof entließ. Diese für das ganze Hausmeiergeschlecht bezeichnende Vorliebe für das Irentum trat bei seinem Sohn Karl eher noch ausgeprägter in Erscheinung. Er zog hochgebildete Iren in seine Tafelrunde und setzte sie zum Aufbau seiner academia am Hof an führender Stelle ein.

Für die Dauerhaftigkeit dieser Wertschätzung ist wohl die Begegnung Karls mit dem Angelsachsen Alkuin im Jahre 780 in Parma entscheidend gewesen. Alkuin, selbst ein gelehrter Mönch aus der Kathedralschule in York, fühlte sich durch seine Studien in Irland den Iren in lebenslanger Freundschaft verbunden. Es scheint, daß der Einfluß seines als noster magister angeredeten Lehrers Colchu im irischen Kloster Clonmacnois und des Beda Venerabilis gleichermaßen die unerläßliche Voraussetzung für seinen Aufstieg zum ersten Ratgeber Kaiser Karls gewesen ist. Als Herrscher und Mönch auf dem Boden Italiens zusammentrafen, entzündeten sie sich in gemeinsamer Begeisterung an dem Gedanken der Wiedergeburt Europas im nunmehr christlichen Frankenreich. Karl, den die antike Größe Roms tief beeindruckt hatte, wollte darüber hinaus den Glanz des alten Imperiums erneuern, indem er vor allem Kunst und Wissenschaft förderte und sie breiteren Volksschichten zugänglich machte. Dabei griff er, vermutlich mit nachdrücklicher Zustimmung Alkuins, auf das irische Bildungspotential zurück. »Der Mönch von St. Gallen«, hinter dem sich wahrscheinlich Notker der Stammler verbirgt, erzählt anschaulich, auf welche ungewöhnliche Weise sich ein bereits bestehender Zirkel an Karls Hof, der Dichter, Scholaren und Theologen umfaßte, um die Iren Clemens und Dungal erweiterte. Danach waren die beiden Kleriker mit einem üblichen Handelsschiff nach Frankreich gekommen und hatten zusammen mit Kaufleuten, die auf dem Markt ihre Güter anboten, ihre eigene abstrakte, lediglich aus Wissen bestehende Ware ausgerufen. Entschlossen, sie nicht unter Preis abzugeben, nannten sie den von Kaiser Karl ausgeschickten Werbern ihre Bedingungen. Alles, was sie im Tausch gegen ihr Wissen verlangten, war ein »angemessener Platz, edle Seelen und, worauf man als Reisender nicht verzichten kann, Kleidung und Nahrung«. Der Handel wurde abgeschlossen – Clemens und Dungal wechselten an Karls Hof und wohnten sogar in seinem Haus. Als er durch seine kriegerischen Unternehmungen längere Zeit abwesend war, unterstellte er Clemens seine Hofschule, an der nach seinem Willen reiche und arme Kinder gemeinsam unterrichtet wurden. Dungal schickte er nach Pavia zum Kloster St. Augustin, wo er der Mentor der dort bereits zu Ruhm gelangten Rechtsschule der Langobarden wurde und ihr durch seine Lehrtätigkeit neuen Glanz verlieh.

Im Jahre 1925 feierte die berühmte Universität der alten langobardischen Königsstadt in Oberitalien ihr 1100-jähriges Bestehen, das auf ein Gründungsdekret Kaiser Lothars unter »Dungal, dem Iren« zurückgeht. Lothar selbst war Schüler des Clemens gewesen, der nach dem Tode Karls unverändert in der Funktion des Leiters der Palastschule von dessen Sohn Ludwig dem Frommen übernommen wurde. So ist das Abenteuer der beiden Iren, das in einem Kloster Irlands begann und über ein Frachtschiff und einen fränkischen Markt in das Mäzenatentum der Karolinger führte, von bleibender Wirkung auf die europäische Geistesgeschichte gewesen.

Verglichen mit Dungal, der räumlich und geistig weit ausgegriffen hat, begnügte sich Clemens mit einem begrenzten Rahmen, ohne deswegen an

Bedeutung hinter seinem Landsmann zurückzustehen. Bis auf regelmäßige Wallfahrten zum Grabe Kilians nach Würzburg, wo er auch als Pilger gestorben sein soll, hat er seinen keltischen Wanderdrang gezügelt. Dungal dagegen erreichte zwischen St. Denis bei Paris, wo er sich gegen 810 zunächst als Einsiedler unter Waldo, dem Altbischof der Reichenau, aufgehalten hatte, und seinem Lehrstuhl in Pavia als »Dungalus praecipuus Scottorum« den Zenit seines Lebens. Ungeachtet der spärlichen biographischen Notizen über ihn gewinnt er klare Konturen, sobald man sich mit seiner Rolle als Briefschreiber beschäftigt. In zwei Fällen beweist er seinen irischen Charakter.

Wohl wissend, daß Karls Stellung als Herrscher des Abendlandes schicksalhaft mit der Macht des Papstes verknüpft war, was eine generelle Anpassung an die kirchliche Lehrmeinung bedingte, zog Dungal ihn gleichwohl in einen Dialog über das ptolemäische Weltbild hinein. Er suchte, als er ihm im Jahre 811 über eine voraufgegangene Sonnenfinsternis berichtete, Karl seine Überzeugung zu vermitteln, daß die Erde der Mittelpunkt der Welt sei und von den sieben Planeten, zu denen auch Sonne und Mond gehörten, umkreist würde. Mit dieser Auffassung befand sich Dungal, wie alle Iren vor und nach ihm, in Übereinstimmung mit gleichgerichteten Ansätzen in der Sakralkunst jener Zeit, in der sich die »schwebende Ordnung« das Alls bemerkbar machte. Sie gehörte zum Erbe der Antike im arabischen Raum. Wie selbstverständlich beherrscht darin Christus – in der Ikonographie der Pantokrator, in der westlichen Kunst die Majestas Domini – als Zentralgestirn die Sphären, unter sich, gleichsam als Schemel für seine Füße, die ewig rollende Kugel der Erde.

Im dogmatischen Lehrgebäude der Kirche war dieser entscheidende Baustein der Welterkenntnis damals nicht zu finden. Anders die naturwissenschaftlich gebildeten irischen Theologen, die Ptolemäus bereits zutreffend als Epigonen seiner griechischen Vorgänger Apollonios von Perge, Eratosthenes von Kyrene, Poseidonios und Hipparch betrachteten. Dungals Hauptwerk, die »Syntaxis nathematica«, wurde erst im 12. Jahrhundert ins Lateinische übersetzt, während es bereits 877 in arabischer Sprache vorlag. Den Iren war es schon lange vorher, wie das Beispiel Brendans und Virgils beweist, in seiner ganzen geometrischen und astronomischen Komplexität auf dem Weg vom griechisch-ägyptischen Alexandria über das byzantinische Exarchat Karthago und das westgotische Spanien bekannt geworden.

Auch der Ire Dicuil schöpfte mit seiner 825 verfaßten Abhandlung über die Entfernungen auf der Erde »De mensura orbis terrae« aus diesem Wissen in Anwendung auf die Verhältnisse des hohen Nordens, als er schrieb: »Es sind nur dreißig Jahre her, seitdem mir Priester, die vom ersten Februar bis zum ersten August auf der Insel Island gelebt haben, erzählten, daß die untergehende Sonne nicht nur zur Zeit der Sommersonnenwende, sondern auch in den Tagen davor und danach sich gleichsam nur hinter einem kleinen Hügel versteckt, so daß keine Finsternis hereinbricht in diesem kurzen Zeitabschnitt, und jeder alles das machen kann, was immer er möchte, und sei es das Läusesuchen im eigenen Hemd, genau so, als sei es hell-lichter Tag. Und wenn sie auf einem hohen Berg gewesen wären, wäre die Sonne überhaupt nicht vor ihnen verschwunden...«

Kaiser Karl, obwohl aus Gründen praktischer Politik päpstlicher Parteigänger, fand in seiner naiven Wißbegierde keinen Arg an den Theorien der verfemten Kosmographie, die für die Kirche zumindest bis zum Erscheinen des Kopernikus im 15. Jahrhundert indiskutabel waren. Er bewies damit über seine unorthodoxe Grundeinstellung hinaus eine gleichbleibende Wertschätzung für die Iren. Sie war ungeachtet feindseliger Gegenströmungen an seinem Hof ein verläßlicher Schutz für die insularen Fremdlinge.

Die zweite Gelegenheit, geistige Unabhängigkeit zu demonstrieren, kam für Dungal mit seinem Eingreifen in die späten theologischen Auseinandersetzungen des Bilderstreits. Dieser, im Jahre 726 in Byzanz ausgebrochen und offiziell 787 durch Kaiserin Irene beigelegt, war im Europa des 9. Jahrhunderts wieder aufgeflammt. Dungal schlug sich auf die Seite der Ikonolatrai, der Bilderverehrer. Seinen dialektischen Gegner, den von Ludwig dem Frommen 816 zum Bischof von Turin erhobenen Spanier Claudius, der sich zum Stimmführer der Ikonoklastai, der Bilderstürmer, gemacht hatte, nahm er hitzig und mit allgemein als übersteigert empfundener Schärfe an. Für einen Iren wäre daran nichts Ungewöhnliches gewesen, hätten nicht die Theologen Karls des Großen in dieser Frage seinen Widersacher unterstützt. Unbekümmert nahm Dungal das Risiko persönlicher Nachteile für seine Überzeugung in Kauf. Opportunismus, in welcher Form auch immer, war nie ein irischer Charakterzug gewesen.

Neben der Palastschule war die Tafelrunde am Hof Karls des Großen ein Markenzeichen kaiserlicher Kulturpflege, von Theodulf von Orléans, einem verbannten Westgoten, anschaulich, nicht ohne Ironie, beschrieben. Neben dem Angelsachsen Alkuin, dem langobardischen Geschichtsschreiber Paulus Diaconus, dem Grammatiker Peter von Pisa und anderen hervorragenden Persönlichkeiten gehörte er zum Gelehrtenkreis am Hofe Karls. Doch während der Herrscher, wie Einhard in seiner Vita Caroli Magni berichtet »die peregrini, die Fremden, liebte und große Sorge trug, sie aufzunehmen, machte Theodulf aus seiner Abneigung gegen die Skoten keinen Hehl.« Karl indes, so fährt Einhard fort, »liebte sie so sehr, daß ihre Menge nicht nur dem Hof, sondern auch dem Reich nicht ohne Grund eine Last schien.« Erst wenn man weiß, daß Spanien und Irland schon in einer auf vorgeschichtliche Zeit zurückgehenden Seeverbindung mit allen Möglichkeiten eines kulturellen Dialogs gestanden haben, wird die gereizte Vertrautheit Theodulfs zu den aus den Nebeln des nördlichen Atlantik bedeutungsvoll aufgetauchten Partnern verständlicher. In einer Versfolge auf Karls Tafelrunde weichen seine sonst betont lehrhaften Dichtungen vom ernsten Inhalt ab, offenbar nur zu dem Zweck, mit seinem ungeliebten irischen Tischgenossen spöttisch ins Gericht zu gehen. Während er allen Teilnehmern der Runde die edelsten Eigenschaften bescheinigt und sie als weise und hochherzig preist, macht er den Skoten unter ihnen auf gallige Weise lächerlich. Einen einflußreichen Verbündeten hat er dabei in Einhard, »dem kleinen Haus, in dem ein gewaltiger Geist wohnt«, »der Pfeile spitzt, die auf den Skoten gezielt sind.«

Von sich selbst bekennt Theodulf maliziös: »Eher nährt den Hasen der Hund, nährt Lämmer die Wölfin, ehe der Gote bereit ist, mit dem Skoten Frieden zu schließen.«

In einem lateinischen Wortspiel macht er sich über eine offenkundige irische Schwäche der Aussprache lustig. »Wenn er Ssotus statt Scotus sagt, zeigt sich der Narr, der er ist.« Angefangen von der auf Tischen hereingetragenen Speisenfolge, die mit Brei, Schüsseln voll Käse, gewürztem Gebäck und Kuchen, Früchten, Bier und Wein einen Vorgeschmack auf die haute cuisine der Westfranken von heute gibt, bis zu Aussehen, Herkunft und Temperament der Gäste, stellt Theodulfs gespreizte epische Dichtung Dokumentation und Gesellschaftschronik in einem dar, durchaus geeignet, das Sensationsinteresse seiner Zeit am »social life« der Karolinger zu befriedigen. Ehe er sein arabeskenreiches opus beschließt, holt er noch einmal zum Schlag gegen seinen Skoten aus:

»Aber wenn das geschieht, wenn meine Verse gelesen,
Steht der Skote dabei, rasend in maßloser Wut,
Furchtbar dräuend, ein Feind in Ohnmacht, ein bitteres Verderben,
Giftig zu kämpfen bereit, wild, voll unseligem Drohn,
Wild und beschämt zugleich, ohnmächtig und doch voller Wut auch,
Er, der Frommen Feind, gegen die Guten voll Haß,
Schränkt die Hände im Zorn, verdreht nach oben die Augen,
Hält die Arme schräg vor seine törichte Brust.
Angedonnert, vor Wut sprachlos und atemlos rasend,
Steht er, machtlos an Sinn, Augen, Händen und Fuß,
und mit schnellem Griff bedroht er bald diesen, bald jenen,
Läßt einen Seufzer bald, zornige Worte ergehn,
Wendet dem Lesenden sich, bald zu sich wendet er allen
Edlen, die um ihn stehn, weiß nicht, was erst er beginnt,
Möchte tadeln und steht verstummt in rasender Wut doch:
Fern ist das Können ihm, während das Wollen so nah.
Vieles hat er gelernt, doch weiß er von allem nichts Rechtes,
Was er am wenigsten weiß, glaubt er zu wissen genau;

Hat nicht darum studiert, um als Gelehrter zu gelten,
Nein, um im Wortgefecht Waffen zu halten bereit.
Vieles weißt du und weißt doch nichts, und wüßtest du noch mehr;
Dünkst dich weise und doch wirkst als ein Weiser du nie...«

Der Autor, der als Häftling Ludwigs des Frommen sein Leben misanthropisch im Kloster Angers 821 endete, verschweigt bis zum Schluß, wer sein irischer Prügelknabe ist. Es spricht viel dafür, daß es sich um Josephus Scotus, Freund und Schüler Alkuins und Mitglied der Stamm-Mannschaft an Karls Scola Palatina handelt, zu dessen Intimfeinden bei Hof neben Theodulf auch der Franke Angilbert gehörte. Man braucht nicht lange zu fragen, warum, wenn man weiß, daß dieser Günstling Karls, Abt und Angehöriger der Reichsaristokratie, mit dessen Tochter Bertha ein Liebesverhältnis unterhielt. Da er wie fast alle Mitglieder der Tafelrunde dem geistlichen Stande angehörte, waren die zwei von Angilbert mit der Kaisertochter gezeugten Söhne nach der Auffassung des Josephus »Früchte der Sünde«.

Unbeeinflußt von solchen persönlichen Spannungen scheint es auf Karls Parkett nicht viel anders als in einem literarischen Salon des 18. und 19. Jahrhunderts zugegangen zu sein. Man legte sich klassische »Akademie-Namen« zu – Karl nannte sich König David in Anlehnung an den altbiblischen Herrscher – und man wechselte, wie an den zeitgenössischen Höfen Arabiens, miteinander poetische Epigramme.

Ob dieser elitäre Zirkel vom fernen Wetterleuchten der ersten Wikingereinfälle des 8. Jahrhunderts ernsthaft aufgeschreckt worden ist, scheint im Hinblick auf die gewohnte Friedlosigkeit der Zeit zweifelhaft. Allein die in einem Menschenalter ausgetragenen kriegerischen Unternehmungen, wie sie Karl gegen die Langobarden, Araber, Sachsen und Awaren bestand, hatten eher eine Stimmung eingeübter Gelassenheit aufkommen lassen.

So konnte sich in dieser Zeit und an diesem Ort ungestört der Humus für jenes kunstgeschichtliche Phänomen bilden, das als »karolingische Renaissance« wegweisend für die Kultur des Mittelalters wurde. Sie sah in der Wiederbelebung der Antike und der bewußten Anknüpfung an römische Traditionen ihr Ziel. Wesentliche Voraussetzungen dazu, auch wenn sie in diesem Zusammenhang damals schon nicht mehr genannt wurden, haben Iren geschaffen, indem sie das klassische Bildungsgut aus den Strudeln der Völkerwanderung ans sichere Ufer ihrer abgelegenen Insel brachten und es für Europa und die Welt bewahrten.

Die Wikingernot

Irland, das verlorene Paradies; Donatus von Fiesole

So lange wurde die Landnahme der Wikinger auf den entfernten Inseln im Nordmeer, auf Island, den Färöer-, den Shetland- und Orkney-Inseln, den Hebriden, in Nordschottland und auf der Isle of Man, schließlich in Irland und jenseits davon bis an die Küsten Nordamerikas nicht als Bedrohung auf dem europäischen Festland verstanden, bis vereinzelte Raubzüge in die Klöster Lindisfarne, Jarrow, das Domizil Bedas, und Iona Brandsignale für ihre raumgreifenden Fernunternehmen aussandten. Der erste Probelauf auf die Zellen christlicher Zivilisation richtete sich am 8. Juni 793 gegen Lindisfarne vor der Küste Northumberlands. Klöster spielten für die Wikinger etwa die gleiche Rolle wie in unserer Zeit Banktresore für modernes Gangstertum. Alkuin, selbst Northumbrier, zeigte sich von der Nachricht, die er am Hof Karls erhielt, erschüttert:

»Seht, es sind nun beinahe 350 Jahre her«, schrieb er an den northumbrischen König Ethelred, »seitdem wir und unsere Vorfahren dieses liebliche Land bewohnen, und nie zuvor ist ein solcher Schrecken über Britannien hereingebrochen, wie wir ihn nun von einem Heidenvolk zu erleiden haben. Und nie zuvor hat man gedacht, daß ein solcher Einfall von der See her geschehen könnte. Und ach, die Kirche des heiligen Cuthbert ist mit dem Blut der Priester Gottes bespritzt und all ihres Schmuckes beraubt, und dieser Ort, verehrungswürdig wie kein anderer in Britannien, ist die Beute der Heidenvölker geworden.«

Zwei Jahre später, 795, machten die Wikinger ihre flachgehenden Langboote vor Iona fest, das nach allen Seiten zum Meer hin offen liegt. Sie brannten die Kirchen der kleinen Klostergemeinschaft nieder und plünderten die Schreine und das Gold von den Altären. Entschlossen, sich für ihre Besiedelungsaktionen eine solide finanzielle Grundlage zu schaffen, kamen sie in den Jahren 801 und 806 zurück. Dabei fielen ihrer Raserei nicht weniger als 68 Mönche zum Opfer.

Was eine angelsächsische Chronik von dem ersten Überfall auf Lindisfarne, den die Nordleute im frühen 9. Jahrhundert mehrfach wiederholten, berichtet, trifft mehr oder weniger auf alle Brandschatzungen in jener Zeit zu:

»Im gleichen Jahr kamen die Heiden aus den nördlichen Breiten mit einer Seemacht nach Britannien, wie stechende Hornissen, und sie verstreuten sich wie scheue Wölfe nach allen Richtungen hin, raubten, verwundeten und

41 *Seite aus dem »Book of Kells« (9. Jh.), einem heute im Trinity College in Dublin befindlichen Evangeliar. Es wurde im Scriptorium von Iona begonnen, vor den Wikingern nach Kells in Sicherheit gebracht und dort vollendet.*

metzelten nicht nur Tragtiere, Schafe und Rinder nieder, sondern auch Priester und Diakone und ganze Gruppen von Mönchen und Nonnen. Und sie kamen zur Kirche von Lindisfarne, richteten allenthalben durch brutales Plündern schwere Schäden an, zertrampelten und entweihten mit ihren Schritten die heiligen Stätten, stürzten die Altäre um und bemächtigten sich aller Schätze der heiligen Kirche. Sie töteten auch manchen der Brüder, schleppten einige in Fesseln mit sich fort, trieben viele von dannen, ihrer Kleider entblößt, und überschütteten sie mit beißendem Spott. Manch einen ertränkten sie im Meer.«

Die ersten Piraten, die sich an den Klosterschätzen vergriffen, waren Norweger, die sich in kurzen Zeitabständen rund um die Küsten Irlands der schutzlosen Mönchssiedlungen bemächtigten. Sie kamen aus den Fjorden Westnorwegens, segelten nach den Shetlands, südlich weiter zu den Orkneys und entlang der Atlantikküste von Schottland nach Irland. Kein Wunder, daß die Mönche ihre Glockentürme befestigten, Spähposten und Fluchtbunker ausbauten und damit der Insel die berühmten Round Towers, einen gleichsam sakralen Belfried, unverwechselbares Element der insularen Verteidigungsarchitektur, hinterlassen haben. In einem dieser Rundtürme entstand als poetischer Seufzer einer angstgequälten Seele der folgende Vierzeiler:

»Der Wind ist rauh heute Nacht,
er schüttelt den weißgeschäumten Ozean,
ich brauche die grimmen Wikinger nicht zu fürchten,
die über die Irische See kommen.«

Fast parallel zu dieser einleitenden Serie gnadenloser Klosterattacken vollzog sich auf dem Festland die erste Winkingerlandung schon 799 in Aquitanien. Spätestens dadurch müssen auch dem letzten intellektuellen Ästheten in Karls und seiner Nachfolger Hofrunde das Konzept und die unmittelbare Gefahr einer neuen Machtverschiebung in Umrissen erkennbar geworden sein. Karl, der Pragmatiker mit dem Instinkt für weitgreifende politische Verändeurngen, hatte als Präventivmaßnahme schon um 800 an den nordwestlichen Grenzen seines Reiches befestigte Stützpunkte angelegt. Bei seinem Tode 814 mag er geahnt haben, daß es sich bei dem Wikingerproblem um eine Hydra mit vielen Köpfen handelte. Sein Sohn und seine Enkel waren weniger glücklich als weiland Herakles, der dieses Ungeheuer auf einen Schlag überwältigen konnte. Nachdem England von 835 bis 896 ständigen Angriffen ausgesetzt gewesen war, die in Mittelengland, Ostanglien und Northumbrien mit dänischer Besiedelung endeten, zogen Wikingerscharen nach der Brandschatzung norddeutscher Städte 882 von der niederländischen Küste her

42 *Kloster Kells, County Meath (6. Jh.), Gründung von St. Columbkille. Auf dem Bild der 33 m hohe Rundturm und das älteste und größte der fünf Hochkreuze aus dem 10. Jh.*

plündernd den Rhein hinauf. Auch über die anderen großen Flußläufe Seine, Garonne, Loire, Rhône und Maas, drangen sie tief ins Frankenreich ein und standen schließlich 885/86 vor Paris. Fast kein Kloster, in dem nicht vor dem Anlanden der normannischen Raubfahrer die Sturmglocke geläutet wurde, eine Drangsal, die in der mönchischen Dichtung dieser Zeit ihren Nieder-

43 *St. Maklow (Malo), irischer Heiliger und Schüler von St. Brendan, gehörte zu den sieben Gründerheiligen der Bretagne.*

schlag gefunden hat. Der Mönch und Diakon Abbo in St. Germain des Prés beschreibt als Zeuge in seinem Gedicht »Die Normannen vor Paris«, wenn auch auf etwas manirierte Weise, die erfolglos abgebrochene Winterbelagerung der Stadt. Sie wurde als Wunder ausgelegt, vergleichbar der glücklichen Fügung, die von der heiligen Genoveva bei der Hunnennot bewirkt wurde. Doch hielt es das »große Heer« der dänischen Wikinger nicht auf. Etwa hundert Jahre nach Karls Tod waren die Nordmänner unbestritten auch rechtlich die Herren über das Gebiet der Seinemündung (911) und die Halbinsel Cotentin (933), das Ganze fortan Normandie genannt, in der Staatsform eines Herzogtums.

Später rollten sie den Süden Europas – Sizilien 1060 – auf und rissen sechs Jahre danach die Herrschaft über England an sich.

Von Nordeuropa aus waren andere norwegische Wikinger als Händler und Kaufleute den großen Strömen Rußlands, Wolga und Don, gefolgt und über

Nowgorod (800) wolgaabwärts in die Ukraine (Kiew 864), von dort zum Kaspischen Meer und bis zum fernen Byzanz (Waräger, Ende des 10. Jahrhunderts) vorgestoßen.

Im Jahre 837 erschienen die Wikinger in Irland mit sechzig Schiffen an der Boyne-Mündung, mit weiteren sechzig auf dem Liffey-Fluß. Von hier aus begannen sie eine systematische Plünderung aller erreichbaren Inlandklöster. In kriegerischen Auseinandersetzungen mit den örtlichen Königtümern richteten sie sich zum Bleiben und auf eine planmäßige Besiedelung ein. Der ganze Südosten Irlands in dem Dreieck zwischen Dublin, Limerick und Waterford wurde Wikingerland.

In dieser Epoche wechselten nicht nur Kirchenschätze und kostbare Manuskripte den Besitzer. Manche Stücke wie der »Codex Aureus«, ein im 8. Jahrhundert in England entstandenes und von Wikingerräubern verschlepptes Evangeliar, gelangte erst durch Rückkauf wieder in heimische Bibliotheken, wie der dieser Handschrift beigefügte Randtext beweist: »In nomine domini nostri Jesu Christi. Ich, Graf Alfred und Werberga, mein Weib, haben dieses Buch von einem heidnischen Heerhaufen erworben mit unserem eigenen Geld, das heißt, mit reinem Gold. Dieses haben wir getan, um der Liebe Gottes und unseres Seelenheiles willen, und weil wir nicht wollten, daß dieses heilige Buch noch länger in den Händen der Heiden bleibe. Und nun ist unser Wunsch, es der Christ Church (Canterbury) zu schenken, zum Lob und Ruhm und zur Verehrung Gottes und als ein Dankopfer für seine Passion und für den Gebrauch der gläubigen Gemeinde, die Gott täglich Lob preist in Christ Church.«

Eines der spannenden Kapitel der Kunstkriminalität ist in der Wikingerzeit geschrieben worden, als die Raubritter des Meeres sich mit den Schätzen einer vom keltischen Ingenium geprägten Handwerkerkunst beluden und sie in entlegenen Depots in Sicherheit brachten. So fand man vor noch nicht langer Zeit auf dem kleinen, den Shetlandinseln westlich vorgelagerten Eiland St. Ninian in den Ruinen einer Kirche Gefäße, Broschen, Schwertgarnituren und kirchliche Geräte, alles aufgrund seines Dekorums eindeutig als Beutegut aus Irland identifiziert, in Helgö nahe Birka (Schweden) das Kopfstück eines bischöflichen Krummstabes und in skandinavischen Wikingergräbern ungezählte Objekte, die eigentlich in irischen Museen stehen müßten, um von dem hohen Grad damaliger Kunstfertigkeit bei der Bearbeitung von Metallen zu zeugen.

Seit prähistorischer Zeit von fremden Eindringlingen verschont, war Hibernia bis Ende des 8. bzw. Anfang des 9. Jahrhunderts, als die Nordmänner es bestürmten, eine geschlossene Gesellschaft im sicheren Schutz des Meeres, in mehr als drei Jahrhunderten tief vom Geist des Christentums durchdrungen. Anders als im ewig unruhigen Spannungsfeld Europas, wo Religion und

Politik oft ein Zweckbündnis eingehen mußten, bestand hier der Glaube für sich selbst, eine von der materiellen Welt unabhängige Kraft, in der das Leben als Ganzes und der einzelne für sich aufging. Erst die feindliche Belagerung deckte auch die Schwachpunkte dieses Zustandes auf. Gelähmt von dem anfänglichen Terror der Normannen, verlor die Kirche zunehmend an Stärke und Selbstbehauptungswillen. Alarmiert durch sich mehrende Anzeichen einer mehr routinierten als kämpferischen Glaubenspraxis, formierten sich die »Celi Dei«, die Diener Gottes, im Volksmund die »culdees« genannt. Die Culdean-Bewegung predigte die Rückkehr zu den frühchristlichen Idealen der rigorosen Selbstkasteiung, wie sie St. Maelrain, der Klostergründer von Tallaght, unweit Dublin, von seinen Anhängern verlangt und in seinen Bußvorschriften festgelegt hatte. Sein prominentester Schüler wurde St. Oengus, der, »um gegen Satan gefeit zu sein«, in dem nach ihm benannte Kloster »Disert Oengus« das Wüstenmönchtum mit allen Erscheinungen des ägyptischen Anachoretentums wieder zum Leben zu erwecken trachtete. Nicht nur, daß er sich durch niedrigste Arbeiten körperlich entstellte und infolgedessen mehr einem Monster als einem Menschen glich, auch seine religiösen Übungen, die er, teils im kalten Wasser stehend, oder mit einem Strick um den Hals an einen Pfosten gebunden, verrichtete, waren Teil einer Kampagne zur Wiederherstellung eines reinen, aufopfernden christlichen Bewußtseins. Anknüpfungen an Simeon, den Styliten, sind unverkennbar.

Vom Festland her gesehen änderte sich an dem zu einem Schemen verzerrten Bild Irlands auf dem Hintergrund des Vordringens der Wikinger wenig. Wie immer bei historischen Umwälzungen, die zunächst die Lebensverhältnisse ihrer Zeit von Grund auf chaotisch aufwühlen, bildete sich Neues, während das Bestehende in veränderter Gestalt wieder an die Oberfläche trat. Nicht alles war auf Dauer leblos geworden, was im ersten Augenblick, als die Wikinger wie Marsmenschen in die friedliche Inselsphäre eindrangen, zu erstarren schien. Es gibt einen stummen, gleichwohl beredten Zeugen für die Schockwirkung ihrer Ankunft. Im keltischen Inselkloster Iona unterbrachen die Mönche ihre Arbeit im Scriptorium an dem als »Book of Kells« berühmt gewordenen Manuskript, das nach Irland gerettet und in dem gleichfalls von St. Columbkille gegründeten Kloster Kells (County Meath) vollendet wurde. Ungezählte Handschriften wurden in der Wikingerzeit vernichtet. Andere von gleich unersetzlichem Wert blieben dadurch erhalten, daß die fliehenden Mönche sie in ihrem Handgepäck zum Kontinent mitbrachten, darunter viele lateinische Texte mit Kommentaren in irischer Schriftsprache.

Die Architektur auf der Insel machte im 9. Jahrhundert den entscheidenden Schritt von der Holz- zur Steinbauweise. Daneben entstanden die an Ausdruckskraft nicht mehr übertroffenen Hochkreuze von Monasterboice und Clonmacnois. Sie übernahmen im Austausch mit Elementen der Karolingerkunst neue, gleichsam expressionistische Stilmittel, um ihre transzendente Vorstellungswelt sichtbar zu machen.

Der Ire Donatus, in der Zeit von 829 bis 876 Bischof von Fiesole bei Florenz hatte noch die Insel in ihrer unversehrten Vergangenheit vor Augen, als er sie in lateinischen Versen unter dem Eindruck der Wikingerinvasion zum verlorenen Paradies verklärte:

»Der edelste Teil der Erde ist die ferne westliche Welt,
deren Namen in alten Büchern Scottia heißt,
Reich an Gütern, Silber, Juwelen, Tuch und Gold,
dem Leibe bekömmlich, von der Luft her wie von der milden Erde,
Von Honig und Milch fließen Irlands liebliche Ebenen über,
an Seide und Waffen, an Kunst und Menschen, von Früchten voll,
Wert sind die Iren, zu wohnen in diesem ihrem Land,
Eine Menschenrasse, berühmt im Krieg, im Frieden und im Glauben.«

War für Donatus aus der Sicht seiner toskanischen Diözese Irland durch die Wikinger mit einem Makel befleckt, finden seine Landsleute heute den Gedanken einer blutmäßigen Querverbindung zu den Nordmännern interessant. Es gibt Bemühungen auf Klubbasis, sich anhand seines Namens dafür einen Nachweis zu verschaffen. Erwiesenermaßen ist es seit 1199, als mit der anglonormannischen Invasion in Irland die lange Geschichte der irisch-englischen Entfremdung begann, bei den Iren üblich, sich mit der Vorsilbe »Fitz« – (Sohn des...) zu seines Vaters Namen als ein Sproß aus normannischer Wurzel zu kennzeichnen. Offenbar entzündet dies einen edlen Wettstreit in der eigenen Brust, ob dem Ausgriff in geographische Ferne oder in geistige Dimensionen die größere Ehre zukomme.

Kein Zufall, daß im Jahre 1928 an der ersten von dem Deutschen Baron von Hünefeld und Flugkapitän Kohl, mit dem kleinen einmotorigen Propellerflugzeug »Bremen« unternommenen Atlantiküberquerung auch ein irischer Kommandant namens Fitzmaurice teilnahm. Unwillkürlich weckt sein Name im Zusammenhang mit diesem wenn auch friedlichen Vorstoß ins Unbekannte Erinnerungen an den großen Wikingeraufbruch vor mehr als 1000 Jahren.

Donatus, zusammen mit seinem gleichfalls irischen Priester Andreas in Fiesole als Heiliger verehrt, hat mit den nostalgischen Seufzern, die sein lateinisches Manuskript der Beschreibung Irlands durchwehen, der Verherrlichung der Insula Sanctorum im Mittelalter neuen Auftrieb gegeben. Daneben hinterließ er eine metrische Biographie der heiligen Brigida von Kildare, die, zusammen mit der von ihm gegründeten Brigidenkirche in Piacenza, den Kult dieser Heiligen in Italien heimisch machte. Aus seinem Briefwechsel mit

Dungal geht hervor, daß er an der Entwicklung der Rechtsschule von Pavia zur Universität entscheidenden Anteil hatte.

Von vielen seiner poetischen Kompositionen, die erhalten und zum Teil ins Irische übertragen sind, läßt sich das Bild eines gelehrten Mannes ex gente Scottorum fast lückenlos wieder zusammensetzen. Was von seiner Körperlichkeit übrigblieb, verteilt sich auf die Kathedrale und die Kirche San Domenico in Fiesole, wo sein Haupt in einer vergoldeten Büste verwahrt wird.

Orden der Wandermönche – Doctissimi Magistri aus Irland

Vagabunden und gelehrte Vaganten

Noch zu Lebzeiten des Donatus von Fiesole machten sich für die klassische Mönchswanderung ernsthaftere Behinderungen als die durch Wikinger verursachte Unsicherheit auf den Seewegen und in den Flußmündungen bemerkbar, nämlich Konzilsbeschlüsse und Kapitularien. Mit ihren strengen Verordnungen hatten sie die Säuberung des monastischen Lebens zum Ziel. Jeder dachte dabei natürlich sofort an die Iren, ohne sich klar zu machen, daß Bonifatius auch seine Angelsachsen scharf ins Auge gefaßt hatte, als er Frauen und Nonnen die Pilgerfahrt nach Rom mit dem unmißverständlichen Zusatz untersagte: »Fast keine Stadt im Frankenreich oder in Italien, wo es nicht eine englische Hure oder Ehebrecherin gibt.«

An die mehrmaligen und nie sehr erfolgreichen Versuche, die individuellen Austriebe des Mönchswesens zu beschneiden, knüpfte der Abt Benedikt von Aniane an, bestrebt, der Regel seines geheiligten Vorbildes Benedict von Nursia, des Mönchsvaters von Monte Cassino, wieder volle Geltung zu verschaffen.

Zur rechten Zeit, um die in der Reform angesprochenen Mißstände in einer für alle verständlichen volkstümlichen Weise zu illustrieren, erschien, gleichsam als Vorlage für ein mittelalterliches Possenspiel, der Text eines anonymen Verfassers. Er setzte sich dramatisch mit dem »Gyrovagen«-wesen auseinander:

»Diese Vagabunden«, so führt er aus, »rechnen mit der Gastfreundschaft, die der Apostel vorgeschrieben hat, und auf das Vergnügen ihrer unerwarteten Ankunft, mit der sie jede Art von exquisiten Tafelgenüssen hervorlokken. Viele Hühner geben ihren Geist unter dem Messer auf. Ihre Füße sind müde von der Härte des Weges und sie würden sie gerne baden; aber eher lassen sie sich ihr Inneres mit dem immer gefüllten Becher durchnässen. Und wenn die Tafel von dem hungrigen Gast abgeräumt ist, der letzte Krümel hinweggefegt, bestehen sie schamlos auf ihrem großen Durst. Sollte kein Becher greifbar sein, bieten sie ihre gebrauchten Teller dar. Sind sie vollgestopft und aufgedunsen bis an den Rand des Erbrechens, bemerken sie beiläufig, daß sie ein hartes Leben hätten. Bevor sie zu Bett gehen, erschöpft mehr durch ihre Arbeit bei Tisch als durch ihre Reise, schildern sie die Mühen ihres Weges, womit sie sich noch weitere Becher von ihrem Gastgeber erschleichen. Eine Pilgerreise sollten wir das nennen? Bald erkundigen sie sich nach

44 *St. Tugdual (6. Jh.), einer der sieben Gründerheiligen der Bretagne.*

ihrer Umgebung und etwa benachbarten Mönchen und Klöstern. Sie gehen, ermüdet, Männer, denen die Welt verschlossen ist, die nirgendwo einen Platz zum Ausruhen haben oder zur Erfrischung ihrer Seele, nirgendwo eine vollständige Beachtung der Regel der Gastlichkeit finden. Tun sie nicht gut daran zu wandern? Wo immer sie gehen, des Reisenden Durst verlangt Becher um Becher, Pilger mehr für ihres Magens als für ihrer Seele Heil. Zwei Tage vergehen. Der Vorrat an Speisen schrumpft. Am Morgen des dritten Tages begibt sich unser Gastgeber nicht sogleich in die Küche, sondern zu den gewöhnlichen Verrichtungen des Tages. Unser Freund beginnt über einen anderen Besuch nachzudenken. Plötzlich bricht er auf, als würde er von hinten angetrieben. Schon erscheint ihm eine frische Mahlzeit am Horizont. Nicht weit von diesem Kloster findet er ein anderes. Er hält an für eine kleine Ruhepause. Siehe da, nun kommt er von der italienischen Grenze, und eine gute neue Erzählung über seine Pilgerfahrt oder seine Gefangenschaft ist fällig. Er betritt das Haus mit demütig geneigtem Haupt und lügt gewaltig, bis alle Vorräte des Hauses in den Topf gegangen und auf den Tisch gekommen sind. In zwei oder drei Tagen wird der Wohltäter ein gut abgenagter Knochen sein. Drei Tage und er selbst und sein Kloster, seine Gewohnheiten und seine Regeln werden als lästig empfunden, die Tornister, voll mit trockenem Brot, wieder festgeschnallt. Und dann zu dem unglücklichen Esel auf einer mageren Weide, mit der er zufrieden gewesen wäre, hätten nicht zwei Tage Gastfreundschaft seinem Meister mißfallen. Wieder einmal wird er mit Tuniken und Kapuzen beladen, denn du kannst immer deinen Gastgeber entblößen, wenn du erklärst, du hättest nur Lumpen, um dich zuzudecken. Leb wohl, sagst du zu deinem Gastgeber, und fort, wo andere Schmausereien winken.

Geschlagen, gepufft, gestoßen, quält sich der Esel dahin, und dann steht er plötzlich still. Seine Ohren sind ausgetreten. Bemühungen auf seiner Hinterseite sind umsonst. Gestoßen und gezogen, bewegt er sich schließlich etwas voran. Man muß zur Essenszeit da sein. Angekommen, hört man eine herzhafte Stimme rufen: ›Benedicite!‹ Und kaum im Klosterhof, welch' ein Durst! Sie gehen zu Bett, für sie immer ein fremdes Bett. Am Morgen sind ihre Knochen ermüdet von den Plagen des Marsches, sie können sich kaum erheben, obwohl sie die Nacht zuvor bei Tisch herzhaft zugelangt haben. Ist die Frühmette vorbei, stehen sie auf, murrend und erschöpft. Ein bißchen Wein wärmt sie, und nur eben ein Bissen Brot, danke. Sie trotten durch das Kloster, gebeugt von ihrer Unentschlossenheit, obwohl sich ihr Schritt außerhalb der Sichtweite wunderbar belebt. Tag für Tag wandernd, bettelnd, schwitzend und wimmernd, gehen sie eher fort als daß sie an einem Ort bleiben, ergeben bei ihrer Ankunft, arrogant und ungnädig bei ihrem Aufbruch, als gäbe es kein Kloster mit einer Moral oder Disziplin, die heilig genug für sie wäre. Immer umherwandernd, wissen sie nicht, wann die letzte Müdigkeit sie überkommen wird, noch wissen sie, welchen Platz man ihnen für ihr Begräbnis überläßt.«

Dieses nach Form und Inhalt einzigartige Pamphlet gegen die Pilgermönche, einer vom Volk für unfehlbar gehaltenen Kaste der Geistlichkeit, nimmt ein Übel aufs Korn, das so alt ist wie der Stand des monachos selbst. Doch erst die anglo-fränkische Kirche hatte sich daran gewöhnt, den Begriff des zigeunernden Kuttenträgers mit Vorliebe auf die Hiberni zu übertragen. Schließlich waren sie es, die seit jeher das Wandermönchtum als den wichtigsten Teil ihrer christlichen Lebenserfüllung betrachtet hatten.

Womit die irischen sacerdotes bei den Merowingern kaum Anstoß erregt hatten, und, wie das Beispiel Dungals und Clemens auf dem fränkischen Markt zeigt, auch Karl den Großen eher positiv beeindruckten, stieß bei Ludwig dem Frommen auf frostige Zurückhaltung. Benedikt von Aniane (750–821) gebürtiger Westgote, ein Grafensohn namens Witiza, der in Süd-

45 *Groß St. Martin in Köln, um 950 errichtet. Im ersten Jahrhundert ihres Bestehens lag die Leitung der Abtei in den Händen iro-schottischer Mönche, die zeitweise auch in St. Pantaleon Einfluß hatten. In den späten fünfziger Jahren des 11. Jahrhunderts hielt sich Marianus Scotus, Verfasser der Weltchronik, in St. Martin auf. Die südlich der Abtei gelegene Annexkirche St. Brigida, 1172 erstmals erwähnt, war der irischen Klostergründerin St. Brigid von Kildare geweiht und wurde im Laufe der Säkularisation 1805 abgerissen.*

frankreich das nach ihm benannte Kloster gegründet und in jahrelanger Abgeschlossenheit die Erneuerung der benediktinischen Regel als seine Lebensaufgabe erkannt hatte, konnte auf volle kaiserliche Unterstützung rechnen. Ludwig, im Vergleich zu seinem vitalen Vater ein etwas blasser Eiferer, ernannte ihn zum Generalabt und ermächtigte ihn damit, seine Reform auf Reichsebene einheitlich durchzusetzen.

Benedikt verlangte von einem Mönch, sich nicht ohne schriftliche Erlaubnis des Abtes von seinem Kloster zu entfernen, und entsprechend von einem Abt, keinen Mönch ohne Vorzeigen einer solchen Bescheinigung aufzunehmen. Er griff damit die bei den ersten Benediktinern voll angewendeten, aber später durch das offenbar verbreitete Pilgerunwesen in ihrem kategorischen Anspruch immer mehr aufgeweichten Ordnungsbestimmungen in entwickelter Form wieder auf.

Seine in der Musterabtei Inda (Kornelimünster) verfaßten, auf der Aachener Synode von 817 verkündeten Gesetze zur Klosterreform sind praktische Ergänzungen zur Regula Benedicti und Teil einer heute in Wolfenbüttel verwahrten Sammelhandschrift auf Pergament.

Darüber hinaus suchte er Ludwig von der Notwendigkeit zu überzeugen, selbst die Kleriker an seinem Hof nicht beliebig umherreisen zu lassen und jene zurück zu beordern, die sich in Italien, dem »Paradies der freien Seelen«, aufhielten.

Wer die unangepaßte Lebensweise mancher irischer Intellektueller von heute kennt, die gerne an der gängigen Gesellschaftsnorm vorbeileben, wird zwischen ihnen und den Gyrovagen von damals kaum einen Unterschied sehen. Es liegt auf der Hand, daß inquisitorische Erlasse, seien sie nun vom Herrscher oder von der Kirche ausgegangen, ihrer keltischen Eigenart nicht zugänglich waren.

Schon eine Generation nach Ludwig dem Frommen und Benedikt von Aniane hatte sich die Situation wieder zugunsten der Iren verändert. Wohl unter dem Eindruck der normannischen Expansion, der die Bevölkerung wegen des weitverzweigten und gut zu befahrenden Flüssesystems keinen ernsthaften Widerstand entgegensetzen konnte, kam eine neue Emigrationswelle aus Irland in Gang, deren Dynamik vor allem die geistige Führungsschicht erfaßte. Angefeuert durch die hochherzige Einladung aus dem Frankenreich, verließen so viele Skoti ihre Heimat, daß man auf dem Kontinent neue Herbergen und Klöster für sie errichten mußte. Karl der Kahle, von vergleichbarer Aufgeschlossenheit wie sein Großvater Karl, sicherte sich den prominentesten und zugleich originellsten Denker, den Irland im 9. Jahrhundert hervorgebracht hat, Johannes Scotus oder, gebräuchlicher, Eriugena, was dasselbe, nämlich der »Ire« heißt. Er setzte ihn als Leiter seiner Palastschule in Laon ein.

Um 845, vier Jahre nachdem die Nordmänner mit ihrer Handelsniederlassung auf dem rechten Liffeyufer den Grundstein zur Entwicklung Dublins als Metropole des Landes gelegt hatten, war Johannes Eriugena zu seiner Reise ohne Wiederkehr aufgebrochen. Er verließ seine Heimat mit geringer Habe, aber umso größerer Wissensfracht. Mit ihm, so der Abt Heric von Auxerre, kam eine »Herde von Philosophen aufs Festland«, und in leichter Übertreibung fährt er fort: »Ganz Hibernia kam.«

Unter denen, die dem Aufruf Karls des Kahlen gefolgt waren, nahm Johannes Eriugena eine hervorragende Stellung ein. Unbestritten war er der führende Kopf unter den Emigranten dieser Epoche. Fast zwanzig Jahre hat er sich des Wohlwollens des Herrschers, den er schon kurz nach seiner Ankunft ergeben mit »Cäsar« anredete, bis zu dessen Tode 877 uneingeschränkt erfreut. Offenbar gleich danach nahm er Abschied vom Frankenreich und begab sich nach Britannien.

Mit seinen umfassenden Sprachkenntnissen, Griechisch eingeschlossen, und seiner Kenntnis der Schriftarten des Altertums und des Mittelalters, hatte er Karls Palast zum Mittelpunkt europäischer Bildung gemacht, zu dem, wie Heric es ausdrückte, »ganz Griechenland bewundernd aufschaute«.

Eriugena war der erste, der die Manuskripte des Pseudo-Dionysios Areopagita aus dem Griechischen ins Lateinische übertrug. Und zwar so exakt und elegant, daß der als »Bibliothekar« gerühmte Kardinal Anastasius (855 sogar Gegenpapst) dem Frankenkönig seine Bewunderung dafür ausdrückte. Er zeigte sich umso überraschter, als dieser »Barbare, geboren an den fernen Enden der Welt«, die Feinheiten der griechischen Sprache vollendet beherrschte.

Die Schriften waren ein Geschenk des 812 abgesetzten byzantinischen Kaisers Michael I. Rangabe (811 bis 813) an Ludwig den Frommen, Sohn und Nachfolger Karls des Großen. Michael hatte im Jahre 812, zwei Jahre vor Karls Tod, selbst noch als amtierender Kaiser von Byzanz eine Hofdelegation nach Aachen entsandt und dort im Dom mit Karl einen Staatsvertrag von epochemachender Tragweite geschlossen: Byzanz erkannte Zug um Zug gegen die Herausgabe der fränkischen Faustpfänder aus dem Awarenkrieg, Istrien, Dalmatien und Venedig, das fränkische Kaisertum der Karolinger an.

Die historische Folge war, daß hinfort de jure zwei selbständige Kaiserreiche nebeneinander auf dem Boden des alten römischen Imperiums existierten. Damit erreichte Karl, was er in zähen pfleglichen Verhandlungen mit Michaels Amtsvorgänger, Kaiser Nikephoros I. (802 bis 811), immer wieder erfolglos erstrebt hatte: die völkerrechtliche Legitimation seines im Jahre 800 unter Mitwirkung des römischen Papstes Leo III. handstreichartig usurpierten Kaisertums.

Fünfzehn Jahre später, 827, überbrachte eine zweite byzantinische Gesandtschaft, die nun mit neuen politischen Aufträgen vom Amtsnachfolger Michaels, Kaiser Leon V. (813 bis 820) in Aachen erschien, im Namen des inzwischen als Mönch lebenden Exkaisers Michael in Erinnerung an das bedeutende Vertragswerk von 812 und gleichsam zu dessen Besiegelung das griechische Manuskript der Werke des Pseudo-Dionysios Areopagita.

Johannes Eriugena, auf keltische Weise unpolitisch, schaffte durch sein auf dem Erkenntnisfundament des Pseudo-Dionysios neu errichtetes Denkgebäude ein Politikum ersten Ranges. Er faßte darin, gleichsam außerhalb der Philosophie des Mittelalters, Gedanken der neuplatonischen Emanationslehre unter dem Titel »De divisione naturae« in fünf Büchern zusammen. Im Jahre 866 geschrieben, blieb es unter anderen philosophischen Abhandlungen und Kommentaren aus seiner Feder sein wichtigstes und zugleich folgenreichstes Werk. Er entwickelte darin mit bemerkenswerter Kühnheit ein System, wonach die Ideen als geschaffene und schaffende Natur, aus Gott, der ungeschaffenen und schaffenden Natur, hervorgehen, daraus wiederum die Sinnenwelt als geschaffene und nichtschaffende Natur, die wieder zu Gott, dem Endziel der weder geschaffenen noch schaffenden Natur zurückkehrt.

Wissend, daß ihm die Kirche auf diesem Weg nicht folgen würde, ließ er sich eher als Pantheist verdächtigen, als die Brücken zwischen »negativer und positiver Theologie« zum Schein wieder herzustellen. Eher ein Agnostiker, der zugeben muß, daß er von Gott nichts wissen kann und die Behauptung seines Daseins daher unentschieden lassen muß, bleibt er, ganz im modernen Sinne, gleichwohl Christ.

Die Lehre von der Entbildung und vom unmittelbaren Einswerden mit Gott, die im Abendland erst nach seiner Übersetzung der dionysischen Schriften auftauchte, hat ununterbrochen durch die Jahrhunderte im Kreislauf des christlichen Denkens Unruhe, Skepsis und Zweifel freigesetzt, angefangen bei dem Augustinerorden zur Blütezeit der Mönche von St. Viktor über Meister Eckehart, den wortgewaltigen Dominikaner, bis zu Luther und der Reformation. Johannes Eriugena wurde von seinem Freund, dem Bischof Hinkmar von Reims, beauftragt, in die Kontroverse über die Prädestinationslehre des Sachsen Gottschalk einzugreifen. Dieser unglückliche Sproß eines Rittergeschlechtes, der aus seiner klösterlichen Erziehung in Fulda ausbrach und sich später wieder freiwillig in den Zwang des monastischen Gemeinschaftslebens einfügte, hatte aus den Gedanken des heiligen Augustinus eine erweiterte und der Kirche höchst unwillkommene Prädestinationslehre abgeleitet. Nicht nur zur Gnade, so verkündete er, sondern auch zur Verdammnis sei der Mensch vorbestimmt. Bezeichnenderweise widerlegte Eriugena Gottschalk nicht in dem von der Kirche erwarteten Sinne, sondern übernahm in seiner Schrift »De divina praedestinatione liber« eher eine Art von Verteidigung für den als »hereticus et incorrigibilis« angeklagten Mönch. Dafür wurde er selbst 855 auf dem Konzil von Valencia und 858 auf dem Konzil von Langres angegriffen und seine Argumentation als »diabolische Eingebungen« und »Altweibergeschwätz« verworfen. Schlimmer erging es seinem Hauptwerk »De divisione naturae«, in dem er die Synthese von Christentum und Neuplatonismus weiterführte. Durch päpstliches Dekret ist es 1685 auf den Index gesetzt worden, nachdem die Universität Paris es bereits 1255 als häretisch verurteilt hatte.

Zu seinen Lebzeiten indes ist der Ire als Literat, Lehrer und Philosoph für seine Gegner unangreifbar gewesen. Nicht nur als Autor einer teilweise verschollenen Sammlung griechisch-lateinischer Gedichte, auch als Übersetzer der Werke des Gregor von Nyssa und des Maximus Confessor ins Lateinische hat er sich einen Namen gemacht. Er gab den entscheidenden Anstoß, daß Griechisch als Umgangssprache bei Hofe Eingang fand, wie überhaupt sein Einfluß ein bis dahin unvorstellbares intellektuelles Klima erzeugte. Soweit er nicht als Ratgeber auch in weltlichen Fragen Karl dem Kahlen zur Verfügung stand und ihm auf seinen verschiedenen Pfalzen Gesellschaft leistete, lehrte er an den Palastschulen von Reims und Laon. Hier, wo seit jeher die Tür für irische Rompilger offenstand, hatte sich um Eriugena ein griechischer Studienkreis gebildet, der vor allem von jenen Iren, die unter dem Eindruck des normannischen Vordringens auf der Heimatinsel nicht von ihrer italienischen Fernwallfahrt zurückkehrten, laufend Nachschub erhielt. Schöngeister und Gelehrte in einem, haben die Hiberni in Laon durch eigene literarische Tätigkeit auf theologischem und allgemein wissenschaftlichem Gebiet das geistige Mittelalter im Westen entscheidend mitgestaltet, darunter der Lehrer Martin (819 bis 875), Bischof Dunchard und Bischof Elias von Angoulême. In Mailand, am Hofe der Fürstin Angilberga, gab es einen von Kaiser Lothar protegierten Kreis hochgebildeter Iren. Für alle doctissimi magistri de Hibernia war Johannes Eriugena der mit Abstand universale Geist ihrer Emigrantengruppe, der »verspätete Schüler Platos, der letzte Vertreter des Griechentums im Westen«. Aus heutiger Sicht könnte man ihn für eine Art geistiger Neugeburt aus Arianismus und Pelagianismus halten. Die Frage, ob Gott durch seinen ewigen Willensratschluß bestimmte Menschen zur ewigen Seligkeit erwählt, andere wegen ihrer vorhergesehenen Sünden zur ewigen Verwerfung vorbestimmt, wie es der von Augustinus aufgestellten Doktrin der Gnadenwahl entspricht, hat neben Plato auch Plotin, Origines, Dionysios und Spinoza, Fichte und Hegel bewegt, und bewegt die Menschen noch immer. Sie läuft letzten Endes auf die Frage hinauas, ob sich der Mensch mehr auf Gott oder seinen freien Willen verlassen soll, oder auf beides.

Eriugena, den seine ideologischen Gegner für rückständig hielten, weil er auf Erkenntnisse vergangener Jahrhunderte zurückgriff, war in Wahrheit, wie die Mehrzahl irischer Denker, eine vom Zeitgeist unabhängige Persönlichkeit und dadurch Teil einer zukunftsbestimmenden dynamischen Kraft. Daß die Kirche nicht in ihrer orthodoxen Lehrmeinung erstarrt, sondern mit den Menschen im lebendigen Dialog geblieben ist, dürfte vor allem den irischen Gelehrten zu danken sein.

Beiden, Eriugena und Gottschalk, war ein bitteres Ende beschieden, vom poetischen Seufzer des Sachsen ahnungsvoll vorweggenommen: »O Gott, wie wird das Ende von mir sein?«

Im Jahre 870 war Gottschalk, weil er nicht widerrufen wollte, ohne den Trost der Sakramente gestorben. Sieben Jahre später verließ Eriugena, vermutlich unter dem Eindruck des mit dem Tode Karls des Kahlen verlorenen Schutzes, das Westfrankenreich. Auf der britischen Insel, wo er im Kloster Malmesbury ein Lehramt übernahm, wurde er von Studenten bei einem Aufruhr getötet. Möglicherweise ist ihm seine furchtlose Stellungnahme gegen das kirchliche Dogma in einer Frage, die uns bis in die Gegenwart hinein bewegt, zum Verhängnis geworden.

Neue Welle irischer Emigranten und Pilger im 9. Jahrhundert

Unterdessen machte sich auch in dem von Skandinaviern in weiten Teilen besetzten Irland der traditionelle keltische Wandertrieb in einem Maße wieder Luft, als wären niemals Einbrüche fremder Völkerschaften vorausgegangen. Auf der britischen Hauptinsel dagegen, wo sich inzwischen König Alfred mit den Dänen die Herrschaft über England teilen mußte, geriet die angelsächsische Missionsbewegung zum Kontinent merklich ins Stocken.

Bei den Iren war es in diesem kritischen Augenblick ihrer nationalen und religiösen Anfälligkeit vielleicht der mehr irrationale Bestandteil ihres Glaubens, welcher sie verstärkt zu den Gräbern ihrer heiligen Vorbilder zog, um dort Kraft und Zuspruch zu finden.

In vielen europäischen Städten, darunter Köln, fanden sich emigrierte Mönche aus Irland zusammen. Einer davon war Priscian, ein Flüchtling, der zu den unmittelbar Betroffenen der ersten Wikingerattacken auf irische Klöster gehörte. Ihn hatten die Brandschatzungen der Klöster Bangor, Clonmacnois und Clonfert so sehr in Panik versetzt, daß er in einer stillen Mondnacht, als die Piraten sich wieder der Küste näherten, mit mehreren Klosterinsassen die Flucht zum Festland wagte. Zunächst in Köln, schrieb Priscian seine Abenteuer nieder, wobei ihn Bischof Gunther, ein Gönner irischer Emigranten, tatkräftig unterstützte, vielleicht sogar sein unvollkommenes Latein korrigiert haben mag.

Die berühmte priscianische Niederschrift von St. Gallen ist dort, wo es um die strenge Klosterzucht geht, mit bemerkenswerten Zynismen durchsetzt. Nach seinem Eingeständnis »Die Liebe dauert nur so lange wie das Eigentum« und der unter beißender Kälte geäußerten Resignation: »O meine Hand, man möge mir verzeihen, was ich heut' geschrieben habe« erscheint die Begeisterung für den geforderten Weltverzicht zumindest nicht mehr einhellig.

In St. Gallen, wo Priscian später Asyl fand, gibt es in der reichhaltigen Klosterbibliothek ein irisches Einzelblatt mit der Darstellung des Evangelisten Matthäus als Schreiber, auf die Zeit um 800 datiert, die älteste dort vorhandene Miniatur dieser Art. Es ist schwer, den mit Heiligenschein und seinem Symbol, dem buchtragenden Engel, als Matthäus gekennzeichneten Evangelisten von dem Vertreter des Berufsstandes der Skriptoren zu unterscheiden, wenn auch der Bibelheilige dem Schreiber deutlich den Vortritt läßt. Obschon die stilistischen Mittel der keltischen Buchmalerei noch keine aufgelockerte Figurenbehandlung zulassen, hat doch der Autor den Eindruck des Ungelenken noch zusätzlich unterstrichen, ein verschlüsseltes Selbstporträt. Auf einem niedrigen Stuhl sitzend, mit der linken Hand ein Federmesser haltend, mit der rechten ein Schreibutensil, das er in ein Tintenhörnchen auf der Lehne taucht, demonstriert er in seiner angestrengten Haltung ein Höchstmaß an Unbequemlichkeit. Unter seinem Stuhl stapeln sich weitere Gegenstände seines Instrumentariums wie Bücherrollen, Pinsel und Ersatzfedern. Alles, was wir heute nüchtern als unzureichende Arbeitsbedingungen bezeichnen würden – Untertemperaturen und blakende Ölfunzeln eingeschlossen – scheint diesem für ein Evangelienbuch bestimmten Deckblatt noch tausend Jahre nach seiner Herstellung vorwurfsvoll zu entströmen.

Im ersten Drittel des 9. Jahrhunderts hatten sich, wie dem karolingischen Klosterplan von St. Gallen zu entnehmen, zumindest die räumlichen Verhältnisse für die Schreiber gebessert: Im Erdgeschoß sieben Sitze entlang den beiden Fensterwänden, in der Mitte ein großer Tisch, im Obergeschoß der Bücherspeicher und alles sowohl untereinander als auch mit der Sakristei des Münsters sinnvoll verbunden. Hier schlug, gleichsam in der lebensspendenden Mitte des ganzen Klosterorganismus aus Kirchen, Schulen, Wohnungen, Werkstätten, Gasthäusern, Herbergen, Gärten, Bädern, Brauereien, Bäckereien, Stallungen, Krankenhaus und Friedhof, das eigentliche Herz der Anlage, infra sedes scribentium. Die Bücher, die teils übersetzt, teils abgeschrieben und illuminiert wurden, waren so kostbar, daß man sie durch Anketten gegen Raub sichern mußte.

Um die Mitte des 9. Jahrhunderts ist St. Gallen, nach der Gründung der Klosterzelle des heiligen Gallus um 612, erstmalig wieder unter direkten irischen Einfluß gekommen.

Die im 11. Jahrhundert entstandene Klosterchronik Ekkehards IV. berichtet von der Ankunft einer irischen Reisegesellschaft, die um 850 mit einem

Bischof Marcus und dessen Neffen Marcellus (Moengal) an der Spitze nach einer Pilgerfahrt von Rom beim Grab des heiligen Gallus eintraf. Wie immer ging den Hiberni der Ruf einer beispielhaften Bildung voraus, so daß der damals amtierende Abt Grimoald den beiden Wallfahrern sein Kloster zum dauernden Aufenthalt anbot. Vor allem von Marcellus erwartete man eine universale Ausweitung des Lehrbetriebes. Tatsächlich hat er dann besonders die Entwicklung der Musik in St. Gallen gefördert.

Die beiden Iren fürchteten den Unmut ihrer verwaisten Gefährten und ließen sich mit der Zusage Zeit. Als sie sich entschieden hatten, unternahm Marcellus, auf Überfälle und Mißhandlungen seiner Landsleute gefaßt, einen massiven Beschwichtigungsversuch. Zur festgesetzten Stunde warf er aus sicherer Entfernung das Geld seines Onkels durch das Fenster auf den Hof, hoffend, die mißtrauische Spannung der Wartenden damit aufzulösen. Gleichzeitig trat Bischof Marcus selbst noch seine Pferde und Maultiere an sie ab. Damit war der gefährliche Augenblick der Krise überstanden. Mit einer Stola bekleidet, erteilte Marcus den nach Irland Heimkehrenden seinen Segen, während auf beiden Seiten Tränen flossen und die Trennung in eine Stimmung der allgemeinen Rührung und des Verzeihens tauchten. Zweifellos eine Szene, die für Ekkehard, den Lehrer, Dichter, Musiker und Bücherschreiber im Rückblick den Reiz des Anekdotischen hatte, nicht ohne eine Prise Dramatik.

Seit dem Erscheinen von Marcus und Marcellus ist St. Gallen zu einem der großen Vermittler irischer Kunst auf dem Kontinent geworden.

Wenn man auch nicht von einem koordinierten Vorgehen sprechen kann, so muß es doch verwundern, daß das Irentum fast gleichzeitig in den Zentren europäischer Macht und Geistigkeit eine neue Wirkungsstätte seiner Gelehrsamkeit fand. So kam mit der durch die Normannen ausgelösten Absatzbewegung irischer Kleriker auch Sedulius Scotus auf den Kontinent. Ihn zog es, anstatt sich der Lobby des karolingischen Kaiserhofes in Aachen anzuschließen, nach Lüttich, dem damals schon mächtigen Mittelpunkt des Maaslandes. Offenbar war ihm an dem Schutz des hiesigen Bischofs Hartgar mehr gelegen als an einer persönlichen Beziehung zur Generation der Kaiserenkel Karls des Großen, was ihn nicht hinderte, den amtierenden Herrscher Karl den Kahlen überschwenglich als »König Salomo« zu preisen. Seit 840 ist er in Lüttich nachweisbar, dem Ort, welchem der Bischof von Tongern, Monulphius, schon im 6. Jahrhundert eine glanzvolle Zukunft vorausgesagt hatte.

Die Beziehungen der Diözese Lüttich zu der Pippiniden-Dynastie aus Herstal, die hier ihren Ursprung hatte und im mittleren Maasland über ausgedehnte Güter und karolingische Königsitze gebot, waren immer eng gewesen, wobei die private Bindung durch die in den Ardennen und Maaswäldern genossenen Jagdfreuden eine besondere Rolle spielten.

Nicht nur Lüttich, sondern der ganze Raum zwischen Maastricht, Köln, Aachen und Trier bildete, nicht zuletzt wegen seiner für Romwallfahrten von den Britischen Inseln vorteilhaften Verkehrslage, in der Pilgerplanung der Iren einen Fixpunkt. In Köln, das nach dem Tode Karls des Großen wieder an politischer Macht gewann und 840 zur Hauptstadt der ausgedehnten, sich über den Niederrhein bis Sachsen erstreckenden Kirchenprovinz wurde, konnten sich auch die weniger ehrenwerten Bußwanderer ausruhen. Dabei haben sie wohl, selbst wenn sie sich zu Gegenleistungen in dem damals schon führenden Kölner Scriptorium verpflichteten, gelegentlich die caritative Bereitwilligkeit der Klöster überfordert.

Sedulius Scotus wußte sich von Anfang an bei seinen Gastgebern wirkungsvoll in Szene zu setzen. Von seinem bischöflichen Gönner wurde er als Magister an der Schule von St. Lambert eingesetzt, ein Amt, das gewissermaßen die Kompetenz eines »Ministers für Volksbildung« im Lütticher Land umfaßte. Gleichwohl blieb seine wirtschaftliche Lage stets hinter seinen Erwartungen zurück. In weitschweifigen, an Bischof Hartgar gerichteten Versen klagt er, der Meister höfischer Poesie, über sein »dunkles Haus, mehr für Maulwürfe als für Philosophen geeignet, ohne Schlüssel, mit Durchzug, der so abscheulich ist wie das Bier.« In der Tat war er »gebildet und arm«, wie ihn eine französische Literaturgeschichte des Mittelalters charakterisiert. »Schmeichler«, weil er Mangel litt, als gelegentlicher Zyniker und pittoresker Dichter auf die künftige Vagantenlyrik weisend. Sedulius hat den Wert seines enzyklopädischen Wissens und seiner griechischen Sprachkenntnisse für die Lütticher Diözese realistisch eingeschätzt, indem er immer wieder versuchte, seine äußeren Lebensbedingungen mit Hilfe seiner intellektuellen Gaben zu verbessern. Mit Vorliebe bediente er sich dabei der Poesie, um einflußreiche Fürsten, so auch den Markgrafen Eberhard von Friaul und berühmten Besucher Lüttichs, mit Ergebenheitsadressen zu materiellem Entgegenkommen anzuregen. Es ist offensichtlich, daß er sich von den asketischen Idealen des frühen irischen Wandermönchtums, den Zeitläufen entsprechend, bereits beträchtlich entfernt hatte.

Neben Werken teils lehrhaften, teils religiösen Charakters, hinterließ er eine Abhandlung »De rectoribus Christianis«, die sich mit den Pflichten christlicher Herrscher auseinandersetzte, und für die jungen Prinzen Kaiser Lothars I. ein Buch des würdigen Betragens, das als eine Art »Knigge des Mittelalters« zu einer beliebten Lektüre wurde. Die Kaiserin beglückte er mit Sinnsprüchen, die sie anschließend auf Seide stickte. Überhaupt war ihm an dem ausgeglichenen Wohlwollen seiner Gönner viel gelegen. Durch seinen unwiderstehlich dargebotenen Intellekt suchte er sie bei Laune zu halten. Die Lütticher Kathedralschule, die noch lange über das Mittelalter hinaus blühte, verdankt Sedulius Scotus als ihrem Institutsleiter ihr erstes Ansehen in karolingischer Zeit. Nicht nur, daß seine Lehrtätigkeit ihr das Bildungsmonopol innerhalb Lotharingiens verschaffte, auch seine Begleittexte zu allen damit verbundenen kulturellen Anstrengungen haben den Reiz höchster Authentizität. Heute nicht mehr vorhandene Wandmalereien des Maas- und des Rheinlandes und auch den Lütticher Bischofspalast hat er beschrieben, letzteren wie folgt:

»Große Fenster ließen zartes Licht ins Innere der Räume dringen, deren Wände mit Fresken in lebhaften Farben geschmückt waren.« Kein Zweifel, daß sich Sedulius in Lüttich einem von der Kunst und Kultur der Skoten bereits vorgeprägten Milieu anpaßte, worauf eine aus dem Scriptorium der Lütticher Kathedralschule um 814 hervorgegangene Handschrift mit insularen Merkmalen deutlich hinweist. Vielleicht ein Grund, warum er hier Fuß faßte und warum viele irische Rompilger Bischof Hartgar und seinen Nachfolger Franco auf die Rolle ihres verantwortlichen Beschützers festlegten.

Daß die Iren dabei auch notfalls ihre edelste Lebensmaxime, die totale Selbstaufgabe in Gott, über Bord gehen ließen, davon zeugen einige an Bischof Franco gerichtete Beschwerdebriefe irischer Kleriker. Einer davon, der vom Priester Electus, der sich nach seinen eigenen Worten nur von trockenem Brot und schlechtem Bier ernährte, schildert selbstergriffen das Mißgeschick seiner Pilgerreise. Auf dem Heimweg von der ewigen Stadt war er auf der Überfahrt seines Gepäcks und, was ihn besonders schmerzte, seiner liturgischen Gewänder beraubt worden. Er fügte ein Inventarverzeichnis und die Namensliste jener Straßenräuber bei, als welche er Diener seines Kaplans aus der Diözese Lüttich bezeichnete. Die Anschrift eines der Übeltäter aus der Umgebung von Namur ist ebenso erhalten wie der Anspruch des Electus auf Schadensersatz.

Ein anderer irischer Priester, Otveus, bekennt dem gleichen Bischof, daß er während der Fasten für dessen Seele und Gesundheit des Leibes zwanzig Psalmen gebetet und dreißig Messen gelesen habe – alles in der Erwartung, er möge es ihm in angemessener Form vergelten. Entlastend fällt für seine Kritiker freilich ins Gewicht, daß er sich im gleichen Schreiben nach der Korrektur eines Antiphonars erkundigt, und damit, ebenso wie seine Landsleute der irischen Kolonie in Lüttich, auch angesichts der materiellen Versuchungen keinen Verrat an seiner geistigen Existenz verübt. Der schleichende Umbruch in den gewachsenen Traditionen Irlands, dem die Culdean-Bewegung durch radikale Rückbesinnung auf altchristliche Werte Dämme entgegensetzen wollte, drückt sich in der schillernden Genialität des Sedulius besonders augenfällig aus. In seiner Heimat fielen die monastischen Hochschulen unter zunehmendem normannischem Druck in Agonie, während gleichzeitig auf dem Festland die Exulanten den intellektuellen Nimbus Irlands eher noch verstärkten. In dieser gleichsam illusionären Lage verlor ihre strenge insulare

Erziehung mehr und mehr von ihrer apodiktischen Alternativkraft und trug dazu bei, daß sie sich in ihrer Umgebung wie Exoten feiern ließen.

Bischof Franco war bereit, ihre »Darbietung« mit 300 Flaschen Wein zu belohnen, »nur, um sie danach rülpsen und in einen ihrer frechen Trinksprüche einstimmen zu hören: – Rot! bone sint nobis per te solacia – berte – Rülpse!, mögen uns deine Tröstungen wohl bekommen.« Kein Zufall, daß im 9. Jahrhundert wie in alt-keltischer Zeit das Trinklied in der irischen Poesie kulminierte.

Sedulius, »dieser große Esser und gewaltige Trinker«, eine vorweggenommene Falstaff-Figur, stimmt in manchen Zügen seiner Außenseiternatur mit dem irischen Volkscharakter auch von heute überein, die gleiche hemmungslose Phantasie und eine Vitalität, die vom Intellekt nur mühsam gebändigt wird.

In der romanischen Geisteswelt geht das drastische Bild eines Mannes, »der mit geballten Fäusten schläft und gleichzeitig lehrt, nachdenkt und betet«, mit dem des Verfassers von Kommentaren nicht nur zu heiligen Schriften, sondern auch zur Einführung in die Logik des Aristoteles (Isagoge) von Porphyrios einher. Bei realistischer Einschätzung seiner etwas bedenkenlosen Natur, die sich die Romanophonen der Lütticher Diözese mit der Anrede »Francigenae« – womit er ihnen in ihrem Stammesstolz schmeichelte – geneigt machen wollte, ehrt man ihn uneingeschränkt als den kompetenten Vermittler des lateinischen Mittelalters. Als solcher beherrscht er seine Zeit konkurrenzlos bis 870.

Angesichts der sorglosen Kulturszene von Lüttich und des geistvollen Schlagabtausches zwischen ihren klerikalen Bildungsträgern, vergißt man leicht, daß sich die westliche Welt praktisch seit hundert Jahren in einem ständig verdeckten Kriegszustand mit der Normannenmacht befand. Vieles, was uns an den trinkfreudigen Debattierzirkeln auf dem Hintergrund einer nur gestundeten Sicherheit frivol erscheint, mag daher mehr Ausfluß einer fatalistischen Grundstimmung gewesen sein. Parallel zu den Brandschatzungen der Städte – 845 Hamburg, 863 Xanten, 881 Köln und Bonn, wobei auch der Trierer Dom erneut in Flammen aufging – vollzog sich unaufhaltsam der Niedergang des westfränkischen Reiches.

*

Noch einmal tritt das chaotische Zeitalter des ausgehenden 9. Jahrhunderts durch ein irisches Einzelschicksal grell hervor. St. Fintan, um 800 in der irischen Grafschaft Leinster geboren, begab sich zu seiner Ausbildung ins schottische Inselkloster Iona, wo seine Odyssee begann. Die alte Gründung des Iren St. Columbkille übte trotz ihrer gefährdeten Lage im Nahbereich der Wikingersiedlungen auf den Orkneys, Shetlands und den Hebriden eine gleichbleibende Anziehungskraft auf den Mönchsnachwuchs der Britischen Inseln aus.

Seit dem folgenschweren Überfall von 806 lebten die Brüder in ständiger Erwartung der durch ihre flachen Rümpfe besonders bewegungstüchtigen Normannenboote mit ihren an der Reling aufgereihten Schilden. Bei einer dieser überraschenden Landungen war St. Fintan den angreifenden Nordmännern in die Hände gefallen. Sie verschleppten ihn auf die Orkneys, von wo er ihnen jedoch aufs Festland entkommen konnte. Einem Gelübde folgend, pilgerte er zu einem der frühchristlichen Kulturzentren, dem Kloster des heiligen Martin in Tours, und von da nach Rom. Als hätte es keine Klosterreform und keine ideologischen Handschellen für Wandermönche gegeben, tummelte sich der Ire im Vollgefühl einer neu gewonnenen Freiheit auf dem Kontinent, bis er die Insel Rheinau in der Nähe von Schaffhausen fand. Daß ihn dabei das Andenken seines Vorgängers Fridolin leitete, der in Säckingen etwa zweihundert Jahre zuvor ein Kloster gegründet hatte, darf vermutet werden.

Im Jahre 851 schloß sich Fintan den Benediktinern auf der Rheinaue an. Doch die insulare Klausur erreichte bei weitem nicht den von ihm erwünschten Härtegrad, so daß er sich nach vier Jahren für den Rest seines Lebens aus der Gemeinschaft als »inclusus« zurückzog. Ungeachtet seiner totalen Abkapselung von mehr als zwanzig Jahren war er bei seinem Tod 876 so bekannt, daß unmittelbar darauf seine Vita entstand und er im Jahre 1000 heilig gesprochen wurde. Sein Kult blieb weitgehend auf den Oberrhein beschränkt.

Setzt man ihn in Beziehung zu dem damals schon versachlichten Klosterwesen, wird er als vorläufig »letzter Romantiker« des spät-irischen Mönchtums zu einer exemplarischen Erscheinung auf dem Kontinent.

Die Iren unter den Ottonen

Für die Iren im Frankenreich war mit der Normannennot und den fortwährenden Bruderkämpfen der Karolinger die einstmals einladende Provinz des Abendlandes zu einem eher abweisenden Terrain geworden. Ironischerweise hatte sich die Entfernung, die sie mit der Emigration aufs Festland zwischen sich und die Wikinger zu legen hofften, aufgehoben. In kaum einem der kontinentalen Klöster waren sie vor ihnen sicher.

Dazu kommt, daß die äußeren Zerstörungen zugleich als ein Symptom für den inneren Zerfall des Mönchswesens überhaupt ausgelegt wurden. Davon mußten sich die Hiberni besonders betroffen fühlen.

Wie weit lag plötzlich der von Karl dem Großen eingeleitete und von ihnen verantwortlich mitgetragene Aufschwung des geistigen Lebens zurück, längst in die Geschichte als »karolingische Renaissance« eingegangen. Das von Einhard in seiner Vita Caroli überlieferte Zeugnis kaiserlicher Zuneigung konnte die von jedem hoheitlichen Schutz entblößten Iren nur mit Wehmut erfüllen: »Er liebte die peregrini und trug große Sorge, sie aufzunehmen, so sehr, daß ihre Menge nicht nur dem Hof, sondern auch dem Reich nicht ohne Grund eine Last schien ...«

Wenn auch nach dem Sieg Arnulfs von Kärnten – seit 887 deutscher König – über die Normannen bei Löwen 891 die bis dahin streckenweise blockierten Reisewege frei wurden und der Pilgerstrom wieder zunahm, hielt die allgemeine politisch-geistige Lethargie an. Während im Jahre 911 die Dynastie der Karolinger mit Ludwig IV., dem Kind, erlosch, machten sich in dem anschließenden Vakuum bereits erste Signale eines neuen Völkeraufbruchs, diesmal von Osten her, bemerkbar. An den Grenzen des Reiches regten sich die Ungarn, eine Entwicklung, von der anschließend die Slawen erfaßt wurden, und die den Ottonen schwer zu schaffen machte.

Sicher gibt es mehr Gründe, die dazu beigetragen haben, daß die Iren im 10. Jahrhundert gleichsam untertauchten, mehr oder weniger im Klosterkollektiv des groß-fränkischen Raumes anonym blieben. Durch den Übergang der Königswürde auf Heinrich I. (919) und die damit bewirkte Verlagerung des politischen Machtzentrums nach Sachsen wurden sie in den vertrauten Gebieten von ihren traditionellen Verbindungen zu den Herrscherhäusern zunächst abgeschnitten und isoliert.

Hier waren sie seit der Merowingerzeit zu Hause gewesen, hier hatten sie im Schutze adeliger Grundherren ihr keltisches Klosterwesen entwickelt und ein tragfähiges Netz persönlicher Beziehungen bis in die Spitze der Herrscherhäuser geknüpft. Nun waren sie weitgehend auf sich gestellt. Mehr noch, eine von Cluny ausgehende Reform, von der sich eine neue Vormachtstellung des Mönchtums im hohen Mittelalter hergeleitet hat, setzte sich bewußt vom irisch geprägten Klosterwesen ab. Dagegen trug die fast gleichzeitige Erneuerungsbewegung von Gorze und Fleury unverkennbar irische Züge.

Fleury, 650 als Columbankloster gegründet, war schon früher eine versöhnliche Brücke zwischen dem iro-schottischen und dem lateinischen Element der Klosterwelt gewesen. Nicht ohne Grund galt der heilige Benedikt, dessen Gebeine 673 in die später nach ihm St. Bénoit sur Loire genannte Abtei überführt wurden, als »comarba«, als ein Mitbruder der Iren. Hier trafen später im 10. Jahrhundert, als sich eine neue Irenwelle in Richtung Festland in Bewegung setzte, bedeutende Männer der jüngeren Klerikergeneration aus Hibernia zusammen. Zunächst als Wallfahrer zu den Gräbern ihrer geheiligten Vorbilder wie St. Fursey und St. Foilan unterwegs, ließen sie sich willig vom Geiste eines neuen religiösen Aufbruchs durchdringen. Wie immer handelten sie auch jetzt aus christlicher Berufung, indem sie der Rettung der bedrohten Klosterkultur zuliebe nicht länger mehr die Autonomie ihres keltischen Glaubenskanons hervorkehrten. Viele von ihnen wurden zu markanten Reformäbten.

Der bedeutendste unter ihnen war Cadroe, hervorgegangen aus den Bildungsstätten von Iona und Armagh. In Fleury einfacher Mönch und später Abt in Waulsort (Ardennen), folgte er dem Ruf des Bischofs Adalbero nach Metz, wo er das Kloster St. Clemens, später St. Felix genannt, reformierte. Die Iren blieben in Metz, nicht nur mit Cadroes Nachfolger Fingan, sondern auch mit weiteren Landsleuten bis in die Zeit Ottos III. präsent.

Metz, schon in keltischen Tagen eine zum Himmel aufschauende Stadt, verließ sich bei der Verwirklichung und Ausbreitung der Klosterreform, zum Beispiel für das Kloster Verdun, fast ausschließlich auf irische Mönche. Im Hauptkloster seiner Diözese St. Vannes, residierte Fingan aus St. Symphorium in Metz. Ein Edelmann aus St. Vannes, der hier eintreten wollte, fand dort sieben irische Mönche vor.

Eine der monastischen Drehscheiben für die bis Toul, Verdun, Laon und Auxerre ausgreifende Reformbewegung war das aus einer alten Michaelskirche hervorgegangene Kloster St. Michel-en Thierache. Von hier wurden Cadroe nach Fleury und Malcalan nach Gorze und Laon delegiert, kehrten aber wieder in den Schoß dieser für iro-schottische Pilger höchst anziehenden Abtei zurück.

Wie immer man auch die Tätigkeit der Iren im Zeichen eines reformierten Benediktinertums – sie bezog die Bretagne als eine brüderliche Enklave in ihr Wirken ein – auch beurteilen mag, zu persönlicher Profilierung brachten es nur wenige.

Erst mit der Krönung Ottos I., des Großen, im Jahre 936, traten Iren mit ihrem Bildungsanspruch erneut hervor. Der erste gelehrte Scotus, der wieder eine herausragende Stellung in der Nähe eines regierenden Fürsten einnehmen konnte, war Israhel aus der Gemeinschaft der Mönche von Laon. Kaiser Ottos jüngster Bruder Bruno, später Kanzler, Erzbischof von Köln und Herzog von Lothringen, wurde ihm als Heranwachsender zur Erziehung anvertraut. Dies war für die Wiederherstellung des allgemeinen irischen Einflusses nun auch innerhalb des an die Stelle des Frankenreichs getretenen »Regnum Teutonicum« zweifellos ein wichtiger Schritt.

Israhel, von weitreichender Wirksamkeit auf allen Feldern ottonischer Kirchenpolitik, hat die Iren in seinem Bereich nicht nur mit Billigung des Bischofs Bruno, sondern auch mit der des Kaisers Otto persönlich nachdrücklich begünstigt. Vermutlich war er im Kloster St. Maxim in Trier, wohin er sich später zurückzog, an der Entstehung und Verbreitung der »Navigatio Sancti Brendani«, von der es zwei Handschriften gibt, beteiligt. So wurde mit Hilfe des geistlichen Standes ein Bestseller auf den Weg gebracht, der als eine wenn auch christlich veredelte Abenteurerlektüre alle literarischen Erwartungen ihrer Zeit erfüllte. Die legendäre Gestalt des Seehelden, der als ein friedlicher Vorläufer der Conquista neue maritime Verbindungswege erforschte, ergriff in einem ungeahnten Ausmaß vom öffentlichen Bewußtsein Besitz. Es wird nicht ausgeschlossen, daß der Name Brendans in der Bezeichnung Brandenburg und mit Sicherheit im Brandaristurm an der holländischen Küste enthalten ist.

Israhels Einfluß ist in den Entscheidungen seines ehemaligen Schülers Bruno ebenso spürbar wie in den Privilegien Ottos, die er den irischen Mönchen in Waulsort gewährte, bis hin zu der Übergabe von Groß St. Martin und St. Pantaleon in Köln an irische Mönche. Seit 997, berichtet Marianus Scotus, der sich dreizehn Jahre als Inkluse in Mainz einmauern ließ, war der irische Einfluß in Köln vorherrschend. Mindestens fünf irische Äbte, darunter Minnborinus, Kilian, Ailil, Faolan und Alcaldus waren nacheinander den meist irischen Benediktinern von Groß St. Martin und St. Pantaleon vorgesetzt. Unvorhergesehen erlebten die Scoti mit Hilfe der sächsischen Kaiser Otto I. bis Otto III. von 936 bis 1002 eine Rehabilitierung ihrer monastischen Existenz und die Anerkennung ihrer seit keltischen Zeiten in Europa ungebrochenen Bildungsvormacht. Hiernach scheint es nicht ungerechtfertigt, daß heute teilweise die Annahme einer besonderen »Irenwelle in Ottonischer Zeit« vertreten wird.

Die Enkel der Märtyrer um die Jahrtausendwende

Sunniva in Selje (Norwegen)

Das ausgehende 10. Jahrhundert hielt für die ausgeprägten Individuen des irischen Mönchtums keinen Soloauftritt mit Szenenapplaus bereit. Zu sehr waren die Britischen Inseln, Irland ebenso wie England, mit den durch die Normannen ausgelösten Umschichtungen innerhalb ihres Machtgefüges beschäftigt, teils mit ihnen gegen die eigenen Rivalen verbündet, teils gegen sie in erbitterte Kämpfe mit wechselndem Ausgang verwickelt. So erlitten die Wikingerheere 1014 in Clontarf durch irische Truppen unter ihrem Hochkönig Brian Boru eine vernichtende Niederlage, während zuvor im Jahre 991 der Anführer der räuberischen Seefahrer, Olaf Tryggvason, die Engländer bei Maldon in Essex überlegen hatte schlagen können. Sein Sieg war so vollständig, daß ihn selbst die angelsächsische Dichtung respektvoll behandelte.

Es könnte auf einen schicksalhaften Hintersinn der Geschichte deuten, daß von Irland die erste christliche Brücke nach Norwegen geschlagen wurde, ausgerechnet in jenes Land, das schon Ende des 8. Jahrhunderts durch seine gefürchteten Piraten Hibernias Küstenklöster gebrandschatzt hatte. Ähnlich wie bei Dymphna nimmt die Geschichte der irischen Königstochter Sunniva, die mit einem siebenköpfigen Gefolge nordostwärts in Richtung Skandinavien segelte, hinter einem Schleier frommer Überlieferung die luzide Gestalt einer Legende an, freilich nicht ohne einen wahren Kern zu bergen.

Olaf Tryggvason, Urenkel des ersten norwegischen Reichseinigers Harald I., hatte, bevor er König wurde, in freibeuterischer Absicht die Ost- und Nordsee befahren. Zu seiner Taufe, mit der er die Herrschaft über Norwegen erlangte, soll ihm Sunniva den Weg geebnet haben.

Es muß im letzten Jahrzehnt des 10. Jahrhunderts gewesen sein, als die Irin, einer Zwangsehe mit einem Mann aus der Reihe der Eroberer entfliehend, ihre Heimat verließ. Wenn auch die norwegischen Wikinger weder in ihrer Heimat noch in den von ihnen beherrschten Territorien der Britischen Inseln und Irlands das Christentum schon einheitlich angenommen hatten, befanden sie sich gleichwohl in einem Prozeß langsamen Sinneswandels. Nach fast hundertjähriger Anwesenheit in Irland und England darf man Kontakte zwischen der einheimischen Bevölkerung und den inzwischen auch hier zu autochthonen Siedlern gewordenen Nordmännern als sicher annehmen. Aus diesem komplizierten Geflecht verletzlicher Freundschaften, Abneigungen und Ressentiments mag sich Sunniva kraft ihres Wunsches nach persönlicher

Erfahrung befreit haben. Sie hielt mit ihrem Boot entschlossen auf die westnorwegische Küste zu und landete bei der Insel Selje, ungefähr 330 Kilometer nördlich von Bergen im Nordfjord, vielleicht in der Hoffnung, den Gefolgsleuten des heidnischen Jarls Haakon die Botschaft des Christentums zu bringen.

Ob Selje das vorgefaßte Ziel war oder ob ein in diesem Teil des Westmeeres häufig auftretendes Unwetter sie am Weiterfahren hinderte, bleibt offen. Der Ort ihrer Landung war in jeder Hinsicht vielsagend. Bei Dragseidet, wo heute ein Kreuz über einer mit magerer Graskrume bedeckten Klippe aufragt, pflegten die Wikinger, das offene Meer am sturmbedrohten Stadthavet umgehend, ihre Schiffe über Land zu ziehen. An diesem markanten Ausgangspunkt unchristlicher Raubfahrten ließen sich Männer der vier verschiedenen Landesteile Norwegens im Jahre 997 von Olaf Tryggvason zu jener Religion bekehren, deren Träger bei der Landnahme auf den Britischen Inseln durch ihre Vorfahren massenweise massakriert worden waren.

Es entspricht dem spröden Charakter der Landschaft, in der es freilich auch eine Stille von gläserner Zerbrechlichkeit gibt, daß sie das Evangelium nicht von einem Friedensapostel, sondern von einer aggressiven Heldennatur empfingen, in der vor dem Anbruch des christlichen Zeitalters noch einmal die heidnischen Ritterideale in einer fast gewalttätigen Form auflebten. In den Olafsagas, alt-isländischen Erzählungen, wird Olaf Tryggvason zu einem nordischen Siegfried verklärt, seinem nur zwanzig Jahre jüngeren Landsmann Olaf dem Heiligen, der mit rücksichtsloser Strenge kurzerhand das Christentum in ganz Norwegen einführte, an Entschlossenheit und Ausdauer in jeder Hinsicht ebenbürtig.

Das irische Königskind Sunniva erschien an dem verlassenen Strand des Westmeeres, vor sich ein bizarres, abweisendes Bergplateau, nicht wie eine Walküre, die in seriöser Matronenmanier die Seelen gefallener Krieger nach Walhall geleitet, sondern eher wie jene Seejungfrau, die St. Comgall 571 vor der nordirischen Küste bei Bangor gefangen und getauft haben soll. Um als lebendes Strandgut dem Jarl Haakon und seinen Häschern zu entgehen, suchte Sunniva mit ihrem Gefolge Schutz in einer Felsenhöhle. Als die Verfolger nahe waren, ließ Gott die Höhle einstürzen. Niemand konnte Sunniva und ihrer unter den Felsblöcken begrabenen Begleitung mehr Gewalt antun. Olaf Tryggvason, der von weitem einen Heiligenschein über dem Höhlengrab bemerkte, fand die sterblichen Überreste der Märtyrer und barg sie in dem Bewußtsein, in Sunniva die Heilige vom Westlandet (Westland) gefunden zu haben. Bald darauf entstanden auf der Insel Selje zu ihrem Gedenken eine Kirche und im Jahre 1103 ein Benediktinerkloster, Ausgangspunkt für den ersten westnorwegischen Bischofssitz.

Das fahle Trümmergrau im Umkreis des gut erhaltenen Klosterturms, die

46 *Die heilige Sunniva, Holzrelief am Bergenfahrerstuhl der St. Marienkirche in Lübeck (im Krieg vernichtet). Im 10. Jh. landete sie auf der Insel Selje in Westnorwegen. Ihr Tod führte zur Christianisierung Norwegens unter König Olaf Tryggvason. 1170 wurden ihre Gebeine in die Domkirche nach Bergen überführt.*

vor dem metallisch blinkenden Meer aufragenden Friedhofskreuze und die meist von Fischerfamilien bewohnten Kolonien aus einfachen Flachhütten sind Teil des gleichen atlantischen Grundakkords, auf den auch die irischen Torfmoorlandschaften gestimmt sind.

Kein Wunder, daß auch Sunniva, ungeachtet ihrer wahren Reiseabsichten, von ihrem Tod fast übergangslos in den damals noch leeren Heiligenhimmel der Nordländer aufsteigen konnte. Im Jahre 1170 wurde sie nach Bergen überführt, wo ihr Sarg noch heute auf dem Altar der Domkirche steht. Von hier erreichte ihr Kult auf dem Wege der hanseatischen Verbindungen die deutschen Städte Lübeck und Stralsund. Mit Felsblock und Anker als ihren persönlichen Attributen erscheint sie am inzwischen kriegszerstörten Bergenfahrerstuhl der Lübecker Kirche St. Marien, geheimnisvolle Chiffre einer unbeweisbaren Episode am Rande der bewohnten Welt vor tausend Jahren.

Einer Episode immerhin, die bei aller erlaubten Skepsis gegenüber ihrem Wahrheitsgehalt den Wendepunkt in der Geschichte eines bis dahin heidnischen Wikingervolkes markiert.

Nicht nur während des goldenen Zeitalters im 7. und 8. Jahrhundert, als Irlands moralische Position das in weiten Teilen verdunkelte Europa wie ein Leuchtfeuer erhellte, auch über die Jahrtausendwende hinaus konnte es trotz wenig stabiler Verhältnisse im Innern den Nimbus eines gottgefälligen Inselreiches aufrecht erhalten. Davon zehrten vor allem, wenn auch gelegentlich unverdient, die Exulanten außerhalb Irlands. Denn ohne den Ruf, einer besonders erwählten christlichen Bruderschaft anzugehören, wären manche von ihnen weniger nach ihrer Herkunft von der Insel, als vielmehr nach ihrem realen Einsatz für den Glauben beurteilt worden.

Die hochgestellte Nordlandreisende Sunniva und der später im 11. Jahrhundert in entgegengesetzter Richtung, im toskanischen Lucca, als Heiliger inthronisierte Bischof Silaus sind Beispiele für den unerschöpflichen Vorrat einer europaweiten Irenverehrung. Sunniva, deren durch Steinschlag ausgelöster Tod in der norwegischen Felsenhöhle ohne die religiös inspirierte Vorstellungskraft ihrer Zeit ein bedauerlicher Unfall geblieben wäre, konnte sich sogar bei der Siegermacht als Patronin Westnorwegens verewigen, ein Zustand, zu dem sie selbst nicht mehr als ihre Nationalität und ihr mystifiziertes Ende beigetragen hat.

Silaus in Lucca (Italien)

Unter ähnlichen Vorzeichen vollzog sich die Aufnahme ihres Landsmannes Silaus in den hagiographischen Kosmos Italiens. Von hoher Abkunft wie Sunniva, erhielt er zusammen mit seiner Schwester Mionghar (Hermengarda) eine betont christliche Erziehung und wurde Priester. Aus dem bedrükkenden Stillstand des religiösen Lebens trat er mit dem leidenschaftlichen Wunsch nach persönlicher Vervollkommnung hervor, verschenkte sein Vermögen und zog sich in das Kloster St. Brendans, Clonfert am Shannon, zurück, dem er schon bald als Abt vorstand. Währenddessen wurde ein wichtiger Bischofssitz vakant, Silaus einstimmig von Klerus und Volk zum Nachfolger gewählt. Er aber schob seine Zusage hinaus, bis er sich in Rom vom Papst persönlich hatte weihen lassen.

Kurz nach seiner Rückkehr verließ seine Schwester Mionghar ihr Land gleichfalls als Pilgerreisende mit demselben Ziel. Sie rastete in Lucca, wo seit dem 6. Jahrhundert der Zwischenaufenthalt am Grab ihres Landsmannes St. Fridian für irische Rompilger zum Pflichtpensum gehörte. Hier begegnete sie dem Grafen Soffredo, der als Witwer und Vater eines Sohnes für Mionghar in einer Weise entbrannte, daß er sie an der Weiterreise hinderte und sie in seinem Schloß bei Chiatri festhielt. Die Konsuln von Lucca belagerten das Schloß in der Absicht, die ganze Stadt für diesen Akt der Freiheitsberaubung zu bestrafen. Daraus entwickelte sich ein Bürgerkrieg, den die Irin schließlich widerstrebend durch die Einwilligung in die Ehe mit Soffredo beendete. Sie lebten neun Jahr kinderlos miteinander, bis Mionghar sich mit seiner Zustimmung in den Konvent von St. Giustina zurückzog, wo sie später gestorben ist.

Silaus war während der ganzen Zeit als Bischof in Irland den peinlichen Verhören seiner Kirchenbehörden ausgesetzt und, obwohl er um Entbindung von seinem Amt nachsuchte, auch weiterhin das Opfer einer Verleumdungskampagne. Er begab sich um Rat und Hilfe erneut nach Rom. Auf dem Wege dorthin erfuhr er in Lucca vom Tod seiner Schwester.

Zurück aus der ewigen Stadt, hielt er in Lucca noch einmal am Palast seines Schwagers an. Dort wurde er krank. Anstatt den vorausgeahnten Tod in der Luxusresidenz seines Schwagers zu erwarten, bestand er darauf, sich in einer ärmlichen Zelle des Klosters St. Giustina auf das Sterben vorzubereiten.

Den zeitlichen Unstimmigkeiten der Legende, die das Todesdatum auf die Jahre zwischen 1094 und 1100 datiert, stehen die seit dem 12. Jahrhundert ununterbrochene Heiligenverehrung des Iren und der um ihn entstandene religiöse Volksbrauch in der Toskana als eindeutige Tatsachen gegenüber. Zunächst von den Schwestern des St. Giustina-Konvents als ihr privater Wundertäter gehütet, dem sie im 16. Jahrhundert einen berühmten Marmorsarkophag aus der Bildhauerschule des Matteo Civitali stifteten, wurde er später von den reformierten Benediktinerinnen von La Secca übernommen.

Betrachtet man die heute in der Pinakothek des Palazzo Publico in Lucca aufgestellte Figur des schlafenden Silaus, der in entsagungsvoller, leicht fremdländischer Schönheit seinen Bischofsstab umklammert hält, dringt man zum Kern dieser frommen Romanze vor. Von der weiblichen Vorstellungswelt italienischer Nonnen wie ein Idol umfangen, ist der Ire vom bloßen Statisten einer abenteuerlichen Liebesgeschichte über die unartikulierten Sehnsüchte seiner züchtigen Verehrerinnen zum Heiligen geworden.

Colman in Österreich

Im Laufe des 11. Jahrhunderts kam Irland, wie ein Patient nach langem Krankenlager, allmählich wieder zu Kräften und kehrte zu einer, wenn auch veränderten Normalität zurück. Als Brian Boru sich im Jahre 1002 unangefochten zum Hochkönig über ganz Irland machte, bestand zunächst die Aussicht, die einander in regelmäßigen Abständen verbissen bekämpfenden Konkurrenz-Dynastien zu trennen und damit einen Übelstand, der bislang nur dem allen gemeinsamen Gegner genutzt hatte, zu beenden. Eine allgemeine Beruhigung kündigte sich an, als die Invasoren in ihrer Mehrheit den christlichen Glauben annahmen.

Doch war der Sieg des Königs von Munster bei Clontarf, 1014, den er und viele Mitglieder seines königlichen Clans von Cashel mit dem Leben bezahlten, auf lange Sicht nur von begrenztem Erfolg. Zwar hielt er die Nordmänner in ihrer weiteren Expansion auf und belebte durch Städtebildung, besonders an der Ostküste, nachhaltig Verkehr, Handel, Handwerk und Kunst. In der religiösen Erziehung hatte Brian Boru selbst Zeichen gesetzt, indem er ausländische Klöster um Bücherspenden für den Wiederaufbau monastischer Hochschulen bat.

Aber die politische Struktur in Gestalt von hundert bis zweihundert Kleinkönigtümern, diese wiederum gruppenweise zusammengefaßt unter der Heptarchie der größeren Königtümer Munster, Leinster, Connaught, Meath, Aileach, Airgialle und Ulaid, hielt die Insel weithin im Zustand eines Flickenteppichs kleiner Staatengebilde, bis die wieder auflebenden örtlichen Rivalitäten nach bekanntem geschichtlichem Muster dazu führten, daß das Hilfeersuchen einer einzelnen Partei an die englischen Normannen mit der Besetzung und auf Dauer angelegten Unterwerfung Irlands durch die Helfer endete. Im Jahre 1169, rund hundert Jahre nach der normannischen Eroberung Englands, war die Einnahme auch Irlands vollzogen. Im Jahre 1171 nahm König Heinrich II. von England mit Gefolge die Huldigungen fast aller

Größen des Landes entgegen. Die formale Einigung und Befriedung untereinander war den Iren wie immer aus eigener Kraft nicht gelungen – ein altes keltisches Wesensmerkmal –, und das Hochkönigtum des Brian Boru von Cashel nur Episode geblieben. Doch insofern hatte er eine politische Neuordnung eingeleitet, als die alte Dynastie Ui Neill von Ulster nicht länger mehr das erbliche, zumindest gewohnheitsrechtliche Anrecht auf das Hochkönigtum besaß; in Zukunft war für den Sieger dieses herrscherlichen Wettstreits die Zustimmung aller übrigen Mitbewerber notwendig. Ein System, das man als einen ersten Schritt zu einem demokratischen Ausleseverfahren bezeichnen könnte.

Da sich die Söhne des gefallenen Brian Boru als unfähig erwiesen, die Herrschaft ihres Vaters zu erhalten und fortzuführen, fiel die Wahl wieder auf den von Brian Boru selbst noch abgesetzten Hochkönig von Tara, Maolsheachlain II., der nun von 1014 bis zu seinem Tode 1024 über ganz Irland regierte.

Noch im Ungewissen über die politische Zukunft seines Hauses, verließ dessen Sohn Colman 1012, zwei Jahre vor der Wiedereinsetzung seines Vaters, mit der Absicht einer Fernwallfahrt ins Heilige Land seine heimatliche Insel. Obwohl ein solches Unternehmen für Fürstensöhne zu den pflichtmäßigen Bewährungsauflagen für ein hohes klerikales Amt gehörte, drängt sich im Falle Colman ein zusätzliches Motiv auf: Wohl hatte sich die Kirche in Irland nach lateinischem Vorbild reorganisiert, doch war ihre innere Schwäche, besonders in den ungelösten Kompetenzfragen des Laienapostolats, unverkennbar. Colman mag über Wanderdrang und Sühneverlangen einer Bußwallfahrt hinaus das Ziel verfolgt haben, sich die Reformideen kontinentaler Klöster zu eigen zu machen und sie auch in seinem Land zu verwirklichen. Da ihm keine Heimkehr beschieden war, sind seine Pläne für immer im dunkeln geblieben.

Als er auf dem Weg nach Palästina den von den Magyareneinfällen aufgewühlten Donauraum kreuzte, erwartete ihn ein grausiges Ende. Holzfäller, die ihn in Stockerau bei Wien als böhmischen Spion verdächtigten, nahmen ihn fest, marterten ihn und hängten ihn am 16. Juli 1012 an einem Holunderbaum auf. Zwei Jahre später wurde sein Leichnam, nach der Legende unverwest, auf Weisung des Markgrafen Heinrich I. in seinen befestigten Sitz nach Melk oberhalb der Donau überführt. Es war das gleiche Jahr, in dem Colmans Vater nach zwölfjähriger Unterbrechung erneut das Amt des Hochkönigs über ganz Irland antrat. Daß sein Sohn Opfer des politischen Chaos in Südosteuropa geworden war, wußte er zu diesem Zeitpunkt freilich nicht. Er schickte einen Boten, Gothalm mit Namen, aus, der Colman suchen sollte. Bevor dieser bis zu seinem Grabe vordrang, starb er selbst am 26. Juli 1019 in Mauer bei Melk.

Berührt man heute auf dem Weg von Wien nach Prag Stockerau, den Ort des Martyriums, der sich in Sichtweite der Donau in das liebliche Weinviertel einschmiegt, erfährt man von der barocken Kleinstadtidylle über die ruchlose Mordtat nichts. Das mag auf dem Hintergrund heutiger Zeitumstände, in denen uns politische Attentate kaum noch aufschrecken, verständlich sein. Umso bemerkenswerter ist die Resonanz dieses an einem irischen Königssohn begangenen Verbrechens in der österreichischen Geschichte. Bis Colman von dem heiligen Babenberger Markgrafen Leopold in diesem Rang abgelöst wurde, galt er als Landespatron, von Kaiser Heinrich II. in ein prunkvolles Grabmal in Melk gebettet, das über das Mittelalter hinaus kultischer Anziehungspunkt für Pilger aus dem gesamten Donauraum wurde. Seine Verehrung verbreitete sich außer in Österreich auch in Ungarn und Süddeutschland, wo ihm zahlreiche Kirchen und Kapellen geweiht sind. Epochemachend war die von seinem Grab ausgehende Belebung des alten Pilgerweges über den slawischen Balkan in die Marienstadt Byzanz, nachdem der benachbarte Donauraum durch die Bekehrung des ungarischen Königs Stephan für Wallfahrer keine Gefahrenstrecke mehr darstellte.

Einige Dörfer in Südostbayern und im anschließenden Grenzgebiet nach Österreich tragen den Namen St. Koloman-(n), Knaben tauft man gerne dort noch auf seinen Namen, und heiratsfähige Mädchen erflehen gläubig seinen Beistand für eine baldige Eheschließung.

Unter dem nördlichen Seitenaltar der Stiftskirche von Melk birgt ein Sarkophag die sterblichen Überreste Colmans, während in der Krypta die Gebeine seines Landsmannes Gothalm, des königlichen Boten aus Irland, verwahrt werden.

In den Jahren 1805 und 1809 schlug Napoleon sein Hauptquartier in den Flügeln des barocken Benediktinerklosters Melk auf. Wen würde es wundern, wenn er, im Zenit seiner Macht, bei der Begegnung mit dem königlichen Märtyrer Colman aus dem fernen Irland, im Glauben an sein eigenes Glück wankend geworden wäre?

Paternus in Paderborn

Vielleicht aus dem gleichen Anlaß wie Colman kam ein anderer Ire auf dem Weg in das Heilige Land über die Ewige Stadt an sein unvorhergesehenes Lebensziel. Es ist, soweit wir wissen, der nördlichste Punkt, den irische Wandermönche im damaligen Reichsgebiet erreicht haben. Daß Paternus sich in das Gebiet der unterworfenen Sachsen begab, liegt angesichts des vom fränkischen Herrscher geförderten Kiliankultes nahe. Paderborn lag im westfälischen Teil des ehemaligen Herzogtums, nunmehr von salischen Kaisern regiert. In Paderborn schloß er sich dem angesehenen Benediktinerkloster

Abdinghof als Inkluse an. Im Totenbuch des Klosters wird sein Ende mit dem Jahr 1058, als Dom und Abtei ein Raub der Flammen wurden, angegeben. Auch Marianus Scotus, der irische Chronist und Zeitgenosse des Paternus, erwähnt seinen Feuertod als freiwilliges Martyrium. In seiner Klause neben der Alexiuszelle soll er schon dreißig Tage zuvor den Brand vorausgesagt und die Sünder zur Buße gemahnt haben.

Prophetie gehörte ebenso wie Selbstaufopferung zu den authentischen Zügen des frühchristlichen, von Ägypten beeinflußten Mönchtums. In Erfüllung seines Gelübdes, wonach ein inclusus sein Bußgefängnis nicht vor seinem Tod verlassen durfte, ist Paternus offenbar als einziger von den Brüdern des Abdinghofes dem Feuersturm erlegen. Damit rührt sein Beispiel, wenn auch auf weniger spektakuläre Weise, an die ideologischen Selbstverbrennungen unserer Tage, mit denen die Fanalwirkung solcher rituellen Daseinsverkürzung übereinstimmt. Selig gesprochen, wurde er von der Kirche zum Schutzpatron der Stadt Paderborn erhoben.

Daß jemand wie Paternus sich selbst freiwillig auf Lebenszeit einkerkert und sein Ende als ein ebenso erhabenes wie schauerliches Purgatorium inszeniert, entspricht der gesteigerten religiösen Phantasie jener Zeit mit ihrem ansteckenden, zweihundert Jahre dauernden Kreuzzugsfieber.

Marianus Scotus in Köln und Mainz

Marianus Scotus gibt nicht nur Auskunft über den Untergang seines Mitbruders Paternus in Abdinghof, er liefert auch einen weiteren Schlüssel zum Verständnis jener irrationalen Kräfte, auf die das irische Mönchtum auch zu seiner Zeit noch immer in besonderer Weise ansprach.

Als Maolbride von Moville am Strangford Lough (County Down, Ulster) geboren, ist Marianus Scotus von 1056 bis 1058 im Kölner Kloster Groß St. Martin, von 1059 bis 69 im Kloster Fulda, und schließlich von 1070 bis zu seinem Tode 1083 in Mainz, an beiden letzteren Orten als inclusus nachweisbar. In seiner letzten Klausur im monasterium sancti Martini entstand seine berühmte dreiteilige Chronik, bestehend aus einer Papst- und einer Königsgeschichte und aus der Geschichte Irlands. Auf ihn geht der seither gebräuchliche Begriff der »insula sanctorum« für Irland von der Keltenzeit bis zum Mittelalter zurück. Der Nachwelt gilt er außer als Geschichtsschreiber auch als berühmter Mathematiker und Lehrer der Theologie.

Der besonders von den Iren wiederentdeckte Hang zur Askese – auslösendes Moment für die Gründung der Schottenklöster – dürfte mit den klösterlichen Reformbestrebungen insbesondere von Cluny zusammenhängen. Sie wiederum förderten fanatische Nebenerscheinungen wie die Reliquienverehrung und die Begehrlichkeit auf Heiltümer aus Palästina. Die Cluniazenser brachten die Kreuzzüge als unbewaffnete Pilgerscharen Adel und Klerus auf.

Den Aufzeichnungen des Marianus Scotus verdanken wir drastische Einzelheiten über ein in den Jahren 1064/65 von dem Bamberger Bischof Gunther angeführtes »passagium« mit mindestens 7000 Teilnehmern.

»Die Araber«, schreibt er, »hatten sich an den Kreuzfahrern bereichert. Einen Tag, bevor ein großes Massaker an den Christen geschah, nahmen sie deren Verfolgung bis an das verlassene Fort Carvasalim auf, wo sich die letzten aus dem Pilgerzug verschanzten. Eingeschlossen verteidigten sich die Christen mit Stöcken und Steinen gegen die Pfeile der Araber, die ihnen Eigentum und Leben abzunehmen trachteten. Ein tapferer Ritter entschloß sich, obwohl das Heilige Grab in der Nähe war, nackt zu ihnen hinauszugehen. Die Araber warfen ihn zu Boden, banden ihn in der Form eines Kreuzes und folterten ihn auf grausamste Weise. Alles mit dem Ziel, die belagerten Christen in Panik zu versetzen. Dann erschien mit sechzehn seiner Gefährten der Anführer der Araber vor dem Bischof von Bamberg. Der ließ ihn durch seinen Dolmetscher fragen: »Was willst du von mir?«

Der Araber antwortete: »Ich will das Blut deines Herzens trinken und dich wie einen Hund vor der Festung aufhängen.«

Daß die friedlichen Massenpilgerfahrten aus allen Teilen des Abendlandes ins Heilige Land im 11. Jahrhundert ohne bewaffneten Schutz dort solchen offensichtlich exemplarischen Gefahren für Leib und Leben ausgesetzt waren, zog ungeachtet anderer Antriebe, zwangsläufig die bewaffnete Macht nach sich. Schon fünfunddreißig Jahre nach jenem Ereignis befreiten die ersten Kreuzritter vorübergehend Jerusalem von den arabischen und seldschukischen Eroberern. Für das Zeitalter der sieben Kreuzzüge vom Ende des 11. bis zum Ende des 13. Jahrhunderts liefert die Chronik des Marianus Scotus, deren beide erste Teile verlorengingen und deren Rest sich in der Vatikanischen Bibliothek in Rom befindet, den unfreiwilligen Prolog.

Die Schottenklöster in Regensburg, Wien, Thüringen und der Ukraine

Seit Ende des 11., Anfang des 12. Jahrhunderts fiel das irische Missionsfeuer, das seit Ende der Völkerwanderung die ziellosen und entwurzelten Stämme des Kontinentes erwärmt hatte, in sich zusammen, ohne ganz zu verlöschen. Der Auftrag der Evangelisation unter äußerlich schwierigen und für den Einzelnen auch gefahrvollen Bedingungen war weitgehend erfüllt, der Verfassungsrahmen der lateinischen Kirche in den durch Bonifatius neu geschaffenen Diözesen solide untermauert und damit das Betätigungsfeld für die Hiberni eingeengt. Dazu kam eine durch die anglo-normannischen Invasion (1169) Irlands und die darauf folgende Vereinigung mit der englischen Krone gründlich veränderte Lage. Blieb sie auch ohne entscheidenden Einfluß auf die religiöse Inspiration des irischen Volkes, ging sie unter zunehmenden politischen Druck in einem stillen und ausdauernden nationalen Widerstand auf. Die dadurch nicht gebundenen Kräfte strebten derweil ins Frankenreich zurück, wo sie in zahlreichen Provinzen ein letztes und teilweise bis in die Gegenwart erhaltenes Denkmal ihrer jahrhundertelangen christlichen Kulturarbeit errichteten: die Schottenklöster. Ihr Name weist nur ungenau auf das geographische Schottland hin.

Bis zum 12. Jahrhundert verstand man unter »Schotten« (Skoten) allgemein die Iren, sowohl die auf der irischen Insel selbst (Scotia major = Groß-Skotenland) als auch die um 500 nach Chr. auf die britische Gegenküste (spätere County Argyll) übergesiedelten irischen Skoten (Scotia minor = Klein-Skotenland). Erst mit der Vereinigung der Skoten und Pikten unter einer, der »schottischen« Krone, beschränkte sich der Name auf das neue Staatsvolk, nun unter Einbeziehung auch der Pikten. Die fortan als iro-schottisch oder schlicht als schottisch bezeichneten Bischöfe und Mönche auf dem Festland sind überwiegend aus Irland selbst, im übrigen von Iona und anderen, mit Iren, Skoten und Pikten besetzten irischen Missionsklöstern Schottlands gekommen.

Am Anfang der neuen Epoche steht wiederum ein Ire mit dem Namen Marianus Scotus, was in der Geschichte gelegentlich zu Verwechselungen mit dem berühmten Mainzer inclusus geführt hat. In seiner irischen Heimat, der nordwestlichen Grafschaft Donegal, kennt man ihn als Muredach Mac Robertaigh, Mitglied einer Familie, die der erbliche Hüter des Schicksalsbuches von St. Columbkille, des berühmten Cathach, war.

47 *Wappen von St. Jakob in Regensburg, Privileg der Reichsunmittelbarkeit, verliehen vom Staufenkaiser Friedrich II.*

Seine Abkunft bestimmte ihn a priori zu einem beispielhaften Leben für den Glauben. Im Jahre 1067 begab er sich mit zwei Gefährten auf eine Pilgerfahrt nach Rom, wurde aber, wie mancher vor ihm, auf germanischem Boden heimisch. Die Spur dieser irischen Wandergruppe zieht sich durch Bayern, donauabwärts zu ihrem königlichen Märtyrer Colman nach Melk. Die Frage, warum sie ihr Weg nach Bamberg führte, beantwortet sich aus der Tatsache, daß der Auftraggeber des Märtyrergrabmals für Colman Kaiser Heinrich II. gewesen war, der in Bamberg residierte. Davon bezog noch zu des Marianus Zeit das Bistum Bamberg seinen Glanz.

In diesem »deutschen Rom«, der weltlichen Hauptstadt des Reiches, stand vor dem Palast, der ehemaligen Babenberger Burg, noch immer der von Kaiser Heinrich errichtete »umbilicus«, eine als Nabel des Reiches bezeichnete Säule, auch wenn mit dem Wechsel des Herrscherhauses von den Sachsen zu den Saliern die Stadt nicht länger die kaiserliche Residenz geblieben war.

Mit dem Blick auf die Altenburg und den Domberg, der noch heute den Besucher in Entzücken versetzt, umfaßten die Iren von ihrem Klosterdomizil auf dem Michaelsberg, dem Mons Monacorum, eine der eindrucksvollsten mittelalterlichen Stadtlandschaften: In der Tiefe die Regnitz, ein wehmütig stimmender Reflex ihrer heimatlichen Wasserfluten, im Kranz von sieben Hügeln. Von ihnen waren fünf mit Kirchen besetzt. Poesie, Musik und theologische Gelehrsamkeit hatten ein geistiges Klima geschaffen, für das die Scoti besonders empfänglich waren. Dazu mag beigetragen haben, daß auch das verklärte Andenken an den von ihrem Landsmann Marianus Scotus gefeierten Bischof Gunther von Bamberg, den toten Jerusalemfahrer, ihnen diese Stadt teuer machte.

Es verging allerdings nach ihrer Ankunft nur ein Jahr, und sie zogen nach Regensburg weiter.

Die alte Keltensiedlung an der Donau, 179 nach Chr. als römisches Legionärslager »Castra Regina« gegründet und von 550 bis 1245 Hauptstadt des Herzogtums Bayern, war für die irischen Wandermönche schon früh ein Koordinationspunkt ihrer Missionsreisen in alle Richtungen des bajuwarischen Herrschaftsgebietes. Bereits im 6. Jahrhundert für das Christentum gewonnen, erwies sich das regierende Geschlecht der Agilolfinger als großzügiger Gönner der Iren, welche, wenn nicht vom Regierungssitz der Karolinger in Regensburg übernommen, so doch von ihm wärmstens empfohlen wurden.

Daß es hier das erste Zeugnis christlichen Glaubens nördlich der Alpen gibt, einen um das Jahr 400 errichteten Grabstein »zum Gedenken an Sarmannina (die in Christus Anfang und Ende) in Frieden ruht, den Märtyrern beigesellt« – mag die Phantasie der letzten Scoti beflügelt haben. Von ebenso geheimnisvoller Anziehungskraft war für sie die auf das Ende des 7. und den Anfang des 8. Jahrhunderts zurückgehende Gruft der beiden Bischofsbrüder Erhard und Albert in der spätmerowingischen Steinkirche Niedermünster. Ist auch ihre Herkunft nicht geklärt, wurden sie, wie alle Kleriker mit einer iromonastischen Ausbildung, damals noch dem keltischen Kreis der frühen Taufprediger und Klostergründer zugerechnet.

Es gab aber für die Irengruppe in Bamberg noch aktuelle Gründe für einen Ortswechsel nach »Reganespurc«, von Bonifatius 739 zum Bistum erhoben. Hier lebte, als Mönch von Aachen gekommen, seit 1040 ihr Landsmann Mercherdach, in strengster Klausur. Nach einer nicht näher bezeichneten Quelle hat Papst Leo IX., als er sich 1052 am Herzogssitz aufhielt, den heiligen Mann in seiner Abgeschiedenheit aufgesucht. Dabei standen sich, für alle Welt sichtbar, die Macht des Heiligen Stuhls und die Macht des Asketen gegenüber. Mercherdach vegetierte in einem engen, nie beheizten Geviert an der Kirchenwand, bis auf ein kleines Fenster, das ihm die Teilnahme am Gottesdienst durch einen Blick auf den Hochaltar erlaubte, eingemauert bis an sein Lebensende. Seine Nahrung wurde ihm von außen gereicht, dreimal in der Woche Wasser und Brot, an den übrigen Tagen Fastenspeisen. Als er 1075 starb, bezog er, wie alle Inklusen, das vorher von ihm selbst geschaufelte Grab.

48 St. Jakob in Regensburg: Schottenportal an der Nordseite. 1150–1195 wurde die Kirche an Stelle eines Erstbaues (1120) von irischen Benediktinermönchen (»Schotten«) errichtet. Bis heute nicht entschlüsselt ist der Sinn der Skulpturen.

49 *Die Reliefplastik im Inneren der Schottenkirche St. Jakob in Regensburg zeigt den irischen Mönch Rydan (11. Jh.). Es ist zu vermuten, daß es sich bei Rydan um den Türhüter des Klosters handelte.*

Ob Marianus, den er zum Bleiben bewog sein »dilectus frater« – sein geliebter Bruder – war, wie sie sich gegenseitig anredeten, ist in Zweifel gezogen worden. Dabei darf man aufgrund ihres angestrengten Tugendstrebens davon ausgehen, daß sie mit Gottes Hilfe ihre keltische Querköpfigkeit besiegten.

Marianus hielt sich zunächst in einer Zelle am Niedermünster auf, ehe ihm die Äbtissin Willa von Obermünster das Kirchlein Weih St. Peter außerhalb der Stadt schenkte, wo er mit seinen Brüdern, wie von Irland her gewohnt, Einzelzellen bezog. Mit dem Abschreiben von Büchern verdienten sie ihren Lebensunterhalt. Wenn man sich die entsagungsvollen Umstände vorstellt, unter denen seine beiden nachgelassenen Handschriften entstanden sind, gewinnen sie dadurch einen unersetzlichen Wert. Es sind die Paulusbriefe mit irischen Anmerkungen, die sich teilweise auf den Pelagiuskommentar stützen (heute in Wien, Codex 1247) und eine zweite Niederschrift, die mitten im Satz, vielleicht im Augenblick seines Todes, abgebrochen ist. Sie gelangten nach Auflösung des Schottenklosters in Regensburg um die Wende des 20. Jahrhunderts in das Kloster Fort Augustus am Lough Ness in Schottland, welches 1878 von St. Jakob in Regensburg aus nach dessen Auflösung gegründet worden war.

Die Nonnen von Niedermünster erzählen sich, so heißt es in einer 1185 von einem Regensburger Schottenmönch verfaßten Vita, über das armselige Schreiberleben des Marianus, »daß ihm dabei eines Nachts, als die Schwester custos ihm keine Lampe brachte, drei Finger der linken Hand gleich Kerzen geleuchtet hätten...« Wie Marianus bei einem solchen Grad von selbstgewählter Isolation noch nach außen wirkte, davon zeugt der durch sein Beispiel angeworbene Nachwuchs aus Irland und Schottland, dessen Führung er übernahm. Wie hoch der irische Anteil an der Produktion der Regensburger Skriptorien ist, läßt sich bei dem Umfang der hier entstandenen und über die damalige Hauptstadt des ostfränkischen Reiches hinaus verstreuten Handschriften auch nicht annähernd mehr bestimmen. Gleichwohl kann man von dem insularen Element im Schriftbild der frühen Handschriften auf irische Einflüsse in der Regensburger Buchmalerei schließen.

Ungeachtet der Frage, wer von den beiden Seligen, Mercherdach oder Marianus, die größere Verehrung für sich beanspruchen kann, zeugen beide auf ihre Art für die Kraft zur maßlosen Selbstentäußerung, die das Irentum der Kirche zur Verfügung stellte.

Während die Reliquien des Muredach Mac Robertaigh nach der Zerstörung des Kirchleins Weih St. Peter 1552 verschwunden sind, wurde sein Landsmann Mercherdach 1707 in einer ihm geweihten Kapelle beigesetzt. Mehr Gewißheit als seine heute unauffindbaren Gebeine gibt eine aus dem 13. Jahrhundert stammende Grabplatte über seine Person. Sie zeigt ihn als bärtigen Pilger mit der cambutta, einem Pilgerstab, in der Hand, an der Seite einen

50 *St. Michael, Benediktinerabtei in Bamberg. 1068 hielt sich am Sitz Kaiser Heinrichs II. der Ire Muretach Mac Robertaigh (Marianus Scotus) auf, bevor er nach Regensburg ging.*

Gegenstand, der Wasserflasche oder Pilgertasche sein könnte, um sein Haupt einen Heiligenschein. Ob er mit einer Figur am Portal der Regensburger Schottenkirche identisch ist, weiß man nicht sicher.

Zusammen mit dem St. Jakobskloster von irischen Benediktinern errichtet, die von der Vorgängerkirche normannische und lombardische Bauformen an Türmen und Nebenapsiden übernahmen, gibt die 1190 vollendete, im Volksmund »Schottenportal« genannte Skulpturenwand an der Nordseite der St. Jakobskirche noch immer Rätsel auf. Nicht anders als die Teilnehmer des vierten Kreuzzuges, als sie sich auf der Donau einschifften, stehen die Besucher auch heute noch gebannt vor dem Figurenreichtum dieses in seinem Sinngehalt undurchdringlichen romanischen Bildprogramms aus verschlungenen Tier- und Menschenleibern, aus Pflanzen, Zierrat und Fabelwesen – eine traumatische Vermischung aus Metaphern der Heilsgeschichte, der Schöpfung, Erlösung und Verdammnis, die sich bis heute jeder rationalen Deutung entzieht.

Mercherdach, zeitloses Beispiel des irischen Peregrinus auf seiner Bußwanderung durch die Qualen der Heimatlosigkeit und des Sühneinfernos, ist der eigentliche Urheber der Schottenklöster geworden. Als die Mönche von Weih St. Peter im Jahre 1090 in das St. Jakobskloster übersiedelten, unterstellten sie sich widerspruchslos der Benediktinerregel. Alle danach von hier aus gegründeten Schottenklöster erkannten die Oberaufsicht des Abtes von St. Jakob in seiner Eigenschaft als Generalvisitator an. Nacheinander entstanden die Schottenklöster Würzburg (1134), Nürnberg (1140), Wien (1155), Eichstätt (1160) und als weitere Ableger des Regensburger Mutterhauses Memmingen, Konstanz, Kelheim und Erfurt. Daß dieses am nördlichsten gelegene Schottenkloster 1211 seinen irischen Abt Crinat auf das alle drei Jahre in Regensburg abgehaltene Kongregationskapitel unter Vorsitz des Abtes von St. Jakob entsandte, ist urkundlich belegt. Das Original des Dokumentes befindet sich im Archiv der Katholischen Kirche in Edinburgh unter der Signatur KAEC 1.

Ein Jahr, bevor Kaiser Friedrich Barbarossa 1156 die österreichische Mark zugunsten des Babenbergers Heinrich II. Jasomirgott von Bayern abtrennte und zum Herzogtum erhob, gründete dieser neben seiner von Klosterneuburg nach Wien verlegten Residenz dort das Schottenkloster. Diesen Namen trägt die auch als Schottenstift bekannte Benediktinerabtei, das bedeutendste Ordenshaus seiner Zeit, noch heute.

Es wuchs auf dem »Freyung« genannten Platz, der an eines dem Kloster bis 1775 zuerkannten Privilegien, das Asylrecht – Freistatt – erinnert, empor. Außerhalb der Stadtmauern, dem Herzogssitz »Am Hof« benachbart, lag es in einem ungeschützten Bezirk, für den die Mönche aus der Scotia maior – die übliche Bezeichnung für Irland im Mittelalter – den geistlichen Wachdienst

51 *Egidienkirche in Nürnberg. 1140 wurde die frühere Kapelle vom irischen Mönch Deocarus, dem Kaplan Kaiser Konrads III., auf dessen Königsgut in ein Schottenkloster einbezogen.*

übernahmen. Heinrich II. hatte sie aus dem Regensburger St. Jakobskloster kommen lassen, damit sie, wie in den Klöstern der Kreuzzugszeit üblich, Pilger und Kaufleute aus Irland auf ihrem Weg ins Heilige Land betreuen sollten. Den Herzog leitete dabei aber vor allem der Gedanke an ihre universale Bildung und ihre makellose Lebensführung. Von diesen hohen Idealen zehrte die Abtei »Zu den Schotten« noch im 15. und 16. Jahrhundert, als das bis 1448 rein irische Kloster auf päpstliche Weisung auch anderen Nationalitäten offen zu halten war. Dank weltlicher und geistlicher Schenkungen konnte es sich, inzwischen ein Gymnasium und in den Räumen der Prälatur eine viel beachtete Kunstsammlung beherbergend, zu einem repräsentativen Gebäudekomplex rund um eine romanische, später barockisierte dreischiffige Pfeilerbasilika erweitern.

Daß sich dieses am tiefsten in den Donauraum bis hin zu den angrenzenden Sitzen von Slawen und Magyaren vorgedrungene Schottenkloster mehr als achthundert Jahre gegen den noch immer übermächtigen Glanz der Habsburger Kaiserstadt bis heute als eine irische Zelle des Glaubens behaupten konnte, ist in der langen Geschichte der keltischen Christianisierung eine Ausnahme.

Zwei irische Mönche aus dem Kreis des Marianus von Regensburg gelangten von hier aus mit einer Botschaft Kaiser Heinrichs IV. bis in die ferne Ukraine, wo sie Ende des 12. Jahrhunderts in Kiew ein Kloster gründeten. Im Jahre 1241 wurde es wegen der drohenden Mongoleneinfälle aufgegeben. Beschenkt mit einer wertvollen Fracht von Pelzen, die der Vollendung der Regensburger Jakobskirche dienten, zogen sich die Brüder von diesem exponierten Außenposten nach Wien zurück. Das Wiener Schottenkloster blieb rund 250 Jahre mit irischen Mönchen besetzt. Anfang des 15. Jahrhunderts lehnten die Iren unter ihrem Abt Thomas das Ansinnen ab, sich deutschen Oberen zu unterstellen, und siedelten nach Würzburg über. Deutsche Benediktiner lösten sie in Wien ab. Sie hüten bis heute in der Stadtmitte zwischen Schottengasse und Schottenring die alte Abtei »Unserer Lieben Frau zu den Schotten« als ein Relikt ihrer insularen Vorgänger.

Der Versuch von Bischöfen und deutschen Königen, die Scoti im Rahmen der Schottenklöster wieder heimisch zu machen und ihnen dadurch ihren schwindenden Einfluß wenigstens zum Teil zu erhalten, war von auffällig vielen außerordentlichen Privilegien und weitreichenden Schutzbriefen begleitet. Schon 1185 gewährte Papst Lucius III. den Schottenklöstern die freie Abtwahl, nur gebunden an die Person eines irischen Mitglieds der irischen Klostergemeinschaft, auch wenn es der letzte war, und das Recht, in Deutschland eine eigene Kongregation zu bilden. Regensburg, wo sich irische Inklusen durch die Demonstration menschlicher Daseinsüberschreitung einen geschichtlichen Abgang aus ihrer Epoche verschafft hatten, blieb der letzte

Sammelpunkt aller noch im iro-schottischen Mönchtum bewahrten religiösen Energien. Freilich gaben die veränderten Zeiten den Iren keine Gelegenheit mehr, sich durch beispielgebende Einzelleistungen, wie es ihrem Charakter entsprochen hätte, hervorzuheben.

Nur gelegentlich noch griff ein Ire aus dem illustren Kreis der Gelehrten schicksalbildend in die geistige Entwicklung des Abendlandes ein. Ohne seinen Erzieher Petrus von Hibernia, Verfasser ungedruckter Aristoteles-Kommentare, wäre Thomas von Aquin (1225–1274) vermutlich nicht der bedeutende Scholastiker und Denker, der »Doctor angelicus«, geworden. Nicht nur in die Fächer des klassischen Quadriviums – Arithmetik, Geometrie, Astronomie und Musik – hat ihn sein irischer Lehrer eingeführt, sondern er hat darüber hinaus seine philosophische Weltsicht im Sinne der platonischen Ideen maßgeblich für sein theologisches System beeinflußt.

Irische Äbte des Regensburger Schottenklosters unternahmen regelmäßig Reisen nach Irland, wo sie über die dort bestehenden, von Regensburg abhängigen Prioreien Rosscarbery und Cashel ihr Noviziat für die deutschen Schottenklöster auffüllten. Der dritte Abt von St. Jakob, Giolla Criost Mac Cartaigh, ein Anhänger des Königshauses von Munster, erhielt von Cashel beträchtliche Zuschüsse für den Ausbau der Schottenkirche St. Jakob und die künstlerische Gestaltung des Nordportals. Stilistische Übereinstimmungen nach den Gesetzen der Hochromanik zwischen der Regensburger Jakobskirche und der Mac-Cormac-Kapelle auf dem Felsen von Cashel in Tipperary können nur den überraschen, der nichts von der fast gleichzeitigen Entstehung beider Sakralbauten und der Verbindung der Iren von Regensburg mit der Herrscherfamilie von Munster weiß. Auf einen Austausch von Kirchenbaumeistern und Steinmetzen kann daher folgerichtig geschlossen werden.

Ein weiterer Beweis für die engen Beziehungen ist die Niederschrift des Regensburger Schottenmönches Marcus, der von der berühmten Vision des Tundalus, eines Kriegers im Gefolge des Cormac von Cashel erzählt, und, wie bei Furseus, in Form einer Jenseitsbegegnung Persönlichkeiten der irischen Kirchenreform lebendig macht. Auch die Viten zahlreicher irischer Heiliger, wie das um 1181 entstandene Magnum Legendarium Austriacum, haben von Regensburg ihren Ausgang genommen.

Wenn die Stärke des irischen Mönchtums im frühen Mittelalter die vom Individuum ausgehende Regenerationskraft des Glaubens im allgemeinen war, so erwies sich diese religiöse Begnadung unter den veränderten Umständen eher als eine Schwäche. Sie rieb sich in der mühsamen Eigenverantwortung der Reichsunmittelbarkeit, die St. Jakob von Kaiser Friedrich II. von Hohenstaufen und wiederum von dem Luxemburger Heinrich VII. (1312) zugestanden wurde, – das Kloster durfte fortan den halben Reichsadler im Wappen führen – und an vordergründigen Wirtschaftsfragen, vor allem der Güterverwaltung, auf.

Im 14. Jahrhundert, als der irische Nachwuchs allmählich ausblieb und die Mißwirtschaft der Äbte zu Spannungen zwischen den deutschen Benediktinern und den von diesen mehr und mehr als Eindringlinge betrachteten Iren führte, mußten die ersten Schottenklöster aufgelassen werden. Gleichwohl hat es immer wieder Versuche von Kaisern, Päpsten und Bischöfen gegeben, sich in dem komplizierter werdenden Gefüge weltlicher und kirchlicher Macht diesen insularen Urquell eigenwilliger Christianität lebendig zu erhalten. St. Jakob in Regensburg blieb, auch nachdem Papst Martin V. (1417 bis 1431) dem Wiener Schottenkloster die Aufnahme von Mönchen anderer Nationalität zur Pflicht gemacht hatte, ungeachtet existenzieller Schwankungen bis 1515 in irischer Hand. Danach wurde es den Schotten aus Scotia minor (Schottland) gleichzeitig als Zuflucht für die von der calvinistischen Reformation in Schottland vertriebenen Katholiken übereignet, und Ninian Vincent, Beichtvater Maria Stuarts, als Abt eingesetzt.

Noch einmal nahmen die Schottenklöster unter dem Einfluß dieses bedeutenden Theologen, Humanisten und Erneuerers der Klosterzucht mit dem Zustrom schottischer Mönche einen trügerischen Aufschwung, der jedoch im Dreißigjährigen Krieg alsbald wieder erlahmte. Von 1756 bis 1761 war St. Jakob ein Seminar zur Erziehung adeliger Schotten, die für den Missionsdienst ausgebildet wurden. Über die Säkularisation von 1803 mit Hilfe eines diplomatischen Abtes hinweggerettet, konnte es jedoch keine Novizen mehr ausbilden. Im Jahre 1814 wurde es der bayerischen Landeshoheit unterstellt. Bis 1862 Benediktinerkloster, dient es heute der Diözese als Seminar.

Ludwig von Bayern betraute den Regensburger Schottenpater Augustin Mac Iver (1780–1832) mit der Erziehung seines Sohnes, des späteren Königs Maximilian II., der die geistigen Traditionen des iro-schottischen Mönchtums wiederum in die Gründung der heute noch bestehenden Bildungsanstalt in München, in das berühmte Maximilianeum, eingebracht hat. Jeder erfolgreiche Absolvent des Maximilianeums ehrt, ohne sich darüber Rechenschaft zu geben, das Andenken jener gelehrten Vaganten Gottes aus Irland, die seit dem frühen Mittelalter in ununterbrochener Stafette das Licht des Glaubens und die Fackel des Wissens in Europa von Generation zu Generation weitergereicht haben.

Ihre innere Unabhängigkeit und ihr Wille zur Hingabe nehmen sich in unserem modernen Wertesystem recht königlich aus.

Nachbemerkungen zur irischen Kunst

Irland, für den heutigen Besucher eine vom Widerschein des Atlantik beglänzte Insel von eher idyllischer Rückständigkeit, die freilich seit ihrem Beitritt zur Europäischen Gemeinschaft an wirtschaftlichem Wohlstand gewonnen hat, ließ ihre Bedeutung für den Kontinent nie wirklich erkennen. Wenig drang von ihren ungehemmten genialen Impulsen zu uns herüber, sieht man von der Wiederentdeckung der gälischen Sprache im ersten Viertel unseres Jahrhunderts und der davon ausgehenden Renaissance ihrer Literatur, besonders ihrer dramatischen Dichtung, ab. Dabei ist Irland eine an Reichtum und Vielseitigkeit unübertroffene Schatzkammer vor- und frühgeschichtlicher Kulturen, wie es sie in vergleichbarer Kontinuität in keinem anderen europäischen Land geben dürfte. Mit seiner Fülle von Erd- und Steinforts – es sollen zwischen 30000 und 40000 sein, seinen Menhiren, Dolmen, Gang- und Kammergräbern kann es lückenlos jede Epoche seit der Jungsteinzeit über die Bronze- und Eisenzeit belegen, darüber hinaus die Paläographie unseres Erdteils in ungeahntem Ausmaß vervollständigen. So sehr ist diese Welt aus steinernen Giganten ein Teil der irischen Landschaft selber geworden, daß die Einheimischen sie fast übersehen und Fremde ihnen keine Aufmerksamkeit schenken.

Dabei läßt sich spätestens bei den Monumenten der La-Tène-Zeit (3. bis 2. Jahrhundert vor Chr.) anhand einer auch bei uns als Waldalgesheim-Stil vorkommenden Dekorationsform eine kulturelle Übereinstimmung an jenem fernen Punkt der Vergangenheit feststellen, als eine der keltischen Völkergruppen den Kontinent in Richtung der Britischen Inseln verließ. Von hier nimmt die Spirale als ein von der frühen irischen Goldschmiedekunst übernommenes Motiv ihren Ausgang.

Fast gleichzeitig entstand in Irland die Ogham-Schrift, die sich in der archaischen Form eines Strichalphabets auf vielen Ogham-Steinen verewigt hat. Schwieriger als die Entschlüsselung jener abstrakten Schriftzeichen ist die sinngemäße Übertragung eines schwer faßbaren Sprachduktus, hinter dem sich das Mitteilungsbedürfnis der frühkeltischen Bevölkerung bis auf unzusammenhängende Verlautbarungen zurücknimmt.

Eine irische Literatur in unserem Sinne entstand erst mit der Übernahme der differenzierenden lateinischen Schrift auf dem Wege über Spanien.

Im Vergleich zu dem leidenschaftlichen Bekenntnis der irischen Christen, die es seit Beginn des 4. Jahrhunderts vereinzelt gab, waren ihre künstlerischen Ausdrucksmöglichkeiten begrenzt. Einerseits wegen der hinfälligen Beschaffenheit ihrer ersten Oratorien, Klosterkolonien und Kirchen aus

Holz, Lehm und Flechtwerk, andererseits wegen der Einflüsse, die von außerhalb der Insel in die keltische Zeichengebung eindrangen. Es sind Stellen entstanden, auf denen sich der Übergang vom geometrischem zum figürlichen Dekor andeutet, zweifellos haben Rom und die Westgoten auf diesen Prozeß eingewirkt.

Aus der koptischen Frühkirche ist neben dem Flechtbandornament auch das »Anch«, das pharaonische Heils- und Lebenszeichen, zum griechisch-christlichen T-(Tau-)Kreuz abgewandelt, nach Irland eingedrungen (Tory Island). In der Bretagne hat es in dieser Zeit seine Entsprechung gefunden.

Die plastische Darstellung der frühchristlichen Jahrhunderte ist so janusköpfig wie der keltische Gott Daghda und das noch vom Druidentum beherrschte religiöse System selbst, das sich in eigenartigen, barbarisch anmutenden Ausdrucksformen spiegelt. Davon gibt es in der nordirischen Grafschaft Fermanagh, auf den Flußinseln im Lough Erne, auf White Island und auf Boa Island, eindrucksvolle Beispiele jener halb ausmodellierten, von Kunstkennern oft als »schizophren« bezeichneten Gesichter und Gestalten.

Im 7. Jahrhundert, als durch den Aufbruch des Islam von Osten her koptische, armenische und byzantinische Christen westwärts flüchteten, hat Irland deren schöpferische Mitgift zu einem eigenen künstlerischen Amalgam in seine überlieferte Formenwelt eingeschmolzen. Dabei konnte es sich die langen Erfahrungen seines eigenen Umgangs mit Edelmetallen zunutze machen. Die in dieser Zeit entstandenen Schmuckgegenstände für den kirchlichen Bedarf, aber auch die von den chieftains ihrer Clans in Auftrag gegebene Bijouterie, nehmen heute noch durch ihre ästhetische Vollkommenheit gefangen.

An diesem Punkt beginnt das christliche Abendland von dem Einfallsreichtum irischer Künstler zu profitieren, indem es in seinen klösterlichen Skriptorien Hiberni beschäftigt, die das heimische Ornament in der Buchmalerei anwenden. Unsere Klöster und Landesbibliotheken hüten reiche Schätze solcher handgeschriebenen und illustrierten Psalter und Evangeliare, darunter an erster Stelle die in St. Gallen erhaltenen Codices mit siebzehn Miniaturen. Parallel zu den zwischen dem 7. und 8. Jahrhundert entstandenen und noch heute wegen ihrer insularen Illuminationstechnik bestaunten »Book of Kells«, »Book of Durrow« und »Book of Lindisfarne« hat es im irischen Missionsraum Europas Wandmalereien gegeben, die in Anlehnung an seine kanonischen Bücher entstanden und bis auf ein Beispiel verschwunden sind. Es handelt sich um die Fresken in St. Patroklus in Naturns, Südtirol. Entsprechend hoch ist die Bewertung dieser kunsthistorischen Rarität.

Mehr noch als über die Frage, ob mit der an der Südwand des Kirchleins dargestellten Gestalt der aus Damaskus fliehende Apostel Paulus gemeint ist, wie oft behauptet wird, oder der spätrömische Bischof St. Patroklus aus Verona, der auf die gleiche Weise seinen heidnischen Verfolgern zu entkommen suchte, ist über den Entstehungshintergrund dieses frühmittelalterlichen Heiligtums zwischen den stilistischen Einflüssen der Diözesen Salzburg und St. Gallen gerätselt worden. Eine definitive Antwort bleiben uns die Figuren schuldig. Umso spürbarer geht für den unbefangenen Betrachter, der ihnen im Etschtal unterhalb des Reschenpasses plötzlich gegenübersteht, eine von jedem antiken Dekorationszwang befreite Lebendigkeit aus, die auf keine naturalistischen Vorgaben oder ästhetische Beschönigungen Rücksicht nimmt.

Auf der Insel erreichte die »Illustration der Steine« vom 9. bis 12. Jahrhundert, als die Wikinger sich ausbreiteten, einen neuen Höhepunkt. Während als Folge dieser Vorgänge die Rundtürme als eigenständiges kirchenarchitektonisches Element die Bedrängnis der Christen ausdrücken, beschwören die skulptierten Bilderfolgen auf den im 9. Jahrhundert in Weiterentwicklung der neolithischen Steinsetzungen entstandenen Hochkreuze die Allgegenwart des Glaubens.

Der theologisch-wissenschaftliche Beitrag irischer Mönche zur europäischen Kultur ist Gegenstand dieses Buches gewesen. Erstaunlich bleibt die Tatsache, wie wenig ihre Mitwirkung, ungeachtet der vielfältigen Untersuchungen, besonders in der deutschen Fachliteratur, ins allgemeine Bewußtsein gedrungen ist.

In der zweiten Hälfte des 18. Jahrhunderts löste der Schotte James Macpherson (1736–1796) aus Inverness, nach Herkunft und Bekenntnis Angehöriger der europäischen Keltenfamilie, eine allgemeine Rückbesinnung auf die Welt der alten Iren aus. Er machte den Helden Ossian aus dem südirischen Sagenkreis in seinen genialen Nachdichtungen, die er als Übersetzung aus dem Gälischen ausgab, zu einem blinden Barden. Seine von Weltschmerz und Sentimentalität erfüllten Gesänge, die Goethe, Herder, Schubert und Napoleon begeisterten, haben in Deutschland, Frankreich und England die geistesgeschichtliche Epoche der Romantik eingeleitet.

Auch heute noch strömt uns etwas aus der Naturlyrik des irischen Dichters William Butler Yeats und aus den somnambulen Bildern seines Bruders Jack jene ungestüme Phantasie entgegen, die wir als keltisch empfinden. Zu den berühmten Literaten, die freilich erst außerhalb Irlands Weltgeltung erlangten, zählen neben Oscar Wilde, George Bernard Shaw und James Joyce, um nur die berühmtesten von ihnen zu nennen, auch so herausragende Vertreter der Moderne wie Samuel Beckett, Brendan Behan und Sean O'Casey. Obwohl irischen Komponisten bislang kein klassischer Wurf gelang, ist die Musik wie in kaum einem anderen Land gebräuchlichstes Ausdrucksmittel für die von hellen und dunklen Tönen durchsetzte Daseinsfülle. Ob der »fiddeler« auf der Liffeybrücke in Dublin, in den Parkanlagen oder mitten im Straßenverkehr, oder die »ballad-singers« abends in den pubs, sie alle halten ein ununterbrochenes Beschwörungsritual aufrecht. Selbst wenn sie als geschulte Instrumentalisten auf einem »Folk Festival« in internationalen Konzertsälen auftreten, ihr Vortrag erstarrt nie in Perfektionismus, sondern strahlt unverbrauchte Wärme, Unschuld und Zärtlichkeit aus, ein Synonym für Leben und Landschaft der grünen Insel und ihrer dreitausendjährigen Zivilisation, fernes Echo des mittelalterlichen Eisteddfod, eines öffentlichen Wettgesangs von Barden. In unregelmäßigen Abständen treffen sich auf einem Symposium in Dublin die Keltologen aus dem irischen Missionsraum Europas zu einem Erfahrungsaustausch. Ihre jüngsten Arbeitsergebnisse faßten sie wie folgt zusammen:

»Kein europäisches Volk hat allein mit den überlegenen Mitteln des Geistes und ohne hegemoniale Ansprüche die kulturelle Entwicklung des Abendlandes in so umfassender Form dominiert wie die Iren vom späten 6. bis ins frühe 9. Jahrhundert. Die Entstehung Europas als Idee wie auch als historische Realität im Verlauf des Frühmittelalters war entscheidend geprägt von der Gelehrsamkeit und Glaubensstärke irischer Mönche und Missionare auf dem Kontinent. Die christliche Tradition in ihrer angelsächsisch-irischen Ausformung tritt damit gleichberechtigt neben das mediterrane griechisch-römische Erbe Europas. In seiner Blütezeit erstreckte sich der Einfluß des irischen Geistes von Island bis Tarent, von Kiew bis zur sagenumwobenen Insel des heiligen Brendan.«

Die Beschäftigung mit dem Thema dieses Buches kann uns noch zu einer weiteren Feststellung führen: Irland hat seinen Genius zu keiner Zeit in insularer Beschränkung für sich behalten, ihn vielmehr uneigennützig stets mit Europa geteilt.

Zeittafel

Vor Chr.

bis 10000	Altsteinzeit in Nord-, West- und Mitteleuropa
10000–4500 (4000)	Mittlere Steinzeit daselbst
6000	Erste nachgewiesene Besiedlung Irlands
4500–3000	Mittelmeerische Siedler mit Ackerbau und Metallbearbeitung nach Irland
3000–1800	Jungsteinzeit in Europa, Großsteingräber in Irland
2000 und 1200	Vorkeltische (Dinarische?) Einwanderer nach Irland
2000 (1800)–600	Bronzezeit in Irland
1500	Blüte der irischen Bronze- und Goldarbeiten
600 bis 150	Keltische Einwanderung nach Irland in mehreren Wellen
600 v. Chr. bis 500 nach Chr.	Eisenzeit in Irland

Nach Chr.

4. und 5. Jahrh.	Irische Raubfahrten bis zur Loire-Mündung
350/4–429	Pelagius, irischer Gegner des St. Augustinus von Hippo
400	Die Candida Casa am Solvey Firth von St. Ninian gegründet
410	Römischer Rückzug aus Westeuropa als Folge der Eroberung Roms durch Alarich
430	Palladius von Papst Coelestin nach Irland entsandt zur Bekämpfung des Pelagianismus
432	St. Patricius nach Irland
449	Erstes sächsisches Königreich in Britannien Beginn der britischen Emigration nach Armorica
563	St. Columbkille gründet Kloster Iona (Hy) in Schottland
590	St. Columban beginnt die Mission in Europa
612	St. Gallus missioniert bei den Alemannen
664	Synode von Whitby, Unterwerfung der Keltischen Kirche

650–750	Zwei Drittel der Christenheit an den Islam verloren
686	St. Kilian missioniert bei den Ostfranken
745	St. Fearghal (Virgil) missioniert in Österreich und bei den Karantanen (Kärnten)
795	Erster Normannenüberfall auf Iona
8. Jahrhundert	Iren an den Palastschulen der Karolinger
817	Aachener Synode: Maßnahmen gegen die Wandermönche (Benedikt von Aniane)
845	Johannes Scotus Eriugena am Hofe Karls des Kahlen in Laon
Mitte 9. Jahrhundert	Neue Irenwelle in Europa
10. Jahrhundert	Iren unter den Ottonischen Kaisern
997	Beginn des vorherrschenden irischen Einflusses in Köln
997	Die legendäre Irin Sunniva öffnet Norwegen dem Christentum
11. Jahrhundert	Gründung der irischen Schottenklöster in Deutschland

Literaturverzeichnis

Actes du Congrès International de Luxeuil 1950: Mélanges Colombaniens. Paris 1951

Ardmhacha, Seanchas: Patrician Cult in Drackenstein (Schwaben) and Veneration of St. Patrick in Italy and Spain. Journal of the Armagh Diocesan Historical Society 1961

Baechtold-Stäubli: Handbuch des deutschen Aberglaubens Bd. II

Ball, Hugo: Byzantinisches Christentum. Einsiedeln 1958

Bauerreis, R.: Irische Frühmissionare in Südbayern. Wissenschftl. Festgabe zum 1200jährigen Jubiläum des Hl. Korbinian. München 1924

Beaghen, A.: Malmesbury Abbey. Minety 1969

Bieler, Ludwig: Irland, Wegbereiter des Mittelalters. Lausanne 1961

Bischoff, Bernhard: Die Würzburger Schreibschule des VIII. und IX. Jahrhunderts. Würzburg 1952

Bittel, K.: Die Kelten in Württemberg. Röm.-German. Komiss. des Dt. Archäolog. Instituts Frankfurt/M., Röm.-german. Forschungen Bd. 8, Berlin 1934

Blandamura, G.: Il Duomo di Taranto. Taranto 1977

Borst, Arno (Hrsg.): Mönchtum, Episkopat und Adel zur Gründungszeit des Klosters Reichenau.

Bossi Fedrigotti, Anton: Vinschgau. Bozen 1966

Braun, J.: Tracht und Attribute der Heiligen in der deutschen Kunst. Stuttgart 1943

Brechter, S.: Deutsche Quellen zur Angelsachsenmission Gregors d. Gr. München 1941

Brooke, Christopher: The Saxon and Norman Kings. London 1963

Brown, Peter: Augustine of Hippo. Oxford 1967

Cagner, Ewert (Hrsg.): Die Wikinger. Vitoria (Span.) 1976

Cardozo, Mário: Citânia de Briteiros e Castro de Sabroso. Guimarães 1956

Cerebelaud-Salagnac, G. u. B.: Ireland, Isle of Saints. Dublin 1966

Chadwick, N. K.: The age of the saints in the early Celtic Church. London 1961

Craster, O. E.: Ancient monuments of Anglesey. London 1953

Cruden, Steward: Scottish Abbeys. Edinburgh 1960

Décarreaux, Jean: Les moines et la civilisation en occidente. Grenoble o. J.

Delius, W.: Geschichten der irischen Kirche von den Anfängen bis zum 12. Jahrhundert. München 1954

Dienemann, Joachim: Der Kult des hl. Kilian im 8. und 9. Jahrhundert. Beiträge zur geistigen und politischen Entwicklung der Karolingerzeit. Würzburg 1955

Dillon, Miles: Celts and Aryans. New Delhi o. J.

Dillon, Miles: Early Irish Society. Dublin 1954

Drive Publications Ltd. (Hrsg.): Treasures of Britain and Ireland. London 1968

Duckett-Shipley, Eleanor: Anglo-Saxon Saints and Scholars. Hamdon, Connecticut, USA. 1967

Duft, Johannes/Meyer, Peter: Die irischen Miniaturen der Stiftsbibliothek St. Gallen. Olten 1953

Duft, Johannes: Irische Einflüsse auf St. Gallen und Alemannien. In: Vorträge und Forschungen Bd. XX. Sigmaringen 1974

Duft, Johannes: Iromanie-Irophobie, Fragen um die frühmittelalterliche Irenmission, exemplifiziert an St. Gallen und Alemannien. In: Zeitschrift für Schweizerische Kirchengeschichte Bd. 50, 1956

Färber, Siegfried: Regensburg-Ratisbona, das mittelalterliche Wunder Deutschlands. Regensburg 1972

Giona: Vita di San Colombano. Piacenza 1965

Gougaud, L.: Les Saints Irlandais hors d'Irlande. Bibliothèque de la Revue d'Histoire Ecclesiastique

Grabmann, Martin: Thomas von Aquin. München 1949

Green, Miranda J.: Dictionary of Celtic Myth and Legend. London 1992

Gregory, Lady: The voyages of St. Brendan the Navigator and stories of the saints of Ireland. London 1973

Hammermayer, L.: Zur Geschichte der Schottenabtei St. Jakob in Regensburg. Neue Quellen aus schottischen Archiven. In: Zeitschrift für bayerische Landesgeschichte 22 (1959), S. 42–76

Harbison, Peter: The Archaeology of Ireland. London 1976

Harbison, Peter: Twelfth and Thirteenth century Irish stonemasons in Regensburg (Bavaria) and the end of the ›school of the west‹ in Connacht (Studies)
Hemmerle, Josef: Die Benediktinerklöster in Bayern. Augsburg 1970
Hennig, John: Scottorum gloria gentis. In: Archiv für Kulturgeschichte 52. Bd. Heft 2, Köln 1970
Henry, Françoise: Art Irlandais. Dublin 1954
Henry, Françoise: Irish High Crosses. Dublin 1964
Herrscher und Heilige. Ernste Dichtungen des lateinischen Mittelalters. Ausgew. von Heinrich Naumann. München o. J.
Hughes, K.: Early Christian Ireland – an Introduction to the sources. London 1972
Irish Ecclesiastical Record Bd. 78, 88, Würzburg, 1952/57
Kenney, J. F.: The sources of the early history of Ireland. New York 1929
Labib, Pahor: Die Koptische Periode. In: 5000 Jahre ägyptische Kunst, Essen 1961
Lange, Reinhold: Imperium zwischen Morgen und Abend. Recklinghausen 1972
Lejeune, Rita et Stiennon, Jacques (Hrsg.): La Wallonie, le pays et les hommes – lettre, arts, culture. Tome I: Des origines à la fin du XVe siècle. Lüttich o. J.
Löwe, Heinz (Hrsg.): Die Iren und Europa im frühen Mittelalter Teilband I, Stuttgart 1982
Lynch, Patricia: Knights of God. London 1967
Manes, Peter (Hrsg.): Die Heiligen in ihrer Zeit Bd. I u. II. Mainz 1966
Mass, Josef: Zeugen des Glaubens, die Heiligen im Diözesankalender des Erzbistums München und Freising. München 1974
Mc Kiernan, Eóin: Eire-Ireland. Minnesota, USA, o. J.
McNally, Robert S. J. (Hrsg.): Old Ireland. Dublin 1965
Meer, van der, F. u. Mohrmann, Christine: Bildatlas der frühchristlichen Welt (Atlas van de oudchristelijke Wereld). Amsterdam 1959
Molloy, Brendan: The ruins of Clonmacnois. Athlone 1953
Moody, T. W., u. Martin, F. X.: The Course of Irish History. Cork 1967
Moorhouse, Geoffrey: Against all reason. London 1969
Moreau, Jacques: Die Welt der Kelten. Stuttgart o. J.
Murphy, Gerard: Saga and myth in ancient Ireland. Dublin 1955
Murphy, Gerard: The Ossianic Lore and romantic tales of Medieval Ireland. Dublin 1955
Naumann, Heinrich (Hrsg.): Herrscher und Heilige, Ernste Dichtungen des lateinischen Mittelalters. München o. J.
Neuhardt, Johannes (Hrsg.): Dommuseum zu Salzburg, Katalog. Salzburg 1974
O'Fiaich, Tomás: Irish cultural influence in Europe. Cork 1971
O'Fiaich, Tomás: St. Columbanus in his own words. Dublin 1971
O'Kelly, Claire: Newgrange. Wexford 1971
Ordnance Survey: Britain in the dark ages. Southampton 1971
Piggott, Stuart: The Druids. Aylesbury 1968
Peterson, Erik: Frühkirche, Judentum und Gnosis. Freiburg 1959
Plinval, de, Georges: Pélage, ses écrits, sa vie et sa réforme. Lausanne 1943
Pochin Mould, Daphne: Irish Pilgrimage. Dublin 1955
Pokorny, Julius: Altkeltische Dichtungen, aus dem Irisch-Gälischen und Cymrischen übertragen. Bern 1944
Public Record Office, London: The dark ages of Britain
Putugnani, P. Adiuto, O. F. M.: S. Cataldo, vescovo e protettore di Taranto. Taranto o. J.
Putzger, F. W.: Historischer Weltatlas. Bielefeld 1970
Raftery, Joseph: The Celts. Hongkong 1974
Ralegh Radford, C. A.: Tintagel in history and legend. In: The journal of the royal institution of Cornwall volume XXV, appendix 1942, journal No. 86, Truro 1942
Richter, Michael: Irland im Mittelalter, Kultur und Geschichte. Stuttgart 1983
Roderick, A. J. (Hrsg.): Wales through the ages, Vol. I, Second Impression. London 1965
Roderick, A. J., Aberystwyth 1959; Wales through the ages
Ross, Daniel: Le Miracle Irlandais. Paris 1956
Ryan, J. (Hrsg.): Irish Monks in the Golden Age. Dublin 1963
Schaeder, Hans Heinrich: Der Mensch im Orient und Okzident, Grundzüge einer eurasiatischen Geschichte. München 1960
Schieffer, Theodor: Winfrid-Bonifatius und die christliche Grundlegung Europas. Freiburg 1954
Schoeps, Hans-Joachim: Religionen, Wesen und Geschichte. Gütersloh o. J.

Schreiber, G.: Irland im deutschen und abendländ. Sacralraum. Arbeitsgemeinschaft f. Forschung des Landes Nordrhein-Westfalen Heft 9, Köln 1956
Schreiber, G.: Iroschottische und angelsächsische Wanderkulte in Westfalen. In: Westfalia sacra II, hrsg. von H. Börstnig und A. Schröer, S. 1–40, Münster 1950
Schuchardt, Carl: Alteuropa – Kulturen, Rassen, Völker. Berlin 1935
Scouëzey, le, Gwenc 'Hlan: La Bretagne Mystérieuse. Paris 1970
Simon, Paul: Aurelius Augustinus, sein geistiges Profil. Paderborn 1954
Stevens, C. E.: Magnus Maximus in british history. In: Etudes Celtiques Vol. III, Paris 1938
Stoll, Robert Th./Roubier, Jean: Britannia Romanica. Wien 1966
Sullivan, Sir Edward: The book of Kells. London 1925
Thiess, Frank: Die griechischen Kaiser, die Geburt Europas. Wien 1959
Thomas, Charles: The Irish settlements in postroman western Britain: A survey of the evidence. In: The journal of the royal institution of Cornwall, new series, volume VI, part 4, Penzance 1972
Tommasini, Anselmo: Irish Saints in Italiy. London 1937
Tüchle, H.: Kirchengeschichte Schwabens 1. Bd., Stuttgart 1950
Voragine, de, J.: Legenda aurea. Jena 1925
Vossler, Karl (Hrsg.): Romanische Dichter aus fünf Jahrhunderten. München 1962
Vries, de, J.: Religion des Celtes. Paris 1963
Waddell, Helen: The wandering scholars. New York 1961
Wattenbach-Levison: Deutschlands Geschichtsquellen im Mittelalter
I. Die Vorzeit von den Anfängen bis zur Herrschaft der Karolinger. Weimar 1952
II. Die Karolinger des 8. Jahrhunderts bis zum Tode Karls des Großen. Weimar 1953
III. Die Karolinger vom Tode Karls des Großen bis zum Vertrag von Verdun. Weimar 1957
IV. Die Karolinger vom Vertrag von Verdun bis zum Herrschaftsantritt der Herrscher aus dem sächsischen Hause – Italien und das Papsttum. Weimar 1963
V. Das westfränkische Reich. Weimar 1973
Weisgerber, Leo: Eine Irenwelle an Maas, Mosel und Rhein in Ottonischer Zeit? In: Aus Geschichte und Landeskunde, Hrsg. Franz Steinbach, S. 727–750. Bonn 1960
Wessels, Klaus: Koptische Kunst. In: 5000 Jahre ägyptische Kunst. Essen 1961
Zimmer, Heinrich: Pelagius in Irland. Berlin 1901
Zimmer, Heinrich: Philosophie und Religion Indiens. Zürich 1961
Zimmermann, Alfons: Kalendarium Benedictinum Bd. 1. Metten 1933

Register